Y0-DCA-813

WISSENSCHAFTLICHE UNTERSUCHUNGEN
ZUM NEUEN TESTAMENT

HERAUSGEGEBEN VON
MARTIN HENGEL · JOACHIM JEREMIAS · OTTO MICHEL

16

Simon Magus und die christliche Gnosis

von

Karlmann Beyschlag

1 9 7 4

J. C. B. MOHR (PAUL SIEBECK) TÜBINGEN

Satz und Druck: Gulde-Druck Tübingen
Einband: Heinrich Koch, Großbuchbinderei, Tübingen

ISBN 3 16 135872 4

WALTHER VON LOEWENICH

und

HANS FREIHERRN VON CAMPENHAUSEN

in dankbarer Verehrung

VORWORT

Mit der nachfolgenden Untersuchung löse ich das Versprechen einer ausführlichen Darstellung meiner Simon-Magus-These ein, welches ich in meinem Aufsatz „Zur Simon-Magus-Frage“ (ZThK 1971, S. 395 ff.; Erlanger Antrittsvorlesung vom 7. Mai 1971) gegeben habe. Abgesehen von der erheblich verbreiterten Basis des Ganzen sowie einzelnen Modifikationen im Detail ist der Skopus meiner Arbeit der gleiche geblieben wie dort, d. h. es geht auch hier um eine doppelte Stellungnahme: einmal um den Nachweis, daß der gnostische Simonianismus in seinen konstitutiven Bestandteilen bereits durchweg von vorausliegender christlich-gnostischer Schulüberlieferung abhängig ist, zum anderen verbindet sich damit die Kritik an der auf dem frühchristlichen Sektor heute verbreiteten Vermutungsbereitschaft und Hypothetik, die das aus den Quellen präzis nicht mehr Belegbare durch eine Art von Wahrscheinlichkeits-Wissen zu erstatten sucht (s. bes. S. 4, Anm. 7), das den Wirklichkeitsbezug historischer Forschung gefährdet. Mit beiden Problemen stehen zugleich theologische Entscheidungen auf dem Spiel.

Was die Ausarbeitung meiner Untersuchung betrifft, so standen mir dafür eine in den letzten Jahren angelegte Materialsammlung sowie ein im Winter 1972/73 gewährtes Forschungsfreisemester, d. h. genau 5 1/2 Monate Arbeitszeit zur Verfügung. Das ist angesichts der Schwierigkeit des Gegenstandes eine kaum zu verantwortende Kurzzeit. Ich muß daher den Leser bitten, mir die gedrängte Kürze der Materialdarbietung (vor allem in Teil V) sowie etwa auftauchende Unausgeglichenheiten in der Argumentation freundlich nachzusehen. Ohnehin habe ich auf manches, was ursprünglich vorgesehen war, unter dem wachsenden Zeitdruck verzichten müssen. Hierhin gehört vor allem der Mangel einer eingehenden Redaktionskritik der Ketzerkataloge bei Irenäus (I,23 ff.) und Epiphanius (haer XXI ff.), die ich nur als Aufgabe habe andeuten können (vgl. S. 16, Anm. 19 und S. 141, Anm. 24), ferner das Fehlen einer — an sich dringend nötigen — übergreifenden Untersuchung zur Frage der gemeinsamen kirchlichen und gnostischen Überlieferung im 2. Jahrhundert (s. S. 219), schließlich auch der Verzicht auf die Einbeziehung der bogomilisch-katharischen Tradition in den Kreis der hier verglichenen Quellen. Von daher bleibt meine Arbeit mit Unsicherheiten belastet, die ich dem Kundigen nicht eigens zu erläutern brauche.

Indessen beansprucht mein Versuch auch nicht, die simonianische Frage endgültig gelöst zu haben; das wird beim gegenwärtigen Überlieferungsstand überhaupt kaum möglich sein. Meine Absicht ist lediglich die, vor einer modern-synkretistischen Behandlung des gnostischen Phänomens zu warnen und die herrschende religionsgeschichtliche Auffassung zum Simonianismus mit einer diskutablen Gegenposition zu konfrontieren. Wie lebendig es in letzter Zeit gerade auf dem simonianischen Sektor geworden ist, beweisen die im Augenblick fast laufend erscheinenden Publikationen aller Art. Unter diesen muß *eine* Arbeit hier besonders erwähnt werden, nämlich die mit meiner Untersuchung etwa gleichzeitig entstandene Göttinger Dissertation von Dr. Gerd Lüdemann unter dem Titel „Untersuchungen zur simonianischen Gnosis", deren Ergebnisse ich leider nicht mehr berücksichtigen konnte. Der Verf. vertritt i. W. den meiner eigenen Auffassung entgegengesetzten Standpunkt, ohne freilich bisherige Positionen einfach zu wiederholen[1].

Zu danken habe ich den Herausgebern der „Wissenschaftlichen Untersuchungen zum Neuen Testament" für die bereitwillige Aufnahme meiner Arbeit in diese Reihe, voran Herrn Kollegen Martin Hengel, der das Werden meines Buches mit lebendigster Anteilnahme begleitet und manchen wertvollen Einzelhinweis beigesteuert hat (s. meine Erwähnungen in den Fußnoten). Daneben gilt mein Dank Herrn Kollegen Peter Stuhlmacher für die mir seinerzeit angebotene rasche Veröffentlichung meiner Antrittsvorlesung in der ZThK. Diese Vorausveröffentlichung hat mir eine lebhafte Korrespondenz mit verschiedenen Fachgenossen eingetragen, der ich für meine Arbeit z. T. Wesentliches verdanke. Ein wichtiges Verdienst um die Benutzbarkeit meiner Untersuchungen haben sich meine Assistenten, Herr Kurtheinz Hennl und Herr Peter Stimpel, durch die Ausarbeitung der Register erworben. Beide haben auch die Korrekturen mitgelesen. Zuletzt ein Wort zur Widmung dieses Buches: Sie ist ein später, aber von Herzen kommender Dank an die beiden Männer, die – jeder auf seine Weise – meinen Weg als Kirchenhistoriker maßgeblich bestimmt haben.

Erlangen im April 1974 K. B.

---

[1] Auch Lüdemann hält den historischen Simon nicht mehr für einen gnostischen Offenbarungsgott, möchte aber trotzdem die Entstehung der simonianischen Gnosis, im Anschluß an einen samaritanischen Zeuskult, bis in die Mitte des 1. Jahrhunderts hinaufdatieren, wobei freilich – wieder einmal – AG 8 durch Justin/Irenäus ergänzt werden muß. Was die simonianische Ennoia betrifft, so werden der Athene- und der Helenaaspekt als zwei gnostische Schichten unterschieden. In der Quellenfrage verwirft L., ähnlich wie ich, die heute so beliebt gewordene Megale Apophasis, steht aber auch der von mir bevorzugten Syntagmatradition des Hippolyt und dem Abschnitt Iren I,23,3 (Simons angebliche Lehren) kritisch gegenüber.

INHALT

I. DIE FRAGESTELLUNG

Bekanntlich geht die religionsgeschichtliche Einordnung des Gnostizismus von der Vermutung aus, daß die älteste christliche Ketzerei von Hause aus kein christliches, vielmehr ein vor- und außerchristliches Gebilde gewesen sei. Diese These ist zuerst von Bousset, Reitzenstein, Lidzbarski und Walter Bauer vertreten worden. Was man bis dahin lediglich als „akute Hellenisierung" des frühen Christentums angesprochen hatte, gewann dadurch mit einem Schlage den Reiz und die Anziehungskraft von etwas Fremdartigem, Hintergründigem, ja Archaischem, dessen Erschließung vor allem für die ntl Wissenschaft von epochalem Gewicht sein mußte[1]. In der Tat schien sich mit der Wendung von der „historischen Kritik" zur „Religionsgeschichte" nicht nur eine bislang verborgene Pforte zum Hintergrund ntl Schriften, sondern darüber hinaus auch eine geradezu expressionistisch veränderte Gesamtperspektive des Urchristentums zu öffnen. Hatte die vorangehende Forschung nahezu ausschließlich auf die konkreten Figuren im Vordergrund der ntl Bühne geblickt, so begannen nun, im Flutlicht religionsgeschichtlicher, speziell aber gnostischer Vergleiche, mehr und mehr die Kulissen dieser Bühne lebendig zu werden, ja, sie wurden zeitweilig wichtiger als jene Figuren selbst. „Gnostische Motive" und schließlich ganze Systemzusammenhänge erwiesen sich fortan als ein ebenso will-

[1] Der Gegensatz zwischen der von *Harnack* vertretenen Ansicht von der „akuten Hellenisierung" des Christentums durch die Gnosis (DG ^{4}I,250) und der religionsgeschichtlichen Betrachtungsweise – von *H. Jonas* (Gnosis und spätantiker Geist, ^{2}1954, I, S. 2 u. 50 f.) zu prinzipieller Absage an die „humanistische" Auffassung gesteigert – wird in fast allen einschl. Auslassungen beharrlich wiederholt (vgl. z. B. *Bultmann,* Das Urchristentum im Rahmen der antiken Religionen, Rowohltausg. 1965, S. 152; *R. Haardt,* Die Gnosis, 1967, S. 18 f.; ^{3}RGG II, 1651 u. ö.). Dasselbe gilt für die Hypothese vom „vorchristlichen" Ursprung des Gnostizismus. Sie war durch die ersten Arbeiten *Reitzensteins* und *Boussets* zur Sache (1904 u. 1907) bereits präjudiziert und schien durch *Reitzensteins* ‚iranisches Erlösungsmysterium' (1921) endgültig gesichert. Auch extreme Standpunkte wie *W. B. Smith,* Der vorchristliche Jesus (1906); *F. Legge,* Fore-runners and Rivals of Christianity (2 Bde. 1915) und *A. Drews,* Die Entstehung des Christentums aus dem Gnostizismus (1924) konnten ihr nicht ernsthaft gefährlich werden. Neuere Autoren wie *R. Mc L. Wilson* (Gnostic Origins in: Vig. Christ. 1955, S. 193 ff. u. 1957, S. 93 ff.) und *H. M. Schenke* (in: Umwelt des Urchristentums I, 1965, S. 395) neigen dazu, den – nach wie vor unbekannten – „vorchristlichen" Ursprung des Gnostizismus möglichst dicht an denjenigen des Christentums heranzuschieben.

kommener wie scheinbar nie versagender Kompaß zum Verständnis zentraler ntl Sachverhalte[2].

Gewiß ist der Höhepunkt der gnostischen Faszination heute überschritten, auch hat sich die Palette der religionsgeschichtlichen Farben, mit denen man den Gnostizismus einst ausstattete, inzwischen nicht unerheblich verändert[3], allein noch immer scheint die wissenschaftliche Legende umzugehen, daß gewichtige ntl Komplexe, ja die wesentlichsten ntl Gehalte, voran bei Paulus und im Johannesevangelium, ohne die Annahme einer spezifischen Inhärenz des gnostischen Problems nicht zureichend erklärbar seien, und zwar gerade auch dort, wo die betr. ntl Schriftsteller ein durchaus ungnostisches Selbstverständnis zur Schau tragen[4]. Daß mit einer sol-

---

[2] Wie fragwürdig die scheinbar überall gelingende Anwendung vorgegebener Beurteilungsschablonen auf bekannte Gegenstände ist, kann man z. B. bei der neuerdings üblichen Interpretation der Märchenwelt unter tiefenpsychologischem Vorverständnis studieren; vgl. hierzu etwa *C. G. Jung*, Zur Phänomenologie des Geistes im Märchen (Bewußtes und Unbewußtes, 1957, S. 92 ff.) und den Sammelband „Märchenforschung und Tiefenpsychologie" (1969) von *W. Laiblin*, hier besonders die kurzen aber treffenden kritischen Bemerkungen des Mediziners *G. A. v. Harnack* (S. 235 ff.).

[3] Schon 1959 schrieb *G. Friedrich:* „Das gnostische Fieber ist abgeklungen. Abgesehen von Walter Schmithals haben die Vertreter der gnostischen Anschauung auf breiter Front Rückzugsgefechte angetreten." (Monatschr. f. Pastoraltheol. Jg. 48, S. 502). Ohne mit der rel.-gesch. Methode als solcher zu brechen, hat sodann *C. Colpe* (Die religionsgeschichtliche Schule I, 1961) die ganze Bousset-Reitzensteinsche Methode grundlegend kritisiert. Auch Altphilologen wie *M. P. Nilsson* (Geschichte der griech. Religion II, 1950, S. 586 ff.) und *H. Langerbeck* (Aufsätze zur Gnosis, hrg. v. *H. Dörries*, AGG III/69, 1967) stehen der religionsgeschichtlichen Auffassung mit bemerkenswerter Reserve gegenüber. Dagegen ist in dem großen Forschungsbericht von *K. Rudolph* (Gnosis und Gnostizismus, ThR 1969, S. 121 ff.; 181 ff.; 358 ff.; 1971, S. 1 ff.; 89 ff.; 1972, S. 289 ff.) von dieser Stimmung wenig zu spüren. Zwar haben die Nag-Hammadi-Texte eine gewisse Versachlichung der Gnosisforschung gebracht, ebenso hat die Unterscheidung der Messinakonferenz von 1966 zwischen „Gnosis" i. w. und „Gnostizismus" i. e. S. (*U. Bianchi*, Le Origini dello Gnosticismo, Numen XII, 1967, S. XX ff.) gewissen pangnostischen Tendenzen Einhalt geboten, allein die in dem genannten Band veröffentlichten Tagungsbeiträge enthalten doch noch immer ein ganz erhebliches Maß an Hypothesenfreudigkeit, nur daß an die Stelle des gnostischen „Hintergrundes" im NT mehr und mehr der jüdische „Hintergrund" der Gnosis zu treten beginnt, d. h. statt hermetischer, iranischer oder hellenistischer „Mysterien" wird nunmehr die angeblich gnostisierende Fluoreszenz bei Philo, in entgleister Apokalyptik, dualistischen Weisheitsschulen und samaritanischer „Heterodoxie" entdeckt, so daß sich die Problematik der älteren religionsgeschichtlichen Arbeit mutatis mutandis zu wiederholen, wo nicht zu multiplizieren scheint. Vgl. demgegenüber die wohltuende Zurückhaltung von *H. F. Weiß*, Einige Randbemerkungen zum Problem des Verhältnisses ‚Judentum' und ‚Gnosis' (Orient. Lit. Ztg. 1969, Sp. 540 ff.).

[4] Unter ‚Inhärenz der gnostischen Problematik' verstehe ich das, was *Jonas* (a.a.O. I, S. 80 ff.) zu dieser Frage gesagt hat, also nicht einfach die Übernahme gnostischer „Einflüsse" in das Christentum, sondern ein als Vorzeichen aller

chen Problemstellung theologisch die Frage der Evangelizität des Urchristentums auf der Tagesordnung steht, ist offenkundig. Um so nötiger wird es sein, sich von vornherein die methodischen Voraussetzungen bewußt zu machen, auf die sich jene Problemstellung gründet und von denen die mit ihr befaßten Wissenschaftler – z. T. recht unreflektiert – ausgehen. Und zwar ist hier ein doppelter Sachverhalt hervorzuheben. Einmal: Wo immer man das „gnostische Problem" aus seinem Zusammenhang mit den Voraussetzungen der alten Dogmengeschichte herausnimmt, um es in den Hintergrund des NTs zu verwandeln, ist man gezwungen, entweder von einem quellenmäßig nicht mehr gesicherten Begriff von „Frühgnosis" oder von einem ganz allgemein vermuteten „gnostischen Hintergrund" der Spätantike auszugehen, demgegenüber der quellenmäßig bekannte Gnostizismus seit Beginn des 2. Jahrhunderts lediglich als ein bereits erstarrtes, wo nicht gar entstelltes Spätprodukt von Gnosis zu stehen kommt[5]. Zum anderen aber ist man in diesem Fall gezwungen, auch die chronologische Perspektive nicht unerheblich zu verkürzen, bzw. überhaupt zu vernachlässigen. Denn es läßt sich nun einmal nicht leugnen, daß die ältesten ge-

---

spätantiken Religionsbewegungen anzunehmender dualistisch-gnostisierender „Quellgrund" oder „Lebensraum" und seine Berücksichtigung, der es offenläßt, ob ein hierhergehöriger ntl. Schriftsteller sich seiner Gnosisnähe überhaupt bewußt war, der es zugleich aber auch erlaubt, Jesu Bevorzugung der Sünder vor den Gerechten, des Paulus Rede von der Torheit des Kreuzes und ... den prinzipiellen Libertinismus der gnostischen Kainiten mit *Jonas* (I, S. 237 und Anm. 4) auf einen letztlich gemeinsamen Nenner zu setzen.

[5] Implicite gilt das für alle Arbeiten zum sog. „gnostischen" Hintergrund des NTs, zumal dort, wo die mandäisch-manichäischen Quellen dem patristischen Material gegenüber bevorzugt werden. Ausdrücklich hat es *W. Schmithals* im Zusammenhang mit der von ihm erschlossenen „vorchristlichen Christusgnosis" behauptet (Die Gnosis in Korinth, ²1965, S. 73 f. u. 261 ff., bes. S. 264: „Die gesamte (!) literarische Hinterlassenschaft der Gnosis stammt aus gnostischen Kreisen mit erlahmtem Enthusiasmus.") Das heißt für die Frühzeit freilich in der Tat mit ‚des Kaisers neuen Kleidern' argumentieren. Aber auch, wo man eine jüdische Vor- oder Frühgnosis (s. z. B. *Adam*, Lehrbuch der DG I, S. 150, vgl. S. 49 ff. u. 143 ff.) nicht hinter, sondern *in* den Quellen zu erkennen glaubt, bleiben die Dinge angesichts der völlig vagen Quellenlage entweder hypothetisch oder kontrovers; denn es läßt sich eben einfach nicht festlegen, ob von einer dem Christentum vorauslaufenden jüdischen Gnosis (so schon *Wendland*, Die griech.-röm. Kultur, 1912, S. 184 und *Lietzmann*, Geschichte der alten Kirche I, S. 296) oder nur von jüdischen Motiven im Gnostizismus (so bes. *W. C. van Unnik*, Die jüd. Komponente in der Entstehung der Gnosis, Vig. Christ. 1961, S. 65 ff. und *Rudolph*, a.a.O. bes. 1971, S. 99 ff.) die Rede sein kann. Neben dieser ungeklärten Frage und sie zugleich überschneidend wächst übrigens die Erkenntnis, daß auch im Raum der außerchristlichen Gnosis noch zwischen vor- und „nebenchristlichen" Erscheinungen zu differenzieren sei (so erstmals *Schenke*, Der Gott Mensch, 1962, S. 154; *ders.* mit Bezug auf Poimandres, Naassenerpredigt und Simonianer auch in Kairos, 1965, S. 127 ff. Ihm folgt auch *Böhlig*, BZNW 37, 1969, S. 5 Anm. 2, vgl. dazu die Auseinandersetzung um die Adamapokalypse bei *Rudolph*, a.a.O. 1969, S. 161 ff.).

sicherten Zeugnisse vom Auftreten des Gnostizismus auf christlichem Boden sämtlich erst in die Zeit um die erste Jahrhundertwende und danach fallen, wobei überdies zu bedenken bleibt, daß es gewichtige christliche Schriften dieses Zeitraums gibt, die von der angeblich omnipräsenten gnostischen Problematik nicht das Geringste zu wissen scheinen[6]. Methodisch laufen beide Voraussetzungen im Grunde auf das gleiche hinaus, nämlich auf die Nötigung, das im historischen Verfahren präzis nicht mehr Belegbare in eben jenem Umfang durch Konstruktionen und Hypothesen zu kompensieren, wie es, zumindest für Teile der ntl Forschung, inzwischen üblich geworden ist[7].

Damit ist bereits die Aufgabe der folgenden Untersuchung gestellt; denn eben jene beiden Voraussetzungen — also: die notgedrungene Annahme einer nur noch mutmaßlichen Frühform von Gnosis, unter gleichzeitiger Vernachlässigung des gesicherten Terminus a quo ihres ersten Auftretens — bilden auch das Vorzeichen, unter dem die simonianische Frage in letzter Zeit mehr als einmal behandelt worden ist. Dabei aber geht es

---

[6] Vgl. zum Ganzen die mit Recht skeptische Übersicht bei *Wilson,* a.a.O. S. 34 ff. Schon der antignostische Bezug von AG 20,29 f. ist recht unsicher (*Wendt* z St und *Jülicher-Fascher,* Einl. in das NT, [7]1931, S. 429). Es kann sich auch um eine apokalyptische Weissagung handeln, wie sie auch in I Kor 11,19 als Apokryphon zugrunde liegt (s. dazu meinen Clemens Romanus, 1966, S. 92 und *Resch,* Agrapha [3]1967, S. 100 f. u. 359). Allenfalls im Kol könnte man von „Frühgnosis" reden, wenn der Ausdruck nicht bereits für ganz andere spät- bzw. „frühjüdische" Erscheinungen in vorchristlicher Zeit okkupiert wäre. Daß die Nikolaiten von Apc 2,6 u. 15 ff. mit dem Hellenisten Nikolaos von AG 6,5 zusammenhängen, liegt jenseits aller Wahrscheinlichkeit (vgl. dazu *Harnack,* The sect of the Nicolitans and the Deacon Nicolaos in Jerusalem, Journ of Religions 1923, S. 413 ff.; ferner *Zahn,* Die Offb Joh, 1924, S. 264 ff. und *N. Brox,* Nikolaos und die Nikolaiten, Vig. Christ. 1965, S. 23 ff.). Wirklicher Gnostizismus wird erst in I Joh, Jud (= II Petr 3) und bei Ignatius von Ant., allenfalls auch in den Pastoralbriefen bekämpft. Soweit diese Schriften einigermaßen datierbar sind, liegen sie jenseits der ersten Jahrhundertwende. Demgegenüber entfallen als Zeugnisse für den Gnostizismus nicht nur I Petr, Hebr (dazu *Harnack,* DG I, 107, Anm. 1!) und Jac, sondern auch alle übrigen Apostolischen Väter einschl. Kerygma Petri und Petrusapokalypse, von den echten Paulusbriefen zu schweigen. Barn und Epist Apost stellen Sonderprobleme. Wie hypothetisch der ganze Frühansatz christlicher Gnosis tatsächlich ist, zeigt vielleicht am besten das eben wegen seiner enormen Hypothesenfreudigkeit so fesselnde Buch von *W. Bauer,* Rechtgläubigkeit und Ketzerei im ältesten Christentum ([2]1964, m. Nachwort v. *G. Strecker*).

[7] Vgl. hierzu zuletzt *P. Stuhlmacher,* Thesen zur Methodologie gegenwärtiger Exegese (ZNW 1972, S. 18 ff., bes. These 6–10). Genetisch dürfte die unerfreuliche Vermutungshypertrophie auf ntl. Boden vor allem mit dem zur Selbstverständlichkeit gewordenen Gebrauch der religionsgeschichtlichen Methode zusammenhängen. Eine Sprach- und Sachanalyse in bezug auf den Vermutungsgehalt ntl. Spezialuntersuchungen zumal über den Stellenwert von Vokabeln wie „vielleicht", „möglicherweise", „(höchst)wahrscheinlich", „zweifellos" usw. würde voraussichtlich zu verheerenden Ergebnissen führen.

um mehr als bloß um ein gnostisches Spezialproblem. Scheint doch in Simon dem Magier zum ersten, freilich auch einzigen Male eine ganz konkrete, *historisch fixierbare* Gestalt aus dem Nebel der gnostischen Anfänge hervorzutreten, die nicht nur zum Inbegriff einer verbreiteten gnostischen Sondergruppe gehört hat, sondern die auch von den ketzerbestreitenden Kirchenvätern seit dem 2. Jahrhundert ausdrücklich als der Ahnherr *aller* gnostischen Ketzerei namhaft gemacht wird. Zwar hat der Autor ad Theophilum das Aufkommen der gnostischen Ketzerei mit der Gestalt Simons in AG 8 nicht ausdrücklich in Zusammenhang gebracht, allein wer beweist, daß es nicht taktisch überlegte Zurückhaltung war, die das Bild des Samaritaners aus einem gnostischen Offenbarer zu dem eines bloßen Magus entschärft hat? Oder sollten wirklich erst spätere Gnostiker den einstigen Wundermann zum gnostischen Erlöser potenziert haben[8]?

Wir stehen damit vor dem simonianischen Problem, wie es sich dem heutigen Bearbeiter darstellt, d. h. es handelt sich dabei um eine Einzelfrage der Gnosisforschung, die doch zugleich einen Kardinalfall betrifft, von dessen Bestimmung auch für die übergreifende Relation von Christentum und Gnostizismus überhaupt einiges abhängen dürfte. Denn hier entscheidet es sich an einer Erscheinung, deren Spur sich durch die Jahrhunderte verfolgen läßt, ob das gnostische Problem wirklich bereits ein solches des Urchristentums war, oder ob es — jedenfalls auf christlichem Boden — lediglich den historischen Übergang *zwischen* dem Urchristentum und der beginnenden Dogmengeschichte anzeigt. Ist das Erste der Fall, so ergibt sich damit automatisch jener mehr oder minder scharfgeschnittene Dualismus zwischen ntl „Verkündigung" und „Frühkatholizismus", wie er aus nicht wenigen Arbeiten der letzten Jahrzehnte erkennbar ist[9]. Ergibt sich da-

[8] Zu dieser Problemstellung s. u. S. 88 f.

[9] Der Ausdruck „Frühkatholizismus" stellt eine der fragwürdigsten Sprachschöpfungen der heutigen Theologensprache dar (Zur Problemlage vgl. *L. Goppelt,* Die apostolische und nachapostolische Zeit, in: Die Kirche in ihrer Geschichte, Liefg. A., S. 99 ff., ferner *W. Schneemelcher,* NTl. Apokryphen, Bd. II, ³1964, S. 116 f.). Seine Mißverständlichkeit beruht vor allem darin, daß er in der Regel nur zur Abgrenzung der frühkirchlichen Entwicklung vom Urchristentum, d. h. ohne den Blick auf die tatsächliche „frühkatholische" Entwicklung seit der Mitte des 2. Jhs. gebraucht wird und damit zum Werturteil über alles angeblich nicht mehr rein Evangelische selbst innerhalb des NTs geworden ist (vgl. bes. *E. Käsemann,* Paulus und der Frühkatholizismus, ZThK 1963, S. 75 ff., der den entscheidenden Einschnitt kurzerhand mit dem Verblassen der sog. „Naherwartung" gegeben sieht; dazu die ziemlich fruchtlose Diskussion bei *D. Lührmann,* ebda. 1970, S. 448 ff.). Übrigens hat schon *E. Troeltsch* in seinen „Soziallehren" (²1919) S. 83 den Begriff ganz undifferenziert für die gesamte nachpaulinische Entwicklung gebraucht, während ihn *A. Adam* (Lehrbuch der DG Bd. I, S. 159 ff.) erst mit den antignostischen Vätern setzt. Ich selbst bin in meinem Clemens Romanus ebenso ungeschützt damit umgegangen wie andere Autoren und habe daher zwischen Paulus und I Clem einen exklusiven Gegensatz konstruiert, wo — jedenfalls im 1. Jh. — lediglich von

gegen ein Überwiegen der zweiten Möglichkeit, so wird man nicht nur die philosophischen Strukturen am Leibe der Gnosis wieder stärker konturieren, sondern auch der kerygmatheologischen Interpretation des NTs mit stärkerem Vorbehalt begegnen müssen, als das bisher der Fall war[10].

---

theologischen Unterschieden hätte die Rede sein dürfen (so richtig die Kritik von *U. Engelmann* in ‚Erbe und Auftrag' 1971, S. 428).

[10] Eine der wichtigsten Arbeiten im Blick auf die Wiedergewinnung der philosophischen Strukturen am Gnostizismus ist die – den Gnosisforschern offenbar weitgehend unbekannte – umfassende Untersuchung von *H. J. Krämer*, Der Ursprung der Geistmetaphysik (^{2}1967), hier bes. S. 223 ff. Daneben ist Langerbeck zu nennen (vgl. auch meinen Aufsatz „Christentum und Veränderung in der alten Kirche", Kerygma und Dogma 1972, S. 26 ff., hier bes. Anm. 10 und 28), der sogar eine Ehrenrettung für *Eugène de Faye* versucht, freilich in seiner Schroffheit nicht überzeugt. Für den theologischen Sektor ist es geradezu signifikant, daß z. B. ein Aufsatz wie der von *K. Goldammer*, Der Kerygmabegriff in der älteren christlichen Literatur (ZNW 1957, S. 77 ff.), der sich kritisch mit dem Vokabular der Kerygmatheologie auseinandersetzt, soweit ich sehe, ganz ohne Echo geblieben ist.

II. QUELLENKRITIK

Da die Quellenlage in der Simon-Magus-Frage mehr als kompliziert ist, beginnen wir mit einem entsprechenden Überblick[1]:

1. Der älteste, allen anderen Simon-Magus-Zeugnissen zeitlich weit vorausliegende Bericht ist derjenige von AG 8,5—24[2]. Ausgehend von der ersten christlichen Predigt (samt Wundertaten) des Philippus in Samarien wird darin die Gestalt und Bekehrung Simons einschl. seiner angeblichen Taufe bis zu seiner Verfluchung durch Petrus beschrieben, als deren Grund der Versuch des Magiers genannt wird, die Gabe der Mitteilung des hl. Geistes durch ein (offenbar beträchtliches) Geldangebot für sich zu erwerben. Zu diesem Bericht ist folgendes zu bemerken:

a) *Zur Datierung:* Nach dem besonnenen Urteil Jülichers dürfte die AG erst kurz nach der ersten Jahrhundertwende entstanden sein. Hierfür spricht positiv, daß die ältesten sprachlichen Berührungen mit anderen christlichen Schriften etwa in die Zeit zwischen I Clem und die Pastoralbriefe fallen und die frühesten sicheren Testimonien erst bei Justin und Dionysios von Korinth auftauchen. Negativ fällt dagegen das Fehlen des gnostischen Problems sowie der Mangel eines Reflexes auf größere Christenverfolgungen ins Gewicht. Setzt man das Auftreten Simons mit Justin (Apol I,26,2) in der Regierungszeit des Claudius (41—54) an, so ist also der älteste Bericht über ihn — zumindest in seiner Jetztgestalt — wahrscheinlich rund ein halbes Jahrhundert nach Simons Tod entstanden[3].

---

[1] Für die von mir im folgenden zur AG zitierten Kommentarwerke verweise ich auf die Übersicht von *H. Conzelmann*, Die AG (Hdb. z. NT Nr. 7, 1963, S. 13). Zahns Kommentar war mir nur in der Erstauflage von 1919 zur Hand.

[2] Mehr oder weniger vollständige Quellenübersichten zur Simon-Magus-Frage bieten: *A. Hilgenfeld*, Die Ketzergeschichte des Urchristentums ([2]1963), S. 163 ff.; *A. Harnack*, Altchristl. Lit.-Gesch. I, 153 f.; *P. W. Schmiedel* in: Encyclopaedia Biblica IV (1903), Sp. 4536 ff.; *H. Waitz* in: [3]RE XVIII, 351 ff.; *Th. Zahn*, Die AG des Lucas (1919), S. 290 ff.; *H. Lietzmann* in: [2]PW II/3 (1929), Sp. 180 ff.; *R. P. Casey* in: The Beginnings of Christianity V (1933), S. 151 ff.; *H. Leclercq* in: DACL XVII/1 (1950), Sp. 1459 ff.; *H. Conzelmann*, Die AG (Hdb. z. NT Bd. 7, 1963), S. 53 f.

[3] Jülichers Argumentation (*Jülicher-Fascher*, Einleitung in das NT, [7]1931, S. 428 ff.) muß nach wie vor als mustergültig und maßgeblich bezeichnet werden. Demgegenüber bleiben alle Datierungen der AG zwischen 80 und 100 (*Bauernfeind*, *Goodspeed*, *Kümmel*, *Haenchen* u. a.) im Grunde problematisch. Zu den sprachlichen Berührungen mit der nachapostolisch-christlichen Literatur s. die Aufstellungen von *Zahn* (Forsch. z. Gesch. d. ntl. Kanons IV, 1916,

b) *Zur Textgestalt:* Keine der – nicht seltenen – patristischen Bezeugungen von AG 8 setzt – abgesehen von den üblichen Textvarianten – eine ältere Textfassung voraus als die im NT vorliegende. Auch aus den späteren Simon-Magus-Legenden ist keinerlei Bekanntschaft einer „vorlukanischen" Überlieferung des Stoffes zu entnehmen. Demnach beruhen alle von AG 8 abweichenden Nachrichten über Simon entweder auf legendärer Weiterbildung des kanonischen Textes oder sie entstammen anderweitiger, außerkanonischer Überlieferung. Kritische Untersuchungen über den Simonianismus können also nur von der Analyse des kanonischen Textes oder von jenen anderweitigen Überlieferungen aus unternommen werden[4].

c) *Zur Historizität:* Über den ursprünglichen Kern der Simon-Magus-Perikope läßt sich so gut wie nichts Greifbares mehr ermitteln. Schon die ältere Kritik (Schwartz, Wellhausen) hat die Einführung der beiden Jerusalemer Apostel in den Zusammenhang ab V 14 als sekundäre Zutat verworfen, die jüngere (bes. Dibelius u. Haenchen) hat auch die Verbindung zwischen Simon und Philippus noch in Zweifel gezogen. Der Stil des Ganzen ist rein lukanisch, läßt also quellenkritisch keine Rückschlüsse zu. In bezug auf Simons Person wird man etwa folgende Elemente festhalten dürfen: 1. Simons Auftreten und Magie in einer samaritanischen Stadt (Sichem oder Sebaste) (V 9); 2. Simons Selbstbezeichnung, er sei die „große Kraft (Gottes)", die sich in V 10 spiegelt; 3. das eigentümliche Kaufangebot des Magiers von V 18, dessen jetziger Zusammenhang freilich sicher nicht ursprünglich ist[5].

S. 225 ff.), *Loisy* (Les Actes des Apôtres, 1920, S. 6 ff.) und *Haenchen* (Die AG, Meyers Komm. z. NT [13]1961, S. 1 ff.). Daß Dionysios von Korinth (b. Eus. h. e. IV,23,3) nach Justin der älteste Zeuge für den kirchlichen Gebrauch der AG ist, haben alle drei Autoren – also selbst Zahn – offenbar übersehen. Ebenso fehlt bei Haenchen die Erwähnung der Epistola Apostolorum, die Zahn und Loisy noch nicht zur Hand hatten.

[4] Zur Textgestalt von AG 8,5 ff. siehe das Material bei *Zahn,* Forsch. IX, S. 341 ff., ferner *K. Pieper,* Die Simon Magus-Perikope, ein Beitrag zur Quellenfrage in der AG (1911), S. 63 ff. Rein hypothetisch sind alle Versuche, den samaritanischen Magier Simon von AG 8 mit dem jüdischen Magier Simon aus Cypern zusammenzubringen, der nach Josephus (Ant. XX,7,2) die Heirat des Procurators Felix und der Drusilla (AG 24,24) empfohlen haben soll (*Waitz,* ZNW 1904, S. 127 f. und *Hilgenfeld,* a.a.O. S. 169 f.). Das gleiche gilt von den vereinzelten Versuchen, die Gestalt des Simon Magus in jüdisch-christlichen Apokalypsen und Sibyllinen (vgl. z.B. *Preuschen,* ZNW 1901 S. 174 f., zusammenfassend *Schmiedel,* a.a.O. Sp. 4546 f.) oder in der jüdischen Haggada (so *H. J. Schoeps,* Aus frühchristlicher Zeit, 1950, S. 239 ff.) angedeutet zu finden.

[5] Belege: *Ed. Schwartz,* Zur Chronologie des Paulus (NGG 1907, S. 263 ff., hier S. 279 Anm. 3); *E. Preuschen,* Die AG (Hdb. z. Nt. IV, 1912) zu AG 8,14 ff.; *J. Wellhausen,* Kritische Analyse der AG (AGG XV/2, 1914) S. 15; *A. Loisy,* a.a.O. S. 357 ff.; zur neueren Kritik: *M. Dibelius,* Aufsätze zur AG (1951), S. 22 und bes. *E. Haenchen,* a.a.O. S. 257 f.; anders dagegen *K. Lake,* Beginnings IV (1933), S. 92 f. und *O. Bauernfeind,* Die AG (1939), S. 124 f. – *H. H. Wendt,* Die AG (Meyerscher Komm. z. NT [9]1913), *E. Schweizer,* ThWB VI, S. 412 und *H. Conzelmann,* a.a.O. gehen auf die Frage nicht ein. Die Frage, ob Simons Auftreten im samaritanischen Sichem oder im hellenistischen Sebaste stattgefunden habe (vgl. hierzu bes. *Zahn,* Die AG S. 270 ff.), ist weithin

2. Der älteste kirchliche Antignostiker, der Simon Magus als Urheber der simonianischen Häresie schildert, ist – rund ein halbes Jahrhundert nach der AG – der Apologet Justin[6]. Der sehr kurze Bericht befindet sich in Apol I,26,1–3, dazu sind Apol.I,56,2; Dial c. Tryph 120,6 und – vielleicht – Apol I,64 zu ergänzen. Justins Hauptbericht in Apol I,26 besteht aus zwei Teilen: aus der (kirchlichen) Simon-Rom-Legende, der im Nachgang ein paar Notizen über die Simonianer und ihre Ansichten beigefügt werden. Zur Simon-Rom-Legende gehören folgende Nachrichten: erstens der Hinweis auf Simons Geburtsort Gittä in Samarien, zweitens der Bericht von Simons Auftreten in Rom unter Claudius und seiner göttlichen Verehrung auf Grund seiner magischen Künste, drittens die auf Beschluß von Volk und Senat erfolgte Aufnahme Simons unter die römischen Götter, die in der Errichtung einer Simon-Statue am Tiber mit entsprechender Inschrift ihren sichtbaren Ausdruck fand.

Angesichts dieser Vorgeschichte wirkt dann freilich die anschließende Bemerkung, nahezu alle Samaritaner, aber nur ganz wenige unter den übrigen Heiden seien Simonianer, einigermaßen grotesk. Indessen bildet dieser Passus nur den Übergang zu den religiösen Ansichten der simonianischen Sekte, aus denen Justin abermals drei Punkte hervorhebt: erstens Simons religiöse Verehrung als des πρῶτος θεός durch seine Anhänger, zweitens die in Dial.120,6 nachgeholte Notiz, dieser πρῶτος θεός namens Simon sei über „alle Macht, Herrschaft und Kraft" erhaben (vgl. dazu Eph 1,21 und Verwandtes)[7], drittens die Helenageschichte, derzufolge der

---

mit der anderen verknüpft, ob Simons Religion entweder „jüdisch" oder „hellenistisch" oder „samaritanisch" abzuleiten sei (vgl. z. B. *Haenchen*, a.a.O. S. 257; keine Abkunft aus dem Judentum). Die in Sebaste gefundene Kore-Statue (s. u. S. 57[108]) hat in dieser Hinsicht neue Probleme aufgeworfen. Daß in AG 8,10 eine ursprüngliche Ich-bin-Aussage steckt, wird allgemein zugestanden (vgl. schon *Zahn*, a.a.O. S. 279 f.). Sie kehrt übrigens, wenn auch in anderer Form, in Ps Clem Hom II, 25,6 f. wieder.

[6] Obwohl die Behauptung der Kirchenväter, Simon sei der Urheber der Ketzerei und die moderne Hypothese vom „vorchristlichen" Ursprung der simonianischen Gnosis zweierlei sind, beginnen auch kritische Textdarbietungen zur Gnosis noch immer mit Vorliebe bei den Berichten über Simon Magus (s. *W. Völker*, Quellen z. Gesch. d. christl. Gnostizismus, 1932, S. 1 ff.; *H. Leisegang*, Die Gnosis, [4]1955, S. 60 ff.; *R. Haardt*, Die Gnosis, S. 33 ff.; *H. M. Schenke* in: Umwelt I, S. 383 f.; *W. Foerster*, Die Gnosis, Bd. I, 1969, S. 38 ff.). Damit wird aber die Frage, ob der historische Simon ein „Gnostiker" war, bereits durch die Stoffdarbietung präjudiziert.

[7] Auf diesen Zusammenhang hat schon *v. Otto*, Corp. Apol. I/2 zu Dial 120,6 (S. 433, Anm. 21) aufmerksam gemacht. Wichtig für die Frage nach der Entstehungszeit der simonianischen Gnosis ist dabei die Tatsache, daß sich die Zusammenstellung von ἀρχαι, ἐξουσίαι und δυνάμεις außer im NT sonst nur in spätjüdischen, meist apokalyptischen Quellen, sowie in der christlichen (nicht außerchristlichen) Gnosis und apokryphen Apostelakten findet (s. die Belege bei *Foerster* in ThWB II, 586 f.).

historische Simon nicht allein, sondern in Begleitung einer ehemaligen Hure, der Helena, aufgetreten sei, die er als seine πρώτη ἔννοια (d. h. als Personifikation seines ersten Schöpfungsgedankens) ausgegeben habe.

Soweit die gesicherten Nachrichten Justins. Wir fügen auch hier ein paar vorläufige Bemerkungen hinzu:

a) *Zum Text:* Justins Mitteilungen wirken wie Exzerpte aus einem größeren Zusammenhang. Da er in Apol I,26 (vgl. I,56) nach Simon Magus auch dessen ‚Schüler' Menander samt Marcion behandelt und den ganzen Abschnitt mit einem ausdrücklichen Hinweis auf sein — verlorenes — ‚Syntagma wider alle Häresien' beschließt, so dürfte dies auch die Quelle der antihäretischen Ausführungen Justins gewesen sein[8].

b) *Zur Quellenkritik:* Daß Justins simonianische Nachrichten nicht aus einem Guß, sondern doppelter — nämlich (direkt) kirchlicher und (indirekt) simonianischer — Herkunft sind, beweist schon das Fehlen der Helena-Figur im Zusammenhang der Simon-Rom-Legende, ferner die doppelte Nachricht von Simons göttlicher Verehrung a) durch das römische Volk (Apol I,56,2), b) durch die Simonianer (Apol I,26,3). Vor allem aber ist dafür der auffällige Subjektwechsel zwischen Apol. I, 26,2 und 3 aus der 3. Person Sing. (Simon selbst) in die 3. Person Plur. (die Simonianer, vgl. bes. das λέγουσιν in Apol I,26,3 und Dial 120,6) ein deutliches Indiz, dem übrigens der Wechsel vom legendären ins mythologische Genus genau entspricht.

c) *Justins Sachkenntnis:* Abgesehen davon, daß Justin den Simon in thaumaturgischer Hinsicht mit Christus konfrontiert und seinen Titel (πρῶτος θεός) gegenüber AG 8,10 platonisiert hat[9], ist auch seine sonstige Sachkenntnis weit geringer, als man gern annimmt. Was die Simon-Rom-Legende betrifft, so ist ihre motivische Verwandtschaft mit AG 8 nicht zu übersehen[10]. Ihr Sondergut be-

[8] Die Annahme, daß Justin seine antignostischen und antimarcionitischen Auslassungen in Apol I,26 u. 56 aus seinem verlorenen Syntagma exzerpiert hat, auf das auch der Grundstock des von Irenäus (adv haer I,23 ff.) gebotenen ältesten Ketzerkataloges zurückgeht, gehört seit einem Jahrhundert zu den feststehenden Voraussetzungen frühchristlicher Häretikerforschung (*Hilgenfeld*, a.a.O. S. 21 ff. und *Harnack*, Altchristl. Lit.-Gesch. I, 100 u. 144). Um so unbegreiflicher ist es daher, daß *P. Prigent* in seinem umfangreichen Werk über „Justin et l'ancien Testament" (Paris 1964) eine völlig hypothetische Rekonstruktion des Justinschen Syntagmas gewagt hat, ohne das in Apol I,26 vor Augen liegende Problem der Ketzerkataloge auch nur mit einer Silbe zu erwähnen.

[9] Zur Christuskonfrontation Simons vgl. Apol I,26 mit Kap. 30. Daß der Titel πρῶτος θεός in Apol I,26,3 platonisch ist, beweist Apol I,60,5 (siehe *C. Andresen*, Justin und der mittlere Platonismus, ZNW 1952/53, S. 190 mit Anm. 129, dazu jetzt die Übersichten bei *H. J. Krämer*, Der Ursprung der Geistmetaphysik, ²1967, bes. S. 35 ff.). Für Justin tritt der Logos-Sohn als πρώτη δύναμις μετὰ τὸν πρῶτον θεόν (Apol I,32,10 u. 60,5) an die Stelle der platonischen Weltseele.

[10] Daß Justin über Simon Magnus schlecht unterrichtet war, hat schon *de Lagarde* (Clementina, 1865, S. 22, Anm.) hervorgehoben. Die Übereinstimmungen zwischen AG 8,5 ff. und Justin (Apol I,26,1 ff.; 56,2 ff.) sind folgende: a) Simons Auftreten in einer Hauptstadt, b) magische Wundertaten Simons, c) Erstaunen

steht also allein in der Angabe des Ortes Gittä, der Zeit unter Claudius und der – bekanntlich irrtümlichen – Deutung der angeblichen Simon Magus Statue in Rom[11]. Überhaupt behandelt Justin die römischen Simonianer fast schon wie ein Stück Vergangenheit. Über das hinaus, was er von ihnen gelesen hat, weiß er nichts (s. seine Stellungnahme zu den angeblichen Unsittlichkeiten,

---

und Anerkennung derselben durch die ganze Bevölkerung, d) Vergöttlichung Simons durch das Volk – alles im Bereich weniger Zeilen! Dagegen ist die Verwerfung Simons durch Petrus (AG 8,20) in Rom bezeichnenderweise durch die Errichtung seines Standbildes auf Veranlassung des heidnischen Senats ersetzt.

[11] Die i. J. 1574 aufgefundene Inschrift der von Justin gemeinten Statue lautet bekanntlich „Semoni Deo Sanco Fidio Sacrum" etc. (Corp. Inscr. Latin. VI, 567, vgl. 30795, dazu *Lietzmann*, PW II/3, Sp. 181), d. h. sie bezeichnet einen sabinisch-altrömischen Eidgott. Sie stammt auch nicht, wie Justin annimmt, aus der Zeit des Claudius, sondern aus dem 2. Jh. und bietet für eventuelle simonianische „Anknüpfungen" (so neuerdings *H. G. Kippenberg*, Garizim und Synagoge, 1971, S. 123 f. Anm. 462; vgl. auch *R. P. Casey*, Beginnings V, S. 154) kaum einen sachlichen Anlaß, dies um so weniger, als Simon, nach der von Justin unabhängigen Nachricht des Irenäus (I,23,4) zusammen mit Helena tatsächlich in Standbildern als Jupiter (bzw. Minerva) verehrt worden sein soll. Justins Angabe beruht also auf einem Irrtum, der darin besteht, daß Justin (nicht die Simonianer) das Standbild Semos für dasjenige Simons hielt. Im übrigen hätte der Apologet sicher nicht gezögert, eine simonianische Identifikation zwischen Semo und Simon, falls er sie gekannt hätte, als illegitim zu brandmarken. Nun existiert freilich in Act Petri 10 (Li-Bo I, S. 57,24 f.) noch eine apokryphe Variante jener Inschrift in einem anderen, nämlich stärker „simonianischen" Kontext. Dort behauptet der röm. Christ Marcellus (unter Nero), Simon selbst habe ihn – Marcellus – dazu überredet, eine ihm geweihte Statue zu errichten mit der Inschrift „Simoni Iuveni Deo", d. h. griechisch wohl Σίμωνι νέῳ θεῷ. Daraus hat *O. Weinreich* (Arch. f. Rel. Wiss. 1915, S. 21 ff.), dem auch *J. Wikenhauser* (Der Geschichtswert der AG, 1921, S. 394 ff.) gefolgt ist, den Schluß gezogen und mit Beispielen zu belegen versucht, daß es simonianische Inschriften dieser Art womöglich gegeben haben könne, womit Justins Irrtum zumindest relativiert wäre. Aber auch dieser Versuch ist wenig überzeugend. Zwar ist es sicher, daß man nicht nur röm. Kaiser, sondern auch θεῖοι ἄνδρες wie Apollonius von Tyana (vgl. *L. Bieler*, Theios Aner, ²1967, S. 136 f.) in Anlehnung an ältere Gottheiten als „neuer Asklepios" o. ä. bildlich verehrte, allein abgesehen davon, daß *Weinreich* die angebliche Inschrift von Act Petr 10 mindestens als korrumpiert ansehen muß, ist dieser Zusammenhang für Act Petri 10 auch kaum wahrscheinlich. Vielmehr beweist schon das singuläre Auftauchen der Sache an unserer Stelle, ohne daß die Petrusakten auf diesen Sachverhalt wieder zurückkommen, daß es sich um eine Einzelnachricht handelt, die der (in Kleinasien lebende!) Vf. der Act Petri lediglich legendär bearbeitet hat. Ihre Quelle dürfte einfach Justin gewesen sein, zumal auch hier der Dissensus zu Iren. I,23,4 unaufhebbar ist. Was im übrigen die Titulatur Simons als νέος θεός betrifft, so stimmt sie wörtlich mit dem überein, was in den Thomasakten (c. 20, 69 und 123, vgl. ähnlich Act Joh 3) von Christus gesagt ist. Dabei ist das νέος (bzw. καινός, so die Act Joh) in dem von *Ed. Norden* (Agnostos Theos ⁴1956, S. 53, Anm. 3) beschriebenen Sinne zu verstehen, der auch bei Ign Eph 19,2 (vgl. dazu *W. Bauer* im Erg.-Bd. II z. Hdb. z. NT, S. 217) und in Melitos Passahomilie vorausgesetzt ist.

Apol I,26,7). Ihre Zahl hält er — abgesehen von Samarien (aber eine simonianische Volksreligion dürfte es dort nie gegeben haben!) — für verschwindend klein (s. Apol I, 56, 3) und fordert auch deshalb den Abbruch des Standbildes am Tiber (Apol I,56,4).

Unsere Kenntnis des Simonianismus nach Justin beruht also auf ganzen drei Passagen. Möglich, wenn auch nicht sicher, ist es jedoch, daß noch eine vierte Stelle aus simonianischem Zusammenhange stammt, das ist Justins Auslassung über die angeblich dämonische Nachäffung der kirchlichen Trinitätsauffassung (vgl. Apol I,59f) in Apol I,64. Danach hat es Ketzer gegeben — doch wird Simons Name hier nicht genannt —, die den in Gen 1,2 über den Urwassern schwebenden göttlichen Geist (Apol I,60,7) mit der Zeustochter Kore und den weltschöpferischen Logos mit Athene identifiziert haben sollen, die sie als πρώτη ἔννοια des Zeus bezeichneten. Nun ist die Verbindung der Athene mit der πρώτη ἔννοια des Zeus von Hause aus kein gnostisches, vielmehr ein stoisches Überlieferungsstück, auch ist die Verdoppelung der obersten weiblichen Gottheit bei den Simonianern in Kore und Athene zum mindesten nicht nachweisbar, so daß man fragen könnte, ob die Beziehung auf die kirchliche Trinitätsauffassung hier wirklich so deutlich vorausgesetzt war, wie es Justin im Blick auf den vorhergehenden Abschnitt Apol I,60 erscheinen läßt[12]. Andererseits ist freilich zuzugeben, daß die Bezeichnung des obersten weiblichen Genius der Simonianer als Ennoia und ihre Verbindung mit Zeus in Gestalt der Athene (vgl. Iren I, 23,4) auf gnostischem Boden ein sonst nirgends nachweisbares simonianisches Spezialissimum ist und daß auch die spätsimonianische Megale Apophasis (Hippol Ref VI, 14,3 und 17,2) — freilich nicht nur sie — mit der mythologischen Interpretation von Gen 1,2 beschäftigt war[13]. Rebus sic stantibus wird man sich kaum entschließen, die

[12] Immerhin beginnt auch das von Iren I,30 dargestellte ophitisch-gnostische System mit einer ganz ähnlichen an Gen 1,2 angelehnten Trinitäts- bzw. Quaternitätsspekulation, wie bei Justin Apol I,64, welche schon *Bousset* (Hauptprobleme, S. 162) zu entwirren versuchte. Auf den trinitarischen Zusammenhang der Passage Apol I,61—64 hat *G. Kretschmar*, Studien zur frühchristlichen Trinitätstheologie (1965), S. 215 f. hingewiesen, dabei aber den Zusammenhang mit Apol I,60 übersehen. Zur stoischen Identifikation zwischen Athene und dem Logos vgl. *J. v. Arnim*, Stoic Vet Fragm II (1903), S. 320, Nr. 1096, dazu *W. Theiler*, Die Vorbereitung des Neuplatonismus (1930), S. 19, ferner *G. Quispel*, Der gnostische Anthropos und die jüd. Tradition (Eranosjahrb. 1953), hier S. 209, *M. Hengel*, Judentum und Hellenismus (1969), S. 277, Anm. 291 und die weiteren Belege zur Platonisierung der Athene bei *H. Leisegang*, PW II/5, Sp. 1028 f.

[13] Zur gnostischen Beschäftigung mit Gen 1,2 vgl. außer Iren I,30,1 (vorige Anm.) noch Exc ex Theod § 47,3 (Valentinianer) Apokryphon Joh p 45,10 ff. und Epiphanius, haer XXV, 5,1 (Nikolaiten), dazu *H. M. Schenke*, Der Gott Mensch in der Gnosis (1962), S. 83 ff. und *J. Frickel* SJ, Eine neue Deutung von Gen 1,26 in der Gnosis (Festschrift für G. Widengren, Bd. I, 1972 S. 418 f.) mit dem weiteren Hinweis auf *E. Haenchen*, Aufbau und Theologie des Poi-

Passage aus Apol I,64 *dem* Simonianismus zuzuweisen, der in den einschl. Kirchenväterberichten referiert wird. Eher ließe sich an eine simonianische Sekundärbildung denken, falls nicht, was schon im Blick auf Apol I,60 ernsthaft erwogen werden muß, die „trinitarische" Zusammenstellung von Zeus, Kore und Athene überhaupt erst von Justin geschaffen worden ist.

3. Etwa ein Menschenalter nach Justin – also fast eineinhalb Jahrhunderte von dem historischen Simon entfernt – präsentiert sich mit Irenäus Adv haer I,23 der wichtigste Zeuge zur simonianischen Gnosis überhaupt. Ist Irenäus doch der einzige unter den Vätern des 2. und 3. Jahrhunderts, der um eine wirkliche Gesamtdarstellung des Simonianismus bemüht ist, während alle anderen nur Einzelheiten, Teile oder, wie Hippolyt mit seinen Auszügen aus der ‚Megale Apophasis' (s. u. S. 37 ff.), ein ganz andersartiges System bringen. Irenäus gliedert seinen Bericht in vier Abschnitte, von denen der erste Simon selbst, der zweite den Ennoiamythos, der dritte die durch Simon vollbrachte Erlösung und der vierte einige kultische Einzelheiten behandelt.

Erster Teil: Simon selbst: Irenäus ist der erste Berichterstatter, der den kanonischen Text von AG 8 – wenigstens im Auszug – an den Anfang stellt, indem er ihn mit den Notizen der Rom-Legende bei Justin verbindet[14]. Im Zusammenhang mit Simons göttlicher Verehrung werden im übrigen folgende blasphemische Selbstaussagen des Magiers zusammengestellt: Er sei die „sublimissia virtus" (ἡ ἀνωτάτη δύναμις); damit ist also gesagt, daß es auch untere δυνάμεις gibt. Dazu kommt die modalistische Behauptung, derzufolge Simon unter den Juden als Sohn, in Samarien als Vater und unter den „übrigen Heiden" (vgl. Justin Apol I,26,3) als hl. Geist erschienen sein will. Schließlich erklärt Simon pauschal, er sei der „Allvater" und ließe sich seine Anrufung unter jedwedem Namen gefallen.

mandres (ZThK 1956, S. 156 ff.) und *H. Jonas*, Gnosis und spätantiker Geist I (^{3}1964), S. 395 u. 400 (mir nicht zugänglich). Unter den frühen patristischen Stellen gehen Justin, Apol I,59 f. und Theophil Autol II,13 voran; weiteres bei *G. Kretschmar*, Trinitätstheol. S. 32. Zur jüdischen Vorgeschichte vgl. *Bousset-Greßmann*, Religion des Judentums (^{3}1926), S. 348, auch *Loofs-Aland*, Leitfaden zum Studium der Dogmengeschichte S. 29, Anm. 15 und vor allem die Göttinger Diss. von *B. Schaller*, Untersuchungen über die Verwendung und Deutung der Schöpfungsaussage von Gen 1,2 im antiken Judentum (1961).

[14] Dabei muß freilich der anfängliche Christ Simon von AG 8,13 in einen Scheinchristen verwandelt und die Bitte Simons um Fürbitte von AG 8,24 durch den Gedanken ersetzt werden, daß der Samaritaner durch die apostolische Verfluchung erst recht verstockt worden sei, so daß daraus die Steigerung von Simons Bosheit hervorgehen kann (vgl. die Paulusbegleiter Demas und Hermogenes in Act Theclae 1–4). Das Motiv des Namens- und Scheinchristentums (oft mit dem Bild vom Wolf im Schafspelz, vgl. Mt 7,15, verbunden) ist übliche Ketzerschablone (vgl. z. B. Justin, Dial 35,6; Tertullian, De praescr 4,3; Clem Strom IV, 17,1).

Zweiter Teil: der Ennoiamythos: Irenäus setzt zunächst neu ein: „Simon autem Samaritanus, ex quo universae haereses substituerunt, habet huiusmodi sectae materiam." Sodann folgt die aus Justin bereits bekannte Helenageschichte, freilich mit genaueren Angaben: Simon hat die Helena aus einem Bordell in Tyrus freigekauft; außerdem wird die πρώτη ἔννοια — analog zu Simon — als „Allmutter" bezeichnet, durch die der Allvater vor Anfang die Engel und Erzengel (also den oberen Kosmos) zu schaffen gedachte. Das mythische Schicksal der Ennoia ist nun dies, daß sie zwar dem Vater „ent-springt" und jene Engelmächte (die hernach die untere Welt schaffen) hervorruft, daß sie sich aber damit gleichzeitig in einer Abwärtsbewegung vom Urvater emanzipiert und so ihren eigenen Nachkommen in die Hände fällt. Weil nämlich diese Nachkommen, die Weltengel, den Urvater nicht mehr kennen und sich deshalb absolut setzen, überfallen sie ihre eigene Mutter — „propter invidiam", wie eigens erklärt wird — vergewaltigen sie und sperren sie, um sie von jeder Rückkehr zum Vater abzuschneiden, in einen weiblichen Fleischesleib. Fortan wandert sie von einem Frauenleib zum anderen durch die Geschichte — auch in der trojanischen Helena war sie inkarniert, wie an der Stesichorosepisode illustriert wird[15] —, bis sie zuletzt im Bordell zu Tyrus landet. Sie ist das „verlorene Schaf" des Evangeliums.

Dritter Teil: Die Erlösung durch Simon: Simons Erlöserfunktion ist eine doppelte. Einerseits steigt er als Allvater durch die Sphären der Weltengel auf die Erde herab zur Befreiung bzw. Entfesselung seiner Ennoia, wobei er sich beim Durchgang durch die Himmelssphären den jeweils dort herrschenden Engelmächten assimiliert. Andererseits verkündet er allen Menschen, die an ihn glauben, Heil und Erlösung von der Mißherrschaft jener Weltengel, indem er behauptet, er sei gekommen, die Welt wieder in Ordnung zu bringen. Zugleich tritt er als doketischer Christus auf: Wie er als Scheinmensch unter Menschen erschienen sei, so habe er auch nur scheinbar in Judäa (am Kreuz) gelitten. Seine Gegenweltlichkeit präsentiert er im übrigen als handfesten Antinomismus. Die Propheten des AT werden rund verworfen, weil sie von den Weltengeln inspiriert gewesen seien. Dazu wird in Anlehnung an Paulinisches behauptet, daß der Mensch nicht durch Werke der Gerechtigkeit, sondern durch seine — Simons — Gnade errettet würde. Gerecht wären die Werke ohnehin nicht an sich, sondern nur durch Setzung — ein kyrenaisches Argument — zumal die Weltengel durch ihre Willkür lediglich die Menschheit hätten knechten wollen. Wer auf ihn —

[15] Nach Plato, Phädros 243 A (vgl. Rep IV,586 C) wurde Stesichoros wegen seiner Schmähungen gegen Helena blind und dichtete darauf die Palinodie, worin erzählt war, nicht Helena, sondern nur ihr Bild sei nach Troja gekommen und 10 Jahre umkämpft, sie selbst aber entrückt worden (vgl. dazu PW VII/2, Sp. 2833). Das Motiv kehrt Ps Clem Rec II,12,2 als simonianische Überlieferung wieder.

Simon – (samt Helena) seine Hoffnung setze, könne als Freier tun, was er wolle. Als letzte Aussicht erscheint schließlich die Aufhebung des Kosmos (solvi mundum), mit der die Herrschaft jener Engel endgültig erledigt sein wird.

Vierter Teil: Kultisches: Dieser wie ein Anhängsel wirkende Abschnitt führt zunächst – überraschend – eine simonianische Priesterschaft von Magiern ein, der ein „libidinose vivere" nachgesagt wird. Von den magischen Praktiken wird eine Reihe bekannter Dinge aufgezählt. Um das Maß vollzumachen, fügt Irenäus schließlich die Mitteilung über angebliche simonianische Idololatrie hinzu. Danach sollen die Simonianer ihr Götterpaar, Simon und Helena, auch abbildlich als Zeus und Athene verehrt haben. Mit dem Hinweis, daß von hier die „falsche Gnosis" (vgl. I Tim 6,20) ausgegangen sei, endet schließlich der Bericht[16].

Was ist zum Referat des Irenäus zu sagen? Wir beschränken die Stellungnahme vorerst auf wenige Bemerkungen zur redaktionellen Tendenz und zur Überlieferungsfrage. Was zunächst die redaktionelle Signatur der Darstellung angeht, so tritt sie vor allem in der Gliederung deutlich in Erscheinung, und zwar insofern, als Irenäus nicht einfach ein gnostisches System referiert, sondern die einzelnen Posten der simonianischen Lehre und Praxis zugleich in Form eines kirchlich belichteten Skandalkataloges aneinanderreiht, dessen Skopus gerade nicht die transzendentale gnostische Mythologie, sondern durchweg die zugehörige irdische Wirklichkeit bildet. So wird schon Simon selbst durch die Voranstellung von AG 8 von vornherein auf den irdischen Boden gestellt, während die gnostische Verkündigung den Ton gerade auf seine Nichtwirklichkeit legt. Irenäus will keineswegs etwa die Inkarnation des transzendenten gnostischen Urvaters in der Person Simons verständlich machen, sondern er sagt: Dieser von den Aposteln bereits verfluchte, unter Claudius in Rom aufgetretene Samaritaner hat nicht nur zu seiner Zeit die Menschen durch Magie bezaubert, sondern dazu obendrein die wahnwitzige Behauptung aufgestellt, er selbst sei die „sublimissima virtus", also der höchste Gott[17], ja geradezu die christliche Trinität. Man braucht hier nur an Stellen wie II Thess 2,4 zu denken, um darin die ‚nota antichristi' zu entdecken[18].

[16] Unter den Vätern der ersten Jahrhunderte haben zumindest Hippolyt (Ref VI,19 f.), Euseb (h. e. II,13,5), Epiphanius (haer XXI) und Theodoret (haer fab comp I,1) den griechischen Irenäustext unter den Augen gehabt. Fügt man AG 8 und Justin hinzu, so läßt sich die griechische Fassung des Berichtes weitgehend wiederherstellen (worauf *W. Völker* in seiner Ausgabe leider verzichtet hat).

[17] Statt des πρῶτος θεός bei Justin Apol I,26,3 (vgl. 60,5) setzt Irenäus, wie Hippolyt, die Ps-Clem und Justin Dial 120,6, den richtigeren Titel Simons als der ἀνωτάτη δύναμις, ein Zeichen, daß Justin in der Apologie eine platonisierende Aussage eingesetzt hat.

[18] Nimmt man die Ansprüche Simons, als Gott auf Erden zu gelten, als zweiter Christus Wunder zu tun und seinen Doketismus zusammen, so er-

Den analogen Zuschnitt weist auch der zweite Abschnitt über die ‚Helena' und ihre Schicksale auf, d. h. auch hier soll nicht in erster Linie der simonianische Ennoiamythos wiedergegeben werden, sondern lediglich die Beziehung, in der dieser gnostische Komplex zu der anrüchigen und im übrigen abermals durch und durch irdischen Herkunft von Simons Begleiterin steht. Eben darum eröffnet Irenäus den zweiten Teil noch vor der Wiedergabe des Ennoiaberichtes mit der nüchternen Mitteilung, Simon habe jene ‚Helena' als gewöhnliche Hure in Tyrus gekauft und führe sie nun mit sich herum (vgl. Justin). Der Sache nach würde dieser Zug natürlich erst ans Ende des Ennoiaabschnittes gehören, wo er denn auch tatsächlich wiederholt wird. Tritt er dagegen wie bei Irenäus als erster Satz noch *vor* die Ennoiamythologie, so verwandelt er sich automatisch in eine grelle unsittliche Schlagzeile, während gleichzeitig der Ennoiamythos selbst als eine weitere krankhafte Ausgeburt der simonianischen Phantasie zu stehen kommt: Eine Hure als „erster Gedanke" Gottes und zugleich als ... das „verlorene Schaf"!

Steht es so, dann kann schließlich auch der dritte Abschnitt über die von Simon verkündete Erlösung nur das absolute Widerspiel dessen darstellen, was kirchlich anerkannt und zulässig ist. Und in der Tat bilden die hier einander folgenden Themata (Inkarnation, Kreuz, AT-Weissagungen, Gnade und Werke, christliche Freiheit und eschatologische Hoffnung) beinahe eher einen kirchlichen als einen gnostischen Katechismus, nur daß eben jedesmal das kirchlich Verwerfliche (also Doketismus, Antinomismus, Magie und Idololatrie) dafür als Inhalt in Anspruch genommen wird. Kurz, man wird bei jeder Behandlung des Irenäustextes die gnostische Substanz und die kirchliche Tendenz des Berichtes sorgfältig differenzieren müssen[19].

---

scheint geradezu eine Kumulation antichristlicher Merkmale; vgl. *Dibelius* im Hdb. z. NT zu II Thess 2,4 ff. (Exkurs), ferner *Bultmann*, Joh.-Ev ([14]1956), S. 183 Anm. 1 und *Billerbeck*, II, 462 ff. u. 542, zu den Wundern bes. die Eliasapokalypse bei *P. Rießler*, Altjüd. Schrifttum außerhalb der Bibel ([2]1966), S. 119 ff. (doch ist eine Identifikation mit Simon Magus hier nicht nachweisbar). Patristische Stellen bietet *C. Schneider*, Geistesgeschichte des antiken Christentums I (1954), S. 483 Anm. 5; zur Verbindung des Antichristen mit dem Doketismus vgl. die bekannten Stellen I Joh 2,22; 4,2 f.; II Joh 7; Polyc ad Phil 7,1; Tert De praescr 33,11. Freilich nennt Irenäus (I,13,1) noch den Gnostiker Marcos, dem Simon Magus recht ähnlich sieht, lediglich einen „Vorläufer des Antichristen" (*Harvey* I, 114 f.), dagegen ist in den Ps-Clementinen (*Hilgenfeld*, a.a.O. S. 166 f.) die Identität Simons mit dem Antichristen definitiv vollzogen.

[19] Übrigens befindet sich der Bericht noch in einer übergreifenden redaktionsgeschichtlichen Verwandtschaft mit dem ganzen Ketzerkatalog von Iren I, 23–28. Die Berichte dieses Abschnitts muten teilweise wie Variationen über ein gemeinsames Thema an. Zumal zwischen Simon Magus (I,23), den Basilidianern (I,24,3 ff.) und den Karpokratianern (I,25) bestehen auffallend enge Beziehungen, die eigentlich eine redaktionsgeschichtliche Analyse des Ganzen erforderlich machen würden, wenn damit nicht eine eigene Monographie zum

Sodann zur Überlieferungsfrage. Und zwar ist hier in erster Linie das Verhältnis zur Berichterstattung Justins ins Auge zu fassen. Seit Lipsius und Hilgenfeld wird in der Regel das verlorene Syntagma Justins gegen alle Häresien als Hauptquelle für Irenäus angenommen, zumal Justin selbst im Zusammenhang seiner gnostischen Nachrichten (Apol I,26,8) ausdrücklich darauf hinweist[20]. Gemeinsam sind Justin und Irenäus folgende Einzelheiten:

1. die Kenntnis der Simon-Rom-Legende (Justin, Apol I,26,2 = Iren I, 23,1), wobei Irenäus freilich auf die Wiedergabe der Inschrift der angeblichen Simon-Statue verzichtet,
2. der Anspruch Simons auf den höchsten Gottesnamen und seine Verehrung als oberstem Gott (Justin, 26,3 u. Dial 120,6 = Iren I,23,1); doch ist die Titulatur Simons bei Justin platonisiert;
3. die Behauptung von Simons angeblich ökumenischer Erscheinungsweise und Verehrung in Judäa, bei den Samaritanern und unter den „übrigen Heiden" (Justin, 26,3 = Iren I,23,1), freilich mit der Differenz, daß Justin im Unterschied zu den „übrigen Heiden" lediglich der samaritanischen Anhängerschaft Simons Bedeutung zuschreibt und Judäa (als Ausgangspunkt des legitimen Christentums) ganz beiseite läßt;
4. die Kenntnis des Ennoiamythos (Justin 26,3 = Iren I,23,2); doch ist die Zugehörigkeit der Passage Justin, Apol I,64, wie gezeigt, nicht sicher;
5. die redaktionelle Tendenz in der Darstellung des Simonianismus, sofern auch für Justin die irdische Wirklichkeit Simons und der Helena wichtiger ist als die mythologischen Einzelheiten des gnostischen Systems,
6. die Zusammenstellung Simons mit Menander und Markion (Justin 26,4 ff. u. 56,1 = Iren I,23,5 u. 27,2 ff.), die bei Justin durch den ausdrücklichen Hinweis auf das verlorene Syntagma unterstrichen wird.

Die hier zusammengestellten 6 Indizien legen es zumindest nahe, den wesentlichen Kern des Irenäusberichtes aus dem Syntagma Justins abzuleiten, d. h. bis etwa zur Mitte des 2. Jahrhunderts hinaufzudatieren. Lediglich den Bericht von AG 8 dürfte Justin noch nicht referiert haben; lediglich die bei Irenäus im dritten Abschnitt (I,23,3) behandelten simonianischen Heilslehren werden bei Justin nirgends angedeutet. Zwar behauptet Justin in Apol I,26,7, von angeblich unsittlichen Exzessen der von ihm gebrachten Gnostiker nichts erfahren zu haben, allein die dort erwähnten Ausschweifungen (Polymixie und Kannibalismus) entsprechen

Gnostizismus erfordert wäre. So kehren feststehende Themen wie Metempsychose, Libertinismus, Magie, Demiurgisches immer wieder und sind z. T. geradezu austauschbar, ebenso Ausdrücke wie das „mundum facere" bzw. die „mundi fabricatores" (im ganzen nicht weniger als 23mal!, dazu vgl. I,6,1), Vokabeln wie „virtus", Verbindungen wie „quoniam", „autem", „enim", „quapropter" usw., die auch stilistisch ein ganz bestimmtes Bild abgeben.

[20] Vgl. außer *Hilgenfeld* und *Harnack* u. a. auch *C. Schmidt*, Studien zu den Pseudoclementinen (TU 46/1, 1929, S. 51). *P. Prigent* (s. o. S. 10[8]) geht auch auf diesen Sachverhalt nirgends ein.

lediglich den allgemein heidnischen Verleumdungen gegen das Christentum überhaupt, die freilich, wie wir aus Clemens Alexandrinus (Strom III, 10,1) und späteren Antignostikern wissen, auch den Ketzern aufgebürdet wurden. Interessant ist, daß Justin (Apol I,26,7) ausdrücklich behauptet, *alle* genannten Gnostiker – also auch die Simonianer – hielten sich für Christen. In der Tat gehört der Anspruch, das – selbstverständlich ‚wahre' – Christentum zu verkörpern, wie sich zeigen wird, zur zentralen Überzeugung des gnostischen Simonianismus. Freilich wird man in diesem Zusammenhang kaum behaupten können, daß der Simonianismus von Irenäus als aktuelle kirchliche Gefahr behandelt würde. Aktuell ist für den gallischen Bischof vielmehr vor allem der jüngere Valentinianismus, wie dessen breite apriorische Behandlung *vor* dem mit Simon Magus einsetzenden Ketzerkatalog der übrigen Sekten beweist. Fast hat die mit Iren I,23 beginnende doxographische Darstellung der sonstigen Ketzereien etwas Chronikalisches an sich. Irenäus lebt hier einfach aus zweiter Hand, und selbst dem Abschnitt über die simonianische Magie (I,23,4) dürften keinerlei unmittelbare Kenntnisse des Berichterstatters zugrunde liegen[21].

4. Erst in den Anfang des 3. Jahrhunderts, d. h. ein reichliches Menschenalter nach Irenäus, fallen die drei verschiedenen Berichte über den Simonianismus, die aus den Schriften Hippolyts überliefert sind. Es handelt sich

a) um den weitgehend (aber nicht durchweg) von Irenäus abhängigen Überblick Hippolyts in Refutatio VI,19–20[22],
b) um den aus Epiphanius, Ps-Tertullian und Filastrius rekonstruierbaren – von Irenäus etwas abweichenden – Bericht aus Hippolyts verlorenem Syntagma gegen alle Häresien,
c) um Hippolyts Auszüge aus der sog. „Megale Apophasis" (Ref VI,9–18; vgl. IV,51,3 ff.; V,9,5 u. X,12), die dem Bericht a) vorangehen und die ein von der

[21] Daß es gnostische Magie (wie jüdische, vgl. *M. Hengel*, Judentum und Hellenismus, 1969, S. 442) gegeben hat, wird im allgemeinen nicht bezweifelt (vgl. RAC VII,44 ff. u. 80 f.; *Nilsson*, Griech. Rel. II, S. 590 u. 595). Celsus (Orig VI,39) erhebt den Vorwurf gegen das ganze Christentum. Ebenso unumstritten ist die kirchliche Ablehnung (etwa Hippol Ref IV,28 ff. und *W. Bauer* i. Erg.-Bd. z. Hdb. z. NT zu Ign Eph 19,3), falls man nicht mit *C. Schneider* (Geistesgeschichte des antiken Christentums, 1954, Bd. I, S. 531 ff.) auch den Exorzismus und dgl. zur Magie rechnet. Zu fragen ist aber, ob die bei Irenäus I,23,4 gebotene Aufzählung allgemeiner magischer Praktiken (vgl. ähnlich auch Tertullian, Apol, 23,1) auf die Simonianer wirklich zutrifft. Sie kehrt in ähnlicher Form auch bei Basilides und den Karpokratianern wieder (Iren I,24,5 u. 25,3), wozu man Agrippa Kastor (bei Euseb h. e. IV,9,7) vergleichen kann. Den von Irenäus angedeuteten Zusammenhang zwischen Magie und Libertinismus unterstreicht auch Tertullian, De praescr. 43,1 ff. Übrigens haben auch gnostische Gruppen die Magie abgelehnt, vgl. z. B. das Titellose Werk p 171,8 ff. und Pistis Sophia Kap. 18.

[22] *Harnack*, Altchristl.-Lit.-Gesch. I,267.

gesamten übrigen Simon-Magus-Tradition seit Justin völlig abweichendes gnostisches Konzept enthalten.

Wir behandeln im folgenden zunächst nur den Text Ref VI,19–20. Dazu ist allgemein zu sagen, daß Hippolyt das Material seines Vorgängers teils erweitert, teils verkürzt, teils aber auch umgruppiert hat, so daß eine kurzgefaßte Übersicht schwierig ist. Einfacher ist es, den gleichsam atmosphärischen Unterschied zwischen Irenäus und Hippolyt zu formulieren. Man kann sagen: Gemessen an Irenäus wird der Simonianismus noch weniger in bezug auf den Gnostizismus als vielmehr ausschließlich unter dem Gesichtspunkt seiner Antikirchlichkeit erfaßt und eingeordnet. Das bedeutet einen wichtigen Fortschritt. Zwar ist die Gnosis zur Zeit Hippolyts noch nicht tot, aber man spürt es an der ganzen Art des Umganges mit ihr: Ihre aktuelle Gefährlichkeit ist weiter im Schwinden, während die Kirche sich ihrer geistigen Überlegenheit bewußt zu werden beginnt. Und so entsteht bei Hippolyt zum ersten Mal ein typisches Ketzerplakat[23].

Unter den Abänderungen Hippolyts gegenüber Irenäus sind die Erweiterungen am augenfälligsten. Und zwar lassen sich drei sachlich verschiedene Gruppen von Zusätzen unterscheiden, einmal bei der Simon-Rom-Legende, zweitens bei den trojanischen Motiven, drittens in bezug auf den simonianischen Libertinismus. Zunächst die Simon-Rom-Legende: Hippolyt erwähnt in der Reihe der antignostischen Väter zum ersten Mal Simons Romreise[24] und die anschließenden Kämpfe mit Petrus, d. h. er legt den angeblichen Aufenthalt des Magiers in Rom aus der Zeit des Claudius (vgl. Justin, Apol I,26,2) in diejenige Neros und ist damit wahrscheinlich einer der ältesten Zeugen für die Existenz des in den Petrusakten verarbeiteten Legendenstoffes. Freilich tritt dazu ein seltsam abweichendes Stück über das Ende Simons. Offenbar um die Auferstehung Christi von den Toten magisch nachzuahmen, läßt sich Simon von seinen Jüngern lebendig begraben mit der Weissagung, nach drei Tagen wieder aufzuerstehen, die sich dann freilich nicht erfüllt; „denn er war nicht Christus“ (Ref. VI,20,3, vgl. 9,1 f.)[25].

---

[23] Darum sind schon die aus der Megale Apophasis ausgewählten Stücke von Anfang an (Ref. VI,9,3, vgl. die weiteren Stellennachweise bei *Völker)* unter den Gesichtspunkt der Mißhandlung des AT durch die simonianische Exegese gestellt, dem die Mißhandlung der Dichter (VI,19,1) unter Voranstellung der trojanischen Überlieferungen angehängt wird. Ich vermisse die Berücksichtigung dieses Sachverhaltes in der quellenkritischen Arbeit von *J. Frickel* SJ, Die Apophasis Megale in Hippolyts Refutatio (1968) bes. S. 117 f.

[24] Vgl. Act Petr 5; Ps Clem Rec III,63,8 ff. und Eus. h. e. II,14,4 usw. Das Motiv der Romreise des Wundertäters ist als solches konventionell (vgl. *H. D. Betz*, Lukian von Samosata und das NT, TU 76, 1961, S. 110). *Zahn* (Die AG I, S. 304) hält die Reise für historisch, was im Rahmen seiner Konzeption verständlich ist, dagegen überrascht das gleiche Urteil bei *H. Lietzmann* (PW II/3, Sp. 181) und *W. Schmithals* (Apostelamt, S. 149, Anm. 281).

[25] *W. Schneemelcher* (Ntl Apokryphen [3]II, S. 178) möchte unter den vor-

Daß solche Erweiterungen der Simon-Rom-Legende rein kirchlicher Herkunft sind, bedarf keines Beweises. Anders steht es mit der zweiten Gruppe von Zusätzen, die um das trojanische Motiv versammelt sind. Während nämlich Irenäus den trojanischen Zusammenhang (abgesehen von der Stesichorosepisode) nur kurz erwähnt, bringt Hippolyt eine Erklärung, die das Ganze erst wirklich verständlich macht. Die Erklärung besagt, daß die in weibliche Körper gefesselte Ennoia durch ihre große Schönheit die kosmischen Mächte zu Streit und Begierde um ihren Besitz aufreizt, was dann unter den Völkern, in welchen sie jeweils erscheint, zu Krieg und Blutvergießen führt; denn so erklärt sich eben der trojanische Krieg. Hippolyt fügt hinzu, diese Allegorese habe sich auch auf das Trojanische Pferd und die ‚Helena mit der Fackel' erstreckt. Doch werden diese Einzelheiten erst bei Epiphanius ausführlicher behandelt.

Schließlich die dritte Gruppe von Zusätzen zur Irenäusvorlage. Sie ist mit dem angeblichen Libertinismus der Simonianer befaßt, dessen Aktualität durch ein in den Irenäuszusammenhang eingefügtes ἕως νῦν (19,7) ausdrücklich unterstrichen wird[26]. Schon Simon, so behauptet Hippolyt in einem empörten Zwischenruf bei der Erzählung von Helenas Befreiung in Tyrus, habe das „Weibsstück" (τὸ γύναιον) ja nur deshalb gekauft, um sich selbst damit einzulassen (d. h., wenn man dem folgenden Kontext folgt: um die Unzucht mit der Hure für seine Person fortzusetzen). Da er sich aber dessen vor seinen Jüngern geschämt habe (erklärlich, wenn er vorgab, Christus zu sein), so habe er den bekannten Mythos erfunden. Nun wären die Jünger jedoch Nachahmer ihres Meisters geworden, hätten daher die schrankenlose Polymixie für erlaubt erklärt und sich bei dieser „vollkommenen Agape" auch noch selig gepriesen. Denn, so lautet ein angeblich wörtliches simonianisches Zitat zur Sache: „Alle Erde ist Erde, und es ist gleichgültig, wohin einer sät, wenn er nur sät." Es überrascht dann nicht, wenn Hippolyt die paulinisierende Erwägung über die „Werke der Ge-

---

eusebianischen Testimonien für die Existenz der Petrusakten allein die Zeugnisse des Origenes und der syr. Didaskalie gelten lassen, bestreitet dagegen (gegen *C. Schmidt*) entschieden, daß Hippolyt mit unserer Stelle als Beleg in Frage komme. Diese Behauptung entbehre vielmehr jeder Grundlage. Dabei ist zunächst nicht beachtet, daß Hippolyt in Ref VI,20,2 zwei ganz verschiedene Überlieferungen miteinander verbunden hat: a) die mit den Act Petr konform gehende Romlegende, b) die mit dem Bericht von der Bestattung des Johannes in Act Joh 111 ff. verwandte Legende vom lebendigen Begräbnis des Magiers. Davon abgesehen ist es unwahrscheinlich, daß die Existenz der (um 190 vielleicht entstandenen) Petrusakten zwei östlichen christlichen Schriftstellern der ersten Hälfte des 3. Jahrhunderts bekannt gewesen sein soll, dagegen nicht dem fast gleichzeitig in Rom, also am angeblichen Schauplatz der Handlung, ansässigen Hippolyt, obwohl er über den Inhalt der Akten orientiert ist.

[26] Man beachte auch hier wieder das Übergehen des Berichts von Simon selbst auf die Simonianer. Dabei dringt die 3. Person Plur. auch in den Irenäusstoff ein.

rechtigkeit" bei Irenäus (I,23,3) kurzerhand durch die grobe Mitteilung ersetzt, die Simonianer hielten keine Übeltat für strafbar, da ja auch die Engel die Welt nach Willkür erschaffen hätten. Hinzugefügt wird schließlich, daß Simon und Helena in ihren Bildnissen nur als ‚Kyrios' und ‚Kyria' angerufen werden dürften; wer diese Vorschrift nicht beachte, werde aus der Sekte ausgestoßen[27].

So weit Hippolyts Bericht; hierzu folgende Bemerkungen:

a) *Zur Simon-Rom-Legende:* Was hier vorliegt, ist eine Kontamination der älteren (durch das Auferstehungsmotiv erweiterten) Simon-Rom-Legende mit der römischen Petrustradition. D. h. hier beginnt — zeitentsprechend — erstmals das antikirchliche Profil des Magiers vor das antichristliche zu treten. Von nun an nimmt Simon also den ihm kirchlicherseits zustehenden Platz ein. Für die Beantwortung der Simon-Magus-Frage sind diese Bestandteile unbrauchbar[28].

b) *Zum simonianischen Libertinismus:* Nicht minder wertlos wirkt aber auch das über Irenäus hinausgehende Sondergut in bezug auf praktische Polymixie und kultische Unzucht, jedenfalls in der von Hippolyt dargebotenen Form. Noch Justin (Apol I,26,7) behauptete, von kultischen Exzessen der Ketzer nichts zu wissen, und noch Irenäus spricht in I,23,3 (wenn man von dem Zusatz 23,4 absieht) lediglich von theoretisch-libertinistischen Grundsätzen. Hippolyt dagegen „weiß" plötzlich alles mit penetranter Genauigkeit: 1. Simon soll nach der älteren Überlieferung die Ennoia in Tyrus von der Prostitution erlöst haben, nach Hippolyt dagegen nur, um mit ihr weiterhin Unzucht zu treiben. Dahinter könnte natürlich eine gnostische Paradoxie stecken, bzw. ein mißdeuteter Hieros Gamos, allein in der von Hippolyt gebotenen groben Realistik ist die

[27] *E. Haenchen* (Gab es eine vorchristliche Gnosis? ZThK 1952, S. 328 Anm. 1) möchte die ganze Auslassung über den simonianischen Libertinismus in Ref VI,19,4 f. aus einer „fremden Quelle" herleiten, in welcher die Helena erst jetzt namentlich genannt worden sei. Er schließt das aus der Angabe Ἑλήνης καλουμένης in 19,4. Doch läßt sich diese Bemerkung auch im Zusammenhang mit dem vorangehenden Kontext bei Hippolyt verstehen, d. h. Hippolyt will mit diesem Einschiebsel sagen, daß jene von Simon zu Tyrus erkaufte Hure zwar auch Helena hieß, wie die — vorher besprochene — trojanische Helena, aber mit derselben natürlich nicht identisch war.

[28] Natürlich bleibt der Charakter Simons als Repräsentanten des Antichristus auch in antiapostolischer Beleuchtung des Magiers erhalten. Simon ist κύριος, er verkündigt die σωτηρία, hat μαθηταί, die seine μιμηταί sind und als πεπιστευκότες bezeichnet werden. Zur μίμησις vgl. vor allem *A. Heitmann* OSB, Imitatio Dei, die ethische Nachahmung Gottes nach der Väterlehre der ersten 2 Jahrhunderte (Rom 1940), ferner *H. Merki* OSB, Homoiosis Theo (1952) und *D. Roloff*„ Gottähnlichkeit, Vergöttlichung und Erhöhung zum seligen Leben (1970). Übrigens muß der Plural „die Apostel" in Ref VI,20,2 nicht unbedingt zwei je bestimmte Apostel, also das eine Mal Petrus/Johannes, das andere Mal Petrus/Paulus beinhalten. Es kann sich auch um das Pluraletantum der apostolischen Autorität schlechthin handeln, als dessen Repräsentant Petrus erscheint (vgl. dazu meinen Aufsatz, Herkunft und Eigenart der Papiasfragmente, Stud. Patr. IV, 1961, S. 268 ff., hier S. 278, ferner meinen Clemens Romanus, S. 273, Anm. 3 und S. 312 f.).

Mitteilung jedenfalls ungenießbar. 2. Daß die ganze Passage von der Erfindung des Ennoiamythos durch Simon und der angeblichen μίμησις von Simons Unzucht durch seine Jünger in Form (kultischer) Polymixie in Ref VI,19,4 f. ein literarischer Einschub ist, hat E. Haenchen bereits hervorgehoben. Doch könnte der Einschub ja aus Hippolyts Syntagma stammen. Indessen mahnt schon die Art von Hippolyts Berichterstattung zur Vorsicht; nicht: Simon sagt, sondern: von ihm heißt es, bzw. seine Jünger behaupten. Die bei Irenäus durchgängige Zurückführung der simonianischen Gnosis auf „Simon" selbst, ist hier also verlassen. Daß Simon den Ennoiamythos „aus Scham vor den Jüngern" erfunden habe, ist mehr als unglaubwürdig, und was die μίμησις des Meisters durch kultische Polymixie angeht, so erinnert sie an Barbelognostisches, wo Christus selbst das Beispiel gibt (vgl. Epiphanius, haer XXVI,8,2 f. – Gr. Fragen d. Maria: 4,4 u. 9,5 ff.); auch das „Aussäen" des Lebens kommt dort, wenn auch in entgegengesetzter Tendenz – der Mensch soll *nicht* säen – wieder vor (vgl. haer XXVI,9,5 u. 13,2 – griech. Phil-Evang). Kurz, Hippolyt kann hier einfach andere Gnostiker als prinzipielle Nachahmer des Erzketzers assoziiert haben. 3. Eine deutliche Vergröberung ist schließlich auch die angebliche Leugnung des Gerichts durch die Simonianer, zumal in der hier auftretenden frivolen Aufmachung. Der Sache nach erinnert sie an Stellen wie Pol Phil 7,1; II Clem 9,1; III Kor (I),12, entstammt also zumindest in dieser Form der Ketzerpolemik[29].

[29] Zur Ausscheidung von Hippol Ref VI,19,4 f. siehe *E. Haenchen*, ZThK 1952, S. 338 Anm. 1. Der literarische Einschub ist deutlich erkennbar. Bezeichnend ist, daß Justin (Apol I,26,7) die den Christen insgesamt aufgebürdeten kultischen Exzesse (vgl. dazu *R. Freudenberger*, Der Vorwurf ritueller Verbrechen gegen die Christen im 2. und 3. Jahrhundert, ThZ 1967, S. 97 ff.), obwohl er nichts von ihnen weiß, bei den Gnostikern unbedenklich für möglich hält. Man spürt hier etwas von der Grundsätzlichkeit des Gegensatzes zwischen Kirche und Häresie. Ebenso unbedenklich hat noch Clem Alex (von späteren Autoren wie Augustin zu schweigen), derartige Greuel den Karpokratianern angedichtet (Strom III,10,1), obwohl der vorangehend referierte Traktat des Epiphanes „Über die Gerechtigkeit" (Strom III, 5 ff.) eine rein theoretische Erörterung auf kyrenaisch-platonischem Hintergrunde ist. Hippolyts Darstellung der kultischen „Nachahmung" (dazu die vorige Anm.) des unzüchtigen Vorbildes Simon durch sexuelle Polymixie als der „vollendeten Agape" kommt dem Bruchstück aus den „Großen Fragen der Maria Magdalena" bei Epiphanius (haer XXVI,8,2 f., vgl. die verwandte Verklärungsszene Act Joh 90, zu beiden siehe mein Siebensternbuch Nr. 136, Die verborgene Überlieferung von Christus, 1969, S. 102 f. u. 137 f.) am nächsten, wo Christus sich als 2. Adam mit der ihm entspringenden 2. Eva vereinigt und dies zur kultischen Nachahmung empfiehlt (vgl. dazu die ‚Fabel' bei Plato, Nomoi 636 D von der Mimesis des päderastischen Verhältnisses Zeus/Ganymed bei den Kretern). Etwas anderes ist dagegen die von *Leisegang* (Die Gnosis S. 208) unwillkürlich assoziierte, ebenfalls gnostische Kultlegende der Nikolaiten von der Preisgabe der „sehr schönen" Frau des Nikolaos an den gesamten Jüngerkreis (Clem Strom III, 25,5 ff. = Eus h. e. III,29,2 ff. vgl. Epiphanius haer XXV,1,4 ff.). Wie weit derartige Ketzerplakate gewandert sind, ahnt man, wenn man z. B. die kirchlichen Nachrichten über den flandrischen Schwärmer Tanchelm (um 1100) vergleicht (siehe dazu *I. v. Döllinger*, Beitr. z. Sektengesch. d. MAs, Bd. I, 1890, S. 105 ff.).

c) *Zu den trojanischen Motiven:* Nur sie haben eindeutigen Quellenwert. Da ihnen die antisimonianische Tendenz fehlt, dürften sie simonianischer Herkunft sein, d. h. aus dem verlorenen Syntagma Hippolyts stammen. Beweis: 1. Gerade die trojanischen Motive kehren bei Epiphanius, dem Hauptzeugen für das Syntagma, in breiterer Form wieder. 2. Unter den bei Epiphanius aus dem Syntagma übernommenen Stücken befindet sich auch das Gleichnis vom „verlorenen Schaf", welches Hippolyt in Ref VI,19,2 f. doppelt zitiert, und zwar das eine Mal (19,4) in Übereinstimmung mit Irenäus, das andere Mal (19,2) wie bei Epiphanius, d. h. nach dem Syntagma. 3. Daraus folgt, daß alle Einzelheiten in Ref VI,19 f., die durch Epiphanius belegbar sind, ohne auf Irenäus zurückzugehen, aus dem Syntagma stammen müssen.

5. Neben dem Irenäusbericht ist derjenige aus der Syntagmatradition des Hippolyt (Anfang 3. Jahrhundert) der wichtigste[30]. Seine umfangreichste, freilich auch konfuseste Wiedergabe findet sich im Panarion des Epiphanius (um 375), der in Kap. XXI,1–4 ein wahrhaft abschreckendes Ketzerporträt zu entwerfen versucht.

Überblickt man zunächst den Bericht als Ganzen, so zeigt sich, daß Epiphanius – trotz seines weithin abweichenden Materials – den Grundriß des Irenäus deutlich erkennbar übernommen hat, d. h. auch er berichtet nacheinander

1. von Simon selbst (XXI,1)
2. von der Ennoia-Helena (XXI,2–3)
3. von simonianischen Lehren und Praktiken (XXI,4)

Dazu kommen mehrere Einzelanleihen bei Irenäus, so vor allem im ersten Abschnitt, ferner in 2,6, wo die Geschichte von der Vergewaltigung der Ennoia durch die Engel (Iren I,23,2) übernommen ist und in 3,6 bei der Nachricht von der simonianischen Idololatrie. Davon abgesehen freilich ist nicht nur der Stoff, sondern auch der Skopus bei Epiphanius ein anderer. Während nämlich Irenäus mit seiner Gliederung doch immerhin so etwas wie ein Gesamtbild des Simonianismus entwerfen wollte, orientiert sich Epiphanius, der Syntagmatradition folgend, in erster Linie an den verschiedenen Namen und Identifikationen sei es Simons selbst, sei es – vor allem – der Ennoia, um dergleichen entweder als empörend oder als lächerlich hinzustellen. Was die sonstigen, mythologischen und allegori-

[30] Grundlegende Quellenkritik: *R. A. Lipsius,* Zur Quellenkritik des Epiphanius (1865) S. 74 ff., Modifikationen bei *Harnack,* Zur Quellenkritik der Geschichte des Gnostizismus (Ztschr. f. Wiss. Theol. 1874, S. 143 ff.) und *Hilgenfeld,* Ketzergeschichte, S. 58 ff. Daß das Syntagma „ein ziemlich umfangreiches Werk" war (*Harnack,* Altchristl. Lit.-Gesch. II/2, S. 221 f.), beweist schon die Tatsache, daß davon schon bald eine Epitome existierte (s. Ps-Tertullian und Filastrius). Nicht sicher ist, welche christlichen Vorgänger Hippolyt benutzt hat, etwa Irenäus (so *Harnack,* Ztschr. f. Wiss. Theol. 1874, S. 211 ff.) oder Justins Syntagma (so *Hilgenfeld,* a.a.O. S. 62 und *Harnack,* Lit.-Gesch. I, S. 101 – mit einem „vielleicht") oder beide.

schen Nachrichten über Simon betrifft, so werden sie diesem Ablauf lediglich in Form von Belegen abschweifend eingeflochten, so daß ein zusammenhängendes System (wie bei Irenäus) nicht entsteht. Immerhin finden sich aber unter diesen „Belegen" nicht weniger als fünf Originalzitate aus dem Munde „Simons" selbst, die besonders beachtet sein wollen. Der Inhalt des Epiphaniusreferates ist der folgende:

XXI,1: Simon als Goet und Ketzer: Es handelt sich in Anlehnung an Iren I,23,1 i. W. um eine Paraphrase zu AG 8, welche auf die – im 4. Jahrhundert immerhin schon naheliegende– Behauptung hinausläuft, Simon habe die Gabe der Geistverleihung (AG 8,18 f.) im Grunde nur deshalb kaufen wollen, um damit selbst schweres Geld zu verdienen. Dabei dringt der Bericht von AG 8 – dem Skopus des Epiphanius zufolge – u. a. auch in die Darstellung der simonianischen Gnosis ein; denn nach Epiphanius hat nicht das Volk von Samarien, (AG 8,10), sondern Simon selbst sich als die „große Kraft Gottes" ausgegeben (1,3; 2,3; 5,1). Dazu kommt mit der Nachricht von Simons Katabasis zugleich die zweite und dritte Identifikation: Simon hat sich den Samaritanern gegenüber als der „Vater", den Judäern gegenüber als der „Sohn" ausgegeben. Dagegen wird die bei Irenäus (I,23,1) überlieferte Aussage über den hl. Geist der Ennoia (s. u.) vorbehalten.

XXI,2: Helena und der Ennoiamythos: Nach einer grellen Vorrede über Simons dämonische Verderbtheit – Simon nimmt den Namen Christi für sich in Anspruch! (2,1)[31] – kommt Epiphanius zunächst auf das Herumtreiberdasein Simons mit der tyrischen Hure Helena (2,3 f.) zu sprechen. Wie in Hippolyts Refutatio (VI,19,4), so soll Simon auch nach Epiphanius das schandbare Verhältnis vor seinen Jüngern durch die Erfindung des Ennoiamythos haben verschleiern wollen, und zwar mit der Behauptung, er selbst sei – wie hier wiederholt wird – „die große Kraft Gottes", Helena dagegen „der hl. Geist" (2,3 f.). Als Beleg zitiert Epiphanius zunächst eine angeblich wörtliche Aussage Simons (Originalzitat Nr. 1), die i. W. von Simons Transfiguration vom obersten Gott zur menschlichen Erscheinung handelt (2,4), wobei die Ennoia nicht nur als hl. Geist, sondern auch als Prunikos, später auch als Barbelo bezeichnet wird. Als nächste Identifikation folgt sodann der Übergang zur trojanischen Helena samt Bruchstükken des Ennoiamythos als Beleg, die offenbar aus Hippolyts Refutatio und Irenäus kombiniert sind (2,5): Einerseits reizt die Ennoia durch ihre Schönheit die Archonten der Welt zum Kriege, um sie durch Blutvergießen ihrer Substanz zu berauben, die sie sammelt, um damit schließlich „zum

---

[31] Für die Gesamtbeurteilung des Simonianismus ist es wichtig, daß derselbe von Anfang an als christlich hat gelten wollen, bzw. als christliche Häresie galt (*Hilgenfeld* a.a.O. S. 185). Ob es freilich ein „Evangelium der Simonianer" gab (vgl. *W. Bauer*, Das Leben Jesu im Zeitalter der ntl. Apokryphen, ²1967, S. 502), ist mehr als fraglich.

Himmel" aufzusteigen, andererseits haben die Archonten die Ennoia festgehalten, geschändet und sie, um ihr den Rückweg nach oben abzuschneiden, zur Seelenwanderung durch alle möglichen weiblichen (aber auch sonstigen menschlichen und tierischen) Leiber verurteilt (vgl. Hippol Ref. VI,19,2 und Iren I,23,2).

XXI,3 Die Ennoiaallegorien: In diesem Abschnitt befinden sich die vier weiteren Originalzitate. Epiphanius unterstreicht zunächst noch einmal die von „Simon" behauptete Identität seiner Begleiterin mit der trojanischen Helena (3,1 f.) durch einen Ausschnitt aus der simonianischen Kosmogonie (Originalzitat Nr. 2). Dann folgen im gleichen Zuge zwei aus Hippolyt (Ref VI,19,1) bereits bekannte allegorische Beziehungen: einmal das Bild der Helena mit der Fackel auf dem Turm, die den Griechen als Bild des „oberen Lichtes" verräterische Zeichen gibt (noch Originalzitat Nr. 2), sodann die Einholung des Trojanischen Pferdes, welche die ἄγνοια der „Heiden", d. h. aller Menschen außerhalb von Simons Gnosis symbolisieren soll (3,3 = Originalzität Nr. 3). Besonders aber ereifert sich Epiphanius darüber, daß Simon die Ennoia auch mit der Pallas Athene identifiziert und zu diesem Zweck sogar eine allegorische Deutung des Bildes der geistlichen Waffenrüstung von Eph 6,14 ff. aufgeboten habe (3,4 = Originalzitat Nr. 4). Schließlich faßt Epiphanius alle Ennoia-Identifikationen zusammen und fügt ihnen als letzte das Gleichnis vom verlorenen Schaf (3,5 = Originalzitat Nr. 5) hinzu. Mit einem Blick auf die simonianische Idololatrie (Simon = Zeus, Helena = Athene) endet der Abschnitt.

XXI,4; Simonianische Mysterien und Lehren: Dieser letzte Abschnitt bei Epiphanius wirkt besonders diffus. Höchstens von fern erinnert er noch an das, was Irenäus im dritten und vierten Abschnitt seines Berichtes (I,23,3 f.) und Hippolyt im Sondergut der Refutatio (bes. VI,19,5) mitteilen:

a) Simon lehrt angeblich dieselben unzüchtigen kultischen Mysterien, wie sie Epiphanius den „Gnostikern" von Panarion XXVI nachsagt (4,1 f.).

b) Simon lehrt verschiedene Himmelssphären mit je bestimmten „Kräften", denen er „barbarische Namen" zulegt. Er behauptet, nur diejenigen könnten gerettet werden, die seine Mystagogie annähmen und dem ‚Vater' „derartige Opfer" durch die (Engel)mächte darbrächten (4,3).

c) Simon lehrt ferner den Leib-Seele-Dualismus, dementsprechend die Erschaffung der sichtbaren Welt durch „Mächte der Schlechtigkeit". Nur die Seele könne durch Katharsis (in den Mysterien) gerettet werden, alles Leibliche verfällt (4,4).

d) Simon behauptet, das Gesetz sei nicht Gottes, sondern stamme von einer „linken Kraft"; die Propheten (namentlich: David, Jesaja, Ezechiel) seien je für sich von verschiedenen subalternen „Kräften" inspiriert, deren Bestimmungen auf Willkür beruhen. Im übrigen sei jeder, der dem AT vertraue, des Todes (4,5)[32].

---

[32] Übrigens kennt Epiphanius. wie haer XXI,5,2 beweist, auch die Legende

Soweit das Panarion. Zwar ist Epiphanius der umfangreichste Zeuge für die Syntagmatradition, indessen nicht der einzige. Als Kontrollinstanzen sind vielmehr drei weitere Texte hinzuzuziehen:

1. der Simon-Magus-Bericht des Hippolyt in Ref VI,19 f. (s. o. Nr. 4), sofern darin Auszüge aus Irenäus mit Stücken aus dem Syntagma kombiniert sind,
2. der sehr kurze Abschnitt aus dem wahrscheinlich bis in die erste Hälfte des 3. Jahrhunderts hinaufreichenden Libellus „Adversus omnes haereses" des Victorin von Pettau (= Pseudo-Tertullian) c. 1, der freilich nicht aus dem Syntagma selbst, sondern nur aus einer Epitome desselben geschöpft ist,
3. der etwas längere Bericht im „diversarum haereseon liber" des Filastrius von Brescia (c. 29), der wahrscheinlich die gleiche Epitome wie Ps-Tertullian, dazu die Originalzitate bei Epiphanius, s. u. S. 30 f.),

Erst durch einen Vergleich aller dieser Texte mit Epiphanius läßt sich der Umfang der erhaltenen Syntagmatradition des Hippolyt mit einiger Sicherheit abgrenzen. Wir gehen die Texte der Reihe nach durch:

a) *Hippolyt, Ref VI,19 f.* Gesichert sind – unabhängig von Irenäus – folgende Übereinstimmungen mit Epiphanius:

1. Simons Verführung des samaritanischen Volkes durch Magie nach AG 8 (Hippol 20,2; vgl. Epiphan 1,2),
2. die Selbstaussage Simons, er sei die „Kraft über alles" (s. dazu Ps-Tertullian), dazu der wiederholte Hinweis darauf, daß Simon in den simonianischen Überlieferungen selbst, d. h. in direkter Rede spricht (vgl. z. B. Hippol 19,2–4, dazu die Originalzitate bei Epiphanius, s. u. S. 30 f.),
3. die Rede vom „ständigen Aufenthalt" der Ennoia „in Frauen", und die Anstiftung von στάσις und πόλεμος unter den Weltherrschern und Völkern durch die Schönheit der Ennoia (Hippol 19,2; vgl. Epiphan 2,5; Filastrius 29,6),
4. die Ableitung des trojanischen Krieges aus diesen Voraussetzungen (Hippol 19,2; vgl. Epiphan 2,4) samt Identifikation der Ennoia mit der trojanischen Helena, dazu die Allegorien von Helena mit der Fackel und vom trojanischen Pferd (Hippol 19,1; vgl. Epiphan 3,2 f.).
5. das Gleichnis vom verlorenen Schaf, bezogen auf den Ennoia-Helenamythos (Hippol 19,2 u. 4; vgl. Epiphan 3,5; Ps Tert 1 u. Iren I,23,2),
6. die Befreiung der Helena aus dem Bordell zu Tyrus und ihr Herumziehen mit Simon (Hippol 19,4; vgl. Epiphan 2,2 u. 3,2; Filastrius 29,7; Iren I,23,2)[34],

---

vom Himmelfahrtsversuch Simons in Rom, und zwar nach der Fassung der Act Petri et Pauli (c. 77 f.).

[33] So *Harnack*, Altchristl. Lit.-Gesch. II/2, S. 222 f. und *ders.*, Marcion ([3]1960), S. 24* Anm. 1. Dagegen möchte *L. Cerfaux* (La gnose simonienne, Rech. de sc. rel. 1925, S. 493 Anm. 2) unter Berufung auf de Faye und d'Alès Filastrius unmittelbar auf das Syntagma, also nicht auf Epiphanius und die Syntagmaepitome zurückführen. Doch ist die Abhängigkeit von Epiphanius (siehe z. B. unten unter c 4) m. E. offenkundig.

[34] Daß dieser Zusammenhang auch zum Syntagma gehört hat (also nicht nur bei Irenäus auftrat), ist allein aus der Anordnung des Stoffes bei Hippolyt (Ref) im Vergleich mit Epiphanius einerseits und Irenäus andererseits zu erschließen.

7. die (antisimonianische) Ableitung der Ennoia-Helenamythos für Simons „Jünger" aus Simons (angeblich) unzüchtigem Verhältnis zu der Helena (Hippol 19,4; vgl. Epiphan 2,3) und hieran anschließend die Behauptung eines schrankenlosen simonianischen Libertinismus (Hippol 19,5; vgl. Epiphan 4,1).

b) *Ps-Tertullian, Adv omnes haereses c.1*[35]: Durch diesen Text sind folgende Motive aus dem Syntagma des Hippolyt gesichert:

1. die Behauptung, Simon sei der älteste christliche Häretiker, in Verbindung mit dem Hinweis auf AG 8 (vgl. Filastrius 29,1 u. 3),
2. die Selbstbezeichnung Simons als „summa virtus" (δύναμις ὑψίστη i. S. des „summus Deus" (vgl. Justin, Dial 120,6; Hippol 19,4); dagegen gebraucht Epiphanius (1,3; 2,3; 5,1) stets den Ausdruck „die große Kraft Gottes" nach AG 8,10,
3. die Behauptung Simons, der Kosmos sei von *seinen* Engeln instituiert worden (vgl. Epiphan 2,4; abgeschwächt Filastrius 29,4),
4. die Mitteilung, Simon sei herabgekommen, einen „umherirrenden Dämon" zu suchen (vgl. Filastrius 29,5, der aber wohl Epiphanius 2,5 folgt); damit ist das Gleichnis vom verlorenen Schaf (Epiphan 3,5) angedeutet,
5. Simons doketische Theophanie bei den Juden samt seinem Scheinleiden; dabei handelt es sich um eine Kontraktion der bei Epiphanius (1,3) und Filastrius (29,2) nachweisbaren Aussage, derzufolge Simon in Samarien als Vater, bei den Juden als Sohn aufgetreten sei (anders Irenäus I,23,1)[36].

c) *Filastrius, div haer lib 29*[37]: Da der Text wahrscheinlich auch von Epiphanius abhängt, ist er weniger beweiskräftig als Ps-Tert. Über den gesicherten Bestand hinaus bringt er kaum Neues:

1. Mit Ps-Tert und Epiphanius wird Simon mehrfach als direkt redend vorgestellt (dicens, inquit); die Selbstaussage „dicens se esse virtutem quandam dei, quae supra omnes ... virtutes est" ist eine unscharfe Kombination aus Epiphanius (s. o. unter b 2) und dem Syntagma.
2. Wie Epiphanius (und Ps-Tert) aber im Unterschied zu Irenäus (s. o. unter b 5) kennt auch Filastrius nur eine binitarische (keine trinitarische) christliche Selbstaussage und verbindet damit Simons Scheinpassion, die Irenäus davon abtrennt.

---

[35] CSEL 47, S. 213 f.: „ad eos me converto qui ex evangelio haeretici esse voluerunt. Ex quibus est primus omnium Simon Magus qui in Actis apostolorum condignam meruit ab apostolo Petro justamque sententiam. Hic ausus est summam se dicere virtutem, id est summum deum, mundum autem ab angelis suis institutum. Ad daemonem se oberrantem qui esset sapientia, descendisse quaerendum. Apud Judaeos se in phantasmate dei non passum, sed quasi passum". Bei der Verwertung dieses Textes ist zu berücksichtigen, daß die Vokabulatur und Stilistik des pseudotertullianischen Kataloges durchweg stereotyp ist.

[36] Ps-Tertullian läßt die ganze trojanische Allegoristik des Simonianismus beiseite, vielleicht weil sie (z. Z. des Victorin von Pettau) nicht mehr aktuell war.

[37] Text bei *F. Marx,* CSEL 38, 1898, S. 14 f., vgl. MSL XII, Sp. 1138 ff.

3. Mit Epiphanius (2,4) stimmt überein, daß Simon ausdrücklich über seine Katabasis und Transformation gesprochen haben soll (29,3 f.), womit der Hinweis auf Engel-Genealogie und Weltschöpfung verbunden wird.
4. Abhängig von Epiphanius (2,5 f.), aber auf falscher Kombination beruhend ist die Behauptung, nicht Simon, sondern die Ennoia-Helena sei zur Rettung der Menschheit (vgl. Iren I,23,3) herabgekommen. Sie habe (dabei) durch ihre Schönheit die kosmischen virtutes zu Leidenschaft und Aufruhr (seditio 29,6 vgl. Hippol 19,2 στάσις) gebracht und sei von ihnen am Wiederaufstieg gehindert worden. Fortan habe sie Simons Parusie „erwartet" (29,5 ff., vgl. Epiphan 3,2)[38].

Damit dürfte wenigstens ein ungefährer Umriß der Syntagmatradition bei Hippolyt erkennbar geworden sein. Überblickt man die verglichenen Texte und setzt dabei den jüngsten Berichterstatter, Filastrius, vorsichtshalber in Klammern, so erscheint als Kernbestand der — auf Simons eigene Verkündigung zurückgeführte — Ennoia-Helena-Komplex, dazu die halb christlichen, halb nichtchristlichen Selbstaussagen samt der Parabel vom verlorenen Schaf. Aber dieser Kern steht nicht für sich. Vielmehr ist er von einer schroff antignostischen kirchlichen Redaktion umschlossen, deren Hauptstützen der Bericht von AG 8 über Simons Magie und Verfluchung und die Mitteilungen über den angeblichen simonianischen Libertinismus darstellen.

6. *Vergleich zwischen Irenäus und der Syntagmatradition.* Als der nächste literarische Verwandte der Syntagmatradition ist zweifellos der etwas ältere Bericht des Irenäus (s. o. Nr. 3) anzusehen. Zwar ist das bei beiden verarbeitete simonianische Material nicht kongruent, allein das Maß der Übereinstimmungen ist doch derart weitgehend, daß sich ein Quellenvergleich auf jeden Fall empfiehlt, wo nicht aufdrängt[39]. Freilich muß dazu vor allem der Epiphaniusbericht noch einmal kritisch gesichtet werden, d. h. wir scheiden im folgenden zunächst diejenigen Elemente aus, die auf Grund des Gesamtbefundes zur Syntagmatradition offenkundig als Fremdkörper erkennbar sind, um andererseits danach diejenigen Bestandteile hervorzuheben, die ebenso offenkundig als originalsimonianisch bezeichnet werden müssen.

---

[38] Infolge dieser Konfusion unterscheidet Filastrius den Erlöser (d. h. nach ihm die Helena) als einen „intellectus alius" vom Urvater (siehe schon Fabricius z St, MSL XII, 1140 u. *Lipsius,* a.a.O. S. 81, Anm. 1).

[39] Die Verwandtschaft zwischen Irenäus und der Syntagmatradition ist eine sehr enge, ohne daß von Kongruenz die Rede sein kann. So fehlt der Syntagmatradition unter den „homerischen" Stücken z. B. die Stesichorosepisode (Iren I,23,2 = Hippol Ref VI,19,3). Ebenso scheint auch der überwiegende Teil der theoretischen Heilslehren des Simonianismus samt den magischen Praktiken, die Irenäus (I,23,3 f.) aufzählt in der Hippolytschen Quelle gefehlt zu haben. Andererseits verbindet das Syntagma weit drastischer und direkter als Irenäus den Ennoiamythos mit dem Hinweis auf extreme libertinistische Unzucht.

Fremdgut bei Epiphanius. Hier handelt es sich um solche Motive, die – mehr oder weniger eindeutig – aus anderen gnostischen Zusammenhängen nachweisbar sind, d. h. die Epiphanius selbst hinzugetan haben dürfte, um Simon Magus als das Ungeheuer der gnostischen Ketzerei schlechthin zu brandmarken. Hierhin gehören folgende Stücke:

1. Die bei Epiphanius 2,3 ff. hinzugefügten Benennungen der Ennoia-Helena als „Prunikos" oder „Barbelo", die auch im Originalzitat Nr. 1 als Parenthese erkennbar sind. Sie dürften aus den Berichten über die Nikolaiten und Barbelo-Gnostiker eingeschwärzt sein, die Epiphanius in haer XXV und XXVI behandelt[40].
2. Aus derselben gnostischen Richtung stammt auch die konfuse Kontamination zwischen der Ennoia-Helena, die durch ihre Schönheit die kosmischen Mächte zu Aufruhr und Blutvergießen reizt (und damit den trojanischen Krieg herbeiführt) und der Barbelo, die die Archonten durch ihr (nackte) Erscheinung ihrer okkupierten Pneumakraft beraubt (2,5). Nur das erste Motiv gehört zum Syntagma (vgl. Hippol 19,2 f.).
3. Abermals aus dem barbelognostischen Zusammenhang stammt auch die in 4,1 f. eingebrachte Verleumdung der Simonianer in bezug auf kultische Unzucht, das die von Hippol in Ref 19,5 behauptete Promiskuität überlagert. Ebenso ist die Ausweitung der Metempsychose der Ennoia auf Tierleiber (2,6) von dorther entlehnt. Sie bezog sich ursprünglich nur auf die Ennoia.
4. Allgemein gnostisch sind die meisten Motive in haer XXI,4, so der Leib-Seele-Dualismus, die Vorstellung der Himmelsphären und barbarische Titulatur ihrer Herrscher (was wieder aus barbelognostischem Zusammenhang nachweisbar ist). Die Unterscheidung ‚rechter' und ‚linker' Gewalten erinnert an Valentinianisches. Allenfalls könnte die Lehre von Gesetz und Propheten (4,5) mit dem bei Irenäus (I,23,3) geschilderten Antinomismus zusammenhängen. Auffallend ist ferner der mehrfach (3,3 u. 4,5 vgl. auch Ps Tert c. 1) auftretende Exklusivanspruch der simonianischen Soteria[41].

---

[40] Siehe schon *Lipsius,* Quellenkritik S. 81 Anm. 1. Immerhin ist aber darauf hinzuweisen, daß sich die Ineinssetzung der Barbelo mit der Ennoia außerhalb des Simonianismus auch im Apokryphon Johannis findet. Ps Tertullian setzt übrigens anstelle der Ennoia (wie Ps Clem Hom II,25,2 u. Rec II,12,2) einfach die Sapientia.

[41] Belege: Zur Barbelo und Prunikos s. die vorige Anm. und Epiphanius haer XXV,2,4; 3,2; 4,1 f., bzw. XXVI passim (zu den beiden Namen jetzt *Haardt,* Die Gnosis, S. 307). Von den Nikolaiten scheint auch der Hinweis auf die „Schönheit" der Ennoia zu stammen (XXI,2,5; vgl. XXV,4,2), doch ist das Motiv auch sonst verbreitet (vgl. z. B. Epiphanius XXXIX,5,3) und wäre einer eigenen Untersuchung wert. Zu den barbarischen Benennungen der Archonten vgl. haer XXV,3,5 f. und XXVI,10,1 ff., zur kultischen Unzucht haer XXV und bes. XXVI (passim); zur Sache die wichtige Arbeit von *L. Fendt,* Gnostische Mysterien, 1922, ferner *Schoeps,* Aus frühchristlicher Zeit, S. 243 ff., der aber wenig differenziert; *Hennecke-Schneemelcher,* [3]NTl Apokryphen I, S. 266 – *Puech; Haardt,* a.a.O. S. 307 f. und meinen Aufsatz, Christentum und Veränderung in der alten Kirche, Kerygma und Dogma 1972, S. 41, Anm. 32. Doch wird den Nikolaiten lediglich Polymixie nachgesagt (haer XXV,2,5). Der mit

Nimmt man diese Stücke aus dem Epiphaniusbericht heraus und setzt gleichzeitig auch die erkennbaren Irenäus-Anleihen bei Epiphanius in Klammern, so gewinnen die übrigbleibenden Syntagmabestandteile schon ein weit gedrungeneres Profil als im jetzigen Kontext. Vor allem aber treten damit die von Epiphanius lediglich als Belege eingestreuten 5 Originalzitate beherrschend nach vorn[42]. Wir stellen sie hier der Reihe nach zusammen:

Zitat Nr. 1 (XXI,2,4): Simon berichtet in direkter Rede von seiner mythologischen Katabasis und Transfiguration zur Erlösung der Ennoia. In jedem Himmel habe er sich beim Abstieg durch entsprechende Metamorphosen vor „seinen" Engelgewalten verborgen, bis er zur Ennoia gelangt sei, welche die Engel geschaffen habe und diese wiederum die (sichtbare) Welt und die Menschen[43].
Zitat Nr. 2 (XXI,3,1 f.): Simon behauptet, wiederum in direkter Rede, die Identität seiner Begleiterin mit der trojanischen Helena. Dazu heißt es: „Sie war ἀνωτάτω, ehe der (obere) Kosmos entstand. Nach seiner Entstehung hat sie durch die unsichtbaren δυνάμεις die (sichtbaren) Abbilder (τὰ ἰσότυπα) geschaffen. Sie ist es, die jetzt bei mir ist, und um ihretwillen bin ich herabgekommen. Sie aber erwartete meine Parusie. Sie ist die Ennoia, die bei Homer Helena heißt!" Dazu folgt das Bild der Helena mit der Fackel als Andeutung des „oberen Lichtes"[44].

---

dem Kriegsbild kontaminierte Mythos von den durch die Barbelo hervorgerufenen archontischen Pollutionen, welche die Barbelo sammelt, findet sich auch haer XXV,2,4; XXVI,1,9; XXVII,1 und im Manichäismus (vgl. zusammenfassend *Bousset,* Hauptprobleme, S. 73); die „Leidenschaft" der Archonten in haer XXI,2,5 kehrt als solche der Gnostiker in haer XXVI,4,3 f. wörtlich wieder. Die Ausweitung der Metempsychose zumindest auf Tierleiber findet sich ausführlich in haer XXVI,10,6 ff. Der in haer XXI,3,4 eingestreute Hinweis auf den Dramatiker Philistion (dazu vgl. PW XIX/2, Sp. 2404) findet sich abermals in haer XXVI,1,7; zur μιμολογία vgl. haer XXV 5,4.

[42] Daß es sich um Originalzitate handelt, hat außer *de Faye* (Gnostiques et Gnosticisme ²1925, S. 431) bisher niemand bestritten, dagegen neuerdings *J. Dummer* (Wiss. Ztschr. d. M. Luther-Univ. Halle-Wittenberg, Sonderheft 1955, S. 191 ff.) für Panarion XXVI unterstrichen.

[43] Epiphanius bringt das Zitat nur deshalb, weil darin die Ennoia in Parenthese auch als Prunikos und hl. Geist bezeichnet ist. Beide Benennungen fehlen aber bei Irenäus, der zumal den Titel des hl. Geistes Simon selbst vorbehält (I,23,1). Man würde die Parenthese bei Epiphanius (mit *L. Cerfaux,* Rech. de sc. rel. 1925, S. 504) gern als sekundäre Zutat beseitigen, wenn nicht die gesamte Argumentation des Epiphanius in haer XXI,2,3–5 daran hinge.

[44] Vergleicht man Zitat Nr. 1, so geht aus der Identifikationsformel αὕτη ... ἐστίν in Zitat Nr. 2 hervor, daß „Simon" die Ennoia-Helena überhaupt nicht als irdisches Wesen i. S. der antignostischen Väter ansieht. Dem entspricht die doketische Auffassung der Ennoia (μηδὲν πεπονθέναι) in 2,5 und die „Erwartung" des herabsteigenden Erlösers, womit die Achamoth der Valentinianer (Iren I,8,4) und der (weiblich vorgestellte) hl. Geist im Hebräerevangelium (*Klostermann,* Apocrypha II,³1929, S. 6, Nr. 4, dazu *Bauer,* Leben Jesu, S. 120) zu vergleichen ist. Zur „Erwartung" des Messias vgl. auch Gen 49,10 (LXX). Übrigens kommt das Wort ἰσότυπος (*Lampe,* A patristic Greek Lexicon, ²1968,

Zitat Nr. 3 (XXI,3,3): Simon behauptet wörtlich, die Einbringung des trojanischen Pferdes sei auf die ἄγνοια der „Heiden" zu beziehen, d. h. auf alle Menschen, die sich außerhalb der simonianischen Gnosis befänden. Diese zögen sich – wie die Trojaner durch das Pferd – das Verderben zu[45].
Zitat Nr. 4 (XXI,3,4): Simon bezieht das Bild der geistlichen Waffenrüstung von Eph 6,14 auf die Ennoia-Athene und sagt: „Wie denn? Das alles hat er (Paulus) geheimnisvoll mit Bezug auf Athene gestaltet."[46]
Zitat Nr. 5 (XX,3,5): Simon sagt nochmals: „Um ihretwillen bin ich herabgekommen"; und fährt fort: „denn das (τοῦτο) ist das verirrte Schaf, wovon im Evangelium geschrieben steht."[47]

Hierzu ist zu bemerken: 1) Sämtliche fünf Zitate sind in direkter Rede (angeblich) Simons gegeben. 2) Ebenso befassen sich sämtliche Zitate ausschließlich mit Zusammenhängen des Ennoiamythos. 3) Kein einziges dieser Zitate hat eine antisimonianische Tendenz. 4) Abgesehen von Zitat Nr. 4 sind alle übrigen der Sache nach durch Irenäus oder Hippolyt (Ref VI,19 f.) belegbar; doch stammt auch Nr. 4 mit seiner Synthese aus Athene und dem Epheserbrief aus dem gleichen Milieu wie die anderen heidnisch-christlichen Identifikationen (z. B. „Helena" als „verlorenes Schaf"). Daraus folgt, daß wahrscheinlich alle fünf Zitate einer simonianischen Offenbarungsschrift entstammen, in der Simon Magus als Verkünder seiner

S. 677 – mit völlig verkehrter Stellenangabe) bei Epiphanius mehr als einmal vor.

[45] Zitat Nr. 3 ist für die heidnisch-christliche Synthese des Simonianismus besonders aufschlußreich, da der mit der ἀπώλεια der „Heiden" verbundene Exklusiv- und Weltmissionsanspruch genau den gängigen christlichen Vorstellungen des 2. Jahrhunderts entspricht. Vgl. zu den „Heiden" bes. *Harnack*, Mission und Ausbreitung des Christentums ([4]1924) Bd. I, S. 67 Anm. 2 und *Bertram/Schmidt* in ThWB II,362 ff., ferner Ign Trall 8,2; II Clem 13,3; MPol 9,2; Hermas Vis I,4,2; II,2,5, dazu den einschl. Sprachgebrauch bei Justin. Zur ἀπώλεια vgl. *Oepke*, ThWB I,395 f. („Lieblingswort" des II Petr), ferner Apc Petr (griech.) I,1; II Clem 1,7; Hermas Sim VI,2,2 ff. Nimmt man damit Stellen wie Phil 3,19 zusammen, so wird man nur schwer glauben können, daß die Simonianer organisierte Unzucht getrieben haben. Mit Zitat Nr. 1 ist Nr. 3 durch seine strenge „Simon"-Beziehung verbunden: dort „meine" Engel, hier „meine" Gnosis.

[46] Dem Kontext des Epiphanius ist nicht genau zu entnehmen, welchen Umfang das Eph-Zitat (oder die Zitate?) in der simonianischen Quelle hatte. Zitiert ist nur Eph 6,14. Daraus schloß *Lipsius*, Quellenkritik, auf Eph 6,14–17 = I Thess 5,8. Aber Epiphanius behauptet darüber hinaus, Simon habe auch alles das (allegorisch) verdreht, was der Apostel über στέρεος λογισμός, πίστις ἁγνῆς ἀναστροφῆς und die δύναμις des „göttlichen und himmlischen Logos" gesagt habe. Wenn hier an bestimmte Bibelstellen gedacht sein sollte, so kämen etwa I Petr 3,2; 5,9 und Eph 1,19–21; 3,7 und 20 in die engere Wahl.

[47] „Simon" sagt nicht wie sonst αὕτη, sondern mit Bezug auf das γεγραμμένον: τοῦτο ἐστιν, doch könnte dieser Hinweis von Epiphanius selbst stammen (vgl. z. B. haer XXVI,8,4), dessen Zitationsweise freilich nicht gleichbleibend ist (vgl. etwa haer XXI,5,7 u. 6,2; XXV,6,4; XXVI,8,1; XXVII,5,3; XXIX, 4,6; 5,6; XXX,1,4 usw.).

eigenen Gnosis, d. h. als gnostischer Erlöser auftrat. Wenn man annehmen kann, daß diese Zitate, wie es das wahrscheinlichste ist, bereits im Syntagma des Hippolyt gestanden haben (vgl. Hippol Ref VI,19,1 f.!), so dürfte die hier benutzte simonianische Tradition aus dem 2. Jahrhundert stammen.

Aber nicht nur der Bericht des Epiphanius, sondern auch derjenige des Irenäus läßt sich kritisch zusammenstreichen und damit besser profilieren, als es beim jetzigen Zuschnitt der Fall ist. Hier ist zunächst auf folgendes zu achten: Es muß auffallen, daß Irenäus sein Referat weithin, jedoch nicht durchweg, in indirekter Rede gibt, d. h. er setzt voraus, daß zumindest diese Stücke Simons eigene, persönliche Verkündigung wiedergeben[48]. Nimmt man dazu die Tatsache, daß allein vier der fünf von Epiphanius in direkter Rede Simons gebrachten Originalzitate ihre Entsprechung im Raum jener oratio obliqua bei Irenäus haben, so folgt daraus, daß wahrscheinlich alle mit der Syntagmatradition übereinstimmenden Bestandteile bei Irenäus original simonianischer Herkunft waren, d. h. ursprünglich in direkter Rede standen. Steht es so, dann können zunächst einmal alle diejenigen Stücke des Irenäusberichtes in Klammern gesetzt werden, die an der indirekten Rede nicht teilhaben, mithin reine Berichterstattung sind. Es handelt sich um die folgenden:

1. um den Bericht von AG 8 (I,23,1) samt der aus Justin bekannten Simon-Rom-Legende,
2. um die Überschrift des Ennoiaabschnittes (I,23,2) mit der Mitteilung, daß alle Häresien auf Simon zurückgehen,
3. um die anschließend gleichsam als Schlagzeile des Ennoiamythos formulierte Nachricht, Simon habe eine Hure namens Helena in Tyrus gekauft und mit sich herumgeführt, wobei jedoch zu beachten ist, daß die Befreiung der Ennoia aus dem tyrischen Bordell (I,23,2 am Ende) auch zur oratio obliqua gehört,
4. um den ohnehin wie ein Zusatz aus fremdem Zusammenhang wirkenden Schlußteil des Irenäusberichtes (I,23,4), der von der Magie der simonianischen sacerdotes und der Idololatrie der Simonianer überhaupt berichtet (samt Schlußwort i. S. von I Tim 6,20)[49].

---

[48] Hierauf hat bes. *E. Haenchen*, ZThK 1952, S. 308 Anm. 2. gewiesen. Die betr. Einführungsformeln lauten: „docuit" (23,1), „dicens", „dixit" (23,2) und „repromisit" (23,3). Mit „dicens" oder „scribens" wird z. B. auch Paulus bei Irenäus eingeführt (vgl. III,18,2; IV,26,5; IV,38,2 u. ö.). Nach 23,4 soll der Name „Simonianer" eine Selbstbezeichnung der Sekte sein. Zur Überschrift in I,23,2 vgl. Ps Tert c. 3: „Carpocrates hanc tulit sectam."

[49] Zur Frage simonianischer Magie s. o. S. 18[21]. Die bei Hippol Ref VI, 20,1 (= Iren I,23,4) genannten magischen Praktiken (Beschwörungen, Liebestränke, Verführungskünste, Traumsender und Paredroi) spielen in den eigentlich gnostischen Abschnitten des simonianischen Systems keine Rolle, sondern charakterisieren die damals gängige Magie überhaupt. Wenn ein Traumsender etwa als μέγα δυνάμενος δαίμων angerufen wird (*Preisendanz*, PGM II, S.

Das Bild, welches diese in Klammern gesetzten Teile des Irenäus bieten, ist recht aufschlußreich. Es umfaßt nämlich bei näherem Hinsehen durchweg solche Nachrichten, die eine offenkundig antisimonianische Tendenz zur Schau tragen, d. h. in dieser Fassung sicher nicht simonianischer, vielmehr kirchlicher Herkunft sein dürften. Freilich ist damit noch nicht alles, was bei Irenäus in indirekter Rede erscheint, auch als simonianisch gesichert. Zwar wird ein beträchtlicher Teil des Ennoiamythos durch die Originalzitate bei Epiphanius als echt beglaubigt, allein ebenso unleugbar ist die Tatsache, daß diese Beglaubigung sich nicht auf die von Irenäus im zweiten Teil seines dritten Abschnittes (I,23,3) gebrachten Nachrichten über den simonianischen Antinomismus und Libertinismus erstreckt. Im Gegenteil, die an diesem Punkt bei Hippolyt (Ref VI,19,4 f.) und erst recht bei Epiphanius (XXI,4) einsetzende Fabulierfreudigkeit beweist schon als solche, daß die Überlieferung hier möglicherweise unsicher war. Man wird also gerade diesen Teil der irenäischen Oratio obliqua besonders sorgfältig auf seine Herkunft untersuchen müssen[50].

Die am besten gesicherten Nachrichten scheinen also auch bei Irenäus im Ennoiakomplex zu stecken. Hier aber drängt sich eine weitere Beobachtung auf. So offenkundig nämlich das mythische Schicksal der Ennoia bei Irenäus den Grundriß der entsprechenden Darstellung bildet, ebenso auffällig wird der Fluß der Erzählung trotz seiner Kürze nicht weniger als viermal durch seltsam nachhinkende oder eingeschobene Partikeln und Digressionen unterbrochen, die zwar zu dem Gesagten in nächster Beziehung stehen, zugleich aber durch das „bekannte Mittel, Anfang und Ende eines Einschubs übereinstimmen zu lassen“[51] den Eindruck von Interpolationen machen. Und zwar handelt es sich um folgende Stellen:

---

66 = XII, 122 ff.), so ließe sich dabei allenfalls eine gedankliche Brücke zum Simonianismus denken. Sonst ist höchstens der Paredros interessant, da er einerseits mit der dem Simon persönlich nachgesagten Nekromantie (s. *Harvey*, Iren I, S. 194, Anm. 2) andererseits mit der Schutzengelfigur (*Preisendanz* I, S. 8 f.) zusammenhängen kann (vgl. hierzu bes. *Dibelius* im Erg.-Bd. IV, z. Hdb. z. NT zu Hermas Mand XI,10, ferner mein Siebensternbuch Nr. 136, Die verborgene Überlieferung von Christus, S. 106 und 138 ff.). Unter den gnostischen Zeugnissen ist vor allem Marcos (Iren I,13,3) hervorzuheben, der dem Simonianismus teilweise recht nahezukommen scheint und neuerdings der von *Henrichs-Koenen* geöffnete griech. Manikodex (ZPE 1970, H. 2, bes. S. 164 ff.). Von gnostischen Standbildern berichtet Clem Strom III,2,5 bei Epiphanes (doch vgl. dazu *H. Kraft*, ThZ 1952, S. 434 ff.). Nach Strom III,37,3 dürften die Gnostiker eigentlich keine Idololatrie getrieben haben.

[50] Den Verdacht, daß insbesondere der dritte Teil des Irenäusberichtes (I,23,3) durch basilidianische Motive (vgl. I,24,3 ff.) aufgefüllt worden sei, hat vor allem *L. Cerfaux*, La gnose simonienne (vgl. Rech de sc. rel. 1925, S. 505 ff. u. 1926, S. 500 ff.) formuliert. Ihm ist *R. Mc L. Wilson*, The gnostic Problem, (1958), S. 99 gefolgt.

[51] So wörtlich *E. Haenchen*, Gab es eine vorchristliche Gnosis? ZThK 1952, S. 338 Anm. 1.

1. Verdoppelt sind zunächst die Aussagen über den Ursprung der Ennoia und die Erschaffung der Engel durch sie. Mit zwei bloßen Nebensätzen schiebt der Bericht hier eine Erklärung des Wortes Ennoia ein, um sodann auch die Erschaffung der Engelmächte durch den Zusatz zu ergänzen, daß durch sie die (untere) Welt geschaffen worden sei.
2. Abermals verdoppelt ist sodann die Nachricht vom Festgehaltenwerden der Ennoia durch die Engelmächte. Den Zwischenraum füllt eine Reflexion über das invidia-Motiv und die Absolutsetzung der Engel gegenüber ihrer Mutter und dem unbekannten Urvater.
3. Am klarsten erkennbar ist der dritte Einschub: Hier ist die Nachricht über die Schmach und Seelenwanderung der Ennoia de corpore in corpus durchbrochen durch die Identifikation mit der trojanischen Helena und den Hinweis auf das Schicksal des Stesichoros.
4. Schließlich ist die Nachricht vom Herabkommen Simons a) zur Rettung der Ennoia, b) zum Heil für alle Menschen durch die Notiz von der Mißregierung der Weltengel unterbrochen, samt der Mitteilung, Simon sei zur allgemeinen emendatio rerum erschienen. In gewissem Sinne ist aber schon der vorausgehende Hinweis auf das ‚verlorene Schaf' ein solcher Einschub.

Was ist zu diesen Stücken zu sagen? Man könnte zunächst daran zweifeln, daß es sich bei der retardierenden Stilistik des Irenäus um wirkliche Einschübe handelt[52]. Indessen beweist schon ein kurzer Seitenblick auf die analoge Stilistik der dem Simon-Magus-Bericht nächstverwandten Abschnitte über Basilides und die Karpokratianer (Iren I,24 f.) den Sachverhalt der Interpolation derart eindeutig, daß sich eine weitere Erörterung der Frage erübrigt[53]. Im übrigen braucht man die bezeichneten Einschübe nur aus dem Irenäustext herauszunehmen und der Ennoiamythos hat einen lückenlosen Ablauf.

Wo die Einschübe bei Irenäus herstammen, läßt sich natürlich nur vermuten. Immerhin ist darauf hinzuweisen, daß allein drei der genannten Zusätze – die Engel als Weltschöpfer, der trojanische Komplex und das Gleichnis vom Schaf – auch beim Syntagmamaterial wieder auftauchen. Das Syntagmamaterial wiederum ist offensichtlich nicht einer zusammenhängenden Darstellung des Ennoiamythos entnommen, sondern stammt

[52] Man vgl. etwa die schleppende, von Anknüpfungen und Wiederholungen gesättigte Stilistik gnostischer Originalschriften wie des Evangelium veritatis, der Naassenerpredigt, des Titellosen Werkes oder der Sophia Jesu.

[53] Iren I,24,4 wird zwischen die doppelte Erwähnung des Christus-Nous die auch anderwärts nachweisbare Legende von der Kreuzigung des Simon von Kyrene eingebaut (vgl. dazu *Harnack*, Altchr. Lit.-Gesch. I, S. 122; *C. Schmidt*, TU 24,1, S. 68 ff. und die Parallelen bei *W. Bauer* zu Ign Trall 10 im Erg.-Bd. II z. Hdb. z. NT). In ähnlicher Weise ist das an die Christuslegende von Pist Sophia 61 (vgl. dazu meine Verborgene Überlieferung, S. 124 ff.) erinnernde Stück vom Kraftempfang Jesu in I,25,1 zwischen der doppelten Erwähnung der Seele Jesu befestigt. Schließlich hat Irenäus in I,25,4 das Gleichnis vom Gläubiger (Mt 5,25 f.) zwischen der doppelten Erwähnung der gnostischen „Freiheit" angebracht.

eher aus einer Art Verkündigung nach Art der Naassenerpredigt, in welcher die mythologischen Zusammenhänge zwar erwähnt, aber nicht im Zusammenhang dargestellt waren. Stünde es so, dann lägen also schon dem Irenäusbericht letztlich zwei verschiedene Quellen zugrunde:

1. eine kurze, aber zusammenhängende Darstellung des Ennoiamythos vom Ausgang der Ennoia beim Urvater bis zu ihrer Erlösung durch dessen Katabasis,
2. eine mit dem Syntagmastoff konvergierende (oder identische?) Simon-Magus-Verkündigung, dessen besonderer Skopus die Identifikation der Ennoia mit allerlei anderen Gestalten war[54].

Damit können wir zum eigentlichen Vergleich zwischen den simonianischen Stücken bei Irenäus und Epiphanius übergehen. Auszugehen ist dabei von der Beobachtung, die schon Lipsius gemacht hat, daß die in die irdische Welt verschlagene Ennoia von beiden Referenten teils als mächtig, teils als ohnmächtig dargestellt wird, und zwar dergestalt, daß der Ton bei Epiphanius (d. h. im Syntagma) auf ihrer Macht, bei Irenäus dagegen auf ihrer Ohnmacht liegt[55]. Beide Gesichtspunkte schließen sich nicht aus und könnten sich ergänzen, allein es ist doch auffallend, daß sich die mächtige Ennoia bei Irenäus nur in der in den Ennoiamythos eingesprengten Mitteilung über die Stesichorosepisode findet, während ihre Ohnmacht bei Epiphanius allein durch das aus Irenäus entnommene Stück ihrer mythischen Vergewaltigung (Epiphan XXI,2,6 = Iren I,23,2) nachweisbar ist. Damit ist im Grunde abermals nachgewiesen, daß der Ennoiamythos bei Irenäus und die Syntagmatradition auf zwei voneinander leicht abweichende Überlieferungen zurückgehen müssen.

Dabei aber macht die Syntagmaüberlieferung – trotz ihrer Bruchstückhaftigkeit – Irenäus gegenüber im ganzen den besser erhaltenen Eindruck. Daß es so ist, beweisen folgende Beobachtungen:

1. Die Angaben zur simonianischen Kosmologie im Originalzitat Nr. 1 und 2 sind präziser und vollständiger als an den entsprechenden Stellen bei Irenäus[56].

---

[54] Etwas anders unterscheidet *L. Cerfaux,* a.a.O. 1926, S. 18 einen (später erweiterten) kirchlichen und einen simonianischen Grundbericht; der kirchliche Bericht enthielt wesentlich die Nachrichten zu Simons Person und Gottheit, der simonianische wesentlich die Helenaallegorien (einschl. der Stesichorosepisode).

[55] *Lipsius,* Quellenkritik S. 81.

[56] Der Ennoiamythos enthielt demnach über Irenäus hinaus die Unterscheidung der verschiedenen Himmelssphären und ihrer Herrscher, die Differenzierung des oberen (unsichtbaren) und des unteren (sichtbaren) Kosmos, der obere von der Ennoia, der untere von den abtrünnigen Engeln eingerichtet, die Erschaffung des Menschen durch die Weltengel, die Notiz von der Erwartung des Vaters durch die Ennoia in der Welt unterhalb der (sieben) Himmelsphären und die Mitteilung von der Verborgenheit des Vaters vor den Engeln bei seiner Transfiguration – alles typisch gnostische Requisiten.

2. nach dem Originalzitat Nr. 1 bei Epiphanius geschah Simons Katabasis allein um der Errettung der Ennoia willen. Irenäus dagegen hat mit diesem Stück – seiner Gliederung folgend – zugleich die Heilspredigt Simons an alle Menschen verbunden (I,23,3), und zwar dergestalt, daß dabei die Befreiung der Ennoia lediglich als die erste von zwei Aktionen Simons zu stehen kommt, von denen die zweite, die Heilspredigt an alle Menschen, die wichtigere ist[57].

3. Genau die gleiche Beobachtung wie unter Nr. 2 läßt sich auch am Vergleich zwischen dem Originalzitat Nr. 5 (Gleichnis vom Schaf) und der entsprechenden Irenäuspassage (I,23,2 f.) machen. Während die Syntagmatradition den Gesamtvorgang von Fall *und* Erlösung der Ennoia – sachlich richtig – durch das *ganze* Gleichnis ausgedrückt findet und daher die Matthäusfassung vom *verirrten* und wieder *gesuchten* Schaf verwendet, beschränkt Irenäus die Ausdeutung der Parabel lediglich auf den *Fall* der Ennoia und seine Folgen und ersetzt daher – folgerichtig – die matthäische durch die lukanische Perspektive (Lk 15,4 ff.), das *verirrte* also durch das *verlorene* Schaf[58].

4. Schließlich läßt sich derselbe Sachverhalt noch an zwei weiteren Eingriffen des Irenäusberichtes belegen, einmal an der Auseinanderreißung der Syzygie des „Allvaters" und der „Allmutter" (Simon und ‚Helena') am Ende des ersten und Anfang des zweiten Abschnittes, die lediglich aus Gliederungsgründen auf zwei Abschnitte verteilt werden, zum anderen an der analogen Zertrennung der in der Syntagmatradition zusammengehörigen Aussagen über Simons Erscheinung als (christlicher) Vater und Sohn einerseits und sein Scheinleiden (am Kreuz) andererseits. Irenäus hat beides getrennt, weil für ihn die Selbstaussagen zu Simons Person (I,23,1), die doketische Kreuzigung dagegen zu seinem (angeblichen) Heilswerk (I,23,3) gehören[59].

Mit alledem dürfte ein wichtiger Kompaß für unsere späteren Untersuchungen gewonnen sein. Denn wenn nicht alles täuscht, so stehen wir mit der bei Irenäus und im Syntagma auftauchenden doppelten Simon-Magus-Tradition, wenn auch auf schmalster und fragmentarischer Basis, an einem Schlüsselpunkt der simonianischen Überlieferung. Dabei führen

[57] Iren I,23,3 (*Völker*, S. 2, 30 ff.): „Quapropter et ipsum venisse, uti eam assumeret primam et liberaret eam a vinculis, hominibus autem salutem praestaret per suam agnitionem ... et descendisse eum transfiguratum et assimilatum virtutibus et potestatibus et angelis (vgl. Justin Dial 120,6), ut et in hominibus homo appareret ipse, cum non esset homo." Hier ist der Anspruch von Zitat Nr. 3 (s. o. S. 31[45]) zu erkennen, aber die Transfiguration des Urvaters gehört damit nicht zusammen, sondern, wie Zitat Nr. 1 beweist, in den Zusammenhang mit der Wiederfindung der Ennoia.

[58] Auch diese Beobachtung findet sich schon bei *Lipsius* a.a.O. S. 79. Ps Tert c. 1 hat „errantem", was auf die Matthäusfassung weist, die im simonianischen Zusammenhang in der Tat die ursprüngliche sein wird. Hippol Ref VI,19,2 u. 4 bietet beide Versionen, ist also sowohl von Irenäus als vom Syntagma abhängig.

[59] Anders *Cerfaux* (a.a.O. 1925, S. 502 f.), der die Trennung der beiden Aussagen bei Irenäus für ursprünglicher hält. Doch steht und fällt diese Entscheidung mit der Voraussetzung, daß der Filastriusbericht (s. o. S. 27 f.) nicht von Epiphanius abhängig sei.

zumindest die fünf Originalzitate bei Epiphanius unmittelbar an eine simonianische Quelle des 2. Jahrhunderts heran.

7. *Die Apophasis Megale (Hippol. Ref. VI,9–18)*[60]: Diese Quelle ist von völlig anderer Art als alles Bisherige. Es handelt sich um Auszüge aus einer Offenbarungsschrift, in der ein „Simon" (so Hippolyt) jenseits von Raum und Zeit als redend (bzw. schreibend) auftritt (vgl. 9,4 u. bes. 18,2), der mit dem „historischen" Simon der Irenäus- und Syntagmatradition kaum noch vergleichbar ist. Überlieferungsmäßig gehört das Stück zu dem vielumstrittenen gnostischen Quellenbündel der Hippolytschen Refutatio, dessen gnostische Angehörige sich zwar untereinander z. T. verblüffend ähnlich sehen, andererseits aber von vergleichbaren Ketzerberichten ebenso verblüffend abweichen. Übrigens ist ein Stück der Megale Apophasis (9,4) auch in der Naassenerpredigt (V,9,5) zitiert; eine auffallende Sachparallele zur Naassenerpredigt findet sich in 17,1 (vgl. V,8,13 ff.), wo vom Stehen im „Strom der Gewässer" die Rede ist[61].

Der Inhalt der Apophasis läßt sich in Kürze folgendermaßen zusammenfassen: Letzter präkosmischer Seinsurgrund ist die δύναμις σιγὴ ἀόρατος ἀκατάληπτος. Diese erwacht durch ihre Differenzierung zur Ursyzygie, d. h. der (oberen, männlichen) δύναμις μεγάλη und der (unteren, weiblichen) ἐπίνοια μεγάλη aus ihrer Unbewußtheit. Beider Vereinigung ergibt zunächst den grenzenlosen ἀήρ (18,2 f.). Doch ist die mann-weibliche Urkraft an sich völlig selbstbezogen: ihr eigener Vater, ihre eigene Mutter usw. sich selbst zeugend, suchend, findend (17,3). Als solche ist sie aber zugleich auch „anfangs- und endlos" (18,3) und damit die δύναμις ἀπέραντος (c. 13 am Ende u. ö. vgl. bes. 18,4), die als ῥίζα τῶν ὅλων (9,4; 17,3)

[60] Text bei *P. Wendland*, Hippolytos Bd. III (GCS 26, S. 136 ff.), dazu die Auszüge bei Hippol Ref V,9,5; X,12 und IV,51,3 ff. mit der Synopse bei *Krämer*, Geistmetaphysik, S. 349. Neuerdings hat *I. M. A. Salles-Dabadie*, Recherches sur Simon le Mage I, l'Apophasis Megale (Cah. de la Rev. Bibl. 10, 1969) S. 12 ff. einen verbesserten Text angeboten, ist damit aber bei *J. Frickel,* Eine neue kritische Textausgabe der „Apophasis Megale" (Wiener Studien 1972, S. 162 ff.) auf Kritik gestoßen. Zum Inhalt und zur Interpretation vgl. außer *R. P. Casey*, Beginnings V, S. 160 f. vor allem *H. Leisegang,* Die Gnosis, S. 67 ff.; ferner *H. Lietzmann*, PW II/3, Sp. 181 f.; *H. Jonas,* a.a.O. S. 353 ff.; *E. Haenchen*, Gab es eine vorchristliche Gnosis? (ZThK 1952, S. 316 ff. = Gott und Mensch, Ges. Aufs., 1965, S. 265 ff.); *W. Schmithals,* Die Gnosis in Korinth ([2]1965), S. 32 ff.; Einzelerklärungen finden sich bei *Haardt*, a.a.O. S. 304 f.; zur Quellenkritik jetzt *J. Frickel* SJ, Die „Apophasis Megale" in Hippolyts Refutatio (Rom 1968), *ders.:* Eine neue Deutung von Gen 1,26 in der Gnosis (Festschrift für G. Widengren Bd. I, 1972, S. 413 ff. (als Ergänzung).

[61] Zur Diskussion dieser gnostischen Quellen siehe die Übersicht bei *Frickel,* S. 11 ff. Wie der Ketzerkatalog bei Iren I,23 ff., so bedarf auch das von Hippolyt in der Refutatio eingearbeitete Paket gnostischer Quellen dringend einer erneuten quellenkritischen und redaktionsgeschichtlichen Untersuchung.

alles Endliche durchwaltet und erhält (18,4). Und zwar entfaltet sich das zunächst nur als mannweibliche Syzygie vorgestellte Urwesen in dieser Beziehung noch einmal triadisch in der Reihenfolge des Ἑστώς, στάς, στησόμενος, d. h. dessen, der oben gestanden hat, jetzt im Wechselfluß der Erscheinungen unten steht und in der Vollendung wieder oben stehen wird (17,1 f.), wenn er καθ' ὁμοίωσιν „vollkommen" (17,2 vgl. 14,6), d. h. zum Ebenbild ausgeprägt worden sein wird (ἐξεικονίζεσθαι 12,3; 14,6; 16,5 f.; 17,1 f.)[62].

Auf diesem kosmisch-überkosmischen Strukturhintergrund ist sodann der Mensch zu sehen. Daß er im Wesenskern an der göttlichen Natur teilnimmt, ist klar und wird obendrein durch ein apokryphes Logion („Ich und du sind eins; vor mir du, nach dir ich") ausdrücklich unterstrichen (17,2). In der Tat wird denn auch die ἀπέραντος δύναμις als wohnhaft im Menschen angesprochen (9,5). Freilich existiert sie hier, wie unter Berufung auf Aristoteles und Plato versichert wird, lediglich potentiell (δυνάμει), ja sogar als ausdehnungsloser Punkt (14,6) und muß daher in jedem Fall aktuell (ἐνεργείᾳ) verwirklicht werden (12,2; vgl. 9,6 u. 16,5). Nur wenn diese Aktualisierung erfolgt, was der Vf. z. B. am Bilde vom Baum und seinen Früchten veranschaulicht (9,10; 16,6), wenn das Kleine zum Großen wird (14,6), kann auch jenes göttliche Element im Menschen zum „unveränderlichen Äon" hinzutreten; andernfalls vergeht es mit der vergänglichen Welt (14,6 vgl. 12,4).

Übrigens wird dieser Zusammenhang noch von einer etwas anderen Struktur jener göttlich-menschlichen Urkraft gekreuzt, sofern nämlich die mit dem dreifach „Stehenden" (s. o.) identische ἀπέραντος δύναμις auch in eine pneumatische Siebenheit aufgefächert erscheint, und zwar dergestalt, daß zunächst drei intelligible Syzygien (νοῦς und ἐπίνοια; φωνή und ὄνομα; λογισμός und ἐνθύμησις) vorgestellt werden, denen die ἀπέραντος δύναμις als „siebente Kraft" verborgen zugrunde liegt (12,2 f. und 14,3 f.). Als biblische Stütze dieser Spekulation wird dazu eine allegorische Interpretation des atl. Schöpfungsberichtes bemüht (c. 13 f.), wobei die drei Syzygien mit „Himmel" und „Erde", „Sonne" und „Mond", „Luft" und „Wasser" identifiziert werden. Überhaupt ist die ganze Konzeption mit allen möglichen biblischen (AT/NT), philosophischen (Heraklit, Empedokles, Aristoteles, Plato, Stoa), neupythagoräischen und selbst medizinischen Anleihen überladen und präsentiert in dieser Aufbereitung das typische Bild jener Mischung aus wüster Gelehrsamkeit und theosophischem

---

[62] Mit dem ἐξεικονίζεσθαι bzw. der ὁμοίωσις ist in der Apophasis das Axiom der Apathie angesprochen (vgl. vor allem *A. Heitmann*, Imitatio Dei, S. 50 f., dazu *W. Völker*, Der wahre Gnostiker nach Clemens Alexandrinus (1952), S. 231 (zu Philo). Ein Ἑστώς werden heißt demnach „Gott werden nach Möglichkeit". An die den Simonianern von den älteren Berichten nachgesagte libertinistische Ethik kann man dabei kaum denken.

Tiefsinn, der man bei synkretistischen Phänomenen dieser Art auch sonst begegnet[63].

Was ist zu diesem Gedankenwust zu sagen? Wir heben zunächst folgendes hervor:

a) *Zum Quellenwert:* Das von Hippolyt teils wörtlich, teils sinngemäß referierte Material erhebt (nach Hippolyts Mitteilung) den Anspruch, Simons eigene Rede zu sein. Die hier sprechende Quelle wäre demnach im zutreffenden Fall von phänomenalem Wert. Dagegen spricht jedoch, daß keiner der älteren kirchlichen Simon-Magus-Referenten, also weder Justin, noch Irenäus, noch Hippolyt im Syntagma, von Existenz oder Inhalt der Apophasis irgendeine Kenntnis verrät. Speziell die Ἑστώς-Titulatur ist allen Quellen der älteren Zeit unbekannt. Selbst Hippolyt hat den Traktat offenkundig erst nach der Abfassung seines Syntagma (d.h. zu Anfang des 3. Jahrhunderts) kennengelernt, ihm freilich dann eine beachtliche Stellung eingeräumt[64].
b) *Zum Inhalt:* Die Apophasis will (simonianische) Gnosis verkünden. Wie weit ist dabei das Simonianische gnostisch und das Gnostische simonianisch? Was das erste betrifft, so ist der gnostische Hintergrund des Ganzen zwar unleugbar, allein er wird von einem spekulativen Vordergrund überdeckt, unter dem die typisch gnostischen Merkmale (Dualismus, Mythologie usw.) nur noch unsicher erkennbar sind. Gleichzeitig versucht der Vf. (vgl. bes. 18,2 ff.), die Transzendenz seiner μεγάλη δύναμις über sich selbst hinaus noch zu steigern. Beides weist nicht auf vor- oder frühgnostisches, vielmehr auf spätgnostisches Selbstverständnis. Überhaupt kommt abgesehen von dem Titel der μεγάλη δύναμις kein einziges der älteren simonianischen Spezialissima in der Apophasis mehr vor. Der gesamte Ennoia-Helena-Komplex ist ausradiert und durch philosophisch-allegorische Allgemeinheiten ersetzt. Würde man den (nur von Hippolyt genannten!) Namen Simons streichen, so würde kaum jemand auf den Gedanken verfallen, diese Quelle für simonianisch zu halten[65].

---

[63] Ein Schulbeispiel progressiver Konfusion bietet gleich der erste Abschnitt bei Hippolyt (Ref VI,9); zu den philosophischen Anleihen vgl. *Leisegang*, S. 88 ff. und *Salles-Dabadie*, S. 77 ff. Ein wichtiger Bestandteil im Apophasis-System ist die neupythagoräische Zahlenspekulation, siehe *Krämer*, Geistmetaphysik S. 106 u. 245 f. Daß das Kleine zum Großen wird (14,6) ist ein Wort des Pythagoras (siehe Beginnings IV, S. 90), das aber auch in der Gnosis eine Rolle spielt (vgl. z.B. Phil. Ev. 26 und mein Siebensternbuch Nr. 136, S. 102 ff.).

[64] Umfang und Zahl der Originalfragmente in Hippolyts Bericht sind umstritten. Während *de Faye* und *Leisegang* nur den Abschnitt Ref VI,18,2–7 anerkennen wollten, entscheidet sich *Haardt* (S. 304) für drei, *Frickel* (S. 30 ff.) für 5–7 Originalzitate.

[65] Schon *J. Kreyenbühl*, Das Evangelium der Wahrheit (1900), S. 217 ff. hat Simon selbst als Vf. der Apophasis ausgegeben, ihn aber immerhin von dem in AG 8 genannten Magier unterscheiden wollen. Wenn *Leisegang* (a.a.O. S. 67) behauptet, die Grundzüge der Apophasis gingen „wohl wirklich" auf Simon selbst zurück, so ist das mit nichts zu beweisen. Vollends phantastisch sind die Vorstellungen von *Schmithals* (a.a.O. S. 38 ff.) und *Salles-Dabadie* (S. 125 ff.), die allen Ernstes mit einer Priorität der Apophasis, bzw. ihres wesentlichen Inhalts vor den Zeugnissen der Justin-Irenäus-Gruppe rechnen.

Damit ist das Urteil über den Quellenwert der Apophasis bereits gesprochen. Harnack hat gesagt, dieser Simonianismus verhalte sich zum ursprünglichen etwa so, wie die Lehren der Gnostiker zur apostolischen Verkündigung. Man könnte es auch anders formulieren: So wenig die gnostischen Evangelienapokalypsen des 2. und 3. Jahrhunderts mit dem historischen Jesus zu tun haben, obwohl derselbe darin unaufhörlich zu reden scheint, ebensowenig ist es gestattet, die Megale Apophasis, nur weil sie angeblich eine Rede Simons sein soll, mit dem „historischen" Simon in Verbindung zu bringen[66]. Statt dessen muß die quellenkritische Frage ganz anders lauten. Also nicht: Wie gehören „Simon" und die Apophasis zusammen, sondern in welcher Beziehung steht die Apophasis zum Simonianismus einerseits und zu ihrer religionsgeschichtlichen Umwelt andererseits? Versuchen wir zunächst die erste Frage zu beantworten. Folgende Motive der Apophasis können — allenfalls — mit der älteren simonianischen Tradition zusammenhängen:

1. Die in erster Person redende (angebliche) Stimme Simons und der damit verbundene Titel der „großen Kraft", wenn man davon absieht, daß die entsprechenden Würdetitel Simons in der älteren Tradition (z. B. „oberste Kraft") nicht wörtlich übereinstimmen[67],

2. die auch von Hippolyt empfundene Verwandtschaft der „großen Epinoia" (12,2; 18,3) mit der Ennoia der älteren Tradition, deren tatsächliche Verschiedenheit freilich offenkundig ist,

3. der gleichsam trinitarisch aufgemachte Würdeanspruch des Stehenden (17,1 u. ö.), falls er anstelle der bei Irenäus (I,23,1) beanspruchten Vater-Sohn-Geist-Trinität eingetreten sein sollte, damit verbunden die Andeutung einer Kata- und Anabasis der Gottheit[68]. Doch könnte in 17,3 auch eine Vater-Mutter-Sohn-Trinität stecken,

[66] *Harnack*, DG I, S. 271, Anm. 1; ähnlich *H. M. Schenke* (in: Umwelt des Urchristentums I, S. 406): „Die große Verkündigung ist so wenig simonianisch als die Pastoralbriefe paulinisch sind!" Abgesehen von den in der vorigen Anm. genannten Stimmen ist das wissenschaftliche Urteil über den simonianischen Quellenwert der Apophasis seit eh und je eindeutig negativ: vgl. schon *Hilgenfeld*, Ketzergesch., S. 181; *Waitz*, ³RE XVIII, S. 357; *ders.* auch in ZNW 1904, S. 138 ff.; *Ed. Meyer*, Ursprung und Anfänge des Christentums III (1923), S. 293 ff.; *E. de Faye*, Gnostiques et Gnosticisme (²1925), S. 243; *L. Cerfaux*, Rech. de sc. rel. 1926, S. 15 und 18 ff. (dazu meine Anm. 31 in ZThK 1971, S. 408); *Nilsson*, Griech. Rel. II, S. 589; *Schenke*, Kairos 1965, S. 119 f.; *R. Mc L. Wilson*, Gnosis und NT, S. 50; *Rudolph*, ThR 1972, S. 338.

[67] Wo nicht die Formulierung von AG 8,10 einwirkt, wie bei Epiphanius, wird Simon als ἀνωτάτη δύναμις (Iren = Ps Clem Hom. II,3) oder als Gott über allen Kräften (Justin Dial 120,6 vgl. Hippol Ref VI,19,4) angesehen. Auffallend ist übrigens, in welchem Umfang Simon in der gesamten einschl. Quellenüberlieferung als Redender (bzw. Schreibender, s. Ref VI,18,2, doch dagegen *Frickel*, a.a.O. S. 181 f. und Ps Clem Rec II,38,4) vorgestellt wird, ein unbefangener Hinweis darauf, daß schon die älteste simonianische Überlieferung als Offenbarungsrede Simons gegolten haben muß.

[68] Auf die trinitarische Beziehung des „Stehenden" zu der bei Irenäus (I,23,1)

4. die mythologische Auslegung von Gen 1,2 (14,4) falls die Passage Justin, Apol I,64 (s. o. S. 12) simonianischen Bezug haben sollte,
5. der Hinweis auf das Sich-selbst-Suchen und -Finden der Gottheit (17,3), falls darin eine Reminiszenz aus der Parabel vom verlorenen Schaf zu erblicken wäre[69],
6. das angebliche Simon-Logion „Ich und du sind eins ..." (17,2), falls dahinter eine ursprüngliche magische Identifikation mit der Gottheit oder die Ansprache an eine weibliche (mythologische?) Gestalt stünde[70].

Zusammengenommen geben diese spärlichen Anknüpfungspunkte so gut wie nichts her, was dazu berechtigen würde, die Apophasis irgendwie als eine Verwandte der Justin-Irenäus-Syntagmatradition zu beglaubigen. Um so dringlicher erhebt sich demgegenüber die Frage nach der geistigen Herkunft des Apophasisstoffes. Wir geben dazu folgende Übersicht der verschiedenen Möglichkeiten:

---

genannten Trinität von Vater, Sohn und Geist hat *Quispel*, Gnosis als Weltreligion (1951), S. 57 aufmerksam gemacht. Sachlich zutreffender ist aber nach wie vor der Hinweis von *Zahn* (Die AG I, S. 308 f.) auf Stellen wie Apc 1,4 (vgl. z. B. Hebr 13,8). Zur Vater-Mutter-Sohn-Trinität vgl. bes. Apokryphon Joh p 21,19 f.; auch in dieser Quelle ist die „erste Kraft" die Ennoia (vgl. bes. p 28).

[69] Diese Möglichkeit ist recht unwahrscheinlich, weil der Gegensatz von Suchen und Finden, zumal in wissenschaftlicher oder religiöser Hinsicht allgemein antike Redeweise ist, vgl. z. B. schon *Diels-Kranz*, Fragmente der Vorsokratiker Frgm. 318 (I,133); *E. Benz*, Marius Victorinus und die abendl. Willensmetaphysik (1932) S. 248 zu Aristoteles; *Andresen*, Logos und Nomos (1955), S. 134 Anm. 64; zum Forschungsbegriff des Origenes vgl. *F. H. Kettler*, Der ursprüngliche Sinn der Dogmatik des Origenes (1965), S. 40 ff.; im religiösen Selbstverständnis der frühen Christenheit spielte die Vorstellung von Suchen und Finden sowohl auf kirchlicher wie auf gnostischer Seite eine große Rolle, siehe meine Belege in Clemens Romanus, S. 94, Anm. 2, die sich noch erheblich vermehren lassen, auch *N. Brox*, Offenbarung, Gnosis und gnostischer Mythos bei Irenäus v. Lyon (1966), S. 196 ff.; zum religiösen Suchen und Finden vgl. auch Corp. Herm XIII,17 ff., dazu *Bultmann*, Das Urchristentum im Rahmen der antiken Religionen, Ausgabe 1965, S. 240, schließlich Augustin: De trin XV,2,2: „fides quaerit, intellectus invenit", was zur Grundformel der Scholastik wurde. Ganz nahe kommt der Apophasis übrigens die transzendentale Selbstsuche der Gottheit bei Plotin (*Benz*, a.a.O. S. 231).

[70] Vgl. bes. die Zauberpapyri bei *Preisendanz* PGM II,27 (VIII,36 ff.) und 123 (XIII,795), ferner *Dieterich*, Abraxas, S. 196,17, *Bidez-Cumont*, Les Mages hellénisés II,126 ff.; zum Corp. Hermet. siehe *Reitzenstein*, Poimandres, S. 17 ff. und 236 ff.; *ders.:* Die hell. Myst. Rel. ([3]1927), S. 296; *Nilsson*, Griech. Rel. II, S. 558 f.; Pap. Lond. I Nr. 122,49 bei *Preisigke*, Die Gotteskraft in der frühchristlichen Zeit (1922) S. 34 und *Henrichs-Koenen*, ZPE V (1970, Heft 2), S. 189 Anm. 229. Als Ansprache an eine mythologische (?) Frauengestalt kehrt das Wort im Evang. der Eva (Epiphanius haer XXVI,3,1) wieder, womit der Magier Marcos bei Iren I,13,3 zu vergleichen ist, dazu mein Siebensternbuch, Die verborgene Überlieferung von Christus 1969, S. 121 f.; Alchimistisches wieder bei *Reitzenstein*, Hell. Myst. Rel. S. 36 Anm. 2, vgl. S. 44; endlich siehe Stellen wie Pistis Sophia 96 und Act Andr 10.

1. Die älteste und einfachste Erklärung ist die hellenistisch-jüdische. Bekanntlich hat schon Leisegang auf die nahe Verwandtschaft der Apophasis in „Lehre und Methode" mit Philo von Alexandrien gewiesen und dabei die allegorische Behandlung der LXX, die Anlehnung an Empedokles, Heraklit, Aristoteles, samt orphisch-platonischen Einschlägen hervorgehoben. Neuerdings hat I. M. A. Salles-Dabadie, übrigens fast ohne auf Leisegang einzugehen, die Frage wiederaufgenommen und neben platonisch-hermetischem Kolorit vor allem die stoisch-platonische Abkunft in den Vordergrund gestellt[71].

2. Eine der konstitutiven Aussagen im System der Apophasis ist der Gottestitel des dreifachen Ἑστώς. Hierfür wird in der Regel abermals Philo als Kronzeuge benannt. Dagegen hat bereits M. Heidenheim (1888), dem Th. Zahn u. a. Gelehrte gefolgt sind, darauf aufmerksam gemacht, daß die Vorstellung des „Stehenden" samt der „Wurzel des Alls" aus der Apophasis auch im Pentateuchkommentar des Samaritaners Marqa (4. Jh.) im Zusammenhang mit Ex 3,14 wiederkehrt. Neuerdings haben G. Widengren, G. Kretschmar, H. F. Weiß, C. Colpe und vor allem H. G. Kippenberg die Frage erneut aufgegriffen mit dem Ergebnis, daß als samaritanisches Substrat für den simonianischen Ἑστώς der Gottestitels des Ka'em („der aufrecht Stehende", bzw. der „Lebendige") in Frage komme. Widengren und Kretschmar vermuten, Simon selbst müsse (oder könne) „ein samaritanisches Gottesprädikat auf sich bezogen" haben (ähnlich Kippenberg), Weiß will die betr. Marquastelle über den Umweg der Apophasis von Philo abhängig denken, und Colpe will sogar die Stelle AG 7,56 (nebst anderen Einzelheiten der Stephanusrede) samaritanisch grundieren. Darüber hinaus hat Kippenberg auch auf den prophetischen Gebrauch des Ka'em im samaritanischen Bereich, d. h. vor allem bei den Dositheanern, in bezug auf Mose (Dtn 18,15 ff. vgl. Ex 20,21 u. Dtn 5,31) aufmerksam gemacht. Was schließlich das eigenartige „unten" Stehen des Ἑστώς in der Apophasis (Ref VI, 17,1 f.) betrifft, so soll es durch das Gegenüber zwischen Gott und den (am Sinai) versammelten „Lebenden" erklärbar sein[72].

---

[71] *H. Leisegang*, Die Gnosis, S. 86 ff.; *I. M. A. Salles-Dabadie*, Recherches sur Simon le Mage, S. 77 ff.

[72] Die einschl. Stellen aus Philo bietet übersichtlich *W. Grundmann*, ThWB VII,643 (vgl. schon *K. Siegfried*, Philo von Alexandrien als Ausleger des ATs, 1875, S. 202 ff.); *M. Heidenheim*, Die samaritanische Liturgie, Bibliotheca Samaritana II (1888), S. XXXVIII ff., dazu die Hinweise von *Zahn*, Die AG I, S. 308 Anm. 72. Der Text aus dem Pentateuchkommentar des Marqa lautet: „Ich werde sein, der ich sein werde, der da ist und der da sein wird, *eine Wurzel, die keinen Anfang hat;* ich werde sein, der ich sein werde, *der da steht,* der am Anfang (war) und auf dem Berge Sinai; ich werde sein, der ich sein werde, der da spricht (zur) Welt und der da ruft die Geschöpfe." (*H. F. Weiß*, Untersuchungen zur Kosmologie des hellenistischen und palästinischen Judentums, TU 97, 1966, S. 133 ff., vgl. *G. Widengren*, The Ascension of the Apostle and the heavenly book, 1950, bes. S. 48 ff., ferner *G. Kretschmar*, Ev. Theol. 1953, S. 359 f.; mit Anm. 18, der freilich im Blick auf das späte Datum der Marqaliteratur größte Vorsicht empfiehlt. Vgl. ferner *K. Rudolph*, Die Mandäer Bd. 1, 1960, S. 171 f. Anm. 3; *C. Colpe*, ThWB VIII, S. 465 ff. und vor allem *H. G. Kippenberg*, Garizim und Synagoge, 1971, S. 122 ff.; 306 ff., bes. 319, Anm. 72 und S. 347 ff. mit Anm. 236). Übrigens hat Justin (Apol I,62,4)

3. Schließlich haben Widengren und besonders wieder Kippenberg auch den Gottestitel der „großen Kraft“ von AG 8,10 (vgl. Ref VI,9,4; 13; u. 18,3, dazu V,9,5) aus den Marqa-Hymnen und anderen Stücken der samaritanischen Liturgie des 4. Jahrhunderts als Titel des historischen Simon zu belegen versucht. Dabei hebt Kippenberg im Unterschied zum außersamaritanischen Gebrauch dieses Gottestitels (vgl. z. B. Hegesipp b. Eus. h. e. II, 23,13) vor allem die soteriologische Nuance der samaritanischen Vorstellung hervor, die eine gnostisierende Anknüpfung begreiflich mache. Ohne Rücksicht auf die samaritanische Überlieferung hatte zuvor aber auch schon E. Haenchen aus dem übereinstimmenden Gebrauch des Ausdrucks „große Kraft“ in AG 8,10 und in der Apophasis auf den gnostischen Charakter des Titels im simonianischen Bereich geschlossen[73].

Soweit die Argumente. Bei ihrer Auswertung ist größte Vorsicht geboten, da sie zum wissenschaftlichen Synkretismus geradezu herausfordern. Sicher kann man nicht einfach mit Widengren, Haenchen, Colpe und Kippenberg die Jahrhunderte überspringen und von samaritanischen Überlieferungen des 4. Jahrhunderts (bzw. von der Apophasis des beginnenden 3. Jahrhunderts) kurzerhand auf den historischen Simon der ersten Hälfte des 1. Jahrhunderts zurückschließen. Ebenso fragwürdig dürfte aber auch die von Weiß vorgeschlagene Ableitung einer einzelnen Hestos-Stelle bei Marqa von einer gnostischen Quelle sein, die weit komplizierter beschaffen war als die entsprechende Marqapassage und die Stelle Ex 3,14 wahrscheinlich nicht enthielt[74]. Überhaupt verbieten sich feste Schlüsse auf einem derart unsicheren Quellenboden im historischen Verfahren eigentlich von selbst. Um in dem Wirrwarr verschiedener Möglichkeiten einige Klarheit zu gewinnen, gehen wir im folgenden die obigen Argumente noch einmal durch, und zwar zunächst mit Bezug auf den Titel der „großen Kraft“, danach im Blick auf den Ἑστώς.

1. Zur „großen Kraft“: Hier ist es in der Tat auffällig, daß die von

im gleichen Zusammenhange von Ex 3,14 gesagt, Mose habe von dem aus dem Dornbusch Redenden „starke Kraft“ empfangen.

[73] G. *Widengren*, a.a.O., und *H. G. Kippenberg*, Ein Gebetbuch für den samaritanischen Synagogengottesdienst aus dem 2. Jahrhundert nach Christus (ZDPV 1969, S. 76 ff.; die Datierung ins 2. Jahrhundert ist Hypothese); *ders.;* Garizim und Synagoge, S. 332 ff. Die Texte des Memar Marqa sind jetzt bequem zugänglich durch die englische Übersetzung von *J. Macdonald*, The Teaching of Marqah, Vol. II, Translation (BZAW 84, 1963). Die in Frage kommenden Gottesbezeichnungen lauten: „The Great Power“, „The Powerful One“, „The Great Powerful“, „The Great One“ u. ä. Dabei scheint die Macht, welche Gott ist, mit der, welche er wirkt, zuweilen zu verfließen.

[74] Gegen die Ableitung Marqas von der Apophasis bei *Weiß* hat bereits *Kippenberg*, a.a.O. S. 347 Anm. 136 Einspruch erhoben. Auch hinter *Colpes* Zurückführung von AG 7,56 auf den samaritanischen Ἑστώς macht *Kippenberg* mit Recht ein Fragezeichen (a.a.O. S. 125). Richtiger hat *Th. Zahn* (Die AG I, S. 261 Anm. 81) die Stelle AG 7,56 mit dem Stehen der Engel vor Gott in Verbindung gebracht. Colpe ist darauf nicht eingegangen.

Hippolyt referierte Quelle sich im Titel als „Apophasis der großen Kraft" (Ref V,9,5, vgl. anders VI,9,4) bezeichnet und ihre oberste Syzygie (VI, 18,3 ff.) aus δύναμις μεγάλη und ἐπίνοια μεγάλη bestehen läßt. Indessen wird man die Zuversicht, darin eine ursimonianische Überlieferung zu entdecken, bei kritischer Betrachtung erheblich einschränken müssen, und zwar aus folgenden Gründen:

a) Zwar kommt der Ausdruck „große Kraft" im Zusammenhang mit Hippolyts Apophasisreferat immerhin viermal vor (Ref V,9,5; VI,9,4; 13; 18,3), allein die eigentliche (insgesamt 16mal gebrauchte) Ausdrucksweise für das hier gemeinte oberste Kraftwesen ist doch der Terminus der „unbegrenzten (bzw. unbegreiflichen) Kraft" (ἡ ἀπέραντος δύναμις). Nur wo dieser Ausdruck auftritt, wird damit auch der Ἑστώς-Titel verbunden, während umgekehrt die Bezeichnung als „Wurzel des Alls" (vgl. Ref VI,9,4; 17,3; 18,2) nur mit dem Kraftbegriff zusammen erscheint, nicht aber wie bei Marqa in Verbindung mit dem Ἑστώς[75].

b) Beide Bezeichnungen, also sowohl die „große" als auch die „unbegrenzte Kraft" kommen auch unabhängig vom Simonianismus in gnostischen Texten vor (s. dazu u. S. 113 ff.), allein schon die Zusammenstellung beider zu einem einzigen Kraft-Ausdruck in der Apophasis beweist, daß es sich hier überhaupt um keinen festen Titel, sondern lediglich um eine Wesensbezeichnung des höchsten Dynamiszentrums handelt. In anderer Form begegnet die gleiche Kombination wie in der Apophasis z. B. auch in Corp. Herm I,7 (Poimandres), wo das Urfeuer (vgl. Ref VI,9,5 ff.) durch eine „gewaltige Kraft" (δυνάμει μεγίστῃ) zur στάσις (d. h. zur Seinsweise des ἑστώς) gebracht wird, nur daß die Gottheit hier offenbar mit dem Kosmos identisch ist[76].

---

[75] Was das Verhältnis der „großen" zur „unbegrenzten Kraft" in der Apophasis betrifft, so möchte *J. Frickel* (Die Megale Apophasis, S. 184 ff.) annehmen, daß der Begriff der „großen Kraft" ursprünglich sei, während der weitaus häufiger gebrauchte Ausdruck der „unbegrenzten Kraft" als (sekundäre) Interpretation zu stehen kommt. Folglich hält er das Apophasiszitat der Naassenerpredigt (Ref V,9,5), wo nur von der Ἀπόφασις τῆς μεγάλης δυνάμεως die Rede ist, gegenüber der um den Zusatz τῆς ἀπεράντου erweiterten Fassung des eigentlichen Apophasisreferates (Ref VI,9,4) für ursprünglich. Stillschweigende Voraussetzung ist dabei, daß die „große Kraft" zugleich der in AG 8,10 zugrunde liegende Gottestitel ist. Indessen ist gerade dies die Frage. Die Formulierung Ἀπόφασις τῆς μεγάλης δυνάμεως entspricht z. B. genau der Nag-Hammadi-Schrift von Cod. VI,4 τὸ νόημα τῆς μεγάλης δυνάμεως (s. u. S. 119 f.), die den Ausdruck weder als Titel gebraucht, noch überhaupt einen Bezug zum Simonianismus hat. Vgl. auch *Rudolph* (ThR 1972, S. 338): „Es kommt hinzu, daß in der Naassenerhomilie (Hipp. V,9,5) eine ‚Apophasis der großen Kraft' zitiert wird, ohne Simon zu erwähnen ... Handelte es sich von Haus aus um eine anonyme Schrift, die sekundär von den Simonianern übernommen wurde?"

[76] Zu Corp. Herm I,7 s. u. 111[28]. Nach Poimandres (I,26 f.) verwandelt sich die Seele des Mysten schließlich selbst in die Kräfte, die er geschaut hat (dazu *Nilsson*, Griech. Rel. II, S. 568 f.). Zur στάσις vgl. noch Plotin bei *Krämer*, Geistmetaphysik, S. 303.

2. *Zum* Ἑστώς*-Titel:* Hier ist zunächst die Ableitung des einfachen (also noch nicht triadisch entfalteten) Ἑστώς vorwegzunehmen. Dieser Titel ist nämlich, was die Apophasis betrifft, weder einfach aus Philo noch einfach aus den samaritanischen Texten des 4. Jahrhunderts herzuleiten, sondern hat – was in der ganzen bisherigen Debatte übersehen worden ist – seine nächsten Parallelen im sekundären Ausstrahlungsgebiet der jüdisch-alexandrinischen Philosophie, d. h. vor allem bei Numenios und im Corpus Hermeticum, wozu Clemens Alexandrinus (Strom. II,52,1 f.) und das koptische Philippusevangelium (n. 11 u. 44) zu vergleichen sind. Hierzu folgendes: Zweifellos stammt die Spekulation über Gott als den „Feststehenden" aus dem jüdischen Hellenismus. Schon Ps-Aristobul hat sich damit beschäftigt. Grundlegend für die spätere Zeit ist aber erst Philo geworden, von dessen Gedanken zumindest Numenios, Clemens und das Philippusevangelium beeinflußt sein dürften. Philo geht dabei von Stellen aus wie Ex 17,6 und 24,10 (vgl. Dtn 5,31), wo vom „Stehen" Jahwes auf dem Sinai die Rede ist. Doch wird das atl Gottesbild im Grunde nur aufgegriffen, um es durch den kosmologischen Gegensatz von στάσις und κίνησις aus Platos Timaios (57 E) zu unterlegen. Als anthropologisches Korrelat erscheint daher folgerichtig – sowohl bei Philo als auch bei Clemens, im Phil.-Ev. und im Corpus Hermeticum – der Gedanke der platonischen ὁμοίωσις θεῷ (Theaetet 176 AB), was dem ἐξεικονίζεσθαι (Ref VI,9,10; 14,6; 16,5 f.; 17,2) des „Stehenden", bzw. der „siebenten Kraft" im „Menschen" und dem Vollkommensein καθ' ὁμοίωσιν (17,2 vgl. 14,5) in der Apophasis entspricht. Nimmt man noch hinzu, daß Numenios den Ἑστώς-Begriff mit genau derselben neupythagoräischen Zahlenspekulation von der punktuellen Eins und der unbegrenzten Zwei i. S. des πρῶτος und δεύτερος θεός verbindet, die auch in der Apophasis (Ref VI,14,6 vgl. V,9,5) wiederkehrt und blickt von da aus wiederum auf das Corpus Hermeticum, welches nicht nur abermals die Ἑστώς-Spekulation enthält, sondern auch die Bezeichnung des Guten (d. h. der Gottheit) als ἀπέραντος, sowie – gemeinsam mit dem Valentinianismus – die Vorstellung vom (feurigen) mannweiblichen νοῦς (Ref VI,9,5 ff.; 12,1 f.; 18,3) und von der göttlichen σιγή (vgl. Ref VI, 18,2), schließlich auch das Bild von der „Wurzel aller Dinge" (Ref VI, 9,4; 17,3 vgl. Ps Clem Hom II, 14,2), so hat man den Begriffsapparat der Apophasis so ziemlich beisammen[77].

[77] Belege: Ps-Aristobul bei Euseb, Praep evang. VIII,10,7 ff. (GCS 43/1 ed. *K. Mras*, S. 452 f., dazu *M. Hengel*, Judentum und Hellenismus, 1969, S. 298), doch wird das Motiv des Stehens Gottes hier auf die Beständigkeit der von Gott geschaffenen Welt übertragen. Zu Philo vgl. *Grundmann*, ThWB VII,643 und *Heitmann*, Imitatio Dei, S. 50 f., jetzt auch *Colpe*, ThWB VIII, S. 466 Anm. 430. Die beiden Ἑστώς-Stellen des Corp. Herm. finden sich in dem leider stark verderbten Traktat II § 6b (vgl. 7) und 12a (*W. Scott*, Hermetica I, 1924, S. 136,8 ff. und 140,18 ff., dazu Bd. II, 1968, S. 94 ff. und *J. Kroll*, Die Lehren des Hermes Trismegistos (1914), S. 61 Anm. 2). Zu Numenios vgl. *H. J. Krä-*

Freilich ist die 'Εστώς-Vorstellung der Apophasis gegenüber den anderen genannten Quellen in doppelter Hinsicht modifiziert, einmal durch die auffällige Verdreifachung dieses Titels zum 'Εστώς, στάς, στησόμενος, zum anderen durch die damit verbundene, etwas künstlich wirkende Komplikation, wonach dieser dreifaltige 'Εστώς entgegen seinem eigentlichen Wesen auch selbst in den Bereich der κίνησις verstrickt sein soll, sofern er, wie der ἄνθρωπος der benachbarten Naassenerpredigt nicht nur „oben", sondern auch „unten" im „Strom der Gewässer" steht (vgl. Ref VI,17,1 mit V,8, 13 ff.) bzw. im „Menschen" (nach Colpe im „kosmischen Raum") „wohnt" und darum i. S. des ἐξεικονίζεσθαι selbst der Erlösung bedarf. Sicher bedeutet dieser Sachverhalt, auch wenn er in der Apophasis schwächer ausgeprägt ist als in der Naassenerpredigt, eine Gnostisierung, wobei man freilich fragen kann, ob nicht einfach literarischer Einfluß von seiten der Naassenerpredigt vorliegt[78]. Jedenfalls ist die Vorstellung, wonach „Simon" selbst als 'Εστώς eine gefallene göttliche Potenz sei, dem übrigen Simonianismus völlig fremd. Zwar kennt schon Philo als Gegensatz zum „Stehen" Gottes das Wanken, bzw. Niederfallen des Menschen (vgl. etwa Gen 17,3), und der gleiche Gegensatz erscheint auch bei Clemens (Strom II,51,5 ff.)

---

mer, Der Ursprung der Geistmetaphysik, S. 70 u. 76, zum Corpus Herm und Numenios ferner *Kroll,* a.a.O. S. 8 f.; 61; 67 Anm. 2 mit S. 408 und 196 Anm. 3, zur σιγή und zum mannweiblichen νοῦς siehe ebenfalls *Kroll,* S. 8; 60 f.; 257 ff.; 336 f., ferner die Belege bei *W. Bauer* (im Erg.-Bd. II, z. Hdb. z. NT) zu Ign. Magn. 8,2, darunter ein Zitat aus Markell von Ankyra über Simon Magus (bei Eus Eccl theol II,9), das freilich kaum Simonianisches enthält, außerdem *H. Schlier,* Rel.-gesch. Unt. z. d. Ign. Briefen (BZNW 8, 1929) S. 38 ff., schließlich auch die Selbstaussagen von νοῦς, σιγή, ἐπίνοια und φωνή in der (ganz unsimonianischen) Schrift Cod. VI,2 von Nag Hammadi „Der Donner, der vollkommene Nous" bei *M. Krause* in: le Origini dello Gnosticismo, S. 82. Die mit Hippol Ref VI,9,4 u. 17,3 übereinstimmende Ausdrucksweise, wonach Gott die „Wurzel des Alls" ist, findet sich in Corp Herm IV,10 (*Scott* I, S. 154,28 ff., vgl. Bd. II, S. 151) und auch sonst (vgl. *Krämer,* Geistmetaphysik, S. 239 f.; 243; 312; 339; 345). Daß das Gute ἀπέραντον sei, sagt Corp Herm IV,8 (*Scott* I,154, vgl. *Krämer,* a.a.O. S. 361 f. und bes. Iren I,17,2 – Marcos). Zu Clemens, Strom II,52,1 f. s. u. S. 62 im Zusammenhang mit den Ps-Clementinen. Die Texte Phil. Ev. 11 u. 44 finden sich bei *W. Foerster,* Die Gnosis Bd. II (1971) S. 96 f. und 103 übs. Übrigens verweist *Chr. Maurer* (ThWB VI, S. 986) zum Thema „Wurzel" auch auf Dan 4,15 und 26 ff., was auf die Assoziation des Weltenbaumes in der Apophasis (Ref VI,9,8 f.) führt, wo Dan 4,7 ff. angezogen ist.

[78] Daß der einfache 'Εστώς-Titel ursprünglicher sein muß als seine Verdreifachung in der Apophasis, hat *W. Foerster* (in: le Origini, S. 193) mit Recht hervorgehoben. Die Beziehung des als οἰκητήριον der ἀπέραντος δύναμις in Ref VI,9,5 genannten „Menschen" auf den ganzen „kosmischen Raum" vertritt – freilich ohne den ἄνθρωπος der verwandten Naassenerpredigt zu berücksichtigen – *C. Colpe* in: le Origini, S. 441 Anm. 2. Übrigens hängt die Vorstellung der obersten Syzygie der Apophasis („große Kraft" und „große Epinoia") mit dem dreifach „Stehenden" und beides wiederum mit der Lehre von den sieben Kräften (Ref VI,12 f.) offensichtlich nur locker zusammen.

sowie in der Simon-Dositheos-Legende der Pseudoclementinen (Hom II, II,22,4 mit 24,6 f. s. dazu u. S. 58 ff.), wo der vermeintliche Ἑστώς (Simon) zu Boden fällt, allein in keinem dieser Fälle ist doch mit einem Fall des „Stehenden" selbst gerechnet (die Ausnahme im Falle Simons selbst, Pass Petr 2 f. – s. u. S. 60 f. – hat literarische Gründe). Er kann ja seinem Wesen nach gar nicht fallen, es sei denn, er wäre nicht der „Stehende". Er kann höchstens unbeständige Menschen durch ὁμοίωσις in seine Nähe ziehen und mit seiner unveränderlichen Wesenheit erfüllen (so neben Philo vor allem Phil.Ev.44), so daß sie an seinem Wesen Anteil erhalten und damit, wie Abraham (Gen 18,22) oder Mose auf dem Sinai (Dtn 5,31), selbst zu „Stehenden" werden[79]. Steht es aber so, dann wird man auch nicht mit Kippenberg in dem „unten Stehenden" der Apophasis (Ref VI, 17,1 f.) einfach „den Menschen" im Gegenüber zu Gott erblicken, sondern es handelt sich auch bei ihm – nach wie vor – um den gleichen göttlichen Ἑστώς, der „oben stand" und „stehen wird". Unten befindet er sich lediglich in der Weise, daß er als verborgenes inneres Wesen im „Menschen" wohnt und daher auch als solcher „ausgeprägt" werden, d. h. Frucht bringen kann (Ref VI,9,4 ff.)[80].

Zusammengefaßt: Auch in der triadischen Entfaltung des „Stehenden" der Apophasis ist mitnichten eine eigenständige samaritanische Überlieferung erkennbar, die uns zwingen würde, den Blick von der philonisch-hellenistischen Tradition abzuwenden, vielmehr reichen auch hier die jüdisch-philosophischen Voraussetzungen zur Erklärung vollkommen aus. Überdies liegen die besprochenen Paralleltexte – also Numenios, das Corpus Hermeticum, das Philippusevangelium samt Clemens Alexandrinus – der mutmaßlichen Entstehung unserer Apophasis auch zeitlich so nahe, daß sich der Blick auf die samaritanische Tradition seit dem 4. Jahrhundert eigentlich schon aus diesem Grunde erübrigt. Weit sachgemäßer als ein samaritanisch-simonianisches Hysteron-Proteron wäre statt dessen die von H. F. Weiß bereits aufgeworfene Frage, ob nicht jene späte samaritanische Überlieferung selbst auf die Auswirkungen des jüdischen Hellenismus zurückgeführt werden kann.

---

[79] Auch der von *Kippenberg* (a.a.O. S. 305 ff., bes. S. 319, Anm. 72) aufgewiesene Bezug des Ἑστώς-Titels auf Mose, bzw. auf den „Propheten wie Mose" i. S. von Dtn 18,15 ff. bei den Dositheanern läßt sich natürlich von Philo aus verstehen (vgl. nochmals *Heitmann*, a.a.O. S. 50 f.).

[80] Eine ganz neue Lage wäre gegeben, wenn die von *H. G. Bethge* („Nebront", Die zweite Schrift aus Nag-Hammadi-Codex VI, in ThLZ 1973, Sp. 97 ff., hier Sp. 104) soeben vorgeschlagene Textemendation von p 21,5 ff. im „Donner" zuträfe, wo es – nach B. – heißen soll: „Bei (dem Namen) der großen Kraft ... (Der Ste)hende ist es, der mich geschaffen hat." Doch mahnt ein Blick auf die Übersetzung der schwer verderbten Passage in der Ausgabe von *Krause/Labib* (S. 132) zur Vorsicht. Dort heißt es nur: „Er ist (...) (der) großen Kraft ... (er wird) ihn (auf)richten, den, der mich geschaffen hat."

8. Den letzten eigenständigen Komplex von Simon-Magus-Nachrichten bieten die Pseudoclementinen, mit denen die apokryphen Petrusakten, sowie die einschlägigen Zeugnisse bei Clemens von Alexandrien und Origenes zusammenzunehmen sind. Was zunächst die Abfassungszeit der beiden erstgenannten Werke betrifft, so fallen die Petrusakten vielleicht noch ins ausgehende 2. Jahrhundert, während die Grundschrift des pseudoclementinischen Romans – nur um diese handelt es sich hier – allgemein in die erste Hälfte des 3. Jahrhunderts gesetzt wird[81]. Gleichwohl können aber die Pseudoclementinen insofern eine Sonderstellung beanspruchen, als wir hier erstmals eine Quelle aus dem syrischen Raum vor uns haben, die dem Ursprung des Simonianismus zumindest geographisch ziemlich nahekommt. Überhaupt ist der Gesamteindruck der pseudoclementinischen Simon-Magus-Kunde auf den ersten Blick ein höchst überraschender; denn die hier gebotenen Nachrichten verbinden nicht nur Motive aus der Syntagmatradition mit solchen der Megale Apophasis, ohne daß literarische Abhängigkeit nachweisbar wäre, sondern sie weichen darüber hinaus auch in ihrem Sondergut so stark von allem Bisherigen ab, daß es fast scheinen könnte, als sei hier noch im 3. Jahrhundert ein unverhoffter Einstieg in die simonianische Frühgeschichte zu gewinnen[82].

Indessen so verheißungsvoll diese ersten Eindrücke auch sein mögen, so enttäuschend fällt das Resultat aus, sobald man den Text genau untersucht und seine Einzelheiten kritisch mikroskopiert. Dabei ist von der den Pe-

[81] Die Datierung der pseudoclementinischen Grundschrift auf die erste Hälfte des 3. Jahrhunderts ist allgemein anerkannt (z. B. *J. Irmscher* bei *Hennecke-Schneemelcher*, Ntl. Apokryphen, II, S. 374), die Benutzung der Petrusakten durch den Vf. der Paulusakten und damit die Abfassung jener noch vor 200 (Tertullian, De bapt 17) bisher zumindest nicht widerlegt. *W. Schneemelcher* (a.a.O. S. 187) läßt die Petrusakten – trotz seiner Weigerung, Hippolyt als Testimonium anzuerkennen – noch vor 190 entstanden sein, *W. C. van Unnik* ([3]RGG V,256) etwa um 200.

[82] Zum Gesamtinhalt der Pseudoclementinen vgl. *Uhlhorn*, [3]RE IV, S. 171 f. „Die Gestalt des Simon Magus", schreibt *G. Strecker* (Das Judentum in den Pseudoklementinen, TU 70, 1958, S. 254), „hat der Verfasser der Grundschrift einer selbständigen Quellenschrift entlehnt", doch bleibt das Verhältnis dieser Schrift zu den Diskussionen „Simons" mit Petrus und seiner Flucht, sowie dasjenige der pseudoclementinischen Simon-Magus-Überlieferung zu den Petrusakten (a.a.O. Anm. 1) nach wie vor ungeklärt. Einen präzisen Überblick zur Simon-Magus-Gestalt in den Pseudoclementinen gibt *C. Schmidt*, Studien zu den Pseudo-Clementinen (TU 46/1, 1929), S. 47 ff. in Auseinandersetzung mit *H. Waitz.* Dagegen ist *Hilgenfelds* Übersicht (Ketzergesch. S. 165 ff.) durch die Bevorzugung der Recognitionen vor der Homilienfassung und die Überschätzung des judenchristlichen Elements belastet. Zur Forschungsgeschichte vgl. *Strecker*, a.a.O. S. 1–34; einen lebendigen Einblick in den Wandel der Forschungslage auf diesem Gebiet geben die Auszüge aus den Pseudoclementinen in den beiden letzten Auflagen des „Hennecke" von *Waitz* und *Veil* ([2]1924, S. 63 ff. u. 373 ff.) sowie *Strecker* und *Irmscher* ([3]II, 1964, S. 63 ff. u. 373 ff.).

trusakten und Pseudoclementinen gemeinsamen Rahmenhandlung, die den Konkurrenzkampf zwischen Simon und Petrus zum Inhalt hat, ohnedies von vornherein abzusehen, da das dortige Simon-Magus-Bild bereits ein ganz verallgemeinertes Klischee von Ketzertum und Magie zum Vorwurf hat[83]. Aber auch die speziellen Simon-Magus-Abschnitte, wie sie zumal in die Pseudoclementinen (Hom II,22 ff. = Rec II,7 ff.) eingearbeitet sind, machen alles andere als einen ursprünglichen Eindruck. Zwar sind darin noch einzelne Rudimente simonianischer Gnosis enthalten, allein weder gehen diese Elemente über das aus den älteren kirchlichen Darstellungen Bekannte hinaus, noch bilden sie überhaupt die Grundlage des Berichts. Vielmehr überwiegen auch hier die volkstümlich-legendären Motive, die aus Simon einen (antichristlichen) θεῖος ἀνήρ im Stile des 3. Jahrhunderts machen[84].

Wir geben im folgenden zunächst den Inhalt der pseudoclementinischen Überlieferung nach der griechischen Homilienfassung, danach die Kritik:

a) *Simons Person (Hom II,22,1–4 = Rec II,7):* Wie Justin und Epiphanius, so setzt auch der pseudoclementinische Simon-Magus-Bericht mit Simons Herkunft aus dem Dorfe Gittä (hier Gettä) ein. Dabei wird die Lage der Ortschaft (von Caesarea aus) genau angegeben. Auch die Eltern des Magiers sind nun namentlich bekannt. Sie heißen Antonius und Rachel. Schon die Einleitung zeigt also, daß der Vf. biographisch vorgehen will. In der Tat folgt denn auch als nächstes Simons Lehrzeit. Und zwar soll sich der Samaritaner in Alexandrien sowohl die „griechische Bildung" als auch eine hervorragende Kenntnis in der Magie angeeignet haben. Ohne weiteren Übergang und auch ohne Erwähnung von AG 8 schließen sich hieran drei Selbstaussagen des Magiers. Und zwar soll Simon sich erstens als „eine oberste Kraft des Weltschöpfergottes" bezeichnet haben, zweitens „zuweilen" aber auch als Christus und schließlich drittens als Ἑστώς[85]. Dabei waren dem Vf. übrigens – in Übereinstimmung mit der

[83] Vgl. schon *Schmidt* (a.a.O. S. 18): „Unser Autor ... hatte den Plan gefaßt, in einem großangelegten Werke den Sieg des Christentums über Häresie und Heidentum in einem einheitlich konzipierten christlichen Roman zu feiern." Dazu *H. Lietzmann* (²PW II/3, 1929, Sp. 183): „In den Disputationsberichten (Hom III, 38–49; XVI–XIX) mag auch günstigenfalls manches stecken, was letztlich auf echte simonianische Quellen zurückgeht. Aber in der uns erhaltenen Form ist alles volkstümlich vergröbert, apologetisch und romanhaft zurechtgemacht, überarbeitet und dementsprechend wertlos."

[84] Siehe dazu *L. Bieler*, Theios Aner (²1967), S. 83 f. u. 138 zur Magie; ferner *H. D. Betz*, Lukian von Samosata u. d. NT (1961) S. 104 ff. und *Wülfing v. Martitz* in ThWB VIII, S. 339 f. (zur Gottessohnschaft).

[85] Vgl. die vollständige Aufzählung von Simons Titeln in den Pseudoclementinen bei *Schmidt*, a.a.O. S. 50. Als Parallelstellen zu Hom II,22 kommen vor allem Hom XVIII,6 ff., Rec I,72 u. III,47 in Frage. Nach Rec III,47,1 (vgl. II,14,2) nennt sich Simon die πρώτη δύναμις; Rec III,47,3 verheißt er seinen Jüngern (wie Philo) das „stare in perpetuum" (vgl. Hom II,22,4: στησόμενος

Megale Apophasis — sowohl die Gottesbezeichnung als μεγάλη δύναμις als auch — vielleicht — der triadische Ἑστώς-Titel sowie der Terminus „Wurzel des Alls" bekannt. Doch läßt sich die Frage, ob hier die Apophasis selbst oder ältere, *in* der Apophasis verarbeitete simonianische Überlieferung zugrunde liegt, anhand dieser wenigen Indizien kaum entscheiden. Auf jeden Fall aber weicht die pseudoclementinische Version darin von der Megale Apophasis ab, daß sie die Vorstellung des „Stehenden" jedesmal im Unterschied zum „Fallen" bzw. „Verfallen des Leibes" (πεσεῖν) versteht[86].

b) *Simons Lehren (Hom II,22,5–7 = Rec I,54,4):* Im grellen Widerspruch zur vorangehenden Selbstbezeichnung Simons berichtet dieser Abschnitt zunächst, daß Simon die Existenz eines obersten Schöpfungsgottes überhaupt leugne. Statt dessen habe er den Garizim an die Stelle von Jerusalem und sich selbst — die Wiederholung fällt auf — an die Stelle Christi gesetzt. Ferner leugne er die Auferstehung der Toten, habe das Gesetz willkürlich allegorisiert und an Stelle der biblischen Gerichtserwartung sein eigenes Verständnis unterschoben und damit viele verführt.

c) *Johannes der Täufer und seine Sekte (Hom II,23 = Rec II,8,1):* Als Begründung für das verführerische Eindringen Simons in den christlichen Glauben erzählt der Vf. zunächst eine Täuferlegende. Johannes der Täufer — nach der pseudoclementinischen Syzygienlehre (Hom II,16 f., bes. 17,1) Vertreter der antichristlichen „weiblichen" Prophetie, dazu mit dem aus Hegesipp bekannten Sektensiegel eines „Hemerobaptisten" versehen[87] —

ἀεί). An derselben Stelle bezeichnet er sich auch als „dei filius" (vgl. Hom XVIII,6,7), doch wird das Bild des Antichristus (vgl. *Schmidt,* a.a.O. S. 49) in den Pseudoclementinen bereits weitgehend durch das des Antiapostels überlagert.

[86] Zur „Wurzel des Alls" (Hippol Ref VI,9,4 u. 17,3) vgl. Hom II,14,2. In Hom XVIII,12,1 f. werden ἑστώς und μεγάλη δύναμις einander gegenübergestellt. Ob der Grundschriftverfasser die triadische ἑστώς-Formel überhaupt vollständig kannte, kann man fragen. Hom XVIII,12,1 und II,22,3 ist nur vom ἑστώς und στησόμενος die Rede. Nur in II,24,7 begegnet (in Übereinstimmung mit Pass Petr 3, siehe dazu u.) die Partizipialform ἐκείνου στάντος. Der Gegensatz von „Stehen" und „Fallen" findet sich in Hom II, 22,4 und wird in 24,7 wiederholt (vgl. dazu *Schmidt,* a.a.O. S. 50 Anm. 1).

[87] Vgl. Hegesipp bei Euseb h. e. IV,22,7 (mit vorangehendem Kontext); hierzu ausführlich *N. Hyldahl,* Hegesipps Hypomnemata (Stud. Theol. Lund 1960, hier S. 95 ff.) und jetzt *Th. Caldwell,* Dositheus Samaritanus, Kairos 1962, hier S. 106; zu den jüdischen Sekten auch *G. Quispel,* Ev. Theol. 1954, S. 474 ff. Unter den bei Hegesipp (Eus. h. e. IV, 22,5) genannten christlichen Nachkömmlingen der jüdischen αἱρέσεις befinden sich auch Simonianer und Dositheaner. Auch wird schon bei Hegesipp erkennbar, daß Häresien durch „aemulatio episcopatus" entstehen, was im Begehren des Dositheos nach dem ersten Platz (s. u. S. 51[90]), Hom II,24,1 sein Äquivalent hat. Nimmt man die ganze über die Dositheuslegende ausgebreitete Schul- und Sukzessionsvorstellung hinzu, so kann man vermuten, daß dem Grundschriftverfasser die „Denkwürdigkeiten" bekannt waren oder etwas Ähnliches zur Verfügung stand.

habe zu Lebzeiten einer αἵρεσις (vgl. Hom II,24,1) von 30 Mitgliedern vorgestanden, unter denen sich an dreißigster Stelle jedoch eine Frau, die Helena, befunden habe, so daß der Kreis, da die Frau nur als Hälfte des Mannes zähle, strenggenommen nur 29½ Mitglieder gehabt habe[88]. Mit dieser Ziffer stimmt aber die Sinngebung der Sekte genau überein: Wie der (spätere) Zwölferkreis Jesu an den 12 Monaten des Jahres, d. h. solar orientiert gewesen sei, so habe der (vorangehende) Johanneskreis die auf 29½ Tage kommende lunare Berechnung des Einzelmonats zum Vorbild gehabt. Demgemäß wird denn auch der Name der Helena (Ἑλήνη) von luna (Σηλήνη) abgeleitet[89].

d) *Die Simon-Dositheus-Legende (Hom II,24 = Rec II,8 u. 11):* Noch am Ende von Hom II,23 heißt es, Simon Magus sei der hervorragendste unter den 30 Johannesjüngern gewesen, der eigentlich als designierter Nachfolger seines Meisters gegolten habe. Doch trat durch Simons Weggang nach Ägypten zum Studium der Magie (die Erwähnung der hellenischen Paideia entfällt hier) eine neue Lage ein. Denn nun konnte sich ein anderer Angehöriger dieses Kreises namens Dositheus in seiner Herrschsucht an die erste Stelle drängen[90], der denn auch nach der Hinrichtung des Johannes sein Nachfolger wurde, indem er den abwesenden Simon kurzerhand für tot erklärte. Indessen kehrt Simon bald darauf zurück, findet den für sich selbst erhofften τόπος des Johannes besetzt und muß sich zunächst mit der zweiten Stelle des Kreises begnügen. Doch bereitet er den Sturz seines Nebenbuhlers dadurch vor, daß er Gerüchte über dessen Unfähigkeit und falsche Lehrüberlieferung in Umlauf setzt. Dositheus erfährt davon und beginnt um sein Ansehen zu fürchten, wobei der Leser beiläufig erfährt, daß Dositheus sich als Ἑστώς ausgegeben habe. Schließlich kommt es zum Konflikt in offener Szene zwischen beiden. Dositheus versucht, Simon mit einem Stock zu schlagen, allein der Stock geht durch den Magier hindurch wie durch Rauch. Daraufhin fragt der entsetzte Dositheus seinen Gegner, ob er etwa der Ἑστώς sei und erhält die Antwort:

[88] Kritisch dazu *Cerfaux*, Rech. de sc. rel. 1926, S. 9, Anm. 1. Übrigens wird auch der Simon-Schüler Appion nach Hom IV,7,1 von „ungefähr 30 Männern" umgeben vorgestellt.

[89] Diese Gleichung wird in der syrischen und lateinischen Fassung der Pseudoclementinen vollzogen, in den griechischen Homilien (Hom II,23,3) dagegen nur angedeutet, dürfte aber doch zum Bestande der Grundschrift gehört haben (vgl. *Schoeps*, Aus frühchristlicher Zeit, S. 248 Anm. 1).

[90] Das hier verwendete Motiv der φιλοπρωτεία (s. o. S. 50[87]) ist weit verbreitet und zumal für die christliche Ketzerpolemik typisch, siehe die Nachweise in meinem Aufsatz „Kallist und Hippolyt" (ThZ 1964, hier S. 106 f. mit Anm. 14). Die dortigen Stellen sind noch durch folgende Belege zu ergänzen: Hermas, Mand IV, 11,12; Iren IV,26,2; Tert Adv Valent 4 und De bapt 17; Origenes, Comm in Matth ser. c. 12 (hierzu *Harnack*, Der kirchengeschichtliche Ertrag der exegetischen Arbeiten des Origenes II, 1919; TU 42,4, S. 136 f., bes. S. 136 Anm. 1).

ἐγώ εἰμι[91]. Alsbald stürzt Dositheus vor Simon nieder und überläßt ihm seinen Platz, um wenige Tage nach diesem „Fall“ zu sterben.

e) *Simon und Helena (Hom II,25,1–3 vgl. Rec II,12):* Hier taucht plötzlich die Helena wieder auf. Ohne daß der Dreißigerkreis noch weiter erwähnt wird, berichtet der Vf. nach der Homilienfassung, Simon habe sich die Helena „genommen“ (nach Rec II,9,1 war er in sie verliebt, vgl. Hippol Ref VI,19,4) und ziehe seitdem mit ihr umher, um die Volksmassen zu erregen. Dabei behaupte er, er selbst habe die Helena aus den „obersten Himmeln“ herabgebracht; sie sei – von der Selene ist nicht mehr die Rede – die Allmutter, die Sophia, die Herrin der Welt, alles Ausdrücke, die aus der übrigen Simon-Magus-Tradition bereits bekannt sind[92]. Ihretwegen hätten Griechen und Barbaren den Trojanischen Krieg geführt, doch habe man dort lediglich um ihr Abbild gekämpft, sie selbst dagegen habe „damals“ beim πρώτιστος θεός geweilt. Im übrigen, heißt es, verrichte Simon inzwischen stupende Wundertaten und habe damit viele verführt. Als anschauliches Beispiel berichten die Recognitionen (II,12,4), man habe die Helena einmal inmitten einer großen Volksmenge aus allen Fenstern eines Turmes gleichzeitig herausschauen und zu der Menge sich herausbeugen gesehen[93].

---

[91] Zu diesem Redetyp vgl. *A. Deißmann*, Licht vom Osten ([4]1923), S. 108 ff.; *E. Norden*, Agnostos Theos (Neudruck 1965), S. 177 ff.; *E. Stauffer*, ThWB II, S. 350 ff.; *E. Schweizer*, Ego Eimi 1939, bes. S. 27; *R. Bultmann*, Joh.-Ev. ([14]1965), S. 167 f. Anm. 2, wo unsere Stelle als Hauptbeleg für die ‚Rekognitionsformel‘ angeführt ist: *Bieler*, Theios Aner, S. 138 f.; *H. D. Betz*, Lukian von Samosata und das NT (TU 76, 1961), S. 139 Anm. 1; zum Verhältnis zwischen Gnosis u. Johannesevangelium in diesem Punkt schließlich *G. W. Mac Rae* SJ, The Ego-proclamation in gnostic sources (in: *E. Bammel*, The Trial of Jesus, 1970, S. 122 ff.) bes. S. 122 f.

[92] Zur Allmutter vgl. schon Iren I,23,2, zur Sophia Ps Tert Adv omn haer c. 1, zur κυρία Hippol Ref VI,20,1 f.

[93] Der Text ist überdies umgeben, bzw. durchsetzt mit Hinweisen auf Simons magische Künste (eine Übersicht gibt *Schmidt*, a.a.O. S. 49 f.). Als größte Schandtat des Magiers wird die Ermordung eines Knaben berichtet (Hom II, 26 ff. u. Rec II,13 ff.; vgl. dazu schon Didache 2,2, wo Kindermord und Magie auf einer Stufe stehen), dessen Leichnam Simon in seinem Hause verborgen hat, um ihn, kurz vor der drohenden Entdeckung durch Petrus, bei Nacht ins Meer zu werfen (Rec III,63 mit 44 f. u. 49,1), während er dessen Seele – Urbild des Faustischen Homunculus – als Paredros und Medium seiner magischen Betrügereien aus der Luft zum Erscheinen bringt (vgl. ähnliches bei *C. Schneider*, Geistesgesch. des antiken Christentums I, S. 546). Daß dahinter keinerlei historische Simon-Magus-Kunde steht, bedarf des Beweises nicht. *Nilsson* (Griech. Rel. II, S. 526) bezeichnet die Nekromantie mit Recht als die „abstoßendste Seite des spätantiken Aberglaubens“. Das heißt, Simon soll als gewöhnlicher Verbrecher klassifiziert werden (vgl. auch *H. J. Schoeps*, Aus frühchristl. Zeit, S. 250 und *R. Freudenberger*, Der Vorwurf ritueller Verbrechen gegen die Christen im 2. und 3. Jahrhundert, ThZ 1967, S. 99 ff., hier S. 106 Anm. 44).

Soweit der pseudoclementinische Bericht. Seine schriftstellerische Montage ist im ganzen so primitiv, daß eine Quellenkritik nicht eben schwerfällt. Wir heben abschnittweise folgendes hervor:

Zu a) Simons Person: Schon diese Einleitung ist ein denkbar kümmerliches Machwerk. Wirklich bekannt war dem Vf. offenbar nur der Flecken Gettä bei Caesarea, was natürlich nicht besagt, daß er auch Simons Geburtsort war[94]. Was sodann die Namen von Simons Eltern betrifft, so ist diese apokryphe Konkretion durch keine ältere Quelle gesichert und daher alles andere als glaubhaft. Ebenso dürfte auch Simons angeblicher Studienaufenthalt in Ägypten bzw. Alexandrien, dem Lande der Magie und der Stadt der griechischen Bildung, eher typische als historische Bedeutung haben[95]. Jedenfalls kollidiert er massiv mit Simons Zugehörigkeit zu der im Stile der Philosophenschule vorgestellten Täufersekte. Ganz verwaschen ist schließlich Simons angebliche Selbstbezeichnung als „einer obersten Kraft des Schöpfergottes der Welt". Sie wird aus einem Kompromiß zwischen der aus der Irenäus-Tradition nachweisbaren Würde der ἀνωτάτη δύναμις und dem vom Vf. selbst gebrachten Christusanspruch Simons hervorgegangen sein. Jedenfalls ist er als Ἑστώς hier nicht der „Vater", sondern nur der „Sohn". Daß die Ἑστώς-Titulatur nicht zum ursprünglichen Simonianismus gehört hat, ist bereits bei der Besprechung der Megale Apophasis (so. o. Nr. 7) nachgewiesen worden.

Zu b) Simons Lehre: Dieser Abschnitt ist mit G. Strecker aus dem jetzigen Zusammenhang überhaupt zu streichen. In der Substanz geht er –

[94] In der Regel wird Simons Heimat (entsprechend der Angabe von Hom II,22,2: „6 Schoinen von der Stadt entfernt") mit dem heutigen Dschett südöstlich von Caesarea am Meer identifiziert (so nach dem Vorgange von *A. Alt*, *J. Jeremias*, ThWB VII,90 Anm. 7 mit versehentlich falscher Ortsangabe und *H. G. Kippenberg*, Garizim und Synagoge, 1971, S. 122 Anm. 144). Dagegen entschied sich *Zahn* (Die AG, S. 272 f.) für das heutige Dschitt westlich von Nablus (vgl. *Andrees* Handatlas, [4]1904, Blatt 126, CD 5). Wenig beachtet wird, daß Ketzer nach kirchlicher Darstellung überhaupt verhältnismäßig oft aus bedeutungslosen Dörfern stammen sollen, so außer Simon auch sein angeblicher Schüler Menander (Eus h. e. III,26,3) ebenso Montanus (ebda. V,16,17, doch vgl. dazu *H. Kraft*, ThZ 1955, S. 260), auch Valentin (Epiphanius haer XXXI,2) und der Archontiker Petrus (ebda. XL,1,3), während die Kirche als ausgesprochene Stadtreligion schon bald Galiläa mit Jerusalem vertauschte, so Tertullian, De praescr. 7,9 f.: „Nostra institutio de porticu Salomonis est."

[95] Vgl. schon *Lipsius*, Die apokryphen Apostelgeschichten II/1 (1887) S. 41 f. Natürlich muß „Simon Magus" seine verwerflichen Künste im klassischen Lande der Magie, also in Ägypten (vgl. *Nilsson*, Griech. Rel. II S. 506), erlernt haben. Dazu will freilich die angeblich gleichzeitige Unterweisung in der ἑλληνικὴ παιδεία kaum passen, wenn sie nicht einfach als Studium der heidnischen Wissenschaft gegenüber der christlichen gedacht ist. Übrigens findet sich die gleiche Angabe auch in den Lebensabrissen bei Kerinth, (Hippol Ref VII, 33,1), Valentin (Epiphanius, haer XXXI,2. *Harnack*, Altchristl. Lit.-Gesch. I/1, S. 178) und Origenes (bei Eus. h. e. VI, 2,8, dazu *M. Hornschuh*, ZKG 1960, S. 5).

mindestens teilweise – auf den Redaktor der Homilien (Ende 4. Jahrhundert) zurück, der ihn, wie schon H. Waitz richtig gesehen hat, im Blick auf Rec I,54 (bzw. 57) gestaltet haben mag[96]. Jedenfalls sind die dem Simon hier angelasteten Ketzereien (Verehrung des Garizim, Leugnung der Totenauferstehung, willkürliche Allegorisierung des AT, Herabsetzung des Weltschöpfers usw.) nicht typisch simonianisch, sondern entweder typisch samaritanisch oder allgemein gnostisch[97].

Zu c) *Johannes und seine Sekte:* Hier ist der Rahmen der folgenden Dositheus-Legende vorwegzunehmen. Daß der Täufer Johannes ein „Hemerobaptist" gewesen sein soll, ist (auch auf traditionsgeschichtlichem Wege) bisher nicht zu beweisen[98], daß er der Vorläufer Simons war, gehört

[96] Vgl. *G. Strecker*, Judenchristentum, S. 41; 45 f. und 237; *H. Waitz* ³RE, S. 356 und *Caldwell*, a.a.O. S. 108. Schon *Hilgenfeld*, Ketzergesch. S. 165 Anm. 259, hat die Beziehung von Rec I,54 auf Simon und Dositheus als „späte Einschaltung" getilgt.

[97] Zum Verhältnis zwischen Juden und Samaritanern bis ins 3. Jahrhundert vgl. *J. Jeremias*, ThWB VII, S. 90 f. Nach Tertullian Adv Marcionem III,13,8 soll „Samarien" einfach „Idololatrie" bedeuten. Die von Hadrian auf dem Garizim eingerichtete Zeusverehrung (*F. Altheim*, Niedergang der antiken Welt, 1952, S. 223 vgl. *M. Hengel*, Judentum und Hellenismus, S. 536 f.) kommt zum Vergleich mit der Simon-Zeusverehrung (Iren I,23,4) nicht in Frage. Die angebliche Bestreitung der Auferstehung durch Simon ist ein ganz allgemeiner Topos der kirchlichen Ketzerpolemik, sie findet sich z. B. auch in III Kor (I) 12 (*Harnack*, Apocrypha IV, ²1931, Kl. Texte Nr. 12, S. 11) in ähnlich farbloser Umgebung. Freilich leugnet Simon zumindest für sich selbst nach Hom II,22,2 den leiblichen Verfall, doch soll er ihn nach Epiphanius haer XXI,4,4 behauptet haben. Mit keiner derartigen Mitteilung ist etwas anzufangen. Zur Frage des Gerichtes vgl. allenfalls Hippol Ref VI,19,7 und vor allem schon Polyc ad Phil 7,1 (dazu *Holl*, Ges. Aufs. III, S. 15).

[98] Als Hintergrund käme die jüdische Taufbewegung in Frage (vgl. die Belege bei *Hilgenfeld*, Ketzergesch. S. 31 Anm. 42, zum Namen auch *Bauer*, Leben Jesu S. 106, Anm. 1 und *Hilgenfeld*, S. 144, Anm. 242). Doch haben schon *J. Thomas* (Le mouvement baptiste en Palestine et Syrie, 1935, S. 263 f.) und *K. Rudolph* (Die Mandäer Bd. I, 1960, S. 79 f.) den Zusammenhang mit Johannes d. T. bestritten. Daneben werden auch judenchristliche Sekten wie Ebionäer (Epiphanius, haer XXX,2,4; 15 f. u. 21,1) und Elchesaiten (vgl. jetzt *Henrichs-Koenen*, Ein griech. Mani-Kodex, ZPE V, 1970, Heft 2, S. 141 f.) als „Hemerobaptisten" bezeichnet. Dagegen heißen die Mandäer im Koran nur Sabier, d. h. „Täufer" (*K. Keßler*, ³RE XII, S. 159) und auch Justin, Dial. 80,4 spricht nur von Pharisäer-Baptisten. Wie weit die von dem Nestorianer Theodor bar Koni mit den Mandäern identifizierten „Dostäer" (s. ³RE 159,44 ff.) mit den Dositheanern zusammenhängen (hierzu schon *Bousset*, Hauptprobleme, und neuerdings *Caldwell*, a.a.O. S. 106, Anm. 10 m. weit. Lit.), ist eine offene Frage. Jedenfalls bleibt zu bedenken, daß die ganze Konstellation von Ps Clem Hom II,23 f. (Johannes/Hemerobaptisten/Dositheus/Simon-Magus) wahrscheinlich nur auf einer literarischen Kombination des Grundschriftverfassers beruht, den schon *C. Schmidt* (a.a.O. S. 18) mit Recht als einen „Kompilator im großen Stile" bezeichnet hat.

zur Syzygienlehre der Pseudoclementinen in der vom Vf. der Grundschrift bearbeiteten Form, hat also keinen historischen Kern[99]. Um so auffälliger heben sich von diesem Schema dann freilich die Gestalten der Helena und des Dositheus ab. Aber auch hier ist das kritische Ergebnis restlos negativ. Über irgendeine Verbindung des Dositheus zu Johannes dem Täufer weiß die (reichlich verworrene) Dositheus-Überlieferung bis ins Mittelalter nichts[100]. Ebenso dürfte auch die Anwesenheit der Helena in dem Dreißigerkreise des Johannes allein durch ihre Syzygie mit Simon Magus bedingt sein. Zugleich wird damit aber auch die seit Bousset immer wieder für simonianisch gehaltene Identifikation der Helena mit der Luna (Ἑλήνη = Σηλήνη) höchst problematisch[101]. Sie stützt sich heute i. w. auf drei Belege:

1. auf die vermutliche Identifikation zwischen Helena und Isis, wenn man den Bericht von der Befreiung der Helena durch Simon aus dem Bordell in Tyrus mit der Notiz bei Epiphanius, Ancoratus 104, zusammenhält, wonach sich die Isis in Tyrus zehn Jahre lang prostituiert haben soll[102],
2. auf eine Stelle im Odysseekommentar des Eustatios (12. Jh.) über den Vergleich der Helena mit der Artemis bei Homer, was spätere Ausleger dazu geführt haben soll, die Artemis mythologisch mit der Selene zu identifizieren und von Helena zu erzählen, sie sei als σηληναία ἄνθρωπος in den Kosmos gefallen und nach Ausführung der Absichten des Zeus wieder nach oben entrückt worden[103],
3. auf die Tatsache, daß Helena zwischen den Dioskuren zuweilen mit der Mondsichel dargestellt ist, und den Fund einer Kore-Helena-Statue neben einer Fackel in Sebaste-Samaria aus dem 1. Jh. p. Chr., die dort wahrscheinlich als chthonische Gottheit zwischen den Dioskuren verehrt wurde[104].

---

[99] Vgl. dazu meinen Clemens Romanus, S. 120 f. und die dortigen Hinweise.

[100] Vgl. die Quellenübersicht bei *Th. Caldwell* SJ, Dositheos Samaritanus (Kairos 1962, S. 105 ff.) und (etwas erweitert) *H. G. Kippenberg,* Garizim und Synagoge, S. 128 ff.

[101] Vgl. *W. Bousset,* Hauptprobleme S. 78 ff., ferner *L. Cerfaux,* La gnose simonienne, Rech. de sc. rel. 1926, hier vor allem S. 279 ff. mit weitreichenden Folgerungen und – Cerfaux folgend – auch *G. Quispel,* Gnosis als Weltreligion (1951), S. 62 ff., und besonders in dem Aufsatz „Simon en Helena" (Nederlands Theol. Tijdschrift, 1950/1, S. 339 ff.).

[102] Siehe *Bousset,* Hauptprobleme, S. 81; dagegen schon *Ed. Meyer,* a.a.O. S. 291.

[103] Eustatios Comm in Hom Od IV, 121, vgl. schon *Waitz,* ³RE XVIII, S. 361 und ZNW 1904, S. 136; Text bei *Cerfaux* Rech. de sc. rel. 1926, S. 283 Anm. 3, hiervon abhängig *Quispel,* Gnosis als Weltreligion S. 65 und *ders.:* Der gnostische Anthropos und die jüd. Tradition (Eranosjahrbuch 1953), S. 220 Anm. 49 unter weiterem Hinweis auf Tatian, Or 10,3; Clem Exc ex Theod § 32,3 und Iren I,11,1.

[104] Siehe dazu den Bericht von *L. H. Vincent* OP, Le culte d'Hélène à Samarie (Rev. Bibl. 1936, S. 221 ff.), den *G. Quispel* (Ned. Theol. Tijdschr. 1950/1, S. 340 f., vgl. Gnosis als Weltreligion, S. 62 ff.) unkritisch übernommen hat. Ihm folgen *G. Kretschmar* (Ev. Theol. 1952, S. 348) und *E. Haenchen* (ZThK

Kritisch ist zu diesen Argumenten folgendes zu sagen:

1. Daß Isis mit Selene identifiziert wurde, ist bekannt[105]. Ob dagegen die angebliche Prostitution der Isis in Tyrus mit der Befreiung der Helena aus dem tyrischen Bordell durch Simon Magus etwas zu tun hat, ist unbekannt. Das heißt aber, das Helena-Selene-Problem wird durch diesen Zug nicht gelöst, sondern nur auf eine andere Ebene verschoben.
2. Das Argument aus dem Eustatioskommentar scheint zunächst den Vorteil zu haben, daß es dem Homerkreise entstammt und daß von der Entrückung der Helena im trojanischen Krieg auch in Hom II,25,2 die Rede ist. Hier steht die auch sonst bekannte Stesichoros-Tradition im Hintergrund[106]. Kritisch ist dagegen geltend zu machen, daß die ältere Simon-Magus-Tradition, ja selbst der speziell mit den Ennoia-Identifikationen befaßte Epiphanius von *dieser* Gleichung nichts wissen und daß die Entrückung der Helena in die Mondsphäre (Eustatios) und ihr Aufenthalt beim πρώτιστος θεός (Ps Clem Hom II, 25,2) kosmologisch nicht einfach kongruent sind[107].
3. Mit der Kore-Helena-Statue von Samaria-Sebaste schien die samaritanische Abkunft der simonianischen Gnosis geradezu auf archäologischem Wege be-

1952, S. 341 f.). Kritisch haben sich dagegen ausgesprochen *L. Cerfaux* (Rech. de sc. rel. 1937, S. 615 ff.) und neuerdings *H. G. Kippenberg* (Garizim und Synagoge, S. 346 f. = Anm. 134); siehe dazu u. S. 57[108].

105 Vgl. PW, IX,2121 und II/A, Sp. 1140 (Isis und Selene). Auch die von Euripides in seiner Helena-Tragödie aus Herodot und Stesichoros kombinierte Entführung der Helena durch Hermes nach Pharos wurde in hellenistischer Zeit als Wunder der Isis etikettiert (vgl. *K. Schefold*, Helena im Schutz der Isis, Studies repr. to *D. M. Robinson*, Bd. II, 1953, S. 1096 ff.).

106 Nach der Palinodie des Stesichoros (um 600 a. Chr. n.) brachte Paris lediglich das Eidolon der Helena nach Troja mit, und dieses wurde umkämpft. Zur Helena-Überlieferung des Stesichoros vgl. vor allem die ansprechende Diss. von *M. Becker*, Helena, ihr Wesen und ihre Wandlungen im klass. Altertum, Freiburg/Schweiz 1939 (hier S. 74 ff.). Erstaunlicherweise ist diese Arbeit der Verfasserin der Züricher Helena-Dissertation von 1941 *(D. Brunnhofer)* unbekannt geblieben. Aus der älteren Literatur ist bes. auf die minuziöse Auseinandersetzung von *Seeliger* zu verweisen: Die Überlieferung der griech. Heldensage bei Stesichorus I (Jahresbericht der Fürsten- und Landesschule St. Afra – Meißen, 1886). Im übrigen vgl. die Übersicht von *Bethe*, Art. Helena b. PW VII/2, Sp. 2824 ff., hier bes. Sp. 2833 f.

107 Daß Helena ursprünglich eine Mondgöttin gewesen sei, wie das (z. B. auch von Cerfaux benutzte) *Roschersche* Lexikon der griech. und röm. Mythologie (Art. Helena, Bd. I, 1977) behauptet, ist von *Becker* (a.a.O. S. 102 ff.) mit Recht bestritten worden. Das älteste greifbare Zeugnis für die Gleichung bleibt damit das pseudoclementinische. Freilich ist „die Gleichsetzung von Helena und Selene ... von da an populär geworden und beherrscht das ganze Mittelalter bis in die Neuzeit hinein“ (*Becker*, S. 106). Möglicherweise gehen also auch die von Eustatios im 12. Jahrhundert benutzten (nicht namhaft gemachten) Quellen letzten Endes auf die Pseudoclementinen zurück. Übrigens hat schon *Waitz* (ZNW 1904, S. 137 f.) bei den Simonianern die Beziehung der Ennoia/Athene/Helena/Selene auf die Artemis/Diana = Selene vermißt. Immerhin berichtet Augustin (De civ Dei VII,16) von einer Gleichung zwischen Minerva und Selene.

wiesen zu sein, zumal die Helena mit der Fackel durch das 2. Originalzitat bei Epiphanius (haer XXI,3,2) auch literarisch gesichert ist. Was dem samaritanischen Fund dagegen fehlt, ist sowohl die trojanische als auch die lunare Beziehung. Jedenfalls war die in Sebaste verehrte Kore eine chthonische Gottheit. Die lunare Beziehung läßt sich nur im Blick auf anderweitige Darstellungen hinzufügen[108].

Überblickt man diese Argumente, so muß die Basis für eine primäre Identifikation der Helena mit der Selene auf simonianischem Boden als höchst unsicher bezeichnet werden, zumal die drei Argumente sich auch gegenseitig teilweise ausschließen. Vor allem aber ist die Arbeitsweise des Grundschriftverfassers in diesem Falle verdächtig. Während nämlich der simonianische Ennoiamythos jede Andeutung eines lunaren Bezuges vermissen läßt, hat der Grundschriftverfasser nicht nur den Namen der Ennoia, sondern auch den ganzen zugehörigen gnostischen Mythos weggelassen und ihn durch den (ungnostischen) Lunamythos ersetzt, der mit dem pseudoclementinischen Syzygienschema im Grunde steht und fällt[109]. Wie wenig fest die Selene tatsächlich in der Überlieferung sitzt, beweist vielleicht nichts so schlagend wie Simons eigene Helenapredigt nach Hom II,25, wo lediglich von der „Allmutter", der „Sophia" und der „Kyria" die Rede ist, ohne daß die angeblich wichtigste Identifikation der Helena auch nur erwähnt wird. Im übrigen käme eine lunare Helena strenggenom-

---

[108] Schon *Cerfaux* (s. o. S. 55[104]) hat kritisch geltend gemacht, daß es sich bei der in Sebaste verehrten „Helena" im wesentlichen um einen Kult der chthonischen Kore-Persephone im Stile von Eleusis handelte, der mit dem Simonianismus überhaupt nichts zu tun hatte. Neuerdings hat *Kippenberg* (s. o. S. 55[104]) – ohne Kenntnis von *Cerfaux* – darauf hingewiesen, daß Sebaste eine rein heidnische Stadt ohne samaritanische Gemeinde war und daß es mehr als gewagt ist, die dort ortsansässige Gottheit mit der (angeblichen) Begleiterin Simons zu verbinden. Hinzuzufügen ist, 1. daß die lunare Beziehung der in Sebaste gefundenen Kore-Persephone lediglich auf archäologischen Rückschlüssen beruht und zumindest nicht dominant war, 2. daß die literarische Allegorie von der Helena mit der Fackel bei Epiphanius (haer XXI,3,2) in eine ganz andere Dimension gehört als das sebasteische Standbild, 3. daß es unklar ist, ob Simon wirklich in Sebaste und nicht vielmehr in Sichem auftrat (s. o. S. 8[5]) und 4. daß man sich die Selene – auch ohne Bezug auf die Helena – mit der Fackel vorstellte (s. *Preisendanz* PGM I,152 u. 162, Gr. Pariser Zauberpap. IV,2554 ff. u. 2800).

[109] Allenfalls könnte man hinter dem Dreißigerkreise von Hom II,23,2 ff. mit Helena an letzter Stelle das valentinianische Pleroma nach Epiphanius (haer XXXI,5 f., *Völker*, Quellen, S. 60 ff.) vermuten, das ja sicher auf die dreißig Monatstage bezogen war (siehe schon *Harnack*, DG I, 256 Anm. 2, dazu *Leisegang*, Die Gnosis, S. 291; *Schenke* in: Umwelt des Urchristentums I, S. 381 und ich selbst in ZThK 1971, S. 424 Anm. 63). Allein abgesehen davon, daß die Ennoia bei den Simonianern nicht den 30., sondern den 2. Platz einnimmt, ist die ganze (astrologische) Vorstellung so verbreitet und der Bezug auf den Valentinianismus in den Pseudoclementinen so unerkennbar, daß sich hier überhaupt keine Aussagen machen lassen.

men natürlich nur als Syzygos einer solaren Gottheit in Frage, nicht aber für einen Sukzessor des (nach Ps Clem. ‚lunaren') Täufers Johannes. Aber diese Untiefe ist dem Grundschriftverfasser bei seiner Simon-Christus-Gleichung offenbar selbst gar nicht bewußt geworden.

Zu d) Die Dositheus-Legende: Dies Stück bildet den Kern des pseudoclementinischen Simon-Magus-Berichtes und geht offenkundig auf eine ältere Überlieferung zurück, wie schon die auffälligen Verklammerungen mit dem Kontext beweisen. Diese Verklammerungen sind also zunächst rückgängig zu machen. Das heißt:

1. Aufzulösen ist zunächst die Verbindung zwischen Dositheus und Johannes dem Täufer samt der ganzen Sukzessionsvorstellung[110]. Fällt aber die Gestalt des Täufers weg, so gelangt automatisch Dositheus an die Spitze jenes Dreißigerkreises, von der er lediglich durch die Einführung des Johannes verdrängt worden ist. M. a. W. die ursprüngliche Legende ging nicht von einer Johannessekte, sondern von einer Dositheussekte aus[111].
2. Ebenso aufzulösen ist sodann das analoge Verhältnis zwischen Johannes dem Täufer und Simon Magus und damit die künstliche Verklammerung mit dem angeblichen Ägyptenaufenthalt Simons (Hom II,23,3). Das heißt, Simon ist ursprünglich nicht als Rivale des Dositheus innerhalb einer gemeinsamen Abhängigkeit zu Johannes vorzustellen, sondern als selbständiger, von draußen kommender Gegner[112]. Daß der Dreißigerkreis während Simons ägyptischer Abwesenheit tatsächlich nur noch 28½ Köpfe gezählt hätte, also die symbolische Zahl gar nicht vollständig gewesen wäre, hat der Grundschriftverfasser wieder einmal nicht bedacht.
3. Schließlich ist die Verbindung der ganzen Legende mit Helena aufzulösen, die Simon nach seinem Sieg gleichsam als Beute mit sich geführt haben soll. Tatsächlich kommt die Helena in der Erzählung von Hom II,24 überhaupt nicht vor. Sie braucht darin auch gar nicht vorzukommen; denn der Kampf geht nicht um sie, sondern darum, wer der Ἑστώς ist. Immerhin hielt der Grundschriftverfasser die Legende für so wichtig, daß er sie genau dort in die Simon-Helena-Tradition einfügte, wo ursprünglich die Befreiung der Helena aus dem tyrischen Bordell berichtet war[113].

---

[110] Vgl. *Caldwell* a.a.O. S. 107 f.

[111] Vgl. schon *R. A. Lipsius*, Die apokryphen Apostelgeschichten und Apostellegenden II/1 (1887), S. 42: „Alles, was hier von dem Auftreten des Dositheos nach der Hinrichtung Johannes des ‚Hemerobaptisten' von seinen dreißig Jüngern, seinem Weibe Helena oder Luna, und der von ihm beanspruchten Würde des Ἑστώς, endlich von der Verdrängung des Dositheos durch Simon erzählt wird ... ist nichts als ein verworrener Nachklang der geschichtlichen Kunde von der samaritanischen Sekte der Dositheaner".

[112] Damit erledigt sich die Hypothese von *M. Smith*, The Account of Simon Magus in Acts 8 (in: *H. A. Wolfson*, Jubilee Volume, engl. section, Vol II, Jerusalem 1955, S. 735 ff.), der Simon Magus unter Hinweis auf Ps Clem Hom II,23 von Johannes dem Täufer ausgegangen sein läßt.

[113] Die Nachricht vom Herumziehen Simons mit Helena (Hom II,25,1) paßt ebensowenig zu der vorhergehenden Darstellung Simons als des „Feststehen-

Nach dieser Sichtung läßt sich der Legendenkern selbst angehen. Doch stellt sich dabei eine neue Komplikation ein, die sich im folgenden jedoch als hilfreich erweisen wird, das ist die — bisher offenbar von niemand bemerkte — auffällige Verwandtschaft zwischen der pseudoclementinischen Simon-Dositheuslegende (Hom II,24) und der Legende von der verunglückten Himmelfahrt Simons auf dem Höhepunkt der apokryphen Petrusakten (Pass Petri 2 f.)[114]. Wir stellen die Übereinstimmungen zusammen:

1. Wie die Pseudoclementinen, so berichten auch die Petrusakten von einem magischen Zweikampf zweier Gegenspieler — dort Simon contra Dositheus, hier Petrus contra Simon, der mit dem Sturze des jeweiligen Gegners endet, nur daß Simon in den Pseudoclementinen der Stürzende, in den Petrusakten dagegen der Gestürzte ist[115].
2. Beide Male geht es dabei um die von Simon ausdrücklich zitierte Formel ἐγώ εἰμι ὁ Ἑστώς, und jedesmal steht der Titel des „Stehenden" im Gegensatz zu dem unerwarteten „Fall" des Gegners[116].
3. In beiden Fällen ist Simon als der „Stehende" mit Christus, d. h. nicht mit dem „Vater", sondern nur mit dem „Sohn" identisch[117].

den" (24,7) wie der esoterische Dreißigerkreis etwas mit seinem Auftreten vor allem Volk zu tun hat.

[114] Li-Bo I, S. 80 f.; eine anders ausgeführte Parallele findet sich schon in Act Petr 4 (auch dort mit dem Hinweis, daß Simon die „magna virtus dei" sei (vgl. c. 5; 8; 31 = Pass Petr 2 jedesmal nach AG 8,10); zu den übrigen Absenkern des Berichts *Lipsius*, a.a.O. S. 334 ff. Spätere Kirchenschriftsteller (z. B. Const apost VI,9,2 f. und Epiphanius, haer XXI 5,2) setzen hier meist die Fassung der Act Petri et Pauli c. 75 ff. voraus. Arnobius, Adv nationes II,12 (CSEL IV, S. 57) meint sogar, Simon sei in einer feurigen Quadriga zum Himmel aufgefahren. In meinem Aufsatz „Das Jakobusmartyrium und seine Verwandten in der frühchristlichen Literatur" (ZNW 1965, S. 149 ff.) habe ich versucht, u. a. auch die Legende von Simons Himmelfahrt und Absturz in einen größeren Überlieferungszusammenhang zu stellen, doch sind meine damaligen Kombinationen zu weitgehend.

[115] Über die Frage, wie weit in Pass Petr 2 f. eine Christusnachahmung vorgestellt sein soll, kann man streiten. *Reitzenstein* (Hellenistische Wundergeschichten, ²1963, S. 125 Anm. 3) geht indessen zu weit, wenn er jede Affinität zum kanonischen Himmelfahrtsbericht leugnet; denn Simon vergleicht sich mit seinem „Aufstieg zum Vater" deutlich mit Christus. Deutlich ist auch der Einfluß von AG 8 (vgl. *K. Pieper*, Die Simon-Magus-Perikope, S. 53 ff. — gegen *Waitz*). Dagegen weiß der Vf. der Petrusakten von der simonianischen Gnosis offenbar noch weniger als der Grundschriftautor der Pseudoclementinen (*W. Schneemelcher*, Ntl. Apokryphen II, S. 186).

[116] Ob dabei die Frageform der Pseudoclementinen: „Bist du der Stehende" mit der Antwort: ἐγώ εἰμι oder die Selbstaussage Simons von Pass Petr 2 ursprünglich ist, läßt sich kaum entscheiden.

[117] Sowohl Hom II,22,3 als auch Pass Petr 2 stellen den Ἑστώς-Titel Simons mit der Doppelbezeichnung als „großer (oder: oberster) Kraft (Gottes)" sowie Christus (bzw. „Sohn" des Vaters) zusammen, wobei der Ἑστώς-Titel in den Pseudoclementinen erst an dritter Stelle steht. Dagegen verbindet die Me-

4. In beiden Berichten kommt der hernach gestürzte Gegenspieler seinem Überwinder an Einfluß und Wirkung zunächst zuvor, während der Gegner von auswärts herankommt[118].
5. Jedesmal spielt bei der Auseinandersetzung das φθόνος-Motiv eine Rolle, und zwar dergestalt, daß es in Abrede gestellt wird[119].
6. Schließlich endet der magische Zweikampf in beiden Fällen mit dem alsbaldigen Tod des Gestürzten nach seinem „Fall".

Diese gemeinsamen Indizien in zwei verschiedenen Berichten, die doch beide von Simon Magus handeln wollen, können nicht einfach Zufall sein. Sie besagen vielmehr, daß beide Legenden, trotz ihrer akzidentiellen Verschiedenheiten, auf die gleiche Urfassung zurückgehen müssen. Offen ist nur die Frage, welche der beiden Versionen dem Archetyp am nächsten steht. Hier scheint nun zunächst die zeitlich ältere Fassung der Petrusakten, also Simons Absturz bei versuchter Himmelfahrt auf das Gebet des Petrus hin, der Dositheusfassung überlegen zu sein. Immerhin fehlen dem Bericht der Petrusakten die sekundären Verklammerungen der Pseudoclementinen, dazu ist der Absturz des Magiers samt Todesfolge dort glaubwürdiger vorgeführt als bei Dositheus, und schließlich scheint auch der Titel des Stehenden bei genauem Hinsehen fester mit der Gestalt Simons (so die Petrusakten) als mit derjenigen des Dositheus (so mindestens zum Teil die Pseudoclementinen) zusammenzuhängen.

Indessen dieser Schein dürfte trügerisch sein, d. h. die – relativ – ursprünglichere Fassung steckt wahrscheinlich doch in der Dositheus-Legende der Pseudoclementinen. Hier die Gründe:

1. Kontrovers zwischen den beiden Fassungen ist zunächst der Hauptpunkt der Petrusakten, d. h. einerseits der gleichsam „reale" Absturz Simons beim Him-

---

gale Apophasis den Titel des Stehenden unmittelbar nur mit dem Terminus der „unbegrenzten Kraft".

118 Das Gegenspielermotiv sowie das Übertreffen des Gegners durch Wundertaten ist schon außerchristlich nachweisbar (*Bieler*, a.a.O. S. 42 f. und 86 f.). Doch handelt es sich bei Simons Tod in den Act Petr um das einzige Wunder, das Petrus *an* Simon tut.

119 Hom II,24,3 wird ausdrücklich versichert, Simon habe seinen Gegner οὐχ ὡς φθονοῦντα ἀλλ' ὡς ἀγνοοῦντα verdächtigt, d. h. das Motiv des Dositheus im Blick auf seine φιλοπρωτεία (s. o. S. 51[90]) war der φθόνος. Nach Pass Petr 3 (Act Petr 32) sagt Petrus zu dem ehemaligen Simonianer Gemellus bei seinem Übertritt: τίς οὖν ὁ φθόνος ... ἄδελφέ μου; Das Motiv ist im jüdisch-frühchristlichen Schrifttum weitverbreitet (siehe meinen „Clemens Romanus" S. 48 ff. u. 299 ff. – die dortigen Belege lassen sich noch erheblich vermehren). Letztlich gehen φθόνος bzw. βασκανία nach kirchlicher Anschauung auf die Mißgunst des Teufels gegen den ersten Menschen und damit auf den Sündenfall zurück; die Gnostiker haben das Motiv dann auf den Demiurgen übertragen (s. u. S. 146 f.). Im Hintergrund steht die antike Vorstellung vom Götterneid (vgl. *E. Robertson Dodds*, Die Griechen und das Irrationale, dtsch. 1970, S. 19 f. und *W. Nestle*, Neue Jbb. klass. Altertums 1921, S. 87).

melfahrtsversuch, andererseits der bloße Sturz des Schulhauptes Dositheus mit der unmotivierten Todesfolge. Nun kann in der Tat das Motiv des Absturzes in der Urfassung der Legende drastischer berichtet worden sein, als es der pseudoclementinische Bericht heute noch erkennen läßt, indessen ist doch der römische Flugversuch sicher ein sekundärer Zuwachs, nämlich die dem Simon angedichtete mißglückte Unternehmung eines antiken ‚Schneiders von Ulm', von der Sueton, Vita Neronis 12, berichtet[120]. Nach der ältesten Form stürzte also nicht ein Fliegender, sondern ein „Stehender" zu Tode. Und diesen Skopus hat die pseudoclementinische Version bewahrt[121].

2. Während einerseits Petrus den Simon in Rom stürzen läßt, bewirkt andererseits Simon selbst in Samarien an Dositheus das gleiche. Hier spricht schon das samaritanische Kolorit gegenüber dem römischen und die Gestalt des weniger bekannten Dositheus gegenüber dem bekannteren Petrus für den Vorrang der samaritanischen Fassung. Und auch ein Vergleich der jeweiligen Tendenz weist in die gleiche Richtung. Während nämlich die römische Version ausgesprochen antisimonianisch eingestellt ist, ist die pseudoclementinische Legende prosimonianisch, dafür antidositheanisch orientiert, d. h. sie könnte aus simonianischer Überlieferung stammen.

3. Schließlich spricht auch die umständliche Vermittlung von Simons Absturz in Rom auf dem Umweg über die Anrufung Christi gegen die Ursprünglichkeit der römischen Version, d. h. es zeigt sich daran, daß die christusanrufende Petrusfigur in dem ganzen magischen Zusammenhang interpoliert sein muß[122]. In der Dositheuslegende dagegen stehen sich beide Gegner unmittelbar, ja geradezu handgreiflich gegenüber. Und Simon selbst geht als Sieger hervor[123].

---

[120] So scheinen es wenigstens die Act Petri et Pauli (c. 70 ff.) verstanden zu haben, wenn sie den Kaiser Nero zum Zeugen von Simons Unternehmung machen und den Magier auf dem Marsfelde abstürzen lassen. Auf die Parallele Suetons, Vita Neronis 12, haben *Lipsius* (a.a.O. S. 324 ff.), *Reitzenstein* (Die hell. Mysterienreligionen, S. 188 f.) und *Schoeps* (Aus frühchristl. Zeit, S. 251 Anm. 4) hingewiesen. Doch könnte natürlich auch ein einfach magisches Wunder zugrunde liegen (vgl. *R. Söder,* Die apokryphen Apostelgeschichten und die romanhafte Lit. der Antike, 1932, S. 67 ff.), das auch im Judentum eine Rolle gespielt hat (vgl. *Schoeps*, a.a.O. S. 249 ff. und *S. Krauss*, Das Leben Jesu nach jüd. Quellen, 1902, S. 175 ff. u. 223 f.). Jedenfalls wirkt das Stoßgebet des Petrus, das den Absturz Simons in Pass Petr 3 herbeiführt, wie eine Beschwörung (vgl. *Reitzenstein*, Poimandres, 1904, S. 227).

[121] Nach Pass Petr 3 steht Simon, ehe er zum Flug ansetzt, auf einem τόπος ὑψηλός. Sollte damit der in Hom II,24,2 f. mehrfach genannte erste τόπος des Dreißigerkreises in Beziehung stehen, von dem Simon den Dositheos stürzt?

[122] Auch die Wendung, daß Simon nicht direkt auf das Gebet Petri hin, sondern erst nach der Steinigung durch die Volksmenge zu Tode kommt (Pass Petr 3), wirkt nicht ursprünglich. Offenbar soll diese zwischeneingeschobene Episode Petrus vor dem Vorwurf des Mordes schützen (vgl. dazu Porphyrios bei Makarios von Magnesia, Apocriticus III,21 – mit Bezug auf AG 5,1 ff.).

[123] Möglicherweise ist in Ps Clem Hom II,24 die bekannte Wanderlegende vom Wunderknaben abgewandelt, der den Meister bald überragt und dessen Schule übernimmt (vgl. bes. *Bieler*, Theios Aner, S. 33 ff., ferner *H. D. Betz*, Lukian, S. 106 ff.). Auf die Parallelen in der apokryphen Jesusüberlieferung

Man wird also die von den Petrusakten gebotene römische Aufbereitung des Stoffes, die Ersetzung Simons durch Petrus und seine *Ver*setzung in den Stand des Dositheus, wahrscheinlich als sekundär betrachten müssen, wenn auch eine sichere Rekonstruktion der Urfassung nicht mehr möglich ist.

Was aber hätte dann die Dositheus-Legende ursprünglich bedeutet? Eine gewisse, freilich unsichere Hilfe können hier zunächst die kurzen simonianischen Nachrichten bei Clemens und Origenes leisten. Clemens von Alexandrien ist mit seiner Bemerkung in Strom II,52,1 f., die Anhänger Simons verehrten den Ἑστώς und versuchten, sich ihm zu verähnlichen (ἐξομοιοῦσθαι), kurz nach 200 der einzig genau datierbare Zeuge für den Terminus ad quem in bezug auf die Übernahme des Ἑστώς-Titels durch den Simonianismus[124]. Übrigens nennt Clemens den Ἑστώς als *den* simonianischen Würdetitel schlechthin und verbindet damit von sich aus, wie der Kontext (II,51,5—52,2) beweist, den Gedanken der ὁμοίωσις θεῷ i. S. Philos, sowie den aus den Petrusakten und Pseudoclementinen bereits bekannten Gegensatz von „Stehen" und „Fallen". Es ist daher nicht ausgeschlossen, daß Clemens eine Form simonianischer Ἑστώς-Theologie voraussetzt, die älter war als das ausgearbeitete System der Megale Apophasis[125].

Ebenfalls datierbar, zugleich aber auch lokalisierbar sind sodann die beiden Nachrichten über Simon und Dositheus bei Origenes, Ctr.Celsum I,57 und VI,11. Beide fallen bereits in die Zeit von Caesarea, also nach 231 und zeigen damit, was man — ohne Justin, Irenäus und Hippolyts Syntagma zu kennen — in der ersten Hälfte des 3. Jahrhunderts in Palästina über den Simonianismus noch erfahren konnte[126]. Der Ertrag ist mehr als dürf-

---

(Kindh.-Ev. d. Thom. 5 u. 14—15) habe ich selbst in ZThK 1971, S. 424, Anm. 63 verwiesen. Noch von Porphyrios wird berichtet, er sei als Katechumen in Caesarea pal. geschlagen worden und habe daher mit dem Christentum gebrochen (*Harnack*, Porphyrios ‚Gegen die Christen', ABA 1916, Nr. 1 S. 37, Zeugnis XX, vgl. S. 4, Anm. 4 u. S. 30).

[124] GCS 52 *(Stählin-Früchtel)*, S. 141,7 ff., dazu *Hilgenfeld*, Ketzergesch. S. 182 und *Kippenberg*, Garizim, S. 124 Anm. 152. Weitere (unerhebliche) Erwähnungen Simons finden sich in Strom VII,107,1 u. 108,2. Zur Datierung vgl. *Harnack*, Altchristl. Lit.-Gesch. II/2, S. 11.

[125] Clemens stellt hier (Strom II,51,5 f.; 52,1 ff.) den wahren und den eingebildeten Weisen, den Haltlosen und den Beständigen, einander gegenüber: Der οἰησίσοφος stürzt sich freiwillig in die schwankenden Wellen; Leute ohne Orientierung „fallen" wie Laub. Nur der ἄτρεπτος „steht fest". Dabei ist also das platonisch-philonische Motiv des Schwankens mit dem Gegensatz von „Stehen" und „Fallen" kombiniert. Dazu kommen die bekannten Vorbilder Abraham (Gen 18,22) und Moses (Dtn 5,31), vgl. Philo Leg. all. III,9 u. Gig. 49. Wie Clemens spricht auch Philo (Conf. ling. 30 f.) von den „haltlosen Seelen" und auch bei ihm (Post. Caini 29) ist im gleichen Zusammenhang vom ἄτρεπτος und von der ὁμοίωσις die Rede.

[126] Die beiden Celsustexte in GCS 2 und 3 *(Koetschau)*, S. 108 f. u. S. 81 f. Weitere Zeugnisse, vorwiegend zu Dositheus, z. T. noch aus der alexandrini-

tig[127]. Positiv weiß Origenes nur, daß Simon und Dositheus, die er meist miteinander nennt, sich in je verschiedener Weise göttliche Würden angemaßt haben sollen, Simon, indem er sich (nach AG 8,10) als „große Kraft Gottes", Dositheus, indem er sich als den in Dtn 18,15 ff. geweissagten Messias und „Sohn Gottes" ausgab. Weiter ist Origenes, wenn auch dunkel, die Existenz des Dreißigerkreises von Ps Clem Hom II,23 bekannt, sowie die Tatsache, daß beide Ketzerhäupter irgend etwas mit diesem Kreis zu tun hatten, den er das eine Mal dem Simon, das andere Mal Dositheus zuschreibt. Hiermit verbindet Origenes jedoch die (wohl aus eigener Kenntnis stammende) Mitteilung, daß beide Sekten inzwischen so gut wie ausgestorben seien, d. h. er meint, es müsse sich bei der Zahl 30 um die gesamte in Palästina noch vorhandene Anhängerschaft Simons, bzw. des Dositheus handeln. Dagegen weiß er nichts von der pseudoclementinischen Verbindung des Dreißigerkreises mit Johannes dem Täufer, ebenso nichts von Simons Verbindung mit Helena, wie seine Reaktion auf die von Celsus (Orig V,62) aufgebotene Sekte der „Helenianer" beweist[128]. Auch der Ἑστώς-Titel wird von Origenes nicht erwähnt.

Leider ist nicht auszumachen, ob Origenes die Grundschrift der Ps-Clementinen kannte. Wußte er nichts von ihr, wofür die Kenntnis der dositheanischen Messianologie und die Unkenntnis der Helenageschichte immerhin sprechen, so bezeugen diese Nachrichten, wenn auch in nebuloser Form, etwa den Umriß jener Simon-Dositheus-Tradition, die auch der Grundschriftverfasser der Ps-Clementinen verarbeitete. Von da aus läßt sich wenigstens eine Vermutung — nicht mehr — in bezug auf den ursprünglichen Sinn der Dositheus-Legende wagen: Wenn, wie die Legende berichtet, ein Kampf beider Ketzerhäupter auf samaritanischem Boden um die Würde des Ἑστώς-Titels stattgefunden haben soll, wobei der vermeintlich „Stehende" — Dositheus — dem wahrhaft „Stehenden" — Simon —

---

schen Zeit, finden sich in De princ IV,17; Comm in Matth ser. c. 33; Comm in Joh. I,33 u. XIII,27; Hom. in Luc. 25; vgl. die Quellendarbietungen bei *Hilgenfeld*, Ketzergesch. S. 157 ff. u. 182 f., *Zahn*, Die AG I, S. 292 f.; *Hengel*, Judentum und Hellenismus, S. 561, Anm. 286, *Caldwell*, a.a.O., S. 109 f., *Kippenberg*, Garizim, S. 78, 131, 137, 141. Die in Nag-Hammadi gefundene Dositheos-Apokalypse (Cod VII,5) enthält nichts von Dositheos (*Rudolph*, ThR 1972, S. 347). Wahrscheinlich kannte Origenes weder die einschl. Werke Justins, und des Irenäus, noch Hippolyts Syntagma (siehe die Fehlanzeigen in *Harnacks* Altchristl. Lit.Gesch. I, S. 101, 267 u. 623).

[127] Gerade diese Dürftigkeit der palästinischen Nachrichten z. Z. des Origenes ist vielsagend, siehe schon *Harnack*, Der kirchengeschichtliche Ertrag der exeget. Arbeiten des Origenes (TU 42/2), S. 86 f.; zum Erlöschen der simonianischen Sekte vgl. auch *Waitz*, ³RE XVIII, S. 359 f.

[128] GCS 3 *(Koetschau)*, S. 65. Celsus spricht neben den Simonianern von „Helenianern", d. h. von Leuten, die die Helena oder einen Helenos als Lehrer verehren. Origenes geht nur auf Simon auf Grund von AG 8,10 ein. Mit den jüdischen „Hellenianern" (Justin, Dial. 80,4) hat die von Celsus genannte Sekte, falls nicht überhaupt ein Mißverständnis vorliegt, natürlich nichts zu tun.

unterlag, so könnte es sich hier vielleicht um den legendären Widerschein eines Konkurrenzkampfes zwischen Simonianismus und Dositheanismus handeln, die beide den Ἑστώς-Titel für sich beanspruchten und der (so meint jedenfalls die simonianische Legende) zugunsten des Simonianismus ausging. Daß Dositheus als „Prophet wie Mose" (nach Dtn 18,15 ff.), d. h. als prophetisch-messianischer Ἑστώς galt, hat Kippenberg erst jüngst wieder belegt[129]. Daß Simon Magus den gleichen Titel bis zum Ende des 2. Jahrhunderts nicht geführt hat, beweisen die Ketzerberichte bis auf Hippolyts Syntagma, wobei das Nichterscheinen des Titels bei Epiphanius (s. o. S. 23!) besonders schwerwiegt. Dann aber wäre es nicht undenkbar, daß die Simon-Dositheus-Legende eben mit der Übernahme dieses Titels durch den Simonianismus zusammenhängen könnte. Denn indem der Simonianismus den Ἑστώς-Titel als Gottestitel für Simon usurpierte, mußte es, zumindest auf samaritanischem Boden, zwangsläufig zur Konkurrenz mit dem Dositheanismus kommen, der dieselbe Bezeichnung, freilich nur i. S. des messianischen Propheten von Dtn 18,15 ff., für Dositheos beanspruchte.

Indessen das alles bleibt Vermutung. Gegen sie spricht vor allem, daß die Dositheos-Legende — genau wie ihre literarische Schwester in Pass Petr 2 f. — den (einfachen) Ἑστώς-Titel Simons zwar kennt, dagegen von einer Kenntnis der simonianischen Gnosis — hier fehlt vor allem die Gestalt der Ennoia/Helena! — offenbar recht weit entfernt ist; denn Simons Verwandlung in Rauch beim Schlag des Dositheos wirkt, jedenfalls im jetzigen Zusammenhang, nicht wie eine doketische, sondern weit eher wie eine magische Verflüchtigung seiner Person[130], läuft damit also wiederum auf den magischen Hauptskopus des Grundschriftverfassers hinaus. Und so

[129] *Kippenberg*, Garizim, S. 306 ff., bes. S. 319, Anm. 72. Die in diesem Zusammenhang verwendete Mose-Stelle Dtn 5,31 (vgl. Ex 20,21) ist traditionell, siehe Philo und Clem Alex (oben S. 45). Zum Ganzen jetzt *Rudolph*, ThR 1972, S. 341 ff.

[130] Ps Clem Hom II,24,5 läßt nicht erkennen, ob das Zu-Rauch-Werden Simons bloß als magische Überlegenheit gelten soll oder den gnostischen Doketismus andeutet. Immerhin vgl. man gnostische Texte wie Act Joh 93 (Jesus zeitweise doketisch durchlässig) und Apc Jacobi II p 57,10 ff. *(Böhlig)*: „Jetzt aber strecke deine (Hand) aus. Jetzt umarme mich. Sogleich streckte ich meine (Händ)e aus und fand ihn nicht, wie ich dachte. Aber danach hörte ich ihn, wie er sagte: Erkenne und umarme mich! Da erkannte ich (ihn) und geriet in Furcht." Wenn freilich das späte Carmen adv. Marcionem (Ps Tertullian) I, 157 ff. von Simon behauptet, er habe überall hindurchgehen und -fliegen können, so sind das ϑεῖος ἀνήϱ-Motive, die mit der Dositheos-Legende nicht zusammengehören. Schon *Waitz* (ZNW 1904, S. 131) hat vermutet, daß in späterer Zeit manches auf Simon übertragen wurde, was man sich ehemals von Apollonius von Tyana erzählte. Daß die Dositheaner keine Gnostiker waren, hat *Kippenberg* (Garizim, S. 78) erneut hervorgehoben. *Harnack*, (DG I, S. 270) spricht von „neue(n) Religionsstiftungen im apostolischen Zeitalter in Samarien".

gesehen kann man überhaupt daran zweifeln, daß die Dositheos-Legende ein gnostisches Überlieferungsstück ist, bzw. auf simonianische Urheberschaft zurückgeht. Jedenfalls läßt sie sich, genau wie das von den Petrusakten geschilderte Simon-Magus-Bild, auch ohne alle gnostischen Voraussetzungen verstehen. Daß der Titel des Ἑστώς, wie Kippenberg vermutet, schon im 1. Jahrhundert auf Simon angewandt worden sei, ist durch diese Legende auf keinen Fall sichergestellt[131].

Zu e) Simon und Helena: Mit diesem Abschnitt lenkt der Grundschriftverfasser zur bekannten Simon-Magus-Tradition zurück, die er seit Hom II,22,3b (Einführung des Ἑστώς) verlassen hatte. Dabei dürfte die Nachricht von der Befreiung der Helena aus Tyrus (vgl. Iren I,23,2 f.), wie schon gesagt, durch die Dositheus-Legende übermalt worden sein. Immerhin deutet der Einsatz beim „Herumziehen" Simons mit seiner „Helena" (Hom II,25,1) den ursprünglichen Zusammenhang noch an. Hier aber könnte in der Tat noch einmal ein Stück der verlorenen Syntagmatradition auftauchen, und zwar mit der seltsamen Behauptung, die Helena sei während des Trojanischen Krieges zum πρώτιστος θεός entrückt gewesen, lediglich um ihr Abbild (εἰκών) hätten Griechen und Barbaren gekämpft. Diese Nachricht gehört zu der auf Stesichoros zurückführenden Troja-Überlieferung, wonach Paris gar nicht die Helena selbst, sondern — so die Palinodie (vgl. Iren I,23,2) — lediglich ihr εἴδωλον nach Troja entführt habe. Wo die echte Helena während der Zeit geblieben war, war schon im Altertum umstritten. Hier war also auch der gnostischen Phantasie der Spielraum freigegeben[132]. Zwar widerspricht die Kunde von Helenas Entrückung zum πρώτιστος θεός — scheinbar — diametral der ganzen Irenäustradition, wonach die Ennoia in Helena eben tatsächlich inkarniert war, allein sie befindet sich ebenso in deutlicher Übereinstimmung, ja geradezu in my-

[131] *Kippenberg*, Garizim, S. 144: „Simon Magus aus Gitta wurde im 1. Jh. n. Chr. als Stehender und als die Große Macht bezeichnet. In ihm sei die höchste Gottheit niedergestiegen, um sich mit der gefallenen Ennoia wieder zu vereinigen." Davon kann im 1. Jahrhundert keine Rede sein.

[132] Unter den älteren Simon-Magus-Überlieferungen steht die Syntagmatradition des Hippolyt dem pseudoclementinischen Bericht am nächsten, ohne daß sich ein näheres Verhältnis herstellen ließe. Daß der Grundschriftverfasser Justins verlorenes Syntagma benutzt haben soll, ist eine überflüssige Vermutung von *C. Schmidt* (a.a.O. S. 51). Zur Überlieferung vom εἴδωλον der Helena, bes. *D. Brunnhofer*, Helena (Diss. Zürich 1941). S. 61 ff. und *Becker*, a.a.O. S. 77 f. Der Sage nach erfolgte die Blendung des Stesichoros, weil er die Helena zu den 2—3fach verheirateten treulosen Frauen gerechnet hatte; durch die Eidolon-Theorie der Palinodie wurde dieser kritische Punkt umgangen. Wo die wirkliche Helena während des trojanischen Krieges geweilt habe, scheint Stesichoros selbst offengelassen zu haben. Vielfach dachte man an eine Entrückung durch Hermes (später Isis, s. o. S. 56[105]) auf die ägyptische Insel Pharos (s. PW VII, 2733), doch findet sich auch ihre Entrückung in die Ätherhöhe zu Kastor und Pollux (z. B. in der Orestie des Euripides), vgl. hierzu den Kommentar von *J. H. Waszink* zu Tertullians De anima (1947), S. 408 f.

thologischer Parallele zu der nicht weniger seltsamen Notiz des Epiphanius (haer XXI,2,5), wonach die Ennoia bei den durch die Erscheinung ihrer Schönheit hervorgerufenen Kriegen der Weltmächte selbst „nichts erlitten“ habe (μηδὲν πεπονθέναι). Wie dieser eigenartige Widerspruch im Schicksal der Ennoia/Helena zu lösen ist, kann erst später (s. u. S. 152 f.) erörtert werden.

Freilich, wenn der Grundschriftverfasser seinen Simon zu diesem Sachverhalt behaupten läßt, er selbst – Simon – habe die Helena (alias luna) vom Himmel herabgebracht, so ist das natürlich seine eigene Kombination, die mit der Voraussetzung der genannten Gleichung Helena-Selene steht und fällt, d. h. hier wird die doppelte Katabasis a) Simons, b) der Ennoia/Helena kurzerhand in *einen* Vorgang zusammengestrichen und damit der gnostische Mythos, der Tendenz unseres Verfassers zuliebe, in ein magisches Zauberkunststück umfunktioniert[133]. Umgekehrt fallen Simon und die oberste Gottheit (der πρώτιστος θεός) bei diesem Verfahren ebenso deutlich in zwei Wesenheiten auseinander, womit das magische Profil abermals verstärkt wird. Das simonianische Porträt ist eben durchweg entgnostifiziert und der gnostische Erlöser zum antichristlichen Magier popularisiert. Daß dies der Hauptskopus seiner Darstellung ist, sagt der Vf. selbst in Hom II,25,3 und beweist es auch sonst[134]. Insofern hat auch der Recognitionist den Grundschriftverfasser richtig verstanden, wenn er in Rec II,12,4 die singuläre Legende von der aus dem Turm schauenden Helena hinzufügte, die mit der ursprünglichen Simon-Magus-Überlieferung lediglich den Namen der „Helena“ gemeinsam hat[135].

---

[133] *L. Cerfaux* (Rech. de sc. rel. 1926, S. 273 ff.) rechnet im vorgnostischen Stadium des Simonianismus mit einer Art von magisch-mysterienhaftem Hieros-Gamos zwischen Simon Magus als Sonnengott und Luna-Helena und verweist auf antike Parallelen, z. B. Alexander von Abonuteichos (vgl. auch *L. Radermacher* in SBW 1927, S. 206 Anm. 4 und *H. D. Betz*, Lukian von Samosata und das NT, 1961, S. 105 f.). Tatsächlich aber handelt es sich hier nicht um ein vorgnostisches, sondern um ein nachgnostisches Simon-Magus-Bild. Im übrigen kann man im Raum hypothetisch angenommener Simon-Magus-Mysterien natürlich alles vermuten und damit nichts.

[134] Zur Frage eines gnostischen Dualismus in den Pseudoclementinen vgl. im übrigen jetzt *H. J. Schoeps*, Der Ursprung des Bösen und das Problem der Theodizee im pseudoclementinischen Roman (Rech. de sc. rel. 1972, S. 129 ff.).

[135] Für die Zuweisung dieser Stelle an den Recognitionisten vgl. *Strecker*, Judenchristentum, S. 46, der indessen im Blick auf die Hypothesen von Waitz und Quispel an „ältere Tradition“ denkt. Schon *Cerfaux* (Rech. de sc. rel. 1926, S. 282) hat das Schauen aus allen Fenstern als „gestus meretricius“ gedeutet, *Quispel* (Ned. Theol. Tijdschr. 1950/1, S. 342 f. = Gnosis als Weltreligion S. 68) hat darauf die phantastische Hypothese gebaut, daß der „Turm“ der Helena mit dem tyrischen Bordell von Iren I,23,2 zusammenhängen müsse. Natürlich könnte man zum Thema Turm noch manches andere assoziieren (vgl. z. B. *Waitz*, ³RE XVIII, S. 360), ohne auf irgendeine feste Substanz zu stoßen.

Blicken wir von hier aus noch einmal auf das Ganze des pseudoclementinischen Simon-Magus-Berichtes zurück, so ist er für die Simon-Magus-Frage tatsächlich so gut wie vollständig wertlos. Sieht man von dem einzigen Entrückungsmotiv in Hom II,25,2 einmal ab, so bleibt eigentlich nur die Simon-Dositheus-Legende als bemerkenswertes Sondergut übrig. Sie ist aber schon durch die Art, wie sie der Grundschriftverfasser in den Vordergrund gerückt hat, erst recht aber durch ihren Inhalt, als späte Bildung anzusprechen, wobei nicht geleugnet werden braucht, daß sich in ihr gewisse historische Vorgänge, möglicherweise die Übernahme des Ἑστώς-Titels durch die Simonianer, widerspiegeln können. Und in dieser Position widerlegt sie immerhin die Justin'sche Behauptung (Apol I,26,3), im 2. Jahrhundert seien nahezu alle Samaritaner auch Simonianer gewesen[136]. Allein, wenn auch der rein historische Ertrag der pseudoclementinischen Simon-Überlieferung der denkbar geringste ist, so erhebt sich aus dem Wust der verschiedenen Nachrichten, die hier zu einem Gesamtbild verklittert sind, schließlich doch ein relativ eindeutiges Ketzerprofil: Es ist das Porträt des Magiers und antichristlichen „Christus", der gleichsam als ‚schwarzer Mann' und Christenschreck – in den Clementinen mehr redend, in den Petrusakten mehr handelnd – auf die apokryphe christliche Volksbühne gestellt wird und in dieser Gestalt bis in die Faustsage hinein fort- und weiterlebt[137].

9. Mit den fünf bisher behandelten patristischen Simon-Magus-Überlieferungen (Justin, Irenäus, Hippolyt, Megale Apophasis, Ps-Clem/Act Petri samt Clem/Origenes) ist die – freilich wild zerklüftete – Quellenbasis für eine kritische Beschäftigung mit dem simonianischen Problem freigelegt. Der Zeitraum dieser Texte umfaßt etwa die 80 Jahre zwischen Justins Apologie und dem Aufenthalt des Origenes in Caesarea. Hinzu kommt der Bericht von AG 8, der schon aus zeitlichen Gründen eine Sonderstellung beansprucht. Bevor jedoch ein quellenkritisches Gesamturteil gewagt werden kann, ist das bisherige Bild noch in doppelter Hinsicht zu vervollständigen: einmal durch eine Reihe von disparaten Einzelnachrichten, die sich bei verschiedenen Kirchenschriftstellern bis ins 4. Jahrhundert

[136] Vgl. *Kippenberg*, Garizim S. 137: „Am Dositheanismus sehen wir, daß sich die Samaritaner nicht einfach der Gnosis hingegeben haben", doch schreibt auch *Kippenberg* (S. 143 f.) dem Simon persönlich den Ἑστώς-Titel zu und möchte auf Grund seiner Untersuchung zur μεγάλη δύναμις und zum samaritanischen Ka'em den Simonianismus auf samaritanischem „Mutterboden" (S. 347) erwachsen denken.

[137] Auf die Keime der späteren Faustsage hat schon *P. de Lagarde*, Clementina (1865), Einl. S. 22 erstmals hingewiesen. S. dazu die grundlegende Arbeit von *Th. Zahn*, Cyprian von Antiochien und die deutsche Faustsage (1882) und meine weiteren Hinweise in ZThK 1971, S. 397, Anm. 7 und 398, Anm. 12. Der ganze Komplex bedürfte einer erneuten Untersuchung.

finden, zum anderen durch die noch ausstehenden Gesamtdarstellungen bis zu Augustin und Theodoret von Cyrus. Wir beginnen die Nachlese mit den Einzelnachrichten, die freilich keine Sensationen bringen:

a) Als älteste Filiation des Simonianismus gilt seit Justin und Irenäus angeblich die Ketzerei des in Antiochien ansässigen Samaritaners Menander[138]. Schon Justin hat ihn ausdrücklich als Simons μαθητής bezeichnet, und Irenäus betrachtet ihn geradezu als geistige Brücke zwischen Simon und Satornil. Tatsächlich aber wird man fragen müssen, ob hier überhaupt eine direkte Beziehung besteht; denn soweit die wenig ergiebigen Berichte erkennen lassen, läßt Menander, abgesehen von der Verwendung der Ennoia samt den Weltschöpferengeln, alles spezifisch Simonianische völlig vermissen. So wird z. B. das Herzstück des Simonianismus, der eigentliche Ennoia-Helenamythos überhaupt nicht berührt. Ebenso nicht vorhanden ist jede erkennbare Beziehung zu dem angeblichen simonianischen Libertinismus, obwohl doch gerade darin das Kennzeichen von Simons Jüngern bestanden haben soll. Selbst das Proprium von Menanders Lehre, die Unsterblichkeitstaufe und die Fähigkeit, die Engelmächte durch Magie – nicht zu gebrauchen, sondern zu überwinden, hat im Simonianismus keinerlei Ansatzpunkt[139]. Ja, wenn Menander, wie Irenäus behauptet, sich wirklich als transzendenten „Gesandten" der *unbekannten* πρώτη δύναμις ausgegeben haben sollte, so wird damit der Offenbarungsanspruch „Simons" selbst nicht „modifiziert", sondern – indirekt – für null und nichtig erklärt; denn ein prinzipiell unbekanntes Gottwesen kann natürlich niemals in menschlicher Person auf Erden erschienen sein[140].

b) Bereits von Celsus (b. Orig.V,62) stammt die nicht weiter nachprüf-

---

[138] Siehe die Quellenübersicht bei *Hilgenfeld*, Ketzergesch. S. 187 ff. und *Leisegang*, Die Gnosis, S. 104 ff., der bei M. eine Annäherung an das „hellenistische Christentum", speziell des Joh.-Evs. vermutet. Mit Simon verbindet Menander seine samaritanische Herkunft (samt Magie), nicht dagegen die Ἑστώς-Vorstellung (so *U. Bianchi* in: Le Origini, S. 727 f.), mit Satornil seine antiochenische Wirksamkeit. Zwischen beiden steht sein gnostischer Erlöser: Er ist nicht mehr mit der obersten Kraft identisch, aber noch nicht vom gnostischen Sektenstifter getrennt. Übrigens wird Menander außerhalb der Ketzerkataloge nur von Tertullian, De anima 50 und De resurr carnis 5 erwähnt. Daß der Gnostiker Kerdo Simonianer war, wie *F. M. Braun* (nach *Rudolph*, RhR 1972, S. 360) behauptet hat, entbehrt jeder Grundlage.

[139] Das gilt erstaunlicherweise gerade für Menanders Magie. Während die simonianische Magie bei Irenäus (I,23,4) ganz allgemein und wie ein Anhängsel zur simonianischen Gnosis dargestellt ist, gehört sie bei Menander in den Erlösungsvorgang hinein. Möglicherweise hingen bei M. Taufe und Magie in einem gnostischen Taufexorzismus zusammen, siehe dazu das Material bei *K. Thraede*, RAC VII, S. 79 ff.

[140] Daß Menander den simonianischen Offenbarungsanspruch lediglich „modifiziert" habe (so *G. Kretschmar*, [3]RGG IV,849 und bes. *Leisegang*, a.a.O. S. 107) ist eine optische Täuschung, die sich auf Grund der Einordnung Menanders in den Ketzerkatalog bei Irenäus einstellt.

bare Kunde, wonach es neben Simonianern auch sog. „Helenianer" gegeben haben soll, die entweder die Helena oder einen Helenos als „Lehrer" verehrt haben sollen. Freilich ist die Mitteilung so verschwommen, daß man dabei eher an eine literarische Reduplikation des Simonianismus als an historische Wirklichkeit zu glauben geneigt ist[141]. Eine ganz andere Abart des Simonianismus dagegen will Clemens von Alexandrien in den sog. „Entychiten" gekannt haben, die diesen Namen angeblich auf Grund ihrer „gesetzwidrigen Betätigungen" getragen haben sollen, d. h. es handelt sich offenbar um Antinomisten, die alles Weltgeschehen für „zufällig" (ἐν τύχει) bzw. willkürlich ansahen und sich daher auch in ihrer Lebensführung entsprechend gesetzlos verhielten[142]. Derartiges erinnert immerhin von fern an die Darstellung der Willkürherrschaft der Engel nach Iren I,23,3. Die Frage ist nur, warum sich die Gruppe vom Simonianismus getrennt haben soll, wenn sie im Hauptanliegen damit übereinstimmte.

c) Etwa um die Wende zum 3. Jahrhundert, bzw. kurz danach hat sich Tertullian gelegentlich in teilweise recht eigenwilliger Weise über Simon und den Simonianismus geäußert, vor allem in dem zusammenhängenden Abschnitt von De anima 34[143]. Daß diese Äußerungen nicht etwa auf der Kenntnis von Justins verlorenem Syntagma beruhen, sondern lediglich AG 8 und Irenäus paraphrasieren und kombinieren, hat J. H. Waszink – Lipsius folgend – in seinem Kommentar zu De anima noch einmal ausführlich dargetan[144]. Wenn Tertullian in De praescr. 33,12 die simonianische Magie mit angeblichem Engeldienst kombiniert, so ist dieser Vorwurf

---

141 GCS, Origenes II *(Koetschau),* S. 65 f. Celsus nennt daneben auch Marcellianer, die angeblich von der Karpokratianerin Marcellina (Iren I,25,6) herkommen, während er die „Harpokratianer" auf Salomo und Mariamne zurückführt. Alle diese Ableitungen wirken wenig zuverlässig.

142 Clem Strom VII,108,2 (*Stählin* Bd. III, S. 76); zur Erklärung *Hilgenfeld,* a.a.O. S. 31 Anm. 43 und 43 Anm. 59; ferner *Harnack,* Altchristl. Lit.-Gesch. I/1, S. 146. Bei Theodoret, haer fab comp 1,29 (MSG LXXXIII, Sp. 345) heißen diese Häretiker „Eutychiten".

143 De anima 34 (CSEL XX, S. 358 ff.) bemerkt Tertullian, wie die D-LA zu AG 8,24, Simon habe „vergebliche Tränen geweint" (frustra flevit, vgl. dazu *Zahn,* Die AG, S. 290 Anm. 36 und Tert, De pud 1,21). Weiter kombiniert Tert, Simon habe die Helena mit dem gleichen Gelde gekauft, welches er den Aposteln nach AG 8,18 angeboten habe. Ebda. heißt es, der Abstieg der Ennoia sei „praevento proposito patris" erfolgt und Simon habe mit seiner eigenen Katabasis die Engelmächte „getäuscht". Nach De anima 57 (a.a.O. S. 392) sollen Simon und Elymas „viel gegen die Apostel getan" haben. Nach De idol 9 scheint Simon schon vor AG 8 als Sektenstifter zu gelten. In de fuga in pers 12 wird Simons Geldangebot mit Bestechungsgeldern in Verfolgungszeiten verglichen, in Apol 13,9 ist seine Statue in Rom mit Inschrift erwähnt. Weiteres s. u.

144 *J. H. Waszink,* Qu. Sept. Flor. Tertulliani De anima (hrg. und komm.) 1947, S. 401 ff.; vgl. dagegen *Hilgenfeld,* Ketzergesch. S. 180 f. Die Abhängigkeit Tertullians in De anima 34 von Irenäus läßt sich auch am Quellenvergleich Irenäus/Epiphanius eindeutig erweisen.

untypisch für den Simonianismus, typisch dagegen für die kirchliche Polemik. Ebenso dürfte auch der in De anima 57 hergestellte Zusammenhang zwischen ketzerischen Prophetenbeschwörungen zur Zeit Tertullians und simonianischer Magie allein der Kombinationsgabe Tertullians zu verdanken sein[145]. Von einem Vorhandensein simonianischer Ketzerei auf afrikanischem Boden um 200 kann jedenfalls keine Rede sein.

d) Um die Mitte des 3. Jahrhunderts kommt der pseudo- bzw. anticyprianische Traktat „De rebaptismate" (c. 16) im Zusammenhang mit der Stelle Matth 3,11 (Geist- und Feuertaufe) auf häretische Taufperfektionisten zu sprechen, die beim Taufakt eine magische Feuererscheinung erzeugen, um so dem Bibelbuchstaben Genüge zu tun, und führt das Feuerphänomen (via Magie) auf Simon zurück. Auch hier dürfte entweder eine einfache Kombination, die Simon grundsätzlich für alles Magische verantwortlich macht, oder ein Mißverständnis zugrunde liegen. Zwar gab es apokryphe Überlieferungen von einer Feuererscheinung bei Jesu Taufe – Ps-Cyprian zitiert sogar eine solche im Anschluß an unsere Stelle (c. 17) – aber von einer Übertragung des Phänomens auf die Christentaufe schlechthin weiß die Überlieferung nichts. Ebenso gab es bei bestimmten Gnostikern das Mysterium einer „Feuertaufe", doch hatte dasselbe wiederum mit der Wassertaufe nichts zu tun, sondern bestand aus einem Räucherakt. Auf jeden Fall aber ist der von Ps-Cyprian vorausgesetzte Bibelperfektionismus ganz unsimonianisch[146].

e) Wie schon gezeigt (s. o. S. 62 f.) hat Origenes nach 231 in Caesarea den Simonianismus in aller Welt als nicht mehr vorhanden erklärt. Wenn er ihn in Palästina noch kümmerlich am Leben glaubte, so lag hier ein Mißverständnis der Simon-Dositheos-Legende vor[147]. Dagegen spricht Euseb

---

[145] Zu den Prophetenbeschwörungen vgl. Justin, Apol I,18, zum Engeldienst Celsus b. Orig I,26 – gegen die Christen. Umgekehrt werfen Barn 9,4, das Petruskerygma (Clem Strom VI,41,2) und Aristides (Apol 14,4) den Juden Engeldienst vor; weiteres bei *Bousset-Greßmann*, Rel. d. Judentums, S. 330 f. und zu den bekannten Stellen Gal 3,19 u. AG 7,52.

[146] Ps-Cyprian (CSEL III/3, S. 89 f.) sagt übrigens nicht direkt, daß es sich bei den Vertretern der Feuertaufe um Simonianer handele (so *Hilgenfeld*, a.a.O. .S 183), sondern spricht lediglich von „quidam desperati homines ... qui originem iam exinde trahunt a Simone mago". Der in c. 17 gebrachte Beleg für die Feuererscheinung bei der Taufe Jesu soll aus der apokryphen Praedicatio Pauli stammen (vgl. hierzu *Hennecke-Schneemelcher*, II, S. 56 f.). Die Tradition dieser Vorstellung ist weitläufig, siehe schon Justin, Dial. 80,3; ferner Ebion. Ev. n. 3 (*Klostermann*, Apocrypha II, 3. Aufl. S. 14) und *W. Bauer*, Leben Jesu, S. 135 f. Über die „Feuertaufe" bei verschiedenen Gnostikern siehe *K. Holl*, Über Zeit und Heimat des pseudotertullianischen Gedichts Adversus Marcionem (Ges. Aufs. III, hier S. 16 f.) mit Hinweisen auf Pistis Sophia 45; 115; 143 und II Jeû c. 46. Ps-Tert Adv Marc I,162 sagt Valentin eine Feuertaufe („transducto corpore flamma") nach, die ihrerseits mit der Wassertaufe nichts gemein hat.

[147] Orig Ctr Cels I,57; Comm in Joh. I,33 (vgl. *Zahn*, Die AG, S. 292) Gre-

im gleichen Caesarea noch zu Anfang des 4. Jahrhunderts (h. e. II,1,11 f. u. 13,6) von zeitgenössischen Simonianern. Es gäbe, meint er, „noch jetzt" Leute, die sich Simons abscheulicher Häresie anschlössen, indem sie sich ganz nach der Art ihres Ahnherren (gedacht ist an AG 8) in die Gemeinden einschlichen, um andere Christen häretisch zu vergiften. Die Nachricht scheint auf den ersten Blick ein ganz neues Bild simonianischer Agitation zu entwerfen, in Wahrheit wendet sie lediglich das großkirchliche Verständnis von Häresie auf die Simonianer an[148]. Davon abgesehen widerspricht sie nicht nur Eusebs eigener späterer Mitteilung (h. e. II,15,1), wonach die Kraft des Simonianismus bereits mit der Katastrophe des Meisters gebrochen war, sondern auch der schlichten Tatsache, daß der Simonianismus überhaupt nur als außerkirchliche esoterische Sekte existiert hat.

f) Schließlich existieren, gleichsam als simonianische ‚Agrapha', bei späteren Kirchenschriftstellern einige wenige angebliche Simon-Aussagen, unter denen die beiden Varianten der trinitarischen Selbstbezeichnung „Simons" (vgl. Iren I,23,1) bei Cyrill von Jerusalem (Cat. VI,14) und Hieronymus (Comm in Matth 24,5) die bekanntesten sind[149]. Bekanntlich hieß es bei Irenäus, Simon sei als „Sohn" in Judäa, als „Vater" in Samarien und als hl. Geist unter den „übrigen Heiden" erschienen. Bei Cyrill dagegen lautet dieselbe Aussage dahin, daß Simon als „Vater auf dem Berge Sinai, als (doketischer) Christus bei den Juden und „hernach" (μετὰ ταῦτα) als hl. Geist i. S. des von Christus verheißenen Parakleten erschienen sei[150].Die kirchliche Anpassung der älteren Aussage (unter gleichzeitiger

gor von Nazianz (Orat XXIII,10 u. XLIV,2) hat die Todeserklärung bestätigt, Und auch Theodoret meint in haer. fab. comp. 1 (MSG LXXXIII, S. 345 f.) im Grunde nichts anderes, wenn er alle angeblich aus dem Simonianismus hervorgegangenen häretischen Gruppen (Kleobianer, Dositheaner, Gothener, Masbothäer, Adrianisten, Eutychiten und Kainiten) längst zur Vergessenheit rechnet.

[148] Vgl. schon Tertullian, De praescr. 4,3 f. (u. 36,6) im Anschluß an Iren III 16,5 (zu I Joh 2,19 u. Mt 7,15): „qui lupes rapaces nisi sensus et spiritus subdoli ad infestinandum gregem Christi intrinsecus delitescentes? qui pseudoprophetae sunt, nisi falsi praedicatores ..." etc.; das Komplementarstück bei Hegesipp (Eus. h. e. IV 22,6).

[149] Cyrill Cat. VI,14 (MSG XXIII,561 ff.); vgl. auch den späteren Zusatz zu Augustin, De haer 1 (MSL XLII, Sp. 26 Anm. 1); Hieronymus, Comm in Matth 24,5 (MSL XXVI, Sp. 182 f.). Ein weiteres angebliches Simonlogion hat der Bearbeiter der syr. Didaskalie in CA VI,19,3 (*Funk* I, S. 349) aus Matth. 5,17 erschaffen, wenn er schreibt: „denn nicht hat er (sc. Christus) das Gesetz aufgehoben, *wie Simon meint*, sondern erfüllt". Dagegen handelt es sich in Act Petr 10: „die mich kannten, haben mich nicht verstanden" (Li-Bo I, S. 58,5 f.) um ein apokryphes Jesuslogion, obwohl es dem Kontext nach von Simon stammen müßte.

[150] Cyrills Simon-Magus-Bericht besteht i. W. aus AG 8 (unter Hervorhebung des Geldangebotes) und der Simon-Rom-Legende (einschl. Himmelfahrtsversuch), wobei Paulus von nun an (s. MSG XXXIII, Sp. 562, Anm. 6) an die

Berichtigung der trinitarischen Reihenfolge) ist dabei so augenfällig, daß man sich umständliche Erörterungen sparen kann[151]. Noch phantastischer ist der Wortschwall, den Simon in gleicher Sache nach Ansicht des Hieronymus (Comm in Matth 24,5) von sich gegeben haben soll. Er lautet: „Ego sum sermo dei, ego sum speciosus, ego paracletus (vgl. Cyrill), ego omnipotens, ego omnia dei." Dazu hat Waitz die Hypothese vom Zaun gebrochen, das Zitat könne möglicherweise aus dem verlorenen Teil der Megale Apophasis stammen[152]. Ein Kommentar erübrigt sich.

Damit sind die Einzelnachrichten über Simon und seine Anhänger erschöpft. Insgesamt sind sie kaum geeignet, das bereits gewonnene Bild des Simonianismus zu ergänzen oder gar zu modifizieren. Das einzige, was man aus ihnen lernen kann, ist die kritische Distanz gegenüber allen scheinbar „historischen", quellenkritisch aber ungesicherten Details der antihäretischen Überlieferung, zumal seit dem Ausgang des 2. Jahrhunderts. Nicht viel anders steht es aber auch mit den noch restierenden Gesamtüberblicken bis zu Augustin und Theodoret. Wir beginnen nochmals mit dem 2. Jahrhundert:

a) Schon im sog. III Korintherbrief, d. h. genauer: in dem angeblich zwischen der Gemeinde Korinth und Paulus (in Philippi) ausgetauschten Briefwechsel der apokryphen Paulusakten[153], tritt Simon nicht mehr allein oder mit der Helena, sondern in Begleitung eines zweiten Häresiarchen namens Kleobius auf[154], und zwar in der gleichen Weise, die noch

---

Seite Petri tritt, was den Einfluß der Petrus-Paulus-Akten verrät. Vom gnostischen Mythos verlautet nichts mehr, doch wird immerhin die „Hure Helena" als Simons Begleiterin noch genannt.

[151] Siehe schon *Waitz*, ZNW 1904, S. 135. Warum *G. Kretschmar* (Studien zur frühchristl. Trinitätstheol. S. 25 f.) Cyrill gegenüber Irenäus bevorzugt, verstehe ich nicht. Natürlich hat die Cyrillsche Simon-Magus-Erscheinung auf dem Sinai auch nichts mit dem simonianischen Ἑστώς (vgl. Ex 17,6; 24,10) zu tun.

[152] *Waitz*, a.a.O. S. 142, wohl mit Rücksicht darauf, daß Hieronymus die simonianische Lehre in „ihren Büchern" gelesen haben will (vgl. ähnliches in CA VI,16,2, dazu *Hennecke-Schneemelcher* I, S. 158, ferner Eus. h. e. II,13,7 und *Bauer*, Leben Jesu, S. 512). Zuverlässig ist hier nichts.

[153] Durch die neueren Papyrusfunde zu den Paulusakten, insbesondere die Ausgabe des III Kor nach Pap. Bodmer X von *U. Testuz* ist die alte Standardausgabe des Briefwechsels von *Harnack* (Apocrypha IV, Kl. Texte 12, ²1931) überholt; doch läßt sie sich durch Schneemelchers Übersetzung (*Hennecke-Schneemelcher* II, S. 258 ff.) bequem kontrollieren; vgl. noch *A. F. J. Klijn*, The apocryphal correspondence between Paul and the Corinthians (Vig. Christ. 1963, S. 2 ff.).

[154] Dazu *C. Schmidt*, Gespräche Jesu mit seinen Jüngern nach der Auferstehung (TU 43, 1919), S. 195 Anm. 2: „Solche Aufstellungen von Paaren sind in der Literatur sehr beliebt" (m. weit. Hinweisen). Auch Hegesipp (bei Eus. h. e. IV,22,5) nennt Simon, Kleobius (samt Dositheus u. a. Ketzern) nebeneinander als urchristliche Sektenstifter. Wer Kleobius war, ist unbekannt (vgl. das Material bei *Harnack* Altchristl.-Lit.-Gesch. I/1, S. 152 und *Hilgenfeld*, a.a.O. S.

Euseb (s. o.) in seiner Kirchengeschichte (II,1,11 f.) voraussetzt. Das heißt, die beiden Ketzerhäupter sind nicht mehr als Sektenstifter, sondern als (vom Teufel ausgesandte) Pseudoapostel und Wanderlehrer gedacht, deren einziges Ziel es ist, in die Kirche einzudringen und den wahren Glauben zu unterwühlen. In der Tat hat das, was die Gemeinde ihrem Apostel bei dieser Gelegenheit an Irrlehren zur Begutachtung vorlegt, mit Simonianismus nichts zu tun, sondern gibt Ps-Paulus lediglich Gelegenheit, sich in allgemein antignostischer Weise über Schöpfung, Weissagungsbeweis, Inkarnation und Totenauferstehung zu äußern[155]. Wie also Simon in den Petrusakten als Muster allgemein antichristlicher Magie auftritt, so lebt er in den Paulusakten als Inbegriff allgemein gnostischer Irrlehren weiter. Eine Synthese aus beiden bieten — auf ihre Weise — die Pseudoclementinen.

b) Nahezu das gleiche Ketzerkonzept wie im III Kor liegt auch in der apokryphen Epistola apostolorum zugrunde. Nur ist die urchristliche Patina insofern noch verstärkt, als Simon statt von Kleobius vielmehr von dem bekannteren Kerinth begleitet auftritt, während als Gegeninstanz das gesamte Apostelkollegium aufgeboten wird[156]. Irgendwelche simonianischen (oder kerinthischen) Reminiszenzen darf man natürlich auch hier nicht erwarten, vielmehr figurieren die beiden „urchristlichen" Ketzer wiederum nur als konventionelle Staffage, nicht aber weil ihre Ketzerei der Kirche des 2. Jahrhunderts besonders gefährlich war[157].

183 ff. m. Anmerkungen). Mit dem Christen Kleobius der Johannesakten hat der Ketzer wohl ebensowenig gemein wie das Paar Simon/Kleobius mit den apokryphen Emmauswanderern Simon/Kleopas (*Bauer*, Leben Jesu, S. 420 f.) Nach CA VI,8 waren beide Schüler des Dositheus, doch ist das rein literarische Fiktion.

[155] *Schmidt*, a.a.O. S. 195 f.: „Simon und Cleobius ... sind nur Typen der gnostischen Häresie, auch sind sie als Konkurrenten des Paulus gedacht, die durch ihre Mission die Gemeinde von Korinth teilweise gewonnen haben"; es folgen die angeblichen Irrlehren der beiden.

[156] Epist apost. 1 (12) nach der Übersetzung von *Duensing* (Kl. Texte 152, 1925 S. 5 vgl. *Hennecke-Schneemelcher* I, S. 127): „Was Jesus Christus seinen Jüngern als einen Brief offenbart hat und wie Jesus Christus offenbart hat den Brief des Kollegiums der Apostel, der Jünger Jesu Christi den für alle (bestimmten), der wegen der Pseudapostel Simon und Kerinth (vgl. Hegesipp b. Eus. h. e. IV,22,5 ff.) geschrieben worden ist, damit niemand sich ihnen anschließe, weil in ihnen eine List ist, mit welcher sie die Menschen töten, auf daß ihr fest seid und nicht wankt, nicht erschüttert werdet und nicht abweicht vom Worte des Evangeliums, das ihr gehört habt" (dazu *Schmidt*, a.a.O. S. 195 ff.).

[157] Gegen die neuerdings mehrfach versuchte Zurückführung der Epistola apostolorum auf gnostisch-häretische Vorlagen (siehe die Angaben von *Duensing* bei *Hennecke-Schneemelcher* I, S. 127 und bes. *M. Hornschuh*, Studien zur Epistula apostolorum 1965) läßt sich einwenden, daß diese Behauptung sich im ganzen nur als Hypothese vertreten läßt und es nicht recht einzusehen ist, warum ein so ausgesprochen antignostisches Schriftstück ausgerechnet von ket-

c) Während die Epistola apostolorum, das Ketzerporträt des III Kor etwas verändert hat, ist es in der syr. Didaskalie (Anfang 3. Jh.) unverändert übernommen[158]. D. h. auch hier treten Simon und Kleobius gemeinsam auf, abermals ist ihr Wirken nicht sektiererisch, sondern rein antikirchlich orientiert und wiederum ist der Simonianismus gleichsam zum ketzerischen „Idealtyp" verallgemeinert. Dementsprechend wird Simon von vornherein als Inkarnation des Satans vorgestellt und sein Geldangebot von AG 8,18 ff. – erste Andeutung des Simonie-Gedankens! – unbedenklich mit der Versuchung Adams im Paradiese gleichgesetzt. Von simonianischer Gnosis weiß der Vf. nichts, doch kennt er offenbar die Petrusakten; d. h. die Geschichte von Simons Himmelfahrtsversuch und Absturz. Leider – so konstruiert er weiter – seien aber trotz dieser Katastrophe ein paar unbelehrbare Simon-Anhänger übriggeblieben, von denen dann alle spätere Ketzerei (einschl. Judenchristentum und Enkratismus) ihren Ausgang genommen habe.

d) Bekanntlich ist die syrische Didaskalie erst durch ihre Bearbeitung in den Apostolischen Konstitutionen (um 380) zu breiterer Wirkung gelangt[159]. Gleichzeitig gehören die Apostolischen Kanones im VIII. Buch dieses Werkes – neben Basilius, Ambrosius und Chrysostomos – zu den ältesten Zeugen für den kirchenrechtlichen Tatbestand der „Simonie", die seit dem frühen Mittelalter, bes. seit Gregor d. Gr., zum schwersten kirchlichen Verbrechen avancierte[160]. Um so bedeutsamer ist die Tatsache, daß

zerischen Motiven ausgegangen sein soll. Leider lassen sich Ort und Zeit der Entstehung nur vermuten. Doch sollte man zumindest zeitlich nicht über die Mitte des 2. Jahrhunderts hinaufgehen. Jedenfalls verdient die ältere Ansicht von Schmidt, wonach christliche Gnosis und kirchliche Antignosis weithin gemeinsame Traditionen bearbeitet haben, nach wie vor Beachtung.

158 Der Abschnitt über „Simon den Magier" findet sich hier im Kap. XXIII (*Achelis-Flemming*, Die syrische Didaskalie, TU NF, X/2, 1904, S. 120 f.); der lateinische Text mit der Bearbeitung durch den Redaktor der Apostolischen Konstitutionen bei *F. X. Funk*, Didascalia et Constitutiones Apostolorum I, 1905, S. 312 ff. (CA VI,6–9). Zum Textvergleich siehe schon *Lipsius*, Die apokryphen Apostelgeschichten II/1, S. 56 ff.

159 Siehe die vorige Anmerkung.

160 Zur Simonie vgl. ³RE XVIII, S. 367 ff. und die von mir angegebene neuere Literatur in ZThK 1971, S. 397, Anm. 6. Bei der Entstehung des Simonie-Begriffes sind zeitlich etwa folgende Stufen zu unterscheiden: 1. Die seit der 2. Hälfte des 3. Jahrhunderts nachweisbare Tatsache des geistlichen Ämterkaufs, einschl. von Bestechungen und dessen Bekämpfung mit Stellen wie Mt 10,8 oder 21,12 ff. parr (Tempelreinigung). 2. Das Hinzutreten der Stelle AG 8,20 in diesen Sachverhalt und damit der Person des Erzketzers Simon seit der 2. Hälfte des 4. Jahrhunderts, vgl. z. B. Basil Caes, Epist 53,1 (MSG XXXII, 397 f.), Can Apost 29 (nicht 28, wie immer zu lesen ist; = CA VIII,47, *Funk* I, S. 573), ferner Ambrosius, De off ministr I,3 vgl. Expos in Ev Luc IX,19; Joh Chrysostomos Hom in Act 3 u. 60 usw.; 3. Der Ausbau zum kirchenrechtlichen Sachverhalt seit dem 5. u. 6. Jahrhundert (Dionysius Exiguus, Gelasius I und vor allem Gregor d. Gr.); 4. Die Politisierung der Simonie durch das Reform-

auch der CA-Redaktor bei seiner Bearbeitung der Didaskalie im Falle Simons (CA VI,6 ff.) auf jede gnostisch-simonianische Reminiszenz verzichtet und lediglich ein legendäres Simon-Magus-Bild verwendet hat. Was ihn über die Didaskalie hinaushebt, ist allein seine Kenntnis Hegesipps (d. h. Eusebs), der Pseudoclementinen und — allenfalls — der Petrus-Paulus-Akten[161].

e) Einer der einflußreichsten Simon-Magus-Berichterstatter ist zweifellos Euseb mit seiner Kirchengeschichte gewesen. Seine Nachrichten finden sich in h. e. II,1,10—12 und 13,1—15,1[162]. Über h. e. II,1,11 f. (vgl. 13,6) ist oben (S. 71) bereits gesprochen. Im ganzen setzt Euseb die seit dem III Kor erkennbare Beurteilung des Simonianismus einfach fort, wobei AG 8 (ohne Erwähnung des Geldangebotes!) und die Simon-Rom-Legende den allgemeinen Rahmen bilden. Doch wird dabei die katholische Perspektive, derzufolge die apostolische Mission der ketzerischen Agitation jeweils vorausgeht, durch den pseudoclementinischen Entwurf überlagert, wonach Simons Wirksamkeit (und zwar auch in Rom) der des Petrus zunächst zuvorkommt, um freilich beim Auftreten des wahren „göttlichen Wortes" um so nachhaltiger zugrunde zu gehen (15,1). Im übrigen ist Eusebs Berichterstattung nicht nur rhetorisch stilisiert, sondern verfügt auch über Quellen, die anderen Autoren nicht zur Verfügung stehen. Infolgedessen verzichtet Euseb auf alle mirakulöse Ausmalung der römischen Ereignisse, um statt dessen wörtlich den Bericht Justins aus Apol. I,26 zu zitieren, der am Schluß auch den Ennoia-Helena-Mythos andeutet. (13,3 f.) Damit scheint eine Darstellung der simonianischen Mythologie zum mindesten nahegelegt zu sein. Allein, schon die Kürze, mit der Euseb anschließend (13,5) auf den Irenäusbericht hinweist und erst recht die nachfolgenden Mitteilungen über den (angeblichen) Simonianismus „bis zur Gegenwart" (13,6 vgl. 1,11 f.) beweisen, daß auch Euseb in mythologischer Hinsicht nicht mehr interessiert ist. Statt dessen hebt er (13,6 f.) hervor, daß alle Simonianer lediglich christliche Heuchler seien, die den Bildern Simons und der Helena sogar rein heidnische Opfer brächten. Ihre Geheimlehren, die in einer besonderen Schrift überliefert seien, wären schrecklich, wahnsinnig und im übrigen dermaßen schmutzig, daß sie ein anständiger Mensch nicht über die Lippen brächte. Überhaupt sei jegliche Ausgeburt

---

papsttum des hohen MAs, insbesondere als Interpretation der Laieninvestitur; 5. Die kanonistische Verarbeitung des Sachverhaltes im Hoch- und Spätmittelalter.

[161] Vgl. *C. Schmidt*, Studien zu den Ps-Clementinen, S. 17. CA VI, 7—9 berichtet demnach in drei Kapiteln 1. über AG 8; 2. über den Ausgang Simons mit Kleobius von Dositheos und summarisch über Simons Kämpfe mit Petrus bis zur Flucht nach Rom, 3. über den Inhalt der Petrusakten bis zur Katastrophe Simons bei seiner versuchten Himmelfahrt.

[162] *Ed. Schwartz*, Eusebius Kirchengeschichte, Kl. Ausg. ([5]1955), S. 42 u. 54 ff. Zur Romreise Simons (h. e. II,14,2—15,1) vgl. meinen quellenkritischen Versuch in: Clemens Romanus, S. 291 ff.

von Unsittlichkeit und schmutziger Phantasie bei den Simonianern üblich, die mit den gemeinsten Weibern Umgang hätten. Damit ist im Grunde schon das Modell der „Satansmesse" des hohen Mittelalters geschaffen[163].

f) Auch Augustins Simon-Magus-Bericht in De haer 1[164] bleibt in dem bereits bekannten konventionellen Rahmen, nur daß die verschiedenen Nachrichten hier zu einem ganz kurzen Ketzerplakat an der Spitze aller folgenden Häresien kontrahiert sind. Einsatzpunkt ist wiederum AG 8, wobei Simons Magie und sein Geldangebot hervorgehoben werden. Dann folgt eine bezeichnende Auswahl angeblich simonianischer Irrlehren, nämlich allem voran die Empfehlung geschlechtlicher Promiskuität, dann die Leugnung der Weltschöpfung durch Gott, während Simon sich als Christus ausgibt, ferner die simonianische Idololatrie (nach Iren I,23,4), wobei die „Hure Helena" als „Genossin" von Simons „Verbrechen" eingeführt wird[165] und schließlich die Mitteilung, daß für beide im heidnischen Rom „auctoritate publica" entsprechende Götterbilder errichtet worden seien. Immerhin schließt der kurze Bericht nach so viel Verwerflichkeit – wie Euseb – mit der tröstlichen Mitteilung, daß Petrus „durch die wahre Kraft des allmächtigen Gottes" (vgl. AG 8,10) den Ketzer in Rom vernichtet habe.

g) Schon mit Augustins Beschreibung (um 428) befinden wir uns im Zeitalter Theodosius II, der per Edikt von 435 bestimmen konnte, alle Nestorianer kurzerhand als Simonianer zu behandeln[166]. Unmittelbarer Zeitgenosse dieser Maßnahmen war Theodoret von Cyrus, mit dessen antihäretischem Kompendium (nach 450) unser Überblick zum Abschluß gelangt[167]. Indessen bietet Theodoret – im Unterschied zu Euseb und Augustin – noch einmal eine Überraschung. Zwar berichtet er nichts, was nicht aus anderen Quellen schon bekannt wäre. Dagegen hat Theodoret nicht

---

[163] Welche mythologischen Vorstellungen in dieser Hinsicht heute einer angeblich modernen Geisteswelt von seiten tiefenpsychologisch-historisierender Dilettanten beigebracht werden, beweist etwa das Buch von *G. Zacharias*, Satanskult und schwarze Messe (1964).

[164] MSL XLII, Sp. 25 f.; dazu *J. Weitzel*, Begriff und Erscheinungsformen der Simonie bei Gratian und den Dekretisten (1967), S. 33.

[165] Damit ist die kirchliche Konkretisierung des Simonianismus vollendet: vgl. ähnlich Hieronymus, Epist. 133,4, wonach Simon mit Hilfe der „Hure Helena" seine Häresie begründet hat. Über Simons Gestalt als Gegenspieler heiliger Männer im MA siehe *Bieler*, Theios Aner, S. 42 f. Schließlich treffen Simon und seine Dirne in Faust und Helena wieder zusammen.

[166] Vgl. *Harnack*, DG II, S. 367, Anm. und *K. Müller–H. v. Campenhausen*, Kirchengeschichte I/1 (^{3}1941), S. 660; dazu meinen Simon-Magus-Aufsatz, ZThK 1971, S. 397 f.

[167] Theodoret, haer fabul Comp I,1 (MSG LXXXIII, Sp. 341 ff.). Die jüngeren Ketzerkataloge und Nachrichten finden sich bei *Harnack*, Altchristl.-Lit.-Gesch. I/1, S. 152. Zur Bezeugung der Apophasis bei Gregor von Nazianz (Orat 44,2) s. ^{3}RE XVIII, S. 360. Leider ist Ephräms Auslegung zu AG 8 nicht erhalten (*A. Merk*, Ephräms Kommentar zur AG, ZkathTh 1924, S. 256).

nur Euseb und die populäre Simon-Rom-Legende, sondern auch Irenäus und Hippolyts Darstellung der Megale Apophasis benutzt und daraus ein teilweise fast wissenschaftlich anmutendes Simon-Magus-Porträt komponiert. Dabei ist zumal die griechische Wiedergabe des Irenäustextes von besonderer Bedeutung[168].

10. Damit kann die Quellenkritik der simonianischen Überlieferung abgeschlossen werden. Vielleicht konnte ihre Ausdehnung bis auf Augustin und Theodoret zunächst als überflüssig erscheinen. Allein erst durch diese Ausweitung der Perspektive kann klarwerden, wie gering der simonianische Einschlag im Flußbett der kirchlichen Berichterstattung tatsächlich ist. Nimmt man das kirchliche Interesse an der Gestalt des Magiers einmal hinweg, so bleibt, was die simonianische Gnosis betrifft, allenfalls eine wenig einflußreiche Sekte im Rest, deren Blütezeit vielleicht in die erste Hälfte des 2. Jahrhunderts fiel, die aber schon um die Mitte des Jahrhunderts von weit einflußreicheren gnostischen Richtungen (Marcion eingeschlossen) überflügelt war. Die Voranstellung des Simonianismus in den Ketzerkatalogen beweist also gerade nicht seine Aktualität, sondern nur, daß es sich um eine der älteren gnostischen Bildungen handelt.

Fragt man nach den Quellen dieses älteren Simonianismus, so kommen dafür strenggenommen nur zwei Instanzen in Frage, nämlich einmal Hippolyts Syntagma samt den Originalzitaten bei Epiphanius, zum anderen der wahrscheinlich bis auf Justin zurückreichende Bericht des Irenäus. Doch sind auch hier sofort wesentliche Einschränkungen hinzuzufügen: Erstens muß von vornherein – wie im Falle Jesu – zwischen dem „historischen" Simon und seiner angeblichen Verkündigung, deren Inbegriff er sein soll, unterschieden werden. Zweitens ist schon bei Irenäus nicht klar, ob alles, was er Simon als Verkündigung in den Mund legt, auch wirklich simonianischer Herkunft ist. Drittens aber darf nicht übersehen werden, daß das Verhältnis der antignostischen Väter zum Simonianismus, auch wo sie Originalsimonianisches referieren, durchweg kein direktes, sondern ein literarisch vermitteltes ist. Schon Justin hat den Simonianismus in seiner Apologie nicht deshalb erwähnt, weil er sich darüber in Rom besonders genau orientieren konnte, sondern er bringt ihn zum Thema „Selbstvergötterung" katalogartig mit Menander von Antiochien und Marcion zusammen und hält sich in bezug auf die römische Lokaltradition unbedenklich an Gerüchte und Legenden. Darüber hinaus zeigt sich seit dem Ausgang des 2. Jahrhunderts sowohl auf kirchlicher als auch auf simonianischer Seite ein deutlich zeitbedingtes Nachlassen des mythologischen Interesses unter gleichzeitiger Fortschreibung von Simons per-

[168] Die wichtigsten LAA bietet *Harveys* Irenäusausgabe Bd. I ab S. 190 in den Fußnoten.

sönlicher Autorität. Während Simon auf der einen Seite unter Verlust des älteren Ennoiamythos samt der Helena zum Inbegriff gnostisch-religionsphilosophischer Spekulationen verflüchtigt wird, deren nächste Verwandte bei Numenios und im Corpus Hermeticum anzutreffen sind, konkretisiert sich seine Gestalt auf kirchlichem Boden unter Verlust des gleichen Ennoiamythos und z. T. auch der Helena mehr und mehr zum Symbol der apokryphen Ketzer- und Greuellegende, bis auch diese unter dem Gewicht des aus AG 8,20 hervorwachsenden kirchenrechtlichen Sachverhaltes der „Simonie" in den Untergrund absinkt, um erst mit der Faustsage wieder ans Tageslicht zu kommen.

Ganz für sich steht schließlich der Bericht von AG 8,5 ff. Abgesehen davon, daß er von sich aus keinerlei Kenntnis der simonianischen Gnosis verrät – vielmehr weist das Fehlen des Ennoiamythos auf Nichtkenntnis – muß vor einer Verkürzung der chronologischen Perspektive im Blick auf AG 8 dringend gewarnt werden. Es bleibt einfach zu bedenken, daß der älteste Hinweis auf die Existenz einer Simon-Magus-Gnosis (Justin) ein volles Jahrhundert jünger ist als die vermutliche Existenz des „historischen" Simon in Samarien. So wenig wir heute geneigt sind, gnostische Evangelien dieses Zeitalters einfach als historische Kunde über Jesus zu behandeln, ebenso vorsichtig wird man erst recht im Falle einer analogen häretischen Erscheinung verfahren müssen, deren Quellenbasis noch weit unsicherer ist als im Falle Jesu[169]. Aber damit haben wir die Grenze der quellenkritisch möglichen Aussagen bereits erreicht. Wir wenden uns im folgenden den Sachfragen zu.

[169] Einen neuen Versuch, die allzu schmale Quellenbasis zum Simonianismus durch Rückgriff auf die Nag-Hammadi-Texte (bes. Cod VI und VII) zu erweitern, hat inzwischen *H. M. Schenke* in zwei mir freundlicherweise im Manuskript übersandten Aufsätzen unternommen („Die Relevanz der Kirchenväter für die Erschließung der Nag-Hammadi-Texte" in: Die griech.-christl. Schriftsteller – Historie, Gegenwart, Zukunft, erscheint in den TU; ferner: „Die Apokalypse des Petrus", erscheint in der Festschrift für Pahor Labib, Nag Hammadi Studies, Leiden 1974). Der wichtigste Punkt von *Schenkes* Beweisführung ist zweifellos die Konjektur des Namens der „Helena" (statt „Psyche") in der – stark verderbten – Odysseepassage der „Exegese der Seele" (Cod VI,2, p 136,35–137,11, vgl. dazu die Übs. von *M. Krause* bei *W. Foerster*, Die Gnosis Bd. II, 1971, S. 134 f. mit Anm. 29). Als Belege dafür, daß der Text hier von der Odyssee zur Ilias (und damit zur „Helena") übergehe, beruft sich *Schenke* auf die entfernt verwandten Stellen Ilias III,171 ff.; 399 ff.; XXIV,762 ff. Dabei ist aber die von *Krause* (a.a.O. S. 167) bereits nachgewiesene Stelle Odyssee IV,261 ff. übersehen, die hier fast wörtlich benutzt ist. Damit erledigt sich nicht nur die genannte Konjektur, sondern geraten leider auch die weiteren überaus anregenden Vermutungen des Vfs. zur simonianischen Frage ins Zwielicht.

III. DIE SIMON-MAGUS-FRAGE

1. Jede historische Untersuchung ist bis zu einem gewissen Grade vom Vorverständnis der entsprechenden Forschungslage abhängig, die es sich bewußtzumachen gilt. Wir stellen daher den untersuchenden Teilen einen kurzen Überblick zur wissenschaftlichen Diskussion der simonianischen Frage seit der Mitte des 19. Jahrhunderts voran. Wenn dabei grelle Kontraste und schroffe Wendungen auftreten, so spiegeln sich darin nicht nur die geistigen Klimaverschiebungen der letzten 100 Jahre, sondern zugleich auch die überaus schwierige Quellenlage, von der der vorangehende Abschnitt ein Bild zu geben versucht hat.

Die neuere Geschichte der Simon-Magus-Forschung beginnt mit einer enormen wissenschaftlichen Fehlleistung. Ausgehend von dem spekulativen Gedanken, daß die geistige Entwicklung der frühen Christenheit nur in Form einer dialektischen Auseinandersetzung zwischen Judenchristentum und Paulinismus begriffen werden könne, vertreten F. Chr. Baur und seine Schule die ebenso eindrucksvolle wie verfehlte These, daß der in AG 8 der Bekehrung des Paulus (AG 9) vorangestellte Magier Simon überhaupt nicht existiert habe, sondern lediglich als „Karikatur" des Paulus von judenchristlicher Seite erfunden sei, die der Vf. der AG indessen durch seine historisierende Unterscheidung von Paulus (AG 9) auf seine Weise neutralisiert habe[1]. Quellenmäßig war die Baursche Intuition vor allem von einer Überschätzung der Pseudoclementinen geleitet, in deren Verlauf die Gleichung Simon-Paulus bekanntlich deutlich erkennbar ist[2]. Zusam-

---

[1] Vgl. *F. Chr. Baur*, Christentum und christl. Kirche der 3 ersten Jahrhunderte (²1860), S. 84 ff.; *ders.:* Lehrbuch der christl. Dogmengeschichte (³1867, Neudruck 1968), S. 65 f. Dabei soll hinter dem Geldangebot Simons (AG 8,18) angeblich die Kollektentätigkeit des Paulus stehen. Unter den Anhängern dieser Hypothese befanden sich u. a. *Zeller, Lipsius, Schmiedel* und *Hilgenfeld*, doch haben sich *Lipsius* und vor allem *Hilgenfeld* später davon zurückgezogen. Doch wollte noch der Philologe *J. Kreyenbühl*, Ev. der Wahrheit (1900), S. 199 f.; 217 ff. den Simon von AG 8 von dem der Kirchenväterberichte abtrennen, um einerseits die „Karikatur des Paulus" zu retten, andererseits den „Gnostiker" Simon für den Vf. der Megale Apophasis zu halten.

[2] Vgl. *H. Waitz* bei *Hennecke*, Ntl. Apokryphen (²1924), S. 152 f. und *G. Strecker* in *Hennecke-Schneemelcher* Bd. I, S. 67. Die Entzauberung der Pseudoclementinen begann im Grunde schon mit ihrer ersten kritischen Ausgabe durch *de Lagarde* (1865). Mit *B. Rehm*, Zur Entstehung der pseudoclementinischen Schriften (ZNW 1938, S. 77 ff.) erreichte sie ihren absoluten Höhepunkt.

mengebrochen ist sie erst unter dem Eindruck der durch Ritschls altkirchliche Forschungen erfolgten Gewichtsverlagerung, die das Judenchristentum ganz an den Rand der allgemeinen kirchlichen Entwicklung verwies und der Simon-Magus-Frage fortan mit nüchterner historischer Kritik begegnete, wie sie etwa bei Wellhausen, Holtzmann, Harnack, Zahn u. a. zum Ausdruck kommt[3].

2. Indessen entstand nun die Frage, wie in diesem Falle das Verhältnis des zu historischer Existenz zurückgekehrten Simon zum späteren Simonianismus der Kirchenväterberichte zu bestimmen sei. Der erste, der sich dieser Aufgabe monographisch unterzog, war Hans Waitz mit seinem damals bahnbrechenden ZNW-Aufsatz vom Jahre 1904, der übrigens ebenfalls von der Pseudoclementinenfrage her auf das Simon-Magus-Problem gestoßen war[4]. Für den historischen Stil von Waitz gegenüber der Baurschen Schule ist sofort zweierlei charakteristisch, einmal, daß schon Waitz ganz unbefangen mit einer sekundären Interpolation in AG 8 rechnet, zum anderen, daß er, um Simon auf jeden Fall historisch zu fixieren, den samaritanischen Magier Simon von AG 8 unbedenklich durch den gleichnamigen jüdischen Magier und Berater des Prokurators Felix verifiziert, von dem Josephus (Ant. XX,7,2) berichtet[5].

Wie aber reimt sich dann der solchermaßen historisierte Simon auf den völlig andersartigen transzendenten gnostischen Erlöser, als der er in den Ketzerkatalogen der alten Kirche auftritt? Die Antwort ist einfach, aber sie ist eine historische Konstruktion, d. h. Waitz konstruiert zwischen dem Magier von AG 8 und dem gnostischen Erlöser gleichsam als Zwischenglied eine angeblich von Simons Anhängern erst begründete „samaritanische Volksreligion" (Justin!), in deren Mitte Simon samt der aus den Pseudoclementinen herangeholten Helena-Selene als noch ungnostisches Götterpaar i. S. von Sol und Luna figuriert haben soll. Von da aus ist es dann bis zur Gnostifikation beider nur noch ein einziger Schritt, d. h. nun erst, auf der dritten Entwicklungsstufe, entsteht jene Mythologie, die „als simonianisch bezeichnet wird, von Simon jedoch kaum mehr als den Namen hat". Gleichzeitig spaltet sich die weitere Entwicklung in zwei ver-

---

[3] *J. Wellhausen*, Kritische Analyse der AG (1915), S. 14 f.; *H. J. Holtzmann*, Handkomm. z. NT, I/2 (1901), S. 65 f.; *Th. Zahn*, Die AG des Lucas, erste Hälfte (1919), S. 298; *A. v. Harnack*, Lehrbuch der Dogmengeschichte (^{5}1931), S. 270 Anm. 1: „Simon Magus für eine Fiktion zu halten, war eine schwere Verirrung der Kritik ..."

[4] *H. Waitz*, Simon Magus in der altchristlichen Literatur (ZNW 1904, S. 121 ff.); gleichzeitig *ders.:* Die Pseudoclementinen (TU 25/4); dagegen ist der Simon-Magus-Artikel von *Waitz* in ^{3}RE XVIII, S. 351 ff. eine spätere Zusammenfassung und Abrundung.

[5] *Waitz*, a.a.O. S. 127 ff. u. 135; vgl. ^{3}RE XVIII, 352 f. Doch hält W. dabei Petrus für ursprünglich, Johannes u. Philippus für interpoliert.

schiedene simonianische Richtungen: Während Simon und Helena in Syrien mit dem durch Irenäus bekannten gnostischen Welttheater ausgestattet werden, erwächst auf alexandrinischem Boden die bereits von Clemens Alexandrinus gekannte mehr philosophische Richtung der Megale Apophasis, deren Inbegriff nicht mehr Simon und Helena, sondern der (dreifache) Ἑστώς darstellt. Zwar zeugt auch der pseudoclementinische Bericht vom Einfluß jener Ἑστώς-Theologie, allein das geringe Verständnis des Vfs. für den Ἑστώς beweist schon, daß er von Hause aus der syrischen Richtung angehörte[6].

Soweit Waitz. Sein Entwurf muß nach wie vor als grundlegend bezeichnet werden, zumal manche jüngere Arbeit in ihrer gedanklichen Struktur auf ihn zurückweist. Seine Stärke ist die Behauptung der Nicht-Identität des historischen Simon mit dem gnostischen Erlöser[7], sein neuralgischer Punkt dagegen — wie bei Baur und seinen Schülern — die Überschätzung der Pseudoclementinen (bzw. der von Waitz angenommenen pseudoclementinischen Quellenschriften). Denn nur durch sie ist die Konstruktion jener imaginären Sol/Luna-Religion ermöglicht, die von nun an eine verhängnisvolle Rolle spielen wird.

Gehen wir einen Schritt weiter. Keinen Neuansatz, wohl aber ein energisches Fortschreiten auf dem von Waitz betretenen Wege unter Einbeziehung religionsgeschichtlicher Gesichtspunkte stellt die in den Jahren 1925/1926 in Fortsetzungen erschienene über 80seitige Arbeit des belgischen Katholiken Lucien Cerfaux zur simonianischen Gnosis dar, die bis heute als das Gewichtigste gelten muß, was abgesehen von Waitz über den Simonianismus geschrieben worden ist[8]. Wie Waitz so geht auch Cerfaux von

[6] *Waitz* (ZNW 1904), S. 138 ff. Das Gewicht dieses Teils der *Waitz'schen* Arbeit liegt darin, daß *Waitz* 1. erkannt hat, daß das ganze System der Megale Apophasis mit dem Ἑστώς-Titel steht und fällt, 2. daß die Verbindung dieses Titels mit dem Christustitel in den Pseudoclementinen eine sekundäre ist und daß 3. die historische Entwicklung des Simonianismus bis zu diesem Punkt in gewissem Sinne eine Parallele zur gleichzeitigen Entwicklung des Christentums enthält, ohne jedoch den Charakter einer „Universalreligion" beanspruchen zu können.

[7] *Waitz*, a.a.O. S. 127: „Wir werden daher an der Identität des Magiers und des Oberhauptes der simonianischen Sekte festhalten, wenn wir auch nicht verkennen, daß der Magier und der Gnostiker Simon sehr verschiedene Züge an sich tragen." Vgl. noch *C. Schmidt* (²RGG V, Sp. 497): „Ohne Zweifel ist Simon Magus eine historische Persönlichkeit, und haben seine späteren Anhänger ihm als Schulhaupt ein ausgebildetes gnostisches System untergeschoben ... Die Darstellung des Hippolyt ... auf Grund der Apophasis Megale ... einer angeblichen Schrift des Simon Magus kann keinen Anspruch auf Authentie erheben."

[8] *L. Cerfaux*, La gnose simonienne (I: Nos sources principales; II: Culte et doctrines) Rech. de sc. rel. 1925, S. 489—511; 1926, S. 1—20; 265—285 und 481 bis 503, hiernach wird zitiert: neu abgedruckt in Recueil *L. Cerfaux* I (Gembloux 1954, S. 191—258). Vgl. *ders.* noch: Simon le magicien à Samarie (Rech.

der Überzeugung aus, daß der samaritanische Magier von AG 8 der gnostische Erlöser nicht gewesen sein kann, als den ihn die Ketzerkataloge behandeln. Und wie Waitz, so hält auch er den Simonianismus für keine weltbewegende Erscheinung, wobei übrigens die Megale Apophasis an den äußersten Rand der Perspektive rückt[9]. Worin aber liegen dann die Modifikationen, mit denen Cerfaux über Waitz hinausgeht? Sie liegen zugleich auf dem quellenkritischen wie auf dem religionsgeschichtlichen sowie auf dem historischen Sektor und bezeichnen jedesmal eine gegenüber Waitz fühlbare Präzisierung:

1. *quellenkritisch:* Cerfaux hat durch eine minuziöse Untersuchung, die fast die Hälfte seiner Arbeit ausmacht, den Nachweis zu führen versucht, daß unter allen frühchristlichen Darstellungen des Simonianismus die (nach C. vermutlich auf Justin zurückgehende) Syntagmatradition des Hippolyt das stärkste Vertrauen verdient. Sachlich ist damit der Ennoia-Helena-Komplex als Kern und Kristallisationspunkt der ganzen simonianischen Mythologie erfaßt. Cerfaux zögert daher nicht, selbst die späte Helena-Selene-Überlieferung der Pseudoclementinen für zuverlässig zu halten, während er dem abweichenden Sondergut bei Irenäus mit fühlbarer Reserve begegnet[10].

2. *religionsgeschichtlich:* Hier hat Cerfaux vor allem versucht, den mittleren Teil der von Waitz gezeichneten simonianischen Entwicklung, also das angeblich noch vorgnostische Sol/Luna-Mysterium, zu verifizieren. Dabei hatte schon G. P. Wetters Arbeit über den „Sohn Gottes" (1916) wichtige Vorarbeit ge-

---

de sc. rel. 1937, 615 ff.), zur Kore-Statue. Über das Gewicht der Arbeit von Cerfaux habe ich mich bereits in meinem Aufsatz „Zur Simon-Magus-Frage" (ZThK 1971, S. 395 ff. – hier bes. S. 407 Anm. 30) geäußert.

[9] Vgl. bes. Rech de sc. rel. 1926, S. 272: Simon war hauptsächlich Magier, wobei zwischen Magie und Mysterien keine feste Grenze zu ziehen ist, der Simonianismus eine „ephemere Sekte" (ebda S. 265). Daß er ganz Samarien beherrscht haben soll (Justin), ist ein ganz übertriebener Anspruch. Die Apophasis (vgl. Rech. de sc. rel. 1925, S. 16 ff., insbes. S. 18 Anm. 1) hält *Cerfaux* für ganz unsimonianisch. Man müsse aufhören, von einer „simonianischen" Apophasis zu reden.

[10] Vgl. Rech. de sc. rel. 1925, S. 491 ff. und 1926, S. 5 ff. (wo wiederum die *Waitz'sche* Quellenscheidung in bezug auf die Pseudoclementinen vorausgesetzt ist). Wichtig für die quellenkritische Position von Cerfaux ist dreierlei: 1., daß das Syntagma des Hippolyt auf das Syntagma Justins zurückgeführt wird, 2. daß Filastrius neben Epiphanius als vollwertiger Zeuge jener Syntagmatradition behandelt wird, 3. daß beide, Syntagmatradition und Pseudoclementinen, auf eine gemeinsame älteste Überlieferung zurückgeführt werden, die ihrerseits von zwei verschiedenen Quellen herkam, einer kirchlichen (mit den Nachrichten über die Personen Simons und der Helena) und einer simonianischen (mit den Homerallegorien und der Gleichung Helena-Selene). Damit ist zugleich das Urteil gesprochen über alle jene Berichte, in denen die Helena keine Rolle spielt, also vor allem die Petrusakten und die Megale Apophasis. Auch die Notwendigkeit, einen syrischen und ägyptischen Zweig des Simonianismus anzunehmen *(Waitz)*, entfällt damit.

leistet[11]. Demgemäß vergleicht Cerfaux den historischen Simon unbedenklich mit Alexander von Abonuteichos und ähnlichen zwielichtigen Existenzen, die z. B. auch Frau Luna mit Hilfe magischer Künste vom Himmel steigen ließen, ja, er vermutet hinter der simonianischen Helena-Selene geradezu eine simonianisierte Dea lunaria Syria und ordnet in diesen Zusammenhang auch die trojanischen Motive der Syntagmatradition ein[12].

3. *historisch:* Wie aber kam es zur Gnostifikation des Simonianismus, wenn der Großteil simonianischer Substanz bereits einem vorgnostischen Mysterienkult angehörte? Die Antwort ist ebenso einfach wie überraschend: Cerfaux behauptet nämlich – man wird sagen müssen: folgerichtig – daß diese Gnostifikation einer bereits fertigen synkretistischen Religion allein auf die Begegnung des Simonianismus mit dem christlichen Gnostizismus zurückzuführen sei. Damit aber wird nicht nur die seit Irenäus auftauchende christliche Kostümierung Simons und seiner Gnosis schlagend erklärt, sondern Cerfaux gewinnt zugleich auch Raum für eine letzte, gleichsam innergnostische Differenzierung: Während nämlich die Syntagmatradition einen vorwiegend valentinianisierenden gnostischen Typus spiegelt, zeichnet sich im Sondergut des Irenäus (s. o. Nr. 1) ein auffallend disparater basilidianisierender Einschlag ab, und dabei ist (schon angesichts der Nachbarschaft des simonianischen mit dem basilidianischen System bei Iren I,23 u. 24) ernstlich zu fragen, ob diese Zutat nicht überhaupt erst von Irenäus eingebracht wurde. Jedenfalls muß mit einer literarischen Weiterentwicklung des Simonianismus durch die antignostische Berichterstattung gerechnet werden[13].

Soweit Cerfaux's Resultate. Maßgeblich bleiben sie weniger wegen ihrer Einzelheiten als wegen ihrer vorwärtsweisenden Fragestellung. Schon

---

[11] *G. P. Wetter,* a.a.O. bes. S. 4 ff., stellte den „Sohn Gottes" als religionsgeschichtlichen Typ der Spätantike dar. Ähnlich das Bild Simons, bei *E. Fascher,* Prophetes (1924). Dagegen erschien *L. Bielers* Theios Aner erst 1935.

[12] Vgl. vor allem Rech. de sc. rel. 1926, S. 265 ff. Grundlegende Voraussetzung für alle diese religionsgeschichtlichen Assoziationen ist Cerfaux's These vom *heidnisch*-synkretistischen Mutterboden des Simonianismus (vgl. bes. S. 270), die noch *Haenchen* teilt (vgl. Die AG, S. 257). Auf die Beziehung Alexanders von Abonuteichos (vgl. hierzu ²RGG II, Sp. 204 f.; ³RGG I, Sp. 128 f. und den Artikel in RAC I, Sp. 260 f. von *J. Leipoldt*) zu den Gnostikern hatte schon *Harnack* (DG I, 264) hingewiesen. Vgl. auch *E. Fascher,* Prophetes S. 203 f. Dagegen meint *Ed. Meyer* (Ursprung und Anfänge des Christentums III, S. 286 Anm. 1), Simon stehe hoch über Alexander und auch *I. M. A. Salles-Dabadie* (a.a.O. S. 127) will in Simon keinen „charlatan de bas-étage" erblikken. *Cerfaux* (Rech. de sc. rel. 1925, S. 273), dem sich auch *Wilson* (The gnostic Problem, S. 101) angeschlossen hat, hielt ihn dagegen für einen solchen, wobei jedoch das Motiv der Mysterienstiftung (Hieros Gamos zwischen Simon/Sol und Helena/Luna) in den Vordergrund tritt. Er hat auch als erster auf die Stelle aus dem Eustatios-Kommentar (IV,121) zur Gleichung Helena-Selene hingewiesen (a.a.O., 1926, S. 280 vgl. S. 283 Anm. 3). Daß der Simonianismus von vornherein im strengen Sinne „gnostisch" veranlagt war, hat er (a.a.O. 1926, S. 500) bestritten.

[13] Rech. de sc. rel. 1926, S. 499 ff. (ebenso *Wilson,* a.a.O. S. 101). Doch hat Cerfaux diese seine wichtigste These mehr behauptet als wirklich bewiesen.

mit der quellenkritischen Aufwertung der Syntagmatradition hat Cerfaux eine wichtige Direktive gegeben. Zwar ist damit abermals eine Überschätzung der Pseudoclementinen gekoppelt, und diese führt, wie bei Waitz, zur Konstruktion eines rein hypothetischen vorgnostischen Simonianismus, indessen ist damit doch zugleich die vor- und ungnostische Erscheinung des historischen Simon noch einmal kräftig unterstrichen worden. Vor allem aber hat Cerfaux die Beziehung des Simonianismus zum christlichen Gnostizismus erstmals als Hauptproblem erfaßt. Wenn diese Anregung — zumal auf deutschem Boden — bisher so gut wie unbeachtet geblieben ist, so hat das seinen Grund nicht zuletzt in der herrschenden religionsgeschichtlichen Gläubigkeit der Forschung, welche die spezifisch historischen Fragen überhaupt in bedenklicher Weise vernachlässigt hat[14]. Wir wenden uns im folgenden diesem Abschnitt der Simon-Magus-Forschung zu.

3. Wenn man will, so kann man sagen, daß die religionsgeschichtlich orientierte Simon-Magus-Forschung die von der historisch-kritischen Arbeit herausgestellten Resultate nahezu auf den Kopf gestellt hat. Hatten religionsgeschichtliche Parallelen für Waitz und Cerfaux lediglich als unentbehrliche Hilfsmittel bei der Darstellung eines historischen Entwurfs gegolten, so haben diese Motive unter religionsgeschichtlichem Vorverständnis die Vorherrschaft, um nicht zu sagen: die Alleinherrschaft im kritischen Verfahren angetreten. Und beruhte der historisch-kritische Lösungsversuch der Simon-Magus-Frage vorwiegend auf der Differenzierung verschiedener Entwicklungsstadien, so tritt an diese Stelle nun gerade die Identifizierung, d. h. man versucht das Verfahren im Falle Simons einfach dadurch „kurzzuschließen", daß man den Magier von AG 8 mehr oder weniger unbedenklich mit dem gnostischen Erlöser der Ketzerkataloge ineins setzt, wobei das Bild des gnostischen Erlösers zugleich mit dem des gnostischen Sektenstifters verfließt[15]. Vielleicht ist es kein Zufall, daß die Anwendung

[14] Das gilt — trotz der überragenden wissenschaftlichen Leistung — im prototypischen Sinne gerade von *Boussets* epochemachendem Werk über die Hauptprobleme der Gnosis (1907 — zur Kritik siehe jetzt *Colpe*, Die religionsgeschichtliche Schule, 1961, S. 20 ff.), wo die simonianischen Dinge in ganz verschiedene Sachrubriken (vgl. S. 2; 13; 72; 127; 139; 261; 322) eingeordnet werden, ohne daß über die religionsgeschichtliche Frage hinausgeblickt wird. *Harnacks* — vergebliche — Warnungen in bezug auf die Absolutsetzung der rel.-gesch. Methode im theologischen Verfahren (siehe DG I, S. 45; 83 Anm. 1; 112; 242; 258; 277, vgl. *A. v. Zahn-Harnack*, *Adolf v. Harnack* ²1951, S. 283, dazu auch *Harnacks* Kritik an *Bousset* in ThlZ 1908, Nr. 7) sind auch heute noch aktuell.

[15] Zwar gibt es in der Gnosis auch Übergänge zwischen gnostischem Erlöser und gnostischem Sektenstifter, man denke an Mani oder an Seth (nach der Adamapokalypse von Nag Hammadi, *Böhlig/Labib* S. 80 f.) oder Marcos, aber das sind Annäherungen, die den prinzipiellen Unterschied beider Seiten nicht aufheben. Auch Valentin soll seinen Mythos durch eine Offenbarungsvision

der religionsgeschichtlichen Methode fast gleichzeitig mit der neueren Tiefenpsychologie aufkam und sich mit dieser auch mehrfach vermählt hat. Hier wie dort sucht man kollektive „Archetypen" als Hintergrund geschichtlicher Erscheinungen oder setzt dieselben als bereits gefunden voraus, um von da aus die historischen Probleme zu entscheiden[16], hier wie dort wird das ermüdende Geschäft der historischen Quellenkritik beiseite geschoben und durch eine virtuose Intuitions- und Interpretationstechnik ersetzt.

Dieser veränderte Typ der Simon-Magus-Forschung spricht bereits aus den Gesamtdarstellungen von Leisegang und Jonas, sofern beide, trotz stärkster Verschiedenheit im Ansatz, die einzelnen Quellen zum Simonianismus nicht mehr differenziert, sondern promiscue gebrauchen, um daraus ein entsprechend synkretistisches Simon-Magus-Bild zu formen[17]. Doch handelt es sich hier zunächst nur um Zusammenfassungen. Wirkliche Vorstöße auf diesem Boden bedeuten dagegen die jüngeren Arbeiten von G. Quispel und E. Haenchen, die beide übrigens abermals durch ihre ganz verschiedene Orientierung voneinander getrennt sind: Quispel von Cerfaux ausgehend im Banne des Psychologen C. G. Jung, Haenchen dagegen der Gnosisauffassung der Bultmannschule verbunden[18].

Charakteristisch für Quispels Konzeption ist zunächst die eigenartige Verbindung zwischen der (von Quispel selbst als „gnostisch" empfunde-

---

empfangen haben (vgl. Frgm. 6 u. 7 bei *Völker*, a.a.O. S. 59 f.), aber deshalb gehört er noch nicht zu den Mitgliedern des valentinianischen Pleromas.

[16] Hier ist vor allem an das Lebenswerk von *C. G. Jung* zu denken (vgl. bes. Psychologie der Religion, dtsch 1947; Psychologie der Übertragung, 1946 und das wegen seiner (m. E. verfehlten) Gegenüberstellung von Tertullian und Origenes exemplarische Werk „Psychologische Typen, 1921). Eine Einführung in die den Theologen interessierenden Teile der psychologischen Schriften *Jungs* hat *O. Haendler* in ThLZ 1959, S. 561 ff. gegeben. Charakteristisch für die von Jung (und anderen) angewandte Methode ist ihre assoziierende Arbeitsweise, die historische Unterschiede kaum reflektiert, sowie die Unfähigkeit, geschichtliche Gegensätze wie den von Christentum und Heidentum, Orthodoxie und Häresie wirklich ernst zu nehmen.

[17] Vgl. *H. Leisegang*, Die Gnosis, S. 60–110 und *H. Jonas*, Gnosis und spätantiker Geist I, S. 353–358. In diese Reihe gehört auch die Abhandlung der simonianischen Dinge bei *H. Schlier*, Das Denken der frühchristlichen Gnosis (NTl. Studien für Bultmann, 1954, S. 67 ff.). Besonders signifikant ist bei all diesen Arbeiten die Tatsache, daß ihre Konzeptionen in sich immer stimmen, obwohl sie oft ganz verschieden angelegt sind (vgl. hierzu das oben S. 2[2] in bezug auf die Märchenforschung Gesagte).

[18] *G. Quispel*, Simon en Helena (Nederl. Theol. Tijdschr. 1950/51, S. 339 ff.), ähnlich in: Gnosis als Weltreligion (1951), S. 45 ff., vgl. auch *ders.:* Der gnostische Anthropos und die jüdische Tradition (Eranosjahrbuch 1953, S. 195 ff.) *E. Haenchen*, Gab es eine vorchristliche Gnosis? (ZThK 1952, S. 316 ff. – hiernach wird zitiert; Neudruck in: Gott und Mensch, Ges. Aufs. 1965, S. 265 ff.) Über beide meinen ZThK-Aufsatz, S. 409 ff. Vgl. außerdem *Quispel*, C. G. Jung und die Gnosis (Eranos-Jahrbuch, 1968 = 1970, S. 122 ff.).

nen) psychologischen Intuition des Gnostizismus im Stile Jungs und dem religionsgeschichtlich angelegten Versuch, die simonianische Gnosis im Zwielicht einer samaritanisch-synkretistischen Umwelt anzusiedeln. Dabei geht es – in deutlicher Anlehnung an Cerfaux – zunächst um die Aufhellung des weiblichen Archetypus der Simonianer, die Helena-Selene. Freilich läßt Quispel dabei die von Cerfaux noch gewahrte kritische Vorsicht methodisch wie sachlich weit hinter sich. Denn was hier aus Stellen wie Epiphanius, Ancoratus 104 (Isis im tyrischen Bordell), Aeneis VI,517 ff. (vgl. Epiphanius, haer XXI,3), Ps Clem Rec II,12,4 f. mit Hermas Vis II,4,1 bzw. III,10,1 (Helena-Ekklesia mit der Fackel auf dem Turm oder im Turm), Prov 9,1 (vgl. Thomaspsalmen XVI), Manichäische Psalmen an Jesus 246 (das Haus der Weisheit auf den 7 Weltsäulen) und Acta Archelai 67,4 ff. (Weltentstehung durch Begehren des Lichts nach der Finsternis) als angeblich simonianischer Mythos rekonstruiert wird, ist längst keine vorgnostische Mysterienreligion mehr, sondern ein faszinierender gnostischer Mythos von der Lichtjungfrau Sophia, die durch ihre Lüsternheit nach der Finsternis zu Fall kam und dadurch den Anlaß zur Tragödie der Weltentstehung gab[19].

Nach dem gleichen Rezept wird dann auch Simon-Magus selbst zusammengesetzt und ihm die Helena als „femme fatale" (so schon Cerfaux) und Syzygos beigegeben. Hier sind es jüdische und heidnische Zaubertexte, das Werk „ohne Titel" von Nag-Hammadi, der von Puech ans Licht gezogene „Hermes Trigenethlios" sowie die Megale Apophasis u. a. Quellen, aus denen sich die (eigentlich kaum noch „historisch" zu nennende) Gestalt Simons erhebt. Vor allem aber möchte Quispel damit den Nachweis erbracht sehen, daß der solchermaßen aufgebaute Simon, wenn schon nicht im historischen, so doch im archetypischen Sinne in der Tat der „Erzvater der Gnosis" war, als den ihn auch die Kirchenväter ansehen. Quispel läßt an dieser Tendenz seiner Untersuchungen keinen Zweifel, m. a. W. die von der historischen Kritik als Legende bezeichnete Einordnung Simons an der Spitze der Ketzerkataloge wird als religionsgeschichtliches Faktum ausdrücklich beglaubigt[20].

---

[19] Unter diesen Stellen ist das wenigste wirklich simonianisch, ein Teil nicht einmal gnostisch, das Zitat aus Acta Archelai 67,4 ff. z. B. basilidianisch (vgl. *Bousset*, Hauptprobleme, S. 92 f.). Was die samaritanische Ableitung der simonianischen Gnosis betrifft, so läuft sie derjenigen von *Widengren*, *Kretschmar*, *Colpe* und *Kippenberg* (s. u.) etwa parallel. Auch *M. Hengel* (ThLZ 1967, Sp. 809) will aus der samaritanischen Abstammung Simons, Menanders, ja vielleicht sogar des Dositheos die Entstehung der Gnosis am Rande des palästinischen Judentums ansetzen.

[20] Obwohl Simon für *Quispel* noch kein „all-round-Gnostiker" im späteren Sinne ist, nennt er ihn doch den „Erzvater" der Gnosis schlechthin und bezeichnet den Simonianismus als die altertümlichste Form von Gnosis, die es gibt, wobei die Übereinstimmung mit dem Urteil der Kirchenväter ausdrück-

Mangel an Kombinationsgabe wird man Quispels Untersuchungen sicher nicht vorwerfen können. Gleichwohl fühlt sich der kritische Leser gerade durch die scheinbar bruchlose Schlüssigkeit einer Beweiskette nicht überzeugt, deren Quellengrundlage eben praktisch nirgends eindeutig und vollständig nachweisbar ist, sondern erst durch die divinatorische Phantasie des Forschers aus lauter einzelnen, z. T. weit verstreuten Überlieferungspartikeln erschaffen werden muß[21]. Quispel hat einmal darauf hingewiesen, daß man sich das Gehirn eines Synkretisten nicht als moderne Denkmaschine, sondern eher „als eine alchimistische Retorte vorstellen" müsse, „wo die meist verschiedenen Stoffe eine verborgene Sympathie haben, Vorstellungen verschiedener Schichten des Bewußtseins und Elemente der disparatesten Geistesströmungen sich miteinander verbinden"[22]. Das mag vielleicht zutreffen. Aber sind wir deshalb berechtigt, womöglich auch die moderne Wissenschaft in eine synkretistische Alchimistenküche zu verwandeln, statt die gnostischen Präparate kritisch zu analysieren?

Anders als Quispels Entwurf ist derjenige von Haenchen beschaffen[23]. Was zunächst die Quellengrundlage betrifft, so wirkt er, auf den ersten Blick jedenfalls, erheblich solider und gesicherter als Quispels weithin frei-

---

lich hervorgehoben wird (Gnosis als Weltreligion, S. 51 f.; 60 ff. u. 70). In *Quispels* Buch „Makarius, das Thomasevangelium und das Lied von der Perle" (1967), S. 115 wird Simon neben Kerinth als Begründer der Gnosis benannt. Das ist die Auffassung der Epistola apostolarum! Neben *Quispel* will auch *H. J. Schoeps*, Urgemeinde, Judenchristentum, Gnosis (1956), S. 36 in Simon den „Vater der Gnosis" und im Simonianismus „die Urform eines gnostischen Systems" erblicken.

[21] Hierhin gehören auch die von Anregungen *F. Chr. Baurs* und *C. G. Jungs* getragenen Amplifikationen der Gnosis bei *Quispel* im Blick auf Okkultismus, Alchimie, Theo- und Anthroposophie sowie tiefenpsychologische Phänomene (s. mein ZThK-Aufsatz, S. 409 f.), wobei übrigens die einzige wirklich historische Fernwirkung der apokryphen Simon-Gestalt, die Faustsage, bemerkenswerterweise übersehen ist. Daß hier geistesgeschichtlich und vielleicht auch tiefenpsychologisch analoge Erscheinungen wiederkehren, sei unbestritten, aber diese Verwandtschaft liegt auf einer anderen als der historischen Ebene. Zur Kritik an Quispel vgl. übrigens *H. M. Schenke,* Der Gott Mensch, S. 33; *ders.* in Kairos 1965, S. 124 f.; ferner *E. Brandenburger*, Adam und Christus (1962), S. 91; weiteres bei *Rudolph*, ThR 1969, S. 216.

[22] Gnosis als Weltreligion S. 62. Hinter der Aussage steht das Programm, die Gnosis sozusagen auch methodisch von ihrem eigenen Selbstverständnis aus zu ergründen. Indessen entgeht man hier nicht der Gefahr, eine Gnosis über die Gnosis zu konzipieren.

[23] Siehe o. S. 85[18]. Neben *Haenchen* (und auf ihm weiterbauend) ist bes. *W. Foerster* (Die ‚ersten Gnostiker' Simon und Menander, in: Le Origini dello Gnosticismo, S. 190 ff.) zu erwähnen, der das Urgnostische an Simon aus den Elementen des simonianischen Systems ablesen will, „die in der späteren Gnosis nicht mehr auftauchen". Dazu gehört für Foerster übrigens auch der Ἑστώς-Titel. Methodisch ist das Verfahren schon insofern unzulässig, als damit ja gerade solche Motive des Simonianismus a priori für gnostisch gehalten werden, die möglicherweise vorgnostischer Herkunft sein könnten.

schwebende Konstruktion, sofern er sich in bezug auf die simonianische Gnosis ausschließlich an die einschlägigen Berichte zur Simon-Magus-Frage hält, andererseits führt freilich das Ergebnis noch ein gutes Stück über Quispel hinaus. Symptomatisch für die grundsätzliche Neuorientierung ist dabei die zunächst verblüffende Tatsache, daß Haenchen die Arbeit von Cerfaux zwar kennt[24], aber beim Aufbau seiner Simon-Magus-Studie vollständig übergeht, obwohl seine eigene Darstellung im Grunde eine einzige Auseinandersetzung mit Cerfaux's Ergebnissen sein müßte. Methodisch aber ist vor allem der eigenartige Rückwärtsgang der Untersuchung bedeutsam, bei dem jede jüngere simonianische Überlieferung auf eine entsprechend ältere zurückgeführt wird, bis schließlich nichts anderes mehr übrigbleibt, als auch die Perikope von AG 8 ins Flutlicht gnostischer Beleuchtung zu stellen, d. h. Simons historische Erscheinung auf eine – quellenmäßig freilich nicht mehr faßbare – „vorchristliche Gnosis" zu gründen. Dabei aber ist es gegenüber Quispel ausschließlich die männliche Hauptfigur des Simonianismus, also Simon selbst mit seinem Offenbarungsanspruch als μεγάλη δύναμις (das τοῦ ϑεοῦ wird mit K. Lake gestrichen)[25], die in den Mittelpunkt der Betrachtung tritt. Diesen Titel – und nur ihn – versucht Haenchen daher in seiner Anwendung auf Simon als ursprünglich gnostisch zu erweisen, indem er – ausgehend von einer sorgfältigen (freilich betont „gnostischen") Interpretation der Megale Apophasis – über Irenäus und Justin bis auf die Grundstelle AG 8,10 zurückschreitet, um deren Erklärung es dem Kommentator der Apostelgeschichte eigentlich zu tun ist. Sieht man näher zu, so ist damit also der Quellenansatz von Cerfaux genau ins Gegenteil verkehrt, d. h. gerade die Quelle, welche von Cerfaux ganz an den Rand geschoben war, die Megale Apophasis, bildet bei Haenchen den Ausgangspunkt, ja das Schwergewicht der Untersuchung, während umgekehrt gerade die von Cerfaux herausgearbeitete Quellenbasis des Hippolytschen Syntagma und der Pseudoclementinen bei Haenchen stillschweigend übergangen wird. Lediglich Irenäus und Justin spielen eine Übergangsrolle, lediglich die Petrusakten bleiben, wie bei Cerfaux, aus dem Spiel. Freilich bildet bei diesem Verfahren nun gerade der lukanische Text selbst das Haupthindernis, sofern er ja lediglich einen Magier, nicht aber den gnostischen Erlöser beschreibt. Haenchen beseitigt diese Untiefe durch die gewagte Hypothese, daß der lukanische Simon nicht, wie man auf Grund der patristischen Quellen eigentlich an-

[24] Immerhin wird *Cerfaux*, zusammen mit *Wilson*, der sich auf ihn beruft, im Kommentar zur AG (S. 257) wenigstens kritisch erwähnt.

[25] *Haenchen*, ZThK 1952, S. 345 (nach *Jackson/Lake*, Beginnings V, S. 91); beiden folgt *J. Jeremias* (ThWB VII, S. 90, Anm. 10). Übrigens hat schon *Lietzmann* in seinem Simon-Magus-Artikel (PW II/3, Sp. 180 f.) den genannten Genitiv als nicht vorhanden betrachtet und Simon „auf eine im Osten auch sonst nachweisbare Gottesbezeichnung" festgelegt.

nehmen müßte, im Laufe der Zeit vom „Zauberer zum gnostischen Erlöser aufgestiegen", sondern vielmehr umgekehrt durch Lukas „vom göttlichen Erlöser zum bloßen Zauberer degradiert worden" sei[26].

Soweit Haenchens Entwurf. Im ganzen ist er scharfsinnig durchdacht, methodisch geradezu suggestiv aufgebaut. Gleichwohl erweckt auch er erhebliche Bedenken. Sieht man von der höchst anfechtbaren Methodik des Rückwärtsschrittes einmal ab, so sind es vor allem zwei Hauptpunkte, die zur Kritik herausfordern: Einmal die Selbstverständlichkeit, mit der der älteste Berichterstatter, also der Verfasser der AG kurzerhand als unglaubwürdig, ja nahezu als unaufrichtig hingestellt wird, während die ketzerbestreitenden Kirchenväter demgegenüber in diesem Punkt ohne weitere Begründung als zuverlässig gelten, zum anderen der nicht weniger begründungslose Verzicht auf die Berücksichtigung der Syntagmatradition und damit sachlich auf den Ennoia-Helena-Komplex, d. h. auf den eigentlichen Kern der simonianischen Mythologie. Denn die Patentlösung, wonach – wie Haenchen unter Berufung auf Quispel versichert – die Ennoia-Helena erst sekundär in die simonianische Gnosis eingewandert, ihr Fehlen in AG 8 mithin ohne Belang sei, ist in Wahrheit keine Lösung, sondern verschleiert nur das tatsächliche Problem[27].

4. Damit zu den Simon-Magus-Arbeiten der jüngsten Vergangenheit. Nachdem dieselben bereits sämtlich in einem eigenen Abschnitt des großen Forschungsberichtes von K. Rudolph besprochen sind, können wir uns im folgenden kurz fassen[28]. Zwei Hauptprobleme des Simonianismus sind es, durch die die neuesten Forschungen mit den Anregungen von Quispel und Haenchen verbunden sind, einmal die Frage des samaritanischen Hintergrundes, zum anderen das Problem der Megale Apophasis. Wir wenden uns dem zweiten Punkt zuerst zu. So gewagt und ungeschützt Haenchens

---

[26] Vgl. *Haenchen*, a.a.O. S. 348 und im Kommentar zur AG, S. 258. Die Hypothese hat ihren Grund in dem auffallenden Mißverhältnis zwischen der durch AG 8,9 f. angedeuteten anspruchsvollen Titulatur Simons durch ihn selbst, bzw. das Volk und der (durch AG 3,12 ff., vgl. 14,15, vorbereiteten) Geringschätzung als eines Menschen, der Magie betreibt und höchste Ansprüche stellt (V 9 u. 11). Ihren historisch-kritischen Vorläufer hat sie in dem Versuch der älteren Kritik (vgl. die Nachweise bei *Wendt*, Die AG, S. 156 Anm. 1), V 10 als nachträglichen Einschub überhaupt zu streichen.

[27] *Haenchen*, ZThK 1952, S. 341 f.; kritisch dazu auch *J. Jeremias*, ThWB VII, S. 90, Anm. 12.

[28] *K. Rudolph*, Gnosis und Gnostizismus, ein Forschungsbericht (5. bzw. 6. Teil) ThR 1972, S. 289 ff., hier S. 322 ff.: Simonianische Gnosis. Die neueren Beiträge zur Simon-Magus-Forschung unterscheiden sich von den früheren schon durch ihren Umfang. Anstelle des größeren Aufsatzes tritt nun die Monographie (siehe auch diese Veröffentlichung). Damit wird auch dieses Teilgebiet der Gnosis-Forschung zu einem Feld, auf dem sich nur noch Spezialisten zurechtfinden.

Simon-Magus-These im Grunde angelegt ist, ebenso erstaunlich ist die Tatsache, daß sie zumindest in Deutschland so gut wie keinen Widerspruch, vielmehr allerwärts gläubige Anerkennung und Nachfolge gefunden hat. Ja, die auf Haenchen gestützte Behauptung, daß der historische Simon ein „frühes" bzw. „vorchristliches" Stadium des Gnostizismus repräsentiere, wobei die Arbeit von Cerfaux fast durchweg als nicht vorhanden behandelt wird[29], ist so sehr zur gängigen Redewendung geworden, daß man sie ohne Übertreibung als ‚herrschende Lehre' ansehen kann[30].

Daß es so ist, zeigt sich in aller Deutlichkeit schon an den jüngsten Arbeiten zur Apophasis, sofern sie nämlich alle über Haenchens Ansätze hinausgehen, statt dieselben kritisch zu hinterfragen. An erster Stelle ist hier W. Schmithals zu nennen, und zwar nicht nur, sofern er direkt an Haenchen anschließt, sondern auch insofern, als er die von Haenchen immerhin noch festgehaltene Spätdatierung der Apophasis dahin relativiert, daß er in ihr — oder besser: durch sie hindurch — auf eine aller anderen

---

[29] Schon *C. Schmidt*, ²RGG V, 487, hat *Cerfaux* nicht genannt, ebenso fehlt ein Hinweis bei *G. Delling*, ThWB IV, S. 362 Anm. 2. Auch *G. Klein*, ³RGG Bd. VI, 38 f. weiß nichts von ihm. *H. Conzelmann*, Die AG, S. 54 nennt immerhin den ersten Teil von Cerfaux's vierteiliger (!) Abhandlung (und die Ergänzung von 1937), dazu rein bibliographisch den Recueil Cerfaux I von 1954. Dieselbe unvollständige Angabe findet sich schon bei *Quispel*, Gnosis als Weltreligion (Lit.-Verz.), ebenso auch bei *W. Foerster*, Le Origini S. 190, Anm. 8.

[30] Ich wiederhole dazu meine Worte aus ZThK 1971, S. 411, Anm. 37: „Das Unisono der Stimmen, die den historischen Simon ohne nähere Unterscheidung zwischen gnostischem Sektenstifter und Erlöser für einen ‚Gnostiker' und die simonianische Gnosis für eine frühe, vorchristliche Form des Gnostizismus halten, ist angesichts der völlig unsicheren Quellenbasis geradezu bestürzend." Zu der langen Reihe der dort aufgezählten Namen und Stellen müssen noch die folgenden ergänzt werden: *H. J. Schoeps*, s. o. Anm. 20; *E. Fascher*, ThLZ 1968, Sp. 721 f. — Anschluß an *Haenchen*, wenn auch nicht so ausdrücklich, vgl. *ders.* auch in RAC IV,448 f. („Simon mit dem Selbstbewußtsein eines ‚Propheten' oder Religionsstifters", dazu die Inhaltsangabe der Apophasis); ferner — nach wie vor mit leiser Zurückhaltung — *H. Conzelmann*, Geschichte des Urchristentums, (NTD Erg.-Reihe Bd. 5, 1969), S. 107 u. 150 f.; überraschenderweise aber auch *J. Jeremias* (ThWB VII, S. 90): „Ansätze einer vorchristlichen Gnosis" im Simonianismus; vgl. auch *L. Goppelt* (im Hdb. „Die Kirche in ihrer Geschichte" Lfg. A, S. 64): „Dieses System" (gemeint ist Iren I,23) „geht in seinem Ansatz auf das Selbstverständnis Simons zurück." Vgl. ferner *H. Jonas*, *R. Haardt* und *S. Arai* in: le Origini S. 103; 166 u. 186 f.; auch *J. Woltmann*, Der geschichtliche Hintergrund der Lehre Markions vom ‚fremden Gott' (in ‚Wegzeichen' zum 60. Geburtstag von H. M. Biedermann OSA, 1971, S. 28 f.). Diese Linie wird noch überschritten von den Versuchen *Rudolphs*, etwa die Gnosis der syrischen Quqiten (vgl. dazu *H. I. W. Drijvers* in Numen 1967, S. 104 ff.) oder den Kern der Nag-Hammadi Schrift „Exegese der Seele" (Cod. II/6, vgl. dazu *W. C. Robinson*, The Exegesis of the Soul, Nov. Test. 1970, S. 102 ff.) wegen ihrer angeblich archaischen Züge mit dem Simonianismus zusammenzubringen oder sogar für „vorsimonianisch" zu halten (siehe ThR. 1969, S. 224 und 1972, S. 320).

Gnosis vorausliegende, literarisch freilich nirgends mehr greifbare „vorchristliche Christusgnosis" gestoßen sein will, in der ursprünglich keine Einzelpersönlichkeit, sondern das Kollektiv aller Gnostiker mit dem gnostischen Erlöser identifiziert gewesen sein soll[31].

Schmithals neue Hypothese stellt sicher das Non plus ultra einer modernen Gnostifikation des Gnostizismus dar. Was die Sache betrifft, so gerät man, nachdem strenggenommen jeder konkrete Quellenbezug durchstoßen wird, in eine wissenschaftliche Esoterik, über die sich im Grunde nicht mehr verbindlich diskutieren läßt[32]. Ernster zu nehmen sind die beiden anderen, jüngst fast gleichzeitig erschienenen katholischen Arbeiten zur Megale Apophasis von J. Frickel SJ und I. M. A. Salles-Dabadie, wobei Frickels Arbeit die gewichtigere Leistung darstellt[33]. Für beide liegt der Ansatzpunkt zunächst in der Tatsache, daß die Apophasis, mag ihr Auftreten im Rahmen von Hippolyts Refutatio noch so spät zu datieren sein, gegenüber den Ketzerkatalogen doch immerhin ein originalsimonianisches Werk darstellt, bzw. voraussetzt. Was zunächst Frickels Dissertation betrifft, so ist sie schon insofern eine Neuheit, als sie nach jahrzehntelanger Alleinherrschaft der religionsgeschichtlichen Vergleiche zum ersten Mal wieder eine quellenkritische Untersuchung zum Gnostizismus vorlegt. In der Sache knüpft sie daher an die seit Staehelins Untersuchungen fast völlig vernachlässigte Frage nach dem von Hippolyt in der Refutatio verarbeiteten gnostischen Quellenbündel an, beschränkt sich aber — abgesehen von wenigen Seitenblicken — allein auf die Apophasis mit der völlig neuartigen Hypothese, daß das in Ref VI,9–18 (vgl. V,9,5 u. X,12) von Hippolyt wiedergegebene Referat nicht, wie bisher angenommen, auf Auszügen Hippolyts (oder seines Treuhänders) aus einem simonianischen Werk beruht, sondern daß es sich dabei um dic vollständige (!) Wiedergabe eines gnostischen Kommentars (bzw. einer Paraphrase) zu einzelnen, wörtlich zitierten Stellen der „Apophasis Simons" handele.

---

[31] *W. Schmithals*, Die Gnosis in Korinth ([2]1965, S. 32 ff.), vgl. *ders.* schon in: Das Kirchliche Apostelamt (1961), S. 125 und 147 ff. (zur Apophasis).

[32] Zur Kritik siehe etwa *Schenke*, Der Gott Mensch S. 23 f.; *Haardt*, Die Gnosis, S. 23 und meine Stellungnahme, ZThK 1971, S. 411 f.

[33] *J. Frickel* SJ, Die ‚Apophasis Megale' in Hippolyts Refutatio (VI,9–18). Eine Paraphrase zur Apophasis Simons (Rom 1968), vgl. *ders.* schon in le Origini, S. 197 ff. (Die Apophasis Megale, eine Grundschrift der Gnosis?), ferner *ders.* Eine neue Deutung von Gen 1,26 in der Gnosis (Festschrift für G. Widengren 1972, Bd. I, S. 413 ff.). *I. M. A. Salles Dabadie*, Recherches sur Simon le Mage I (Cah. de la Rev. bibl. 10, 1969), zu *Frickel* vgl. die Stellungnahme von *K. Rudolph*, ThR. 1969, S. 212 ff. (wesentlich positiv), sowie meine eigene Rezension (ThLZ 1970, Sp. 668 ff. (wesentlich kritisch), zu beiden inzwischen abermals *Rudolph*, ThR. 1972, S. 325 ff. (zu *Frickel* jetzt kritischer, zu *Salles-Dabadie* nicht unkritisch — doch betrachtet *Rudolph* (a.a.O. S. 336) beide Arbeiten als „neuen Start" für die simonianische Forschung. Zu den von *I. M. A.-Salles Dabadie* vorgeschlagenen Textverbesserungen an der Apophasis vgl. jetzt

Daß eine solche Hypothese, zumal wenn sie fast ohne Seitenblick auf das religionsgeschichtliche Problem der Apophasis und die übrigen Simon-Magus-Texte vertreten wird, im Grunde ein „Ritt über den Bodensee" ist, liegt auf der Hand. Wirklich kontrollieren läßt sie sich jedenfalls nicht, vom Verhältnis der Apophasis zu „Simon" ganz zu schweigen. Erstaunlicherweise bewegt sich aber auch die ganz andersartig angelegte Arbeit von Salles-Dabadie in ähnlicher Richtung. Wie Frickel, so will auch Salles-Dabadie – freilich nicht auf quellenkritischem, vielmehr auf religionsgeschichtlichem Wege – den Nachweis führen, daß in der späten Apophasis tatsächlich „une gnose très archaique" steckt, nur daß er dabei nicht bloß einzelne wörtliche Zitate, sondern den ganzen von Hippolyt gebotenen Text – abzüglich bestimmter Veränderungen von Schülerhand – als *die* Apophasis betrachtet, um auf der „Suche nach einem Verfasser" schließlich bei Simon selbst zu landen.

Steht es so, dann ist es natürlich verhältnismäßig einfach, Simons geistige Kontur aus den „Trümmern" seiner (angeblichen) literarischen Hinterlassenschaft wiederherzustellen. Das Ergebnis ist in der Tat sensationell, d. h. nach Salles-Dabadie ist der Vf. der Apophasis, also Simon, nicht etwa ein gnostischer Weltpessimist, sondern ein in angelernter philosophischer Halbbildung schwelgender hellenisierender Semit, dessen Weltanschauung von Hause aus ausgesprochen optimistisch, ja geradezu evolutionistisch geprägt war und der, wie das in Ref. VI,14,10 eingesprengte Hippokrateszitat und die sonstigen physiologischen Details der Apophasis zeigen, u. a. auch medizinische Ambitionen hatte, womit Salles-Dabadie übrigens die thaumaturgische Tätigkeit des Magiers von AG 8 auf einen Nenner setzt. Zugleich fällt der Blick von da aus freilich auch auf die ganz andersartigen, nämlich tatsächlich weltpessimistischen simonianischen Nachrichten der Ketzerkataloge, d. h. besonders auf Irenäus und die Syntagmatradition. Doch kann es hier – nach dem Bisherigen – im Grunde nur noch eine Erklärung geben: Jene Verdüsterung und Mythologisierung des Simonianismus, die diese Berichte bezeugen und durch die dann auch der Meister selbst ins gnostische System aufgenommen wurde, kann nur als epigonale Verformung der ursprünglichen Botschaft Simons durch den schon genannten simonianischen Schülerkreis angesprochen werden.

Damit rundet sich die Beweisführung scheinbar unwiderleglich[34].

---

die Kritik von *Frickel*, Eine neue kritische Textausgabe der ‚Apophasis Megale' ... ? (Wiener Studien 1972, S. 162 ff.).

[34] Vgl. *Salles-Dabadie*, a.a.O. S. 10; 47 ff.; 57; 106; 110 ff.; 125 ff. usw. Zu beanstanden ist übrigens die mangelhafte Auseinandersetzung mit der einschl. Literatur. Der Vf. kennt und nennt zwar z. B. auch die französische Ausgabe von *Leisegangs* ‚Gnosis', ohne aber auf dieses gerade für seine eigene Absicht so wesentliche Buch weiter einzugehen. Auch die oben zur Apophasis (S. 45) gebrachten Belege aus Numenios und dem Corpus Hermeticum werden nicht erwähnt.

Gleichwohl kann auch in diesem Fall auf eine detaillierte Kritik verzichtet werden. Wer den samaritanischen Magier von AG 8 mit dem Vf. jener theosophisch-anthroposophischen „Wissenschaft“ am Rande der Gnosis, die die Apophasis präsentiert, ineins zu setzen imstande ist, wer also bereit ist, Simon Magus zum halbgebildeten Literaten des beginnenden 3. Jahrhunderts zu machen oder die Apophasis zu einem frühgnostischen Zeugnis des 1. Jahrhunderts und wer zusätzlich entschlossen ist, demgegenüber alle anders lautenden Simon-Magus-Berichte aus der Entente zwischen Apophasis und AG 8 herauszukatapultieren, dem mag eine Hypothesenkumulation wie diese einleuchten. Wer zu solchem Glauben außerstande ist, wird sich nach einer überzeugenderen Lösung der Simon-Magus-Frage umsehen müssen.

Neben dem Problem der Apophasis ist es vor allem der samaritanische „Hintergrund“ Simons, der in neuerer Zeit immer wieder als Problem aufgetaucht ist. Wir erinnern uns, daß schon Widengren versucht hatte, sowohl die Ἑστώς-Vorstellung als auch diejenige der „großen Kraft“ auf Simon selbst, und damit auf samaritanische Voraussetzungen zurückzuführen, die freilich erst mit dem 4. Jahrhundert quellenmäßig faßbar werden. Hier hat inzwischen H. G. Kippenberg mit seiner Monographie zur samaritanischen Religion der aramäischen Periode angeknüpft, wobei gerade auch den samaritanischen Sekten der Frühzeit, also vor allem dem Simonianismus und dem Dositheanismus, ein erhebliches Interesse zugewandt wird[35]. Über das Ἑστώς-Problem ist bereits oben (S. 45 f.) gehandelt worden. Wichtiger noch ist die Frage nach der Herkunft des Titels der „großen Kraft“ (AG 8,10), mit der sich Kippenberg schon früher beschäftigt hatte. Wie schon beim Ἑστώς-Titel, so wird auch hier die samaritanische Ableitung des Ausdrucks gegenüber der hellenistischen ausdrücklich bevorzugt. Und zwar handelt es sich für den aramäischen Bereich um die von Hause aus liturgische Formel „Groß ist die Macht“, womit der höchste Gott gemeint ist, der aber über die Doxologie hinaus auch lehrhafte und speziell soteriologische Bedeutung zugeschrieben wird. Diese Ausdrucksweise ist als solche natürlich ungnostisch. Trotzdem meint Kippenberg, die Gnostifikation des Titels bei Simon selbst (also in AG 8,10) direkt nachweisen zu können, sofern die Offenbarung der „großen Macht“ hier aus dem Bereich der Schöpfung gelöst und auf den menschlichen Geist übertragen worden sei. So sei Simon dann zum Erlöser der „Ennoia“ geworden. Daß in der Tat schon der historische Simon ein „samaritanischer Gnostiker“ gewesen sei, hält Kippenberg vor allem im Blick auf Justins Bericht

[35] Vgl. *G. Widengren*, The Ascension of the Apostle and the heavenly Book (1950), S. 40 ff., dazu die weiteren Titel und V ff. oben S. 42[72]; hier: *H. G. Kippenberg*, Garizim und Synagoge (1971), dazu die Besprechungen von *Rudolph* in ThLZ 1972 Sp. 576 und ThR 1972, S. 338 ff.

(Apol I,26) für gesichert. Ebenso soll Simon bereits im 1. Jahrhundert als Ἑστώς bezeichnet worden sein[36].

Was ist zu dieser samaritanischen Lösung der Simon-Magus-Frage zu sagen? Wer Kippenbergs Aufstellungen unbefangen liest, muß zunächst den Eindruck haben, als sei damit die Frage nach dem religionsgeschichtlichen Ursprung des Simonianismus endgültig beantwortet. Indessen darf auch hier – bei allem Respekt vor der religionsgeschichtlichen Leistung des Vfs. – das dabei investierte Maß an Hypothese nicht übersehen werden.

1. Einmal bleibt zu bedenken, daß der samaritanische „Mutterboden" des Simonianismus, von dem Kippenberg spricht, nach wie vor von Quellen repräsentiert wird, die erst mehrere Jahrhunderte nach dem Auftritt des historischen Simon zu fließen beginnen. Natürlich kann die Substanz dieser Quellen im Kern älter sein, als ihre heute mögliche Datierung, allein welches ist dann – im Blick auf Simon – jene ältere Substanz und *wie* alt ist dieselbe? Gehört dazu wirklich schon der Ἑστώς-Titel? Und gehört dazu auch schon jene lehrhaft-soteriologische Nuance des Begriffs der „großen Macht", an die der Simonianismus angeknüpft haben müßte? Sind diese Bestandteile, *wenn* sie zum Urgestein gehören, zeitlich noch in die vorchristlichen Jahrhunderte hinaufdatierbar?

2. Kippenberg selbst gibt zu, daß der eigentlich gnostische Simonianismus (Dualismus, Helena, Katabasis der „großen Macht" usw.) aus der samaritanischen Religion nicht ableitbar ist. Tatsächlich wird denn auch die gnostische Fixierung Simons weder von dorther, noch von AG 8, sondern hauptsächlich von Justin aus vollzogen[37]. D. h. aber, die Mutation vom Samaritanismus zum Gnostizismus wird strenggenommen nicht nachgewiesen, sondern lediglich erschlossen. Damit aber ist das simonianische Problem im Grunde nur abermals neu gestellt, nicht aber gelöst; denn die Kluft zwischen AG 8,10 und den Kirchenväterberichten wird eben auch hier nur hypothetisch überbrückt.

Kurz, so kräftig Kippenberg versucht hat, die simonianische Frage vom samaritanischen Hintergrund aus zu beantworten, so unsicher bleibt doch im Kern die Antwort selbst. Letzten Endes bleibt es auch hier bei einem Sprungschluß, dessen Besonderheit im Grunde darin besteht, daß dabei die

[36] *Kippenberg*, a.a.O. S. 122 ff. (die gnostischen Sekten), S. 144: „Simon Magus aus Gitta wurde im 1. Jh. n. Chr. als Stehender und als Große Macht bezeichnet." S. 306 ff., bes. 316 ff. m. Anm. 72 (der Prophet wie Mose), S. 328 ff. bes. Anm. 136 (die Große Macht; hierzu schon früher *Kippenberg* in ZDPV 1969, S. 76 ff.). Daß Gott in Palästina als „Kraft" (auch „Große Kraft") oder „Macht" umschrieben wurde, ist bekannt (s. z. B. die patristische Diskussion zu Petr Ev. 19 seit *Th. Zahn* und *H. v. Schubert*); neu ist dagegen die breite Herausarbeitung dieses Titels in den aramäisch-samaritanischen Quellen.

[37] Vgl. bes. *Kippenberg*, S. 123 f., und dagegen S. 346 f.: „Daß man die simonianische Gnosis nicht einfach als Annex der samar. Religion betrachten darf, ist evident. Der Dualismus, die Person der Helena, der Topos des Herabsteigens der Großen Macht und viele Begriffe sind aus der samar. Tradition nicht abzuleiten. Daß aber die aram. Texte der Samar. uns den Mutterboden dieser Gnosis zeigen, erscheint mir sicher."

Hypothesen von Widengren und Haenchen miteinander kombiniert werden[38].

Damit könnte unser Literaturüberblick zur Simon-Magus-Frage als abgeschlossen gelten[39]. Indessen muß im Nachtrag noch mein eigener – diese Monographie vorbereitender – ZThK-Aufsatz von 1971 „Zur Simon-Magus-Frage" erwähnt werden, und zwar deshalb, weil ihm – schon jetzt – eine prinzipiell negative, und – wie ich leider hinzufügen muß – z. T. auch grob entstellende Kritik in K. Rudolphs letzten Forschungsbericht zur Gnosis zuteil geworden ist, die schon ihrem Umfang nach darauf hindeutet, daß hier offenbar einiges auf dem Spiele steht[40].

Ich skizziere zunächst den Inhalt meines Aufsatzes: Die Hauptthese meiner Ausführungen geht dahin, daß es einen „vorchristlichen" gnostischen Simonianismus und damit auch den angeblichen „Gnostiker" Simon Magus (sei es als Sektenstifter, sei es als Offenbarungsgott, sei es als beides) wahrscheinlich nie gegeben hat, daß vielmehr alle auf diesen Punkt gebauten Vermutungen in bezug auf eine „vorchristliche" Gnosis unbelegbar sind, d. h. ins Reich der wissenschaftlichen Phantasie gehören. Zum Beleg meiner Auffassung hatte ich i. W. dreierlei geltend gemacht, einmal die Tatsache, daß die heutige religionsgeschichtliche Forschung noch immer dazu neigt, die Ursprünge ihrer Forschungsobjekte ins Unerforschlich-Archaische hinaufzuschieben und dabei auch offenkundige historische wie sachliche Differenzen – hier diejenigen zwischen AG 8 und den Ketzerkatalogen – entweder zu vernachlässigen oder zu überspringen. Zweitens habe ich darauf aufmerksam gemacht, daß der in AG 8,10 entscheidende Terminus „die große Kraft" zwar einen Gottestitel, nicht aber zugleich auch eine gnostische Erlösergestalt definiert, vielmehr von entsprechend ähnlichen Bezeichnungen auf gnostischem Boden (und zwar gerade im Falle Simons) sorgfältig unterschieden werden muß. Drittens habe ich an Hand verschiedener gnostischer Motive der simonianischen Mythologie den Nachweis versucht, daß dieses System nicht, wie meist angenommen wird, auf einem vorchristlich-gnostischen Überlieferungskern mit nur geringen christlichen Zutaten beruht, sondern in wesentlichen Punkten aus christlich-gnostischen Bestandteilen zusammengesetzt ist, die lediglich auf Simon-Magus übertragen, d. h. simonianisiert sind.

Gegen diesen Vorentwurf, der die herrschende religionsgeschichtliche

---

[38] Siehe meinen ZThK-Aufsatz, S. 413 f. Anm. 40.

[39] Von einer Besprechung der von *F. M. Braun* veröffentlichten Abhandlung, Marcion et la gnose simonienne (Byzantion 1955–57, S. 631 ff., siehe dazu *Rudolph*, ThR 1972, S. 359 f.) darf ich absehen. Die dort vertretene These, wonach Marcion von den „Simonianern" Kerdo und Satornil abhänge, gehört ins Reich gnoseologischer Phantasmagorie.

[40] *K. Rudolph*, ThR 1972, S. 330 ff. Anm. 1 (die Fußnote ist fast 3 Seiten lang).

Zuversicht im Blick auf den „vorchristlichen" Ursprung des Gnostizismus an empfindlicher Stelle trifft, hat Rudolph in acht Punkten Einwände erhoben, die es – nach Rudolph – von vornherein „verbieten Bs. Grundthese zu akzeptieren". Da ein Teil dieser Kritik mit dem bisher Ausgeführten bereits erledigt ist, beschränke ich mich in der Beantwortung auf den Rest.

1. R. behauptet, mein „quellenkritischer Scharfsinn" habe mich leider ausgerechnet dort verlassen, wo er erforderlich gewesen wäre, nämlich im Falle von AG 8. Diesen Bericht hätte ich „völlig ungeprüft als bare Münze" genommen, ja ich sei der lukanischen Darstellung „ganz ... verfallen" und obendrein viel „zu unkritisch" einem katholischen Gelehrten (Cerfaux) gefolgt, der AG 8 natürlich als „ganz korrekt" hinstelle. Wörtlich: „Daß Lk harmonisiert und bagatellisiert (eben auch Simon degradiert!), bes. wenn es um Auseinandersetzungen geht, ist heute gesichertes Wissen der nt-lichen Wissenschaft (im übrigen verweise ich auf Haenchens *historisch-kritischen* Kommentar)."
Antwort: Daß das Verfahren des AG-Vfs., Konflikte *innerhalb* der urchristlichen Gemeinden abzuschwächen, zur Erklärung der angeblichen Entgnostifizierung Simons in AG 8 herangezogen werden darf, halte ich methodisch für gänzlich indiskutabel. Welchen Anlaß sollte je ein kirchlicher Schriftsteller gehabt haben, den Gegensatz gegen einen notorischen Ketzer zu „bagatellisieren"? Und ist AG 8,20 eine Harmonisierung? Wie weit der AG-Kommentar von Haenchen noch als „historisch-kritisch" zu bezeichnen ist, ist eine Frage, über die man sich streiten kann. Daß ich aber dem Acta-Vf. „völlig unkritisch" gegenüberstünde, muß ich durch die Gegenfrage beantworten, ob etwa die durch die religionsgeschichtliche Analyse von AG 8 bevorzugte Isolierung des Ausdrucks μεγάλη δύναμις ohne Rücksicht auf den lukanischen Zusammenhang noch als „kritisch" angesehen werden kann. Im übrigen ist es schade, daß R. den Katholiken Cerfaux gleichsam a priori für befangen hält. Tatsächlich hat Cerfaux die simonianischen Quellen, voran AG 8, mit weit unbefangeneren Augen gelesen als mancher moderne religionsgeschichtliche Geisterseher.
2. R. wirft mir vor, ich verwende die haereseologischen Quellen nur so weit, als sie zu meiner These paßten. Dazu würde Epiphanius, „ein wirklich später Zeuge", mehrfach für den „historischen Simon" ausgewertet. In der Bewertung der „mysteriösen Syntagmatradition" hätte ich – abermals – „ungeprüft" die Thesen von Cerfaux übernommen.
Antwort: Hier ist schlechterdings alles verzeichnet, ja karikiert. Einmal: R. scheint von dem Zusammenhang zwischen Epiphanius und der Syntagmatradition Hippolyts nichts zu wissen; jedenfalls behandelt er beides wie zwei getrennte Sachverhalte. Tatsächlich gehört die Kenntnis der Syntagmatradition noch heute zum „gesicherten (nämlich quellenkritisch vollständig gesicherten) Wissen" der patristischen Wissenschaft, ohne das eine Quellenkritik der Ketzerkataloge völlig illusorisch bleibt. Und woher hat R. die unsinnige Kunde, daß ich die Syntagmatradition *„für* den historischen Simon" auswerte? Tatsächlich ist das doch gerade die Position, die mein Aufsatz widerlegen will! Der in der Syntagmatradition auftretende „Simon" ist für mich doch gerade *nicht*

der „historische Simon"! Daß ich schließlich Cerfaux's Quellenkritik „ungeprüft" übernommen haben soll, ist hoffentlich durch die obige Untersuchung zur Sache widerlegt.

3. R. behauptet, daß ich den historisch-kritischen Versuch, die Simon-Magus-Frage zu lösen, mit der (angeblich euhemeristischen) Ketzertheorie der Kirchenväter vom „Urgnostiker" Simon vereinerleie, der heute „kein ernsthafter Gnosisforscher mehr" huldige.

Antwort: In der Tat ist der Euhemerismus religionsgeschichtlich unergiebig. Aber daß z. B. G. Quispel und H. J. Schoeps keine „ernst zu nehmenden Gnosisforscher" sein sollen, tut mir leid[41].

4. R. stellt an mich die Frage, wieso die simonianische Sekte überhaupt zu einer gnostischen werden konnte, wenn es beim Stifter derselben dazu keinerlei entsprechende Ansätze gab.

Antwort: Daß Simon selbst der „Stifter" der simonianischen Gnosis gewesen sein müsse, ist ein Präjudiz, das mein ZThK-Aufsatz gerade bestreitet. Im übrigen meine Gegenfrage; Gab es also bei den von der Gnosis beschlagnahmten urchristlichen Autoritäten, also bei Thomas, Johannes, Philippus, Maria Magdalena, Salome usw., ferner bei Leuten wie Nikolaos und Matthias (AG 1,23 u. 6,5), ja schließlich auch beim Herrenbruder Jakobus und bei Jesus selbst derartige Ansätze?

5. R. will meine „mit großer Kenntnis zusammengetragenen Belege für die christlich-gnostischen Züge im Simonianismus des 2. Jhs." nur dann als wertbeständig ansehen, sofern „man ... in der simonianischen Schule eine durchaus auch andernorts nachweisbare ‚Entwicklung' ... zu einer christlich-gnostischen Sekte" erkennen könne, also die christlich-gnostischen Elemente selbst als spätere Zutaten (i. S. Haenchens) erkennt.

Antwort: Natürlich muß grundsätzlich auch mit einer solchen umgekehrten Entwicklung gerechnet werden, zumal eine ganze Reihe der Nag-Hammadi-Texte heute als christlich verkleidete, bzw. verchristlichte außerchristliche Gnosis angesprochen werden. Allein einmal ist damit noch lange nicht gesagt, daß mit der dort aufgefundenen „außerchristlichen" Gnosis auch ein Gnostizismus „ante Christum natum" (Böhlig) entdeckt worden ist, zum anderen dürfen derartige Beobachtungen (bzw. Vermutungen) nicht a priori zum religionsgeschichtlichen Kanon erhoben werden[42]. Im Blick auf die simonianische Frage bleibt viel-

---

[41] Zu *Quispel* und *Schoeps* s. o. S. 86[20]; Zur euhemeristischen Ketzertheorie siehe *K. Rudolph,* Ein Grundtyp gnostischer Urmensch-Adamtradition (ZRGG 1957, hier S. 7).

[42] Vgl. hierzu etwa die Diskussion um die Adamapokalypse von Nag-Hammadi bei *Rudolph,* ThR 1969, S. 160 ff. und den Bericht von *M. Krause,* Der Stand der Veröffentlichungen der Nag-Hammadi-Texte (in: Le Origini, S. 61 ff.), hier S. 74 ff. im Anschluß an die Diskussion dieser Fragen durch *J. Doresse.* Die von *A. Böhlig* (bei *W. Eltester,* BZNW 37, 1969, S. 2 Anm. 5) vorgeschlagene Sprachregelung, derzufolge „vorchristliche Gnosis" nicht einfach mit „Gnosis ante Christum natum" ineinsgesetzt werden dürfe, geht schon auf *M. Schenke* (s. o. S. 3[5]) zurück (vgl. auch meinen ZThK-Aufsatz 1971, S. 426 Anm. 66). Diese Zurückhaltung gilt sowohl für „jüdische" als auch — erst recht — für „hermetische" außerchristliche Gnosis. Beides liefern die Nag-Hammadi-Texte.

mehr abzuwarten, ob das, was nach Abtragung der christlich-gnostischen Überlieferungsschicht davon übrigbleibt, wirklich noch als „vorchristliche Gnosis“ identifiziert werden kann[43].

5. So viel zur wissenschaftlichen Diskussion der Simon-Magus-Frage. Blickt man für einen Augenblick auf die Forschung des letzten Jahrhunderts zurück, so hat man keineswegs den Eindruck, daß dieselbe wirklich endgültig und überzeugend gelöst sei. Vielmehr erhebt sich sowohl angesichts des Quellenzustandes als auch im Blick auf die immer neuen Hypothesen die Frage, ob unter diesen Bedingungen eine Lösung überhaupt möglich ist. Zwar ist der fiktive Simon Magus der Baurschen Spekulation durch die historisch-kritisch arbeitende Forschung beseitigt worden, allein nur, um dem imaginären gnostischen Erlöser „Simon Magus“ religionsgeschichtlicher Observanz den Platz freizumachen. Historische Realität hat weder der eine noch der andere. Wo aber liegt dann die historische Realität beim Simonianismus überhaupt? Mit dieser Frage wenden wir uns den folgenden Einzeluntersuchungen zu.

Übrigens muß die Nichterwähnung christlicher Motive in einem gnostischen Entwurf noch nicht ein Indiz ihrer außer- oder vorchristlichen Herkunft sein.

[43] Unabhängig von meinem ZThK-Aufsatz hat inzwischen auch *R. Bergmeier*, Quellen vorchristlicher Gnosis? (Festschrift für K. G. Kuhn, S. 1972, 200 ff.) gegen den von *Haenchen* vertretenen vorchristlichen Ansatz der simonianischen Gnosis Stellung genommen. *Bergmeier* bringt z. T. die gleichen Argumente wie ich. Vor allem ist auch er der Meinung, daß das, was bei Irenäus als „die Verkündigung des Simon“ erscheint, bereits „in die Zeit der großen gnostischen Systembildungen des 2. Jhs. n. Chr. hineingehört“, und deren „Hauptelemente voraussetzt, bzw. darauf aufbaut“. „Der Versuch, diese Hauptelemente in der ersten Hälfte des 1. Jhs. unterzubringen, darf als gescheitert betrachtet werden; er hat die Dokumente gegen sich“(S. 208). Ähnlich skeptisch steht der simonianischen Überlieferung auch die Heidelberger Dissertation von *P. Weigandt*, Der Doketismus (Masch. Schr. 1961, S. 57 ff.) gegenüber.

IV. DIE „GROSSE KRAFT“

1. Mit einer Untersuchung zur „großen Kraft (Gottes)“ in AG 8,10 sind die folgenden Erhebungen zu beginnen, da diesem einzigen ntl Terminus heute die gesamte Beweislast für die These aufgebürdet wird, schon der historische Simon sei in Samarien als transzendenter gnostischer Erlöser aufgetreten. Wir zitieren E. Haenchen als Ausgangspunkt. Er sagt dazu:

„Wir haben hier den Begriff ἡ μεγάλη δύναμις vor uns, der uns in der simonianischen Tradition immer wieder als terminus technicus entgegengetreten war. Er hat auch denselben Sinn wie dort: Er meint den höchsten Gott. Schon dieser älteste Bericht (d. h. AG 8) läßt uns also erkennen: Nach der hier vorliegenden Tradition war Simon in Samaria nicht nur als Zauberer, sondern auch als die „Große Kraft“ aufgetreten – seine Zauberei wird vielmehr nur als das Mittel erwähnt, durch das er Glauben gewonnen hatte. D. h. aber: die simonianische Gnosis in ihrer mythologischen Form ist nicht erst durch die Begegnung mit dem Christentum entstanden, sondern hat ... Jahre lang vorher in Samarien bestanden und geblüht.“[1]

Der soeben zitierte Abschnitt ist nicht nur sachlich grundlegend für die heute herrschende Beurteilung der Simon-Magus-Frage, sondern er ist zugleich auch charakteristisch für jene letztlich von keiner nachweisbaren Quelle mehr getragene religionsgeschichtliche ‚Hinterfragung‘ biblischer Texte, die noch immer weit verbreitet ist. Das heißt, entscheidend für die Interpretation der Stelle AG 8,10 ist hier nicht zuerst ihre Verklammerung innerhalb des Abschnittes von AG 8,5 ff., sondern die dem heutigen Bearbeiter geläufige Kenntnis gnostischer Mythologie und Terminologie. Dieses gleichsam ‚modern-synkretistische‘ Vorverständnis trifft nun auf den Bericht von AG 8. Folglich verwandelt sich der lukanische Ausdruck von V 10 automatisch in einen entsprechenden gnostischen Titel, während der diesem Verfahren ungünstige Kontext der Stelle – wie schon gezeigt – als ein Versuch des ‚Lukas‘ zu stehen kommt, den angeblichen ‚Gnostiker‘ Simon zum bloßen Magier zu ‚degradieren‘[2]. Immerhin hat Haenchen

---

[1] ZThK 1952, S. 345. Schon *Overbeck*, De Wettes Kommentar zur AG ([4]1870) z. St. und nach ihm *Bousset*, Hauptprobleme, S. 261, haben die Volksaussage von AG 8,10 i. S. der gnostischen Emanationslehre verstanden und damit das Signal zur modernen Gnostifikation des historischen Simon gegeben.

[2] Vgl. auch *Haenchen* im Kommentar zu AG 8,10 (S. 253): „Aus der Geschichte der simonianischen Bewegung wird deutlich, daß die große Kraft

den lukanischen Kontext als solchen noch mitbehandelt, wenn er ihn auch literarisch disqualifiziert. Noch radikaler dagegen ist das Verfahren bei reinen Religionsgeschichtlern wie Widengren oder Kippenberg. Hier wird der aus AG 8,10 gebildete Titel vollends aus dem Zusammenhang genommen und in ein abstraktes samaritanisch-gnostisches Bezugssystem eingeordnet, in dem für die Eigenheiten des Acta-Berichts überhaupt kein Platz mehr ist[3].

Es ist also eine methodisch (und übrigens auch theologisch) legitime Frage, ob man den Ausdruck von AG 8,10 ohne Rücksicht auf seinen Kontext, d. h. rein religionsgeschichtlich behandeln darf oder nicht. Wir entscheiden uns für das letztere, behandeln also die Stelle AG 8,10 zunächst im Zusammenhang der Perikope von AG 8,5 ff. und diese wiederum in ihrem Zusammenhange mit der übrigen AG. Dabei ist Schritt für Schritt vorzugehen.

a) An erster Stelle ist nach der Struktur des jetzigen (nachweislich „lukanisch“ stilisierten) Textes zu fragen. Hier fällt folgendes auf: Schon rein erzählmäßig scheint der AG-Vf. Anlaß gehabt zu haben, das Simon-Philippus-Drama möglichst bedeutend anzulegen. Jedenfalls ist der kurze Text von V 5—13 (Simon und Philippus) geradezu überladen mit Intensivvokabeln (man vgl.: 4mal προσέχειν bzw. προσκαρτερεῖν; 4mal πολύς bzw. πᾶς; 3mal ἐξιστάναι; 5mal μέγας; 2mal σημεῖα; 2mal δύναμις usw.) Eine derartige Kompression innerhalb weniger Verse könnte zunächst damit erklärt werden, daß hier in der Tat zwei mit „großer Kraft“ (V 10 u. 13) geladene Thaumaturgen aufeinandertreffen, von denen nur einer das Feld behalten kann[4]. Indessen läßt sich das Verhältnis noch präziser fassen,

---

dort die Bezeichnung für das höchste Gottwesen war. Simon hat behauptet, es sei in ihm zur Erlösung der Menschen herabgekommen ... Ein Pseudomessias ... war Simon also nicht; er wollte weit mehr sein. Aber das wird in unserer Geschichte nicht sichtbar (!).“ In dieser Formulierung ist erstens der in AG 8 geschilderte Simon nach Iren I,23,3 ausgelegt, zweitens der lukanische Simon unbedenklich als historische Wirklichkeit gesetzt. Das in einem — wie *Rudolph* (ThR 1972, S. 332, Anm.) mir in Sperrdruck vorhält — angeblich „historisch-kritischen Kommentar“!

[3] Strenggenommen ist damit die historisch-kritische Methode durch eine Metabasis eis allo genos ersetzt, d. h. an die Stelle des Bibeltextes tritt ein abstraktes religionsgeschichtliches Koordinatensystem nach dem letzten Stand der Wissenschaft, das sich gegen den Textzusammenhang von AG 8 einfach durchsetzt, dies um so wirksamer, als die moderne Behauptung einer „vorchristlichen“ simonianischen Gnosis der altkirchlichen Ketzerkritik zumindest analog ist. Die Intoleranz des modernen Verfahrens besteht aber darin, daß die Kirchenväter immerhin noch eine Entwicklung Simons vom Magier zum gnostischen Erlöser annehmen, während die religionsgeschichtliche Methode eine solche nicht mehr zugesteht.

[4] Vgl. *Bieler*, Theios Aner, S. 86 f.: „Keiner der berühmten Thaumaturgen hat die Wunder seines Widersachers geleugnet; aber er ist der mächtigere ...“

wenn man die auffallende Parallelität hinzunimmt, mit der über Simon wie Philippus berichtet wird. Es ergibt sich folgendes Gegenüber:

Philippus:	*Simon:*
1. kommt in die samaritanische Stadt (V 5);	1. ist schon vorher in der Stadt (V 9);
2. verkündigt Christus (u. d. Reich Gottes, V. 5 u. 12);	2. bezeichnet sich selbst als einen Gewaltigen (V 9);
3. tut öffentliche Zeichen bzw. „große Kraftaten" (V. 6 f. u. 13);	3. treibt öffentlich Magie und ist angeblich „die große Kraft" (V 9–11);
4. das gesamte Volk hört ihn, sieht seine Taten und „hängt ihm an" (V 6 u. 12);	4. das gesamte Volk ist „außer sich" und „hängt ihm an" (V 9 u. 11);
5. große Freude im Volk, Glaube und Taufe aller (V. 8 u. 12).	5. Simon sieht die großen Krafttaten des Philippus und gerät „außer sich" (V 13)[5].

Aus der Gegenüberstellung geht zunächst dies hervor, daß der vom Vf. der AG intendierte Gegensatz weniger ein solcher ist zwischen zwei Thaumaturgen (Philippus und Simon) als zwischen dem durch Philippus wirkenden Christus und einem Magier, der für göttlich gehalten wird[6]. Die Basis aber, auf der sich die Auseinandersetzung abspielt, ist das gesamte Volk, d. h. es soll gezeigt werden, wie die gesamte Bevölkerung, die zunächst dem Magier anhing, durch Predigt und mitfolgende Zeichen zu Christen wurde, so daß der Magier, trotz seines göttlichen Titels, zuletzt keine Anhänger mehr besaß. Damit wird zugleich die Bedeutung der Volkesstimme von V 10 gegenüber der auffallend farblosen Selbstaussage Simons in V 9 verständlich, d. h. es kann mit einiger Sicherheit angenommen werden, daß diese Aussage ursprünglich eine solche Simons über sich selbst war, die erst auf redaktionellem Wege als eine Art Akklamation an das Volk delegiert worden ist[7]. Der Zusammenhang zwischen Simons Ma-

[5] Macht man die durch das Motiv von Glaube und Taufe Simons nach V 12b in V 13a gebildete literarische Verklammerung der Simon/Philippus-Geschichte mit der Simon/Petrus-Episode rückgängig, so bleibt in V 13b das entsetzte Staunen der von allen Anhängern verlassenen „großen Kraft" (V 10) über die „großen Krafttaten" seines Gegenspielers im Rest. Hier könnte möglicherweise der ursprüngliche Schluß der Philippusgeschichte durchschimmern.

[6] Vgl. hierzu schon die mit AG 3,12 ff. (14,15) ausgesprochene Grundanschauung des AG-Vfs., dazu die weiteren Belege bei *Conzelmann* z. St. Nicht „eigene Kraft" (vgl. Simon), sondern der durch die Apostel wirkende erhöhte Jesus (vgl. Philippus) hat das Wunder an dem Lahmen bewirkt. Im übrigen vgl. die sorgfältige Untersuchung zu AG 8,9–13 bei *J. Roloff*, Das Kerygma und der irdische Jesus (1970), S. 195 f. und 200, der auf der Seite des Philippus mit Recht das Motiv der Wortverkündigung (statt der Wunder) in den Vordergrund stellt.

[7] Schon *Zahn*, Die AG I, S. 280, hat auf den engen Zusammenhang zwischen Simons Selbstaussage (V 9) und der Volksstimme (V. 10) hingewiesen. *Conzelmann* (z. St.) bemerkt richtig: οὗτός ἐστιν korrespondiert einem nicht

gie und (angeblicher) Göttlichkeit ist also ursprünglich wesentlich enger gewesen, als es der heutige Text erkennen läßt.

b) Von hieraus ist es möglich, sich nach der Bedeutung von Simons Person und Göttlichkeit zu erkundigen. Eine ebenso unbefangene wie aufschlußreiche Parallele bietet hierzu die – übrigens auffallend ähnlich stilisierte – Barnabas/Paulus-Episode in Lystra von AG 14,8 ff., wo den beiden „Aposteln“ (V 14) nach der Lahmenheilung mutatis mutandis genau die gleiche göttliche Erhebung durch Volkesstimme zuteil wird wie Simon nach AG 8,10, nur daß als „höchster Gott“ im Heidenlande natürlich Zeus (samt Hermes) in Frage kommt[8]. Wichtig ist dabei für unseren Zusammenhang zweierlei: einmal die echt antike Selbstverständlichkeit, mit der das Auftreten des höchsten Gottes in wundertätiger Menschengestalt (zumindest von den Lykaoniern) als möglich vorausgesetzt wird, ohne daß darauf auch nur ein Schimmer von Gnostizismus fiele, zum anderen die Tatsache, daß es sich bei der Divinisierung der beiden Apostel, wie V 15 ausdrücklich bezeugt, um reine Menschenvergötzung handelt. Ebendasselbe besagt nämlich nicht nur die entsprechende Stelle in AG 8,9 von Simon, sondern auch die bekannte Parallele dazu in AG 5,36 von Theudas: Beide waren Menschen, dort ein messianischer, hier ein magischer Demagoge, die eine übermenschliche Würde beanspruchten[9]. Damit aber ist auch für die in AG 8,9 f. zugrunde liegende ἐγώ-εἰμι-Aussage Simons ein verhältnismäßig sicherer Kompaß gewonnen. Steht es nämlich so, dann hat auch die in AG 8,10 an das Volk delegierte Selbstaussage Simons von Hause aus das nicht besagt, was sie besagt haben müßte, wenn die gnostische Ableitung von Simons Gottestitel zuträfe, daß nämlich hier ein transzendentes höchstes Gottwesen in menschlicher Erscheinungsform unter Menschen erschienen sei und Wunder getan habe, sondern gerade

berichteten, aber von Simon gesprochenen ἐγώ εἰμι (vgl. die entsprechende LA bei *Zahn*, a.a.O. S. 279, Anm. 18). Dagegen geht *Kippenberg* im Zuge seiner Akklamationsauffassung (a.a.O. S. 345) über diese Möglichkeit hinweg. Zur Formel οὗτός ἐστιν siehe *Norden*, Agnostos Theos, S. 187 f., bes. S. 188 Anm. 1.

[8] Auf die Passage AG 14,8 ff. und ihre Verwandtschaft zur Simon-Magus-Perikope verweist auch *R. Bergmeier* (a.a.O. S. 203 f.). Über Einzelfragen zu AG 14,8 ff. orientieren zuverlässig die Acta-Kommentare von *Zahn*, *Wendt*, *Jackson-Lake* und *Conzelmann*, während *Haenchen* zu V 12 über die Paulusvorstellungen anderer Kommentatoren frozzelt und im folgenden (S. 371 ff.) vor allem die Frage der Historizität in diejenige nach der schriftstellerischen Aufbereitung des Stoffes verwandelt. Vgl. weiter *G. P. Wetter*, Der Sohn Gottes, S. 15 ff.; *Bieler*, Theios Aner, S. 137 und meinen ZNW-Aufsatz 1965, S. 157.

[9] Vgl. dazu schon *Zahn*, a.a.O. S. 279 f., der aus dieser Parallele auf (pseudo)-messianische Ansprüche Simons schließt (ebenso *Wendt*, die AG, S. 155). Indessen liegt das Tertium comparationis nicht an diesem Punkt, sondern in der Wirkung auf das Volk. Freilich kann man angesichts der Nähe von AG 8,9 zu 5,36 (vgl. auch Lk 1,15 u. 32) Simon ebensowenig zum „bloßen Magier“ degradieren, wie ich es – Haenchens Lukasinterpretation folgend – noch in ZThK 1971, S. 514 getan habe.

umgekehrt, daß sich hier ein Magier aus Fleisch und Blut mit der göttlichen höchsten Kraft identifiziert hat, durch die er zu wirken vorgab[10]. Im Sinne der Bultmannschen Distinktionen liegt also keine Rekognitionsformel, sondern lediglich eine Identifikationsformel zugrunde[11]. Anders ausgedrückt: Der Magier kann nicht als Magier gewirkt und zugleich von sich geredet haben wie der johanneische Christus, sondern er kann in diesem Fall nur Magie getrieben und von sich geredet haben, wie die vielzitierten phönizisch-palästinischen Wander- und Bettelpropheten bei Celsus (Orig. VII,9), die Bultmann denn auch als Hauptrepräsentanten für die Identifikationsformel zitiert[12].

---

[10] Der Widerspruch zwischen der lukanischen Darstellung und ihrer religionsgeschichtlichen Hinterfragung liegt genau an diesem Punkt. Daß die Selbstvergottung, die man schon Jesus vorwarf (Joh 5,18; 10,33; Celsus b. Orig I,28, dazu *Billerbeck* II,462 ff. u. 542, *W. Bauer,* Hdb. z. NT 6, S. 83 und *Bultmann,* Joh-Ev S. 183, Anm. 1), als solche etwas spezifisch Gnostisches gewesen sein müsse (so *U. Bianchi,* in: Le Origini, S. 728), kann auch im Falle Simons nicht zugestanden werden (z. Sache vgl. *Bieler,* Theios Aner, S. 135 ff.; *Nilsson,* Griech. Rel. II,505; auch *A. Borst,* Die Katharer, 1953, S. 84 ff., ferner *Hilgenfeld,* Ketzergesch. S. 23 ff.; *Reitzenstein,* Poimandres, S. 236 und Hellen. Wundergesch. S. 36). Das Motiv ist volkstümlich, doch fehlte es nicht an aufgeklärten Stimmen unter den Gebildeten, vgl. etwa Seneca, Epist. 73,2 ff.: „Solebat Sextius dicere, Iovem plus non posse quam bonum virum ... miraris hominem ad deos ire? deus ad homines venit, immo, quia est proprius, in homines venit: Nulla sine deo mens bona est, semina in corporibus humanis divina dispersa sunt ..." (*Heitmann,* Imitatio, S. 45).

[11] *Bultmann,* Joh-Ev. S. 167 f. Anm. 2; der Unterschied zwischen Rekognitions- und Identifikationsformel liegt darin, daß in der ersten das ἐγώ als Prädikat, in der zweiten dagegen nur als Subjekt auftritt; vgl. übrigens die weitere Literatur zur ἐγώ εἰμι-Formel oben S. 52[91].

[12] Text bei *R. Bader,* Der Logos Alethes des Kelsos (1940), S. 177 f. m. Lit.); zu vergleichen ist auch Orig. Ctr. Cels. I,50. Die genannten Propheten bezeichnen sich entweder als „Gott" oder „Gottes Sohn" oder „hl. Geist" (so richtig *Norden,* Agnostos Theos, S. 189). Zwischen diesen Bezeichnungen besteht also kaum ein Unterschied (vgl. *W. Bauer* in Hdb. z. NT, zu Joh 5,18). Daß es sich um christliche Propheten handelt (vgl. *Wetter,* Sohn Gottes, S. 4 ff.; *Lietzmann,* Geschichte der Alten Kirche II,44 f. und *Harnack,* Mission und Ausbreitung, [4]1924, S. 364 Anm. 1 u. S. 485) ist unbestritten. Am naheliegendsten schien zunächst (schon auf Grund einer Stelle wie Eus. h. e. V 16,17 — Maximilla) die Zuweisung an den Montanismus (vgl. *Bonwetsch,* Gesch. d. Montan. 1881, S. 72), doch blieb *Harnack* (Altchr. Lit.-Gesch. I/1, S. 39 u. 364 Anm. 1) skeptisch. Diese Skepsis nahm zu (vgl. *P. de Labriolle,* La crise montaniste, 1913, S. 35 ff. und *E. Schweizer,* Ego Eimi, S. 12 ff.) in dem Maße, als die mit kühnsten Kombinationen unterlegte Hypothese *Reitzensteins* (Poimandres, S. 222 ff., vgl. *Norden,* a.a.O. S. 188 ff. und *Leisegang,* Die Gnosis, S. 85) von der gnostischen, ja sogar samaritanisch-gnostischen Abkunft jener Bettelcharismatiker an Boden gewann (vgl. z. B. *Cerfaux,* Rech de sc. rel. 1926, S. 489, Anm. 1 ferner *L. Bieler,* Theios Aner, S. 134, der auf Marcosier weist, *Schmithals,* Apostelamt, S. 153 ff., der sich direkt für Simonianer, jedoch in: Die Gnosis in Korinth, 2. Aufl. S. 262 f. ebenfalls für marcosisches Milieu entscheidet, schließ-

c) Damit zur dritten Frage: Wie lautete Simons Identifikationsformel? Hier ist auf die – im Munde des Volkes einigermaßen eigenartige, in Wahrheit literarische – Ausdrucksweise von V 10 zu blicken. Danach soll Simon sein ἡ δύναμις τοῦ θεοῦ ἡ καλουμένη μεγάλη. Dabei ist ein Doppeltes zu beachten: einmal die Definition der genannten δύναμις durch den Genitiv τοῦ θεοῦ, welche „die" große Kraft (i. S. des höchsten Gottes) auf „eine" große Kraft desselben einzuschränken scheint, zum anderen die mit dem Partizip καλουμένη eingebrachte umständliche Nachstellung des Wortes μεγάλη. Daß die mit ἡ καλουμένη nachgeholte Erläuterung der Kraft als „groß" ein ausgesprochen lukanisches Spezificum ist, ist bekannt und bedarf daher keiner Beispiele[13]. Und zwar geht es dabei jedesmal um eine (für den Leser wichtige) Näherbestimmung der vorangehend genannten Person oder Sache, die durch diese Konstruktion genauer bestimmt wird. Angewandt auf AG 8,10 heißt das: Erst das Partizip καλουμένη definiert die gemeinte δύναμις in ihrem eigentlichen, für den Leser verständlichen Sinn. Daß aber auch der gemeinte Gegenstand selbst (also hier die δύναμις) noch durch einen beigefügten Genitiv (hier τοῦ θεοῦ) genauer festgelegt wird, dafür gibt es im lukanischen Schrifttum, soweit ich sehe, nur ein einziges Parallelbeispiel, das freilich alle Probleme augenblicklich löst, das ist die Schilderung des Lahmen von AG 3,2, den man täglich niedersetzte πρὸς τὴν θύραν τοῦ ἱεροῦ τὴν λεγομένην ὡραίαν. Natürlich hieß das Tor in der Umgangssprache nicht „schönes Tempeltor", sondern nur „schönes Tor"; denn daß es sich am Tempel befand, mußte dem Kundigen klar sein. Erst der AG-Vf., der für entferntere Leser schrieb, sah sich also zu einer entsprechenden Erläuterung veranlaßt. Das heißt aber in Kürze: Beide Genitive, sowohl der von AG 3,2 (τοῦ ἱεροῦ), als auch der von AG 8,10 (τοῦ θεοῦ), sind lukanische Erläuterungen, die lediglich Fernerstehende ins Bild setzen sollen[14]. Die von Jackson/Lake und Haenchen (ohne nähere Begründung) vorgeschlagene Streichung des τοῦ θεοῦ in AG 8,10 ist also legitim; der ursprüngliche Titel hieß in der Tat wahrscheinlich nur

---

lich auch *Wülfing v. Martitz* in ThWB VIII,339). Daneben steht neuerdings die Hypothese von der jüdisch-judenchristlichen Wandermission (vgl. *D. Georgi*, Die Gegner des Paulus im II Kor, 1964, S. 117 ff.; *G. Kretschmar*, ZThK 1964, S. 36).

[13] Siehe die Zusammenstellung von *K. L. Schmidt* in ThWB, III, S. 488,37 ff., was *Kippenberg* (a.a.O. S. 345 Anm. 131) offenbar entgangen ist. Die Ausdrucksweise ist natürlich auf das NT nicht beschränkt.

[14] Doch vgl. auch AG 3,11 (5,13; Joh 10,23): ἐπὶ τῇ στοᾷ (scil. τοῦ ἱεροῦ, 3,2!) τῇ καλουμένῃ Σαλομῶντος = die Halle Salomos. Übrigens ist die mit λεγομένη bzw. καλουμένη angehängte Näherbestimmung der Lokalität sowohl in AG 3,2 („schönes Tor") als auch 3,11 („Halle Salomos") kein Ausdruck besonderer lukanischer Ortskenntnis, sondern eher eine Umschreibung seiner Unkenntnis, s. die Darlegungen von *K. Lake*, Beginnings V, S. 478 ff. und die Kommentare von *Zahn*, *Haenchen* und *Conzelmann* zu den beiden Stellen.

ἡ μεγάλη δύναμις[15]. Freilich hat das nichts mit irgendeiner Degradierungstendenz in bezug auf Simon zu tun, sondern will im Falle von AG 8,10 lediglich unterstreichen, daß die dem Simon zugeschriebene „große Kraft" nicht als menschliche, sondern als göttliche gedacht war. Im übrigen braucht man nur Lk 22,69 (im Unterschied zur Mt/Mk-Parallele) zu vergleichen, wo genau der gleiche Genitiv in dem Ausdruck ἐκ δεξίων τῆς δυνάμεως τοῦ θεοῦ Jesus selbst in den Mund gelegt wird, ohne daß damit eine Depotenzierung jener Kraft (d. h. Gottes) beabsichtigt wäre[16].

Damit kann die Sichtung von AG 8,5 ff. vorläufig abgeschlossen werden. Im Sinne Haenchens hat sich dabei dreierlei bestätigt: 1) der ursprüngliche Bericht identifizierte den Magier in der Tat mit der höchsten Gottheit, 2) die Aussage des Volkes in V 10 geht nicht auf eine Akklamation, sondern auf eine Selbstaussage Simons i. S. von V 9 zurück, 3) der dabei gebrauchte Ausdruck für Simons göttliche Würde lautete ἡ μεγάλη δύναμις. Nicht bestätigt hat sich dagegen in allen drei Fällen die Vermutung, daß Simon in erster Linie nicht als „Magier", sondern als gnostischer Erlöser aufgetreten sei, den der lukanische Redaktor dann „zum bloßen Zauberer degradiert" hätte. Zu dieser Annahme bieten die verglichenen AG-Texte weder in bezug auf Simons Titel noch in bezug auf seine angebliche Identifikation mit dem höchsten Gott irgendeine Handhabe, vielmehr handelt es sich hier um eine religionsgeschichtlich orientierte Überinterpretation, die über die in AG 8 verarbeitete Tradition weit hinausgeht. Davon abgesehen ist auch die ganze öffentliche Szenerie und Sensation, in und mit der zusammen Simon dort vorgestellt wird, alles andere als gnosisverdächtig[17]. Um den in V 10 steckenden Titel also um jeden

---

[15] Die von *A. Klostermann*, Probleme im Aposteltext (1883), S. 15 f. vorgeschlagene, von *Zahn* (Die AG I, S. 282 f.) ausdrücklich verteidigte und von *Salles-Dabadie* (a.a.O. S. 128 f.) erneut aufgewärmte aramäische Interpretation des Wortes μεγάλη i. S. von m'gale (welcher offenbart), ist bereits von *E. Nestle*, Philologia Sacra (1896), S. 52 und anderen verworfen worden.

[16] Zu Lk 22,69 vgl. schon den Hinweis bei *Haenchen* zu AG 8,10 (mit falscher Stellenangabe). Allerdings ist dabei der Einfluß von Ps 109,1 (LXX) zu berücksichtigen. Ebenso könnte aber auch schon die Vorstellung der „sessio ad dextram" eingewirkt haben (vgl. das Material bei *Hahn*, Bibliothek der Symbole, [3]1897, in *Harnacks* Anhang, S. 384 ff.). Am Sinn der lukanischen Aussage ändert sich dabei nichts.

[17] Hierhin gehört die ganze Öffentlichkeit und mit Magie aufgeputzte Sensationsmache einschl. des staunenden Volkes, die weit eher an den Typ des θεῖος ἀνήρ (vgl. neben *Bieler*, a.a.O. passim auch *H. D. Betz*, Lukian, S. 108 ff.) als an den eines gnostischen Sektenstifters erinnert, von einem gnostischen Offenbarungsgott (vgl. z. B. Corp. Herm. I,1 ff.; Act Joh 97 ff.; Apokryphon Joh p. 20,3 ff.) ganz zu schweigen. Freilich berichtet Poimandres (Corp Herm I, 27 ff., *Scott* I,132) von einer öffentlichen Predigt des Propheten (nicht des Offenbarungsgottes!) im Stile Simons (nach Iren I,23,3) an alle Welt. Aber ob sie je stattgefunden hat? Und Iren III,15,2 (*Harvey* II,79 f.) weiß zumindest von valentinianischen Homileten, die sich in ihren Predigten an die „multi-

Preis als gnostisch zu interpretieren, müßte man praktisch von dem gesamten Kontext abstrahieren, ein Verfahren, dessen Erfolg nur um den Preis seiner Glaubwürdigkeit erkauft werden könnte.

Hinzuzusetzen ist noch eines: Wir sind bei der Behandlung von AG 8 von der Voraussetzung ausgegangen, daß darin eine ältere Simon-Magus-Überlieferung verarbeitet ist, deren Kontur zumindest undeutlich noch zu erkennen ist. Stringent beweisen läßt sich das natürlich nicht. Allein selbst wenn es beweisbar wäre, so wäre doch damit noch nicht gesagt, daß die Person Simons in dieser Überlieferung auch historisch getreu wiedergegeben wäre. M. a. W. Simon kann wohl ein samaritanischer Magier gewesen sein, aber der Anspruch des Magiers, als „große Kraft" i. S. des höchsten Gottes zu gelten, muß damit noch nicht auf ihn selbst zurückgehen. Auch scheint schon der AG-Vf. nicht mehr genau gewußt zu haben, was der in 8,10 verborgene Titel eigentlich bedeutete[18]. Kurz, Überlieferung und historische Wirklichkeit müssen nicht einfach identisch sein. Was in AG 8 geboten wird, ist nachträgliche Simon-Magus-Überlieferung, so wie es auch die Evangelien von Jesus sind.

2. Damit stehen wir bereits beim zweiten Teil der begonnenen Aufgabe. Den aus der Apostelgeschichte erhobenen Sachverhalten zur simonianischen Frage ist das gnostische, bzw. nichtgnostische Material zum Thema der „großen Kraft" zu konfrontieren[19]. Denn daß Simon im 2. Jahrhundert mit einem derartigen Titel als gnostischer Erlöser galt, ist natürlich nicht zu bestreiten. Da die gnostische Titulatur Simons indessen terminologisch nicht ganz eindeutig festliegt, setzen wir die folgenden Vergleiche auf etwas breiterer Basis an, als es sonst nötig wäre.

I. Jüdisch-frühchristliche Zeugnisse

1. Unter den verschiedenen Abstraktionen, die die spätjüdische Frömmigkeit anstelle des Gottesnamens einführte, spielt auch diejenige der „Allmacht" bzw.

---

tudo" der „simpliciores" (vgl. hierzu jetzt *N. Brox*, Der einfache Glaube und die Theologie, Kairos 1972, S. 161 ff. und *H. Dörrie*, Zum Problem der Ambivalenz in der antiken Literatur, Antike und Abendland XVI, 1970, S. 85 ff.), d. h. an die Ungebildeten innerhalb der Gemeinden wendeten. Aber mit AG 8 hat beides nichts zu tun. Eher fühlt man sich dort an Celsus bei Orig. I,68 erinnert.

[18] Vgl. schon die grammatisch ganz analog ausgedrückte lokale Unkenntnis in AG 3,2 u. 11 (oben S. 104[14]). Auch der Zusatz τοῦ θεοῦ in AG 8,10 wirkt, wie *E. Fascher* (RAC IV, Sp. 431) richtig empfunden hat, eher verundeutlichend als verdeutlichend.

[19] Allgemeine Literatur zur antiken Kraftvorstellung: *F. Preisigke*, Die Gotteskraft in der frühchristlichen Zeit (1922); *J. Röhr*, Der okkulte Kraftbegriff im Altertum (1923) – materialreich, *W. Grundmann*, Der Begriff der Kraft in der ntl. Gedankenwelt (1932), *ders.* auch in ThWB II,286 ff. (Art. δύναμαι), *Nilsson*, Griech. Rel. II, S. 511 ff. (sehr instruktiv) und *E. Fascher*, Art. Dynamis in RAC IV, 415 ff.

„Kraft“ (griech. ἰσχύς bzw. δύναμις) eine Rolle. Dabei handelt es sich nicht um eine Hypostasierung des Kraftbegriffs, sondern lediglich um eine aus dem Anblick des geschichtlichen Handelns Gottes erwachsene Umschreibung des Gottesnamens. Die Ausdrucksweise begegnet sowohl auf rabbinischem wie samaritanischem wie syrisch-christlichem Boden (Peschitta). Ob sie schon in Petr-Ev. 19 („Meine Kraft, meine Kraft, du hast mich verlassen“) vorausgesetzt ist, bleibt unsicher[20].

2. Neben dem Ausdruck „Kraft“ und mit ihm wechselnd erscheint im gleichen palästinisch-syrischen Raum auch die Ausdrucksweise der „oberen“, „großen“, „verborgenen“ und „unbegreiflichen Kraft“ als Gottesname. Auch hier steht der Gedanke an Gottes geschichtliches Handeln im Hintergrund. Wie unwillkürlich dabei der Übergang von der „Kraft“ zur „großen Kraft“ Gottes vollzogen wurde, hat E. Nestle an LXX-Stellen wie Dtn 9,26 ff. u. Sach 4,6 gezeigt. Als jüdisch-frühchristliche Belege für den erweiterten Gottesnamen kommen (abgesehen von AG 8,10) Vita Adae 28 („incomprehensibilis magnitudinis virtus“), das Jakobusmartyrium des Hegesipp b. Eus. h. e. II,23,13 (Christus sitzt „zur Rechten der großen Kraft“), Ps Clem. Hom. XVIII 12,1, dazu die samaritanische sowie die syrisch-nestorianische Überlieferung des 4. bzw. 5. Jahrhunderts in Frage[21].

---

[20] Rabbinische Belege bei *Grundmann*, ThWB II,298,39 ff. (vgl. S. 296 f. und 307) und *Billerbeck* I,1006 f., dazu die weitere Lit. bei *Kippenberg*, Garizim, S. 343 Anm. 114. Samaritanisches bei *Kippenberg* (siehe nächste Anm.). Zu Petr.-Ev. 19 vgl. *Zahn*, NKZ 1883, S. 173 ff. (mit Hinweisen auf Aquila und die Peschitta), *H. v. Schubert*, Die Composition des pseudopetr. Ev.-Fragments (1893), S. 40 ff. und *Harnack*, TU IX,2 (1893), S. 58 f., ferner *G. Dalman*, Worte Jesu I (1898), S. 164, *W. Bauer*, Leben Jesu, S. 224 f., *Grundmann*, a.a.O. S. 307 f. und *Kippenberg*, a.a.O. S. 342 f. Hier kann statt des Gottesnamens auch der gnostische Begriff der Kraftsubstanz oder -hypostase vorliegen; vgl. *W. Bauer*, a.a.O. S. 257, der darauf aufmerksam macht, daß der Auferstandene in Petr.-Ev. 39 als „kraftlos“ vorgestellt wird; dazu Stellen wie Pist Soph c. 55,24 (*Schmidt-Till*, S. 69): „Meine Kraft ist zugrunde gegangen ... wegen meines Lichtes; denn sie haben es von mir genommen.“

[21] Schon *Dalman* (Worte Jesu I,164 f.) hat auf Vita Adae 28 (*Meyer*, Abh. des Bayer. Ak. 1878, S. 230) und Hegesipp bei Eus. h. e. II,23,13 (*Schwartz*, S. 69) unter Bezug auf AG 8,10 aufmerksam gemacht (dort auch der Hinweis auf Siphre Dtn 319, wo Gott „die obere Kraft“ heißt). Weitere Hinweise auf diese Stellen bei *Bousset-Greßmann*, S. 316 Anm. 1 (vgl. auch S. 315 Anm. 1: ἡ μεγάλη δόξα), *Grundmann*, ThWB II, 298 Anm. 1; *Widengren*, The Ascension, S. 52 ff. mit *Kippenbergs* Stellungnahme, Garizim 343; *Fascher*, RAC IV, 455. Zu Vita Adae 28 bemerkt *Fascher* (a.a.O. 424): „Der Vergleich mit Corp. Herm. I,26 ... liegt da sehr nahe.“ Zur LXX siehe *E. Nestle*, Philologia Sacra S. 52 f., zur samaritanischen Überlieferung jetzt umfassend *Kippenberg*, ZDPV 1969, S. 76 ff. und Garizim, S. 125 f. und bes. S. 342 ff., der den doxologischen Bezug („Groß ist die – große – Kraft“) innerhalb der samaritanischen Liturgie herausarbeitet, vgl. dazu auch Stellen wie Nahum 1,3 (LXX): μεγάλη ἡ ἰσχὺς αὐτοῦ; in der syrisch-nestorianischen Liturgie (vgl. *Widengren*, a.a.O. S. 53 ff.) ist die „verborgene Kraft“ mit dem ins Taufwasser eingehenden hl. Geist identifiziert, doch kann man hier fragen, ob wirklich ein Gottesname gemeint ist.

3. Neuerdings gestatten die Qumran-Texte einen Blick in die vorchristliche jüdische Sektengeschichte. Im allgemeinen gehen die hier in Frage kommenden Stellen zum Thema „Gotteskraft“ und „Stärke“ über den sonstigen Befund im AT nicht hinaus, d. h. sie handeln nur von der Kraft, durch die Gott wirkt, nicht von der, die er ist. Doch hat inzwischen M. Baillet aus den Texten der Höhle IV zwei Stellen gebracht, wo beide Bedeutungen faktisch identisch werden: „Herr tue doch gemäß deiner selbst, gemäß deiner großen Kraft“ und: „Den abtrünnigen Vätern wurde vergeben, auf daß sie erkannten deine große Kraft und den Reichtum deiner Gnade über alle Geschlechter.“[22]
4. Eine Inkarnation der „großen Kraft“ kennen die jüdisch-frühchristlichen Texte (von Christus abgesehen) nicht. Eine Ausnahme scheint freilich der Prophet Elchesai („die verborgene Kraft“) zu machen. Doch handelt es sich hier lediglich um eine prophetische Identifikation in dem Sinne, wie sie auch bei der montanistischen Prophetin Maximilla auftritt, die sich nach dem Bericht des antimontanistischen Anonymus (um 190) als ῥῆμα, πνεῦμα καὶ δύναμις bezeichnet haben soll[23].
5. Mit Philo von Alexandrien ist der Kraftbegriff auf jüdisch-alexandrinischem Boden zur Hypostase geworden. Philo nennt Gott ἡ ἀνωτάτω καὶ μεγίστη δύναμις (Vita Mos. I,111), was der (angeblichen) Selbstbezeichnung Simons als „sublimissima virtus“ (Iren I,23,1) entspricht, sofern damit das Erhabensein der „größten Kraft“ über die untergeordneten kosmischen „Kräfte“ ausgesagt ist. Immerhin unterscheidet sich die Dynamis-Struktur Philos insofern von der simonianischen, als die von Gott unterschiedenen „Kräfte“ bei ihm im Logos zusammengefaßt sind, dem abgesehen von seiner schöpfungsmittlerischen Funktion u. a. auch die Fähigkeit der (sittlichen) ἐπανόρθωσις des Menschen eignet, während nach Iren I,23,3 bei den Simonianern von einer kosmischen ἐπανόρθωσις die Rede ist, welche Simon als „Höchste Kraft“ sich selbst vorbehält. Enger ist dagegen Philos Zusammenhang mit der kirchlichen Theologie seit

[22] *M. Baillet*, Un recueil liturgique de Qumran (Rev. Bibl. 1961, S. 198 ff.; Col II,7), vgl. auch S. 214. Ich verdanke den Hinweis *M. Hengel*. Vgl. sonst noch 1QM I,11 u. 14; IV,12; VI,2,6; X,9; XI,5 ff.; 1QH XI,3 ff. u. 29; XIV,23; XV,20 f.

[23] Zum Namen des Elchesai (Epiphanius, haer XIX,2,10) verweist *J. Irmscher* (*Hennecke-Schneemelcher* II, 529) fragend auf AG 8,10. Was den Ausspruch der Maximilla (bei Eus. h. e. V,16,17 vgl. ähnlich Hippol. Ref. IX 13,5 – Alkibiades) betrifft, so erinnert er im Kontext an Joh 10,12. Im Anschluß an Hippol Ref VI,9,8 ff. hat *W. Schmithals* (Die Gnosis in Korinth, 2. Aufl. S. 33 Anm. 5 und S. 45 f.) die Behauptung aufgestellt, die „verborgene Kraft“ des Elchesai sei mit der in allen Menschen „verborgenen“ Kraft des „stehenden“ i. S. der Megale Apophasis identisch, d. h. ein gnostischer Sachverhalt. Davon kann überhaupt keine Rede sein. So wenig wie in den Thomasakten (*Kippenberg* a.a.O. S. 343 gegen Widengren) liegt hier eine Gottesvorstellung zugrunde. Richtig dagegen *Harnack*, DG I, S. 328 (m. Anm. 1): „Diese elkesaitischen Judenchristen hielten an Christus dem Sohne Gottes fest, sahen in dem Buche eine von ihm ausgegangene Offenbarung, zollten ihrem ‚Stifter‘, d. h. dem Empfänger des Buches keine religiöse Verehrung und haben, wie sich zeigen wird, den Simonianismus auf das lebhafteste bekämpft.“

dem 2. Jahrhundert, die ebenfalls den Logos (Christus) mit der δύναμις θεοῦ identifizierte[24].

6. Ein Problem für sich bildet die Lehre der – zu Unrecht immer wieder als „Gnostiker“ bezeichneten – Melchisedekianer, die den römischen Adoptianismus (um 190) durch die jüdische Michael-Melchisedek-Spekulation überhöht haben sollen, indem sie die Gestalt des mit dem ἄγγελος μέγας Michael (vgl. Hermas, Sim. VIII,3,3) identifizierten himmlischen Melchisedek als δύναμις μεγίστη bzw. als δύναμις ... ὑπὲρ πᾶσαν δύναμιν (Hippol Ref VII,36; X, 24), lateinisch: „Magna (bzw. praecipua) virtus dei“ (Ps. Tert. c. 8; Filastrius c. 52), d. h. als „Sohn Gottes“ und ἰσαγωγεῦς πρὸς τὸν θεόν verehrten[25] und die auf Jesus herabgekommene „virtus“ Christus davon streng unterschieden. Von einem Titel der „großen Kraft“ kann hier so wenig die Rede sein, wie von einer Menschwerdung derselben. Weniger reflektiert ist dagegen die Auffassung des bei Cyrill von Alexandrien überlieferten koptischen Fragments des Hebräerevangeliums (?) (vgl. auch Pistis Sophia Kap. 8), wonach eine *„gewaltige*

[24] Vgl. die Überblicke von *Grundmann* und *Kleinknecht* in ThWB II,299 und II,76 f., sowie die weiterführenden Ausführungen von *Kretschmar*, Trinitätstheologie, S. 40 ff. und 90 f. Zwischen der völlig transzendenten obersten Gottheit und dem sie als κόσμος νοητός bzw. „Kraft aller Kräfte“ (*Loofs-Aland*, Leitfaden S. 45) darstellenden Logos besteht also ein hypostatisches, kein personales Verhältnis. Neben dem Logos taucht als „Konkurrenzbegriff“ (Kretschmar) die Weisheit als πρωτίστη τῶν δυναμέων (Leg alleg. II,86) auf. Locus classicus der christlichen Gleichsetzung von λόγος und δύναμις θεοῦ ist Justin, Apol I,33,6 (vgl. dazu bes. *Andresen*, Logos und Nomos, S. 318 ff.). Zur Abgrenzung zwischen dem transzendenten Gott und seiner „Kraft“ bzw. „Stärke“ bes. Theophil Autol. I,3. Die Kraft-Stellen bei Clem Alex sind sehr zahlreich (vgl. die Aufstellung von *Fascher*, RAC IV,448); hervorzuheben sind Strom. VI,7,1 f.; 148,12; VII,7,4 u. 9,1 f. und die – vielleicht doch gnostisch beeinflußte – interessante Ausführung aus den Hypotyposen b. Photius bibl. cod. 109 ff. (*Harnack*, Altchristl. Lit.-Gesch. I, S. 297).

[25] Quellen und Lit. bei *Hilgenfeld*, Ketzergesch. S. 611 f. und *Windisch*, Exk. zu Hebr 7,1 ff. (im Hdb. z. NT). Daß es sich dabei nicht, wie *M. Friedländer*, vgl. aber schon *Thomasius* (DG ²I, S. 180 Anm. 5) und neuerdings wieder *Widengren* (Ascension, S. 50), *Michel* ThWB III, S. 575), *Schmithals* (Gnosis in Kor. S. 284 Anm. 2) und *M. Simon* (in: Le Origini S. 362 f.) behauptet haben, um Gnostizismus, sondern lediglich um einen Auswuchs des Adoptianismus handelt, erkennt man, wenn man die Darlegungen von *Harnack* (DG I,713 ff. = ³RE XIII, S. 314 ff.), *Windisch* (a.a.O.), *Bousset-Greßmann* (S. 327 f. – zu Michael), *Dibelius* (Der Hirte d. Hermas, 1923, Exkurse zu Sim. VIII,1,1 u. V, 6,7) und *Kretschmar* (Trinitätstheologie, S. 123 f.; 163 Anm. 3 und 185 f.) überblickt. Im Grunde stellt der Melchisedekianismus den Versuch dar, den „Sohn Gottes“ von einer Inkarnation überhaupt fernzuhalten. Ob dabei die philonische Gleichsetzung Melchisedeks mit dem Logos (leg. alleg. III,79 f.) eine Rolle gespielt hat, kann man immerhin fragen. Mit Gnostizismus hat das Ganze jedenfalls nichts zu tun. Unklar bleibt freilich auf Grund der Quellen, 1. ob der als Abbild des Melchisedek auf Jesus herabgekommene Christus als Kraft oder Person zu verstehen ist, 2. ob der in der Tat „gnostisierende“ Bericht bei Epiphanius (haer LV) übertrieben ist oder nicht (Harnack bleibt unausgeglichen), 3. wie sich römische Häretiker um 200 für ihre Christologie auf

Kraft“ Michael als „Maria“ in die Welt kam, um Christus hervorzubringen. Doch handelt es sich hier bereits um Gnostizismus[26].

II. Hellenistisch-frühchristliche Zeugnisse

1. „Zahlreich“, sagt Bieler, „sind die Selbstaussagen von θεῖοι ἄνδρες, durch die sie sich für Gott oder Gottes Sohn erklären.“ Hierhin gehören Erscheinungen wie Empedokles, welcher „rund heraus sagt ... daß ein Gott in ihm steckt“ (Wilamowitz), oder Menekrates-Zeus, von dem es noch im 2. Jh. n. Chr. hieß: Μενεκράτης ... ὁ Ζεὺς ἐπικαλούμενος, ὅς ἐφρόνει μέγα, ὡς μόνος αἴτιος τοῦ ζῆν (d. h. er gab sich als Zeus aus). Auf niederer Ebene begegnen ferner die schon erwähnten Celsuspropheten mit ihren eschatologischen ἐγώ-εἰμι-Aussagen, auf höherer („philosophischer“) Ebene Gestalten wie Pythagoras oder Apollonius von Tyana u. a. Auch Peregrinus Proteus will von den Christen wie ein Gott verehrt worden sein. Dabei spielen die Wundertaten der Wundermänner (vgl. schon AG 14,6 ff.) eine große Rolle. Ob die Betreffenden sich als „Gott“ oder „Gottes Sohn“ ausgeben, macht dabei kaum einen Unterschied. Dagegen fehlt die Selbstbezeichnung als „große Kraft“[27].

Hebr berufen haben sollen (Windisch), wenn derselbe in Rom (s. Can Mur) damals kein kanonisches Ansehen besaß.

[26] Text bei *Klostermann*, ³Apokrypha II, S. 5; vgl. dazu *Vielhauer* in: *Hennecke-Schneemelcher* I, S. 88. Nach Pist. Soph. 8 (*Schmidt-Till*, S. 50) hat Christus in Gestalt des Gabriel die „erste Kraft“ der Barbelo, d. h. seinen eigenen pneumatischen Körper (dazu andere Kräfte) in Maria „hineingestoßen“. Auch die sonstigen gnostischen Vorstellungen zu diesem Vorgang variieren. Bei Marcos (Iren I,15,3; *Harvey* I, S. 150) kommt die „Kraft (d. h. der Same) des Vaters“ auf Jesus in seiner Taufe. Nach den Ophiten (Iren I,30,13; *Harvey* I, S. 239) tritt eine ähnliche Kraft bei der Auferweckung Jesu ein. Die Kainiten dachten sich Kain „ex quadam potenti virtute conceptus“; ähnlich berichtet Tertullian, De anima 50 von Menander, er sei „a superna et arcana potestate“ gesandt (*Hilgenfeld*, Ketzergesch. S. 188 Anm. 311).

[27] Belege bei *Wetter*, Sohn Gottes, S. 8 ff.; *Bieler*, Theios Aner, S. 136 f.; *Nilsson*, Griech. Rel. II, S. 505 f.; *Betz*, Lukian von Samosata, S. 139 ff. Zu Menekrates Zeus vgl. ausführlich *O. Weinreichs* gleichbetitelte Schrift (1933, jetzt in: Religionsgeschichtliche Studien 1968, S. 305 ff.), ferner *H. Windisch*, Paulus u. Christus (1934), S. 67 ff.; zu Empedokles bes. Frgm. 112 *(Diels)*; ich gebe die Übersetzung von *Leisegang*, Die Gnosis S. 84: „Ich aber wandle jetzt als unsterblicher Gott, nicht mehr als Sterblicher vor euch; man ehrt mich allenthalben als solchen, wie es mir zusteht ... Sobald ich mit diesen Anhängern, Männern und Frauen die blühenden Städte betrete, betet man mich an und Tausende folgen mir nach, um zu erkunden, wo der Pfad zum Heile führt. Die einen wünschen Orakel, die anderen fragen wegen mannigfacher Krankheiten nach, um ein heilbringendes Wörtlein zu hören ... doch was red' ich hierüber noch viel, als ob ich etwas Großes vollführe? Bin ich doch mehr als sie, die sterblichen, vielfachem Verderben geweihten Menschen!“ usw. Zur Frage der Typisierung Jesu als θεῖος ἀνήρ siehe vor allem *H. Windisch*, a.a.O. S. 191 ff. Daß zwischen der Aussage, „Gott“ oder „Gottes Sohn“ zu sein, kaum ein Unterschied besteht, beweisen die von Celsus geschilderten syrischen Bettelpropheten (Orig. ctr. Cels. VII,8 f.), s. dazu oben 103[12] und *W. Bauer* (im Hdb. z. NT) zu Joh 5,18 (S. 82 f.). Zur Identifikationsformel derselben vgl. auch *Betz*, Lukian, S. 139 Anm. 1 m. weiteren Belegen.

2. Etwas ganz anderes ist die kosmologische Kraftspekulation der Spätantike, wie sie etwa in der pseudoaristotelischen Schrift περὶ κόσμου (1. Hälfte 1. Jh.) auftritt, wonach die höchste Gottheit nicht mehr direkt, sondern durch ihre Kraft, bzw. als Kraft den Kosmos erfüllt und leitet. So erscheint z. B. in dem von Reitzenstein als „stoisch-pantheistisch“ bezeichneten Teil der Kosmologie des Poimandres (Corp. Herm. I,7) die Gottheit selbst als allumfassende μεγίστη δύναμις, während Clemens Alexandrinus (Strom VII,9,1 f.) damit den alldurchwaltenden Logos Christus als δύναμις θεοῦ von I Kor 1,24 (VII,7,4) verbindet. Gelegentlich hat übrigens auch Plotin (vgl. Enn. V,4,2 „Das Erste und das nach ihm“) die weltnegative oberste Potenz als μεγάλη (bzw. μεγίστη) δύναμις bezeichnet. Um einen Gottestitel handelt es sich hier jedoch in keinem Fall[28].

3. Derselbe spätantike Kraftglaube hat auch (gleichsam in umgekehrter Richtung wie bei Nr. 2) die Götter des Volksglaubens in „Größen“ und „Kräfte“ verwandelt, wobei man mit Superlativen nicht eben sparsam umging. Hierhin gehören die im Zusammenhang mit der Simon-Magus-Frage schon oft erwähnten Texte wie der große Pariser Zauberpapyrus, wo das Gestirn des Bären als μεγίστη δύναμις ... ὑπὸ κυρίου θεοῦ τεταγμένη aufgeführt wird oder die Lydische Inschrift über den Mondgott Men als μεγάλη δύναμις τοῦ ἀθανάτου θεοῦ samt den von E. Peterson behandelten Megas-Akklamationen, die entweder eine Gottheit (s. schon AG 19,27 ff. „Groß ist die Diana der Epheser“) oder die von ihr ausgehende Kraft betreffen, vgl. den schon genannten Men und die asiatische Mater: Μεγάλη Μήτηρ Ἄτμις καὶ μέγας Μὴν ... καὶ ἡ δύναμις αὐτῶν μεγάλη. Die „große Kraft“ solcher Gottheiten war freilich nicht inkarniert, dafür konnte sie aber z. B. in Götter-Standbilder eingehen und von da aus wundertätig werden wie in dem von Nock beschriebenen Fall des Sonnengottes Mandulis Aion, von dem es heißt: ἦλθες κατὰ καιρὸν ἀνατολὰς

---

[28] An der Schwelle des kosmologischen Dynamismus der Spätantike steht Poseidonius (vgl. *Grundmann*, ThWB II,289 f. und *Fascher*, RAC IV, S. 419). Zu Pseudoaristoteles siehe *P. Gohlke*, Aristoteles über die Welt ([2]1952) und *H. Strohm*, Studien zur Schrift von der Welt (Mus. Helveticum 1952, S. 137 ff.), ferner die Literaturangaben bei *Ueberweg-Praechter*, Die Phil. des Altertums [12]1960, S. 177⁺, auch *Fascher*, a.a.O. S. 423. Zur Umfassung des Feuers im Poimandres durch eine μεγίστη δύναμις (Corp. Herm. I,7, *Scott* I, S. 116) vgl. *Reitzenstein*, Poimandres, S. 37 f. u. 45 f. und neuerdings *Salles-Dabadie*, S. 88. *Scott* II, S. 28 will die Passage mit I,8 verbinden. Zu Clem. Strom VII,9,1 f. sind Strom VII,7,1 ff. und Exc. ex Theod 4,2 sowie die entsprechenden Belege aus Philos Logos-Lehre bei *Krämer*, Geistmetaphysik, S. 277, Anm. 320, ferner S. 315; 340; 362 f. zu vergleichen. Daß die δύναμις θεοῦ die Welt durchwaltet, sagt auch schon die bekannte Stelle Dion von Prusa, Or. XL,36; vgl. ferner *G. Manteuffel*, De opusculis Graecis Aegyptiae papyris, 1930, S. 86 ff. — Imuthes Asklepios (Hinweis M. Hengel). Zu I Kor 1,24 vgl. *Grundmann*, Der Begriff der Kraft S. 76 und ThWB II,305 f., der den Kontrast zu AG 8,10 hervorhebt. Die Plotinstelle Enn V,4,2 bei *Harder*, Plotins Schriften I (1956), S. 156, zur Sache vgl. vor allem *E. Benz*, Marius Victorinus und die Entwicklung der abendländischen Willensmetaphysik (1932), S. 206 ff. (die Unbegrenztheit des Plotinschen Dynamis-Begriffes) und *H. J. Krämer*, Geistmetaphysik, S. 338 ff. („Das Eine“ als Potenz).

... εἰς τὸν σὸν σηκόν, ξοάνῳ τε σῷ καὶ ναῷ ἔμπνοιαν παρέχων καὶ δύναμιν μεγάλην[29].

4. Noch eine Etage tiefer als der dynamisierte Götterglaube liegt die magisch-theurgische Subkultur der Spätantike, über welche die von Preisendanz herausgegebenen Zaubertexte (PGM) willkommene Auskunft erteilen. Auch der Magier dieser Zeit ist ohne den Kraftglauben nicht denkbar, aber er ist nicht „Gott“ oder „Gottes Sohn“, wie der θεῖος ἀνήρ (s. o. Nr. 1), sondern vollzieht lediglich im Zuge seiner Beschwörungen eine Einheit mit der angerufenen Gottheit, d. h. „ein makebelief, das freilich nicht ernst zu nehmen ist“ (Nilsson). Natürlich ist auch in den Anrufungen der Zauberpapyri immer wieder von den „gewaltigsten Gottheiten“ (μέγιστοι θεοί), z. B. Zeus/Jahwe, und ihren μέγισται δυνάμεις die Rede. Auch der Anruf μεγαλοδύναμε ist dabei nicht selten[30].

5. In die Welt des Zauber- und Dämonenglaubens gehört schließlich auch der erst in neuerer Zeit durch G. Quispel und J. Zander bekannt gewordene Utrechter koptische Papyrus aus den apokryphen Andreasakten. Leider ist er gerade an der für unseren Zusammenhang wichtigsten Stelle stark korrumpiert. Hier wird vom vergeblichen Liebeszauber eines „großen Magiers“ an einer christ-

[29] Zum Dynamismus dieser Art, vgl. *Grundmann*, ThWB II,290 f. (dort bes. die Stelle aus dem Imuthes-Asklepiospapyrus, Pap-Oxyrh. XI, 1381, 206 ff.) und VI,545 f. (Art. μέγας). Formeln wie μέγιστος θεός sind in den Zauberpapyri überall zu finden. Mithras gilt als μέγας θεός, seine Weihe als δύναμις (vgl. *A. Dieterich*, Eine Mithrasliturgie, 1903, S. 46 f.). Hermes heißt (Corp. Herm Inscr.) sogar „Trismegistos“. Die Stelle aus dem Pariser Zauberpapyrus (IV, 1275 f.; PGM I, 108) begegnet erstmals in *Deißmanns* Bibelstudien (1895), S. 19, Anm. 6 im Zusammenhang mit AG 8,10, die von *Keil v. Premerstein* 1908 veröffentlichte Men-Inschrift aus Lydien bei *C. Clemen*, Religionsgeschichtliche Erklärung des NTs (1909, ²1924, S. 288), vgl. ferner *Grundmann*, ThWB II, 290,23 ff. u. IV,545 f.; *Conzelmann*, Die AG, S. 53 und *Kippenberg*, Garizim, S. 343. Die von *F. X. Steinleitner* gesammelten und von *E. Peterson*, Ἕις Θεός (1926), S. 196 ff. neu behandelten μέγας-Akklamationen (vgl. auch den typischen Fall in Mart. Andr. I, c. 5 f., Li-Bo II/1, S. 49,16 f.: Μεγάλη ἡ δύναμις τοῦ ξένου θεοῦ) kommen den samaritanischen Akklamationen „Groß ist die Kraft“ des 4. Jhs. auffallend nahe (dazu *Kippenberg*, a.a.O. S. 343 f.). Die Stelle aus dem Mandulis-Hymnos (2.–3. Jh. n. Chr.) bringt *Nilsson*, Griech. Rel. II, S. 514, vgl. dazu *F. Preisigke*, Sammelbuch griech. Urkunden aus Ägypten (1915), Nr. 4127. Die Men-Atmis-Inschrift findet sich bei *J. N. Lane*, A Re-study of the God Men (in: Berytos XI, 1964, S. 16); Hinweis von *M. Hengel*.

[30] Zur magischen Identifikation *Nilsson*, a.a.O. S. 669 f., *Grundmann*, ThWB II, S. 290 und *Fascher*, RAC IV, S. 421 ff. Dabei spielt die auch in der Gnosis auftretende Formel „Du bist ich; ich bin du“ (s. o. S. 41[70]) eine Rolle. Dazu eine Auswahl von Götteranrufungen der Zauberpapyri bei *Preisendanz* PGM IV,1345 ff.: Ich rufe euch an, μεγαλοδυνάμους (κτλ.) παρέδρους τοῦ μεγάλου θεοῦ (Bd. I, S. 118) oder: I,345: ὁρκίζω τὴν σὴν δύναμιν ἐν πᾶσι μεγίστην (Bd. I, S. 18), oder XIII,63 ff.: ἐπικαλοῦμαί σε τὸν πάντων μείζονα (Bd. II, S. 90), oder im Pariser Zaub. Pap. IV,640 ff. χαίρε μεγαλοδύναμε (κτλ.) μέγιστε θεῶν, Ἥλιε, ὁ κύριος τοῦ οὐρανοῦ καὶ τῆς. Dazu heißt es: ἰσχύει σου ἡ δύναμις, κύριε; der Angerufene Helios ist dabei noch nicht einmal der μέγιστος θεός selbst (Bd. I, S. 94). Man könnte so fortfahren.

lichen Jungfrau berichtet (vgl. auch Cyprian von Antiochien!), der zu diesem Zweck „eine große Macht aus der Höhe“ (bzw. „große Mächte“), d. h. offenbar einen Dämon herabruft, den er in den Bruder der Jungfrau eingehen läßt. Dabei heißt es u. a.: „Die große Macht kam aus der Höhe in dieser Nacht.“ Die Vorstellung ist magisch-dämonologisch, nicht gnostisch. Ein Titel ist die „große Macht“ hier nicht[31].

III. Christlich-gnostische Zeugnisse

1. Die auf Simon selbst angewandten gnostischen Dynamis-Bezeichnungen lauten:

a) θεὸς (ursprünglich δύναμις?) ὑπεράνω πάσης ἀρχῆς καὶ ἐξουσίας καὶ δυνάμεως (Justin, Dial 120,6 vgl. Apol I,26,3);
b) „sublimissima virtus“ (d. h. griech. ἡ ἀνωτάτη δύναμις) (Iren I,23,1);
c) ἡ ὑπὲρ πάντα δύναμις (Hippol Ref VI,19,4; vgl. a);
d) „summa virtus“ (d. h. griech. ἡ ἀνωτάτη δύναμις) Ps. Tert. c. 1;
e) δύναμίς τις ἀνωτάτη τοῦ τὸν κόσμον κτίσαντος θεός (Ps. Clem Hom II, 22,3 möglicherweise nach AG 8,10 stilisiert);
f) „prima virtus“ (d. h. griech. ἡ πρώτη δύναμις) (Ps Clem Rec III,47,1);
g) ἡ μεγάλη (bzw. ἀπέραντος) δύναμις (Hippol Ref V, 9,5; VI,9,4; 13; 18,2 ff. usw.).

Die überwiegende Mehrheit dieser Bezeichnungen deutet an, daß die gnostische Bezeichnung Simons gar nicht ἡ μεγάλη δύναμις (AG 8,10), sondern ἡ ἀνωτάτη δύναμις gelautet hat. Dabei handelt es sich in keinem Falle um einen Titel, sondern stets um die Bezeichnung eines hypostatischen Kraftwesens[32].

---

[31] Der noch nicht edierte koptische Text des Utrechter Papyrus 1 ist bei *Hennecke-Schneemelcher* Bd. II, S. 281 ff. von *Quispel* und *Zander* in Übersetzung gegeben (dazu *Quispel*, An unknown fragment of the Acts of Andrew, Vig. Christ. 1956, S. 129 ff.). Vgl. die ganz analoge Szenerie in der Legende des Cyprian von Antiochien und der Justina 1,9 (*Th. Zahn*, Cyprian von Antiochien und die deutsche Faustsage 1882, S. 149): Cyprian fragt den Dämon, der ihm die Justina gefügig machen will, wie er ihm schwören solle; Antwort des Dämons: τὰς δυνάμεις μου τὰς μεγάλας τὰς παραμενούσας με. Darauf Cyprian: μὰ τὰς δυνάμεις σου τὰς μεγάλας · οὐκ ἀπαλάσσομαί σου. Es handelt sich also um Beschwörung eines Dämonen im Rahmen eines Liebeszaubers. Natürlich ist auch der Satan als Oberhaupt aller Dämonen eine gewaltige Macht, vgl. die schöne Stelle aus Porphyrios De abstinentia II,42, auf die *M. Pohlenz*, Vom Zorne Gottes (1909), S. 145 gewiesen hat. Hier heißt es von den Dämonen: βούλονται γὰρ εἶναι θεοὶ καὶ ἡ προεστῶσα αὐτῶν δύναμις δοκεῖν θεὸς εἶναι ὁ μέγιστος. Nach *Pohlenz* (S. 146) wäre die Stelle christlich beeinflußt. Ganz ähnlich charakterisierten auch die Gnostiker den Demiurgen.

[32] Aus den Pseudoclementinen vgl. noch Rec II,7,1, wo Simon als die „excelsa virtus, quae supra creatorem deum sit“ erscheint, ferner Hom III,38,2: ἡ ἀνωτάτη καὶ πάντα δυναμένη (δύναμις) und — allenfalls — Hom XVII, 12,1: ἡ μεγάλη (κυρία) δύναμις, doch dürfte hier einfach der auch bei Hegesipp (Eus. h. e. II,23,13) gebrauchte Gottesname vorliegen. In der Megale Apophasis wird der Ausdruck ἡ μεγάλη δύναμις nur drei- bzw. viermal, wenn auch an wichtiger Stelle, gebraucht (Ref V,9,4; 13; 18,2 f. und V,9,5), davon nur an

2. Mehrfach begegnet in der christlichen Gnosis das Entstandensein (bzw. die Inspiration) bedeutender gnostischer Erscheinungen durch eine große Kraft. Thom Ev. 85 lautet: „Jesus sprach: Adam ist entstanden aus *einer großen Kraft.*“ Ebenso heißt es bei den Kainiten, Kain sei „ex *quadam potenti virtute* conceptum, quae operata sit in ipso.“ Dazu kann man das schon erwähnte Evangelienbruchstück bei Cyrill vergleichen: „Als Christus auf die Erde zu den Menschen kommen wollte, erwählte der Vatergott *eine gewaltige Kraft,* welche Michael hieß und vertraute Christus ihrer Fürsorge an, und die Kraft kam in die Welt und wurde Maria genannt, und Christus war 7 Monate in ihrem Leib.“[33]

3. Sethianer, Archontiker, Karpokratianer, Satornilianer, Basilidianer u. a. Gnostiker sprechen immer wieder von einer *„oberen (unaussagbaren) Kraft“* (ἄνω ... δύναμις). Sie wird z. T. mit dem Gott Anthropos, z.T. mit der „Allmutter“ Barbelo oder Sophia Prunikos identifiziert, teilweise ist die Zuordnung undeutlich. Sofern die Gnostiker selbst *„über allen Mächten“* zu stehen meinen, gehören sie zu dieser „oberen Kraft“ hinzu, doch ist dieselbe in besonderer Weise auch auf Seth oder — in der Taufe — auf Jesus herabgekommen[34].

4. Auch bei den Valentinianern spielt die oberste Dynamis eine wichtige Rolle. So wird bei Irenäus (I,11,3 f.) ein „berühmter“ valentinianischer Lehrer verspottet, der eine oberste Kräftequaternität annahm (vgl. Marcos b. Iren I,14,1),

---

den beiden letzten Stellen für sich (in 18,2 f. nur wegen der Gegenüberstellung mit ἐπίνοια μεγάλη), sonst zusammen mit dem (16mal gebrauchten) Ausdruck ἡ ἀπέραντος δύναμις. Hieraus hat *Frickel,* a.a.O. S. 184 ff. geschlossen, daß nur der Ausdruck ἡ μεγάλη δύναμις (offenbar i. S. von AG 8,10) zur eigentlichen Apophasis gehöre, während das viel häufiger gebrauchte ἡ ἀπέραντος δύναμις dem späteren Paraphrasten zuzuschreiben sei. Die Hypothese steht und fällt mit ihrer eigenen Voraussetzung, daß nämlich überhaupt zwei literarische Schichten in der Apophasis-Wiedergabe Hippolyts zu unterscheiden seien (s. dazu o. S. 91 f.). Alle sonstigen auf Simon bezogenen Quellen (voran Epiphanius, die Petrusakten und die noch restierenden Stellen der Pseudoclementinen, vgl. z. B. Rec I,72,3) übernehmen einfach den Ausdruck von AG 8,10.

[33] Zu Thom. Ev. 85 vgl. die griech. Rückübersetzung von *R. Kasser,* L'Évangile selon Thomas (1961), S. 103: ἐγένετο 'Αδὰμ ἐκ μεγάλης δυνάμεως. Die Kainitenstelle bei Ps Tertullian, Adv omnes haer c. 2 (CSEL 47, S. 217,17 ff.) griech. bei Epiphanius haer XXXVIII, 2,6 f. u. 3,1 f. (ἰσχυρὰ δύναμις); zum Evangelienfragment bei Cyrill s. o. S. 109 f. In allen drei Fällen ist die „große Kraft“ nicht der höchste Gott, vgl. auch Pistis Sophia c. 141, wo von Barbelo als der „großen Kraft (δύναμις) des unsichtbaren Gottes“ die Rede ist (*Schmidt-Till,* S. 242,28 ff.). Davon abgesehen kommt die Vorstellung der „großen Kraft“ (oder „Kraft der Größe“) natürlich auch in ganz unhypostatischem Sinne vor; vgl. etwa Asc. Jes. 8,28; Thom Ev. 22 (nach Prov 31,17) und die mandäischen Schriften z. B. Ginza rechts *(Lidzbarski)* S. 78,19; 80,27; 166,33; 171,37 f.; 173,6 f.; 283,37; 356,2; 395 f.

[34] Belege zur ἄνω δύναμις: Epiphanius, haer XXVI,1,9 (Norea verbirgt die obere Kraft); XXXVIII,1,4 (Kainiten); XXXIX,1,4; 2,4; 3,2 f.; 5,3 f. (Sethianer); XL,7,1 (Archontiker); Hippol. Ref VII,28,3 (Satornilianer); VII,32,1 f. (= Iren I,25,1, Karpokratianer); VII,26,8 ff. (Basilidianer, zu Luk 1,35), vgl. auch die Megale Apophasis, Ref VI,18,7; rabbinische Belege bei *Dalman,* Worte Jesu I, S. 165. Meist handelt es sich dabei um eine weibliche Größe, sei es die Sophia,

deren erste Kraft als völlig unfaßbar und unaussagbar bezeichnet wird. Danach schildert Irenäus (I,12,3 f.) einen Urvater-Ennoiamythos, der bei Epiphanius (haer XXXV,1) dem Lehrer des Marcos Kolorbasos zugeschrieben wird. Danach wurde die *„virtus super omnia“* (griech. ἡ ὑπὲρ τὰ ὅλα δύναμις) auch Anthropos genannt, der der Vater Christi sei. Ebenso wird freilich nach der Hippolytschen Fassung des valentinianischen Systems auch der Demiurg als πρώτη καὶ μεγίστη δύναμις bezeichnet[35].

5. Nach Irenäus/Hippolyt/Epiphanius soll der aus der valentinianischen Schule stammende Gnostiker Marcos behauptet haben: ἐν αὐτῷ τὴν μεγίστην δύναμιν ἀπὸ ἀοράτων καὶ ἀκατονωμάστων τόπων εἶναι. Das kommt dem gnostischen Anspruch „Simons“ immerhin nahe. Zwar wird nicht gesagt, Marcos *sei* die *„größte Kraft“* – sie wohnt nur in ihm – auch handelt es sich dabei nicht um den Urvater, sondern um dessen erste (weibliche) Emanation, die Χάρις (= Σιγή = Ἔννοια), indessen begegnen bei Marcos auch noch weitere überraschende Affinitäten in bezug auf den Simonianismus. Auch er wird als gnostischer Magier und libertinistischer Frauenverführer eingeführt, auch er ist – auf seine Weise – ein „alter Christus“, wie Simon, auch bei ihm findet sich wie bei dem von Irenäus gezeichneten Simon (I,23,1) ein Anflug von Vater/Sohn-Modalismus. Wie der irenäische Simon (I,23,3), so spricht auch Marcos von „seiner Gnade“ und benutzt das Gleichnis vom verirrten Schaf[36].

---

sei es die Noria, die mit der simonianischen Ennoia auch durch ihre auffällige Schönheit verwandt ist. Zum Überlegensein der Gnostiker in bezug auf die Weltmächte vgl. bes. Iren I,21,2 ff. 25,2 (= Hippol Ref. VII,32,4); Adamapc p 64,16; 74,8; 77,5 ff. *(Böhlig);* Plotin, gegen die Gnostiker, Enn. II,9,9 (dazu *Norden,* Agnostos Theos, S. 193 Anm. 1); Corp Herm I,26 (dazu *Fascher,* RAC IV,421 – *Nilsson* folgend), ähnlich IX,20 ff. (dazu *Reitzenstein,* Hellen. Myst. Rel. S. 293 f.).

[35] Belege: Hippol Ref VI,38,2 f. (= Iren I,11,3 f., *Harvey* I, S. 102 ff.); die hier genannte Quaternität befindet sich in Homousie und stellt daher, wie schon die 4 Namen andeuten, im Grunde eine einzige Kraft vor. Zur allumfassenden δύναμις ὑπὲρ τὰ ὅλα vgl. außer Iren I,12,4 u. 21,2 noch Phil. Ev. 125 („Kraft, die Kraft übertrifft“) und bes. Adamapc. p 77,4 ff. *(Böhlig-Labib,* S. 109): „Dann wird der Gott der Kräfte (d. h. der Demiurg) verstört werden und sagen: Was für eine ist die Kraft dieses Menschen, der höher als wir ist?“ Die Stelle zeigt plastisch, wie das dynamisierte Gottesbild in der Gnosis in einen Kräftedualismus zerfallen ist. In der Tat wird die Vorstellung von der Kraft über allen Kräften beim Demiurgen lediglich auf subalterner Stufe wiederholt; vgl. z. B. Hippol Ref VII,23,3 (Basilidianer); 33,1 f. (= Iren I,26,1; Kerinth); Iren III, 11,1; Epiphanius, haer XXVI,10,12; Titelloses Werk p 152,7 ff. *(Böhlig-Labib,* S. 51); Wesen der Archonten p 134,25 ff. u. 142,23 f. *(Schenke);* Thomasbuch p 142,30 ff. *(Foerster,* Die Gnosis II, S. 145). Selbstverständlich gilt auch der Satan als Dynamis, vgl. etwa Justin, Dial 125,3. Dagegen will Theophilus, Autol I,3 – platonisierend – Gott nicht als „Kraft“ ansehen. Zur Dynamisierung des Platonismus vgl. im übrigen *Krämer,* Geistmetaphysik, S. 181 Anm. 193; 421 f. u. 428.

[36] Zum Titel der μεγίστη δύναμις vgl. Hippol Ref VI,39,1 = Epiphanius, haer XXXIV,1,3 = Iren I,13,1 *(Harvey* I, S. 114). Die Kraft tritt auch als προπανυπέρτατος δύναμις (Epiphanius XXXIV,11,8 = Iren I,15,5; *Harvey* I, S. 155), τέλεια δύναμις oder ἀνονόμαστος δύναμις τῆς Σιγῆς (Hippol. Ref. VI, 41,1 und 51,3) an Christus bzw. den Anhängern des Marcos in Erscheinung. Sie

6. Von Marcos ist auf das Evangelium veritatis zu blicken. Auf p 38 f. heißt es: „Da der Vater ungeworden ist, ist allein er es, der ihn (d. h. den Sohn) sich als Namen hervorgebracht hat, damit der Name des Vaters über ihrem Haupte sei, indem er der Herr ist – das ist der wahre Name – der gesichert ist durch seinen Befehl, durch die *vollkommene Kraft.*“ Mit der τέλεια δύναμις ist hier der gleiche Ausdruck gewählt, der auch bei Marcos anstelle von μεγίστη δύναμις gebraucht wird. Durch diese Kraft sind, wie es p 26 heißt, alle Emanationen der Aletheia mit dem Urvater verbunden, während der vom Vater hervorgebrachte Sohn den Namen des Vaters nicht nur trägt, sondern geradezu der Name *ist* (p 38,6 f. u. 39,19 f.). D. h. auch hier ist die modalisierende Vater-Sohn-Identität angedeutet. Davon abgesehen beschäftigt sich auch das Ev. veritatis, wie der Gnostiker Simon, mit der Passionsgeschichte und dem Gleichnis vom verlorenen Schaf[37].

7. Als δυνάμει ... ἄπειρον μεγέθος wird der πρῶτος θεός bei den Doketen (Hippol Ref VIII,8,3) bezeichnet. In Ref. VIII,10,3 ist sodann (in einer an Marcos anklingenden Passage) von der *„Größe und Herrlichkeit der Kraft“* des Sohnes die Rede, die dieser in seiner menschlichen Erscheinung verbirgt. Auch sonst erinnert wieder eine Reihe von Motiven an die simonianische Gnosis, so das Motiv der (freilich allgemeinen) Metempsychose, die Deutung derselben als einer Irrfahrt (jedoch hier nicht mit dem Gleichnis vom Schaf, sondern mit Hiob 2,9), das Ende der Seelenwanderung durch die Epiphanie des Erlösers Christus samt Scheinkreuzigung, das Motiv des Glaubens (vgl. Iren I,23,3) und – nicht zuletzt – der Weltschöpfer als πυροειδὴς θεός, der uns zwar nicht bei den Simonianern, wohl aber bei der Sekte des Apelles und dort wiederum im Zusammenhang mit der Parabel vom verlorenen Schaf wiederbegegnen wird[38].

---

ist, wie der „valentinianische Lehrbrief“ bei Epiphanius (haer XXXI,5,4; *Völker*, S. 60) bezeugt, mit der valentinianischen Ennoia identisch. Sowohl *W. Schmithals*, Apostelamt, S. 158 ff., als auch *G. G. Blum*, Tradition und Sukzession (1963) S. 110, vereinerleien diese μεγίστη δύναμις mit der μεγάλη δύναμις Simons (nach AG 8,10). *Schmithals* versteht Marcos geradezu als zweiten Simon, während ihn Blum mit einem „vielleicht“ zum Schüler Simons und Menanders machen möchte. Daß Marcos, wenn die Irenäusüberlieferung in Ordnung ist, sich selbst geradezu als Christus verstanden haben muß, spürt man an seinem liturgischen Gebaren, bes. Iren I,13,3 = Epiphanius, haer XXXIV,2,5 ff.: „meine Gnade“, „(mein) Brautgemach“, dazu die unmittelbar an das Fragment des Evangeliums der Eva (Epiphanius, haer XXVI,3,1) erinnernde Anrede an die Frau (vgl. hierzu mein Siebensternbuch Nr. 136, S. 118 ff.).

[37] Zu Ev. veritatis p 38 f. vgl. *S. Arai*, Die Christologie des Ev veritatis 1964, S. 62 ff., hier bes. S. 66 f.: „Der Name Gottes bedeutet also Gott selbst“, dort weitere Vergleichsstellen für diese „Namenschristologie“. Zum Kraftbegriff des Ev veritatis vgl. auch p 26,28 ff. (*Foerster*, Die Gnosis II, S. 73 f.): „Die Wahrheit kam in die Mitte. Alle ihre Emanationen erkannten sie. Sie grüßten den Vater in Wahrheit und vollkommener Kraft, die sie mit dem Vater verband ...“

[38] Hauptquelle über die Doketen ist Hippol Ref VIII,8 ff. (GCS 26, ed. *Wendland*, S. 225 ff.), vgl. dazu die Übersicht bei *Hilgenfeld*, Ketzergesch. S. 546 ff. Selten so deutlich wie hier erscheint der Charakter des gnostischen Kraftbegriffes als (pneumatische) Zeugungskraft (vgl. dazu *Andresen*, Logos u. Nomos, S. 318 ff.). Die in Ref VIII,8,3 gegebene Schilderung von der „winzigen Größe“ der „grenzenlosen Kraft“ gehört zu denjenigen Motiven, die innerhalb

8. Im Apokryphon des Johannes heißt es bei der Erschaffung des himmlischen Adam: „Und der unsichtbare Geist (d. h. der Allvater) gab ihm *eine unüberwindliche geistige Kraft.*" Darauf antwortet Adam: „Ich aber preise dich und den Autogenes (d. h. Christus) mit den Äonen, die drei, den Vater, die Mutter und den Sohn, *die vollkommene Kraft*" (p 35,10 ff.). Hier verbindet sich also der aus Marcos und dem Evangelium veritatis bereits bekannte Oberbegriff der τέλεια δύναμις mit einer obersten gnostischen Triade, die ihrerseits wiederum die ganze obere Welt repräsentiert. Die Passage ist auch deshalb von Bedeutung, weil sie einem gnostischen Hauptwerk angehört, dessen oberste Emanation neben dem „Vater des Alls" (p 22,20) als πρώτη δύναμις (p 30,13) den Namen „Ennoia" führt, wie die simonianische Allmutter[39].
9. In der „Sophia Jesu" erinnert zunächst die Kombination der Merkmale des *„Unbegrenzten"* und der *Kraft"* (p. 85,12) an die entsprechende Ausdrucksweise der Megale Apophasis. Von der nachfolgenden Hypostase des „Erstvaters", der dem Urvater freilich „nicht gleich ... an Kraft" ist (p 93,19), heißt es dann, er sei „vollkommen ... am leuchtenden Lichte, ... so daß sein Aussehen *zu großer Kraft* kommt (p. 93,19; die Parallele im Eugnost-Brief lautet: „... so daß sein Aussehen *eine große Kraft wurde*" (p 75,20 ff.). Sollte die Differenzierung zwischen Urvater und Erstvater also sekundär sein, so könnte eventuell damit gerechnet werden, daß das Merkmal der „großen Kraft" ursprünglich dem Urvater selbst zukam. Freilich handelt es sich auch hier um keine Titulatur, sondern um eine typisch gnostische Wesensangabe[40].
10. Auch im „Titellosen Werk" vollendet sich „die Natur der Unsterblichen ... aus dem *Grenzenlosen*" (p. 146,11 f.). Daß sich über der Finsternis (dem ‚Schatten), welche den Neid gebar, *„eine Kraft"* offenbarte (p 146,28 ff.; 147,1 ff.), entspricht dem gleichen Gegenüber bei den Simonianern des Irenäus. Vom Baume der Erkenntnis im Paradies heißt es, er habe *„die Kraft Gottes"* (d. h.

des von Hippolyt benutzten gnostischen Quellenbündels auffallende Parallelen haben (vgl. Megale Apophasis Ref VI,16,6 und Naassenerpredigt, Ref V,9,5).

[39] Die Texte nach der Ausgabe des Cod. Berol. 8502 von *Till* (TU 60, 1955), S. 81; 101 und 111; vgl. die gleichlautenden Passagen in Cod. III von Nag Hammadi bei *Krause-Labib*, Die drei Versionen des Apokryphon des Johannes (1962), S. 58 f. und 67. Zur πρώτη δύναμις (hier die Ennoia) vgl. Iren I, 24,5 (Menander lehrt „primam quidem virtutem incognitam ... omnibus" und gibt sich als ihr Bote, auch Pistis Sophia 8 (*Schmidt-Till*, S. 8) die „erste Kraft der Barbelo". Ähnlich wie Menander soll auch Zostrianus (Nag Hammadi Cod VIII/1; vgl. *Rudolph*, ThR 1969, S. 138 Anm. 1) als Bote der „ersten Kraft" aufgetreten sein. Der Ausdruck ist übrigens nicht typisch gnostisch, vgl. Philo leg alleg. II,86, wo die Weisheit als δύναμις ... πρωτίστη vorgestellt ist und Justin, Apol I,32,10, wo die „erste Kraft" der Logos-Sohn ist.

[40] Die Angaben wiederum nach *Till* (siehe vorige Anm.), hier S. 223 und 229 (mit der LA des Eugnostbriefes). An sich ist der Allvater der Sophia Jesu dieselbe ἀπέραντος δύναμις von der in der Megale Apophasis die Rede ist, ohne daß doch ein näherer Zusammenhang mit dem Simonianismus bestünde, vgl. dazu außer p 84 f. (S. 210 f. – der Allvater) noch p 87,13 f. (S. 215 – auch der Erlöser kommt aus dem „Grenzenlosen"), dann p 93,19 (S. 227), p. 102,1 ff. (S. 245, p. 107,15 ff. (S. 255), p. 108,11 ff. (S. 257), bes. auch p 106,18 ff. (S. 253): „denn eure Wurzeln sind im Grenzenlosen", vgl. Hippol. Ref. VI,9,5 (Megale Apophasis). Im übrigen s. u. zu Nr. 12.

die Gnosis) besessen (p. 158,18 ff.), und der apokalyptische Schluß beschreibt das kommende Unheil folgendermaßen: „Die Sterne des Himmels werden ihren Lauf verändern und großer Donner wird kommen *„aus einer großen Kraft* (δύναμις), die *oberhalb aller Gewalten* (δυνάμεις) des Chaos ist, wo das Firmament des Weibes (d. h. der Pistis Sophia) ist“ (p 174,12 ff.)[41].

11. Die mit dem „Titellosen Werk“ eng verwandte Schrift über das „Wesen der Archonten“ bietet das Wort „Kraft“ an zahlreichen Stellen. So offenbart sich im Schöpfungsbericht die *„Kraft Gottes“*, d. h. die „Unvergänglichkeit“, den „kraftlosen Archonten“ durch Spiegelung ihres Bildes im Wasser. Darauf versuchen diese danach den Protoplasten zu erschaffen (Gen 1,26 f.). Als Begründung für das Mißlingen ihres Versuchs wird angegeben: „Sie wußten aber nicht, *wie groß* seine (d. h. des Bildes) *Kraft* war (p 136,1 ff.). An die analoge Szene bei Irenäus (I,23,2) erinnert sodann der Versuch der Archonten, die Norea (Tochter der Eva) zu schänden. Diese ruft die *„Kraft Gottes“* an, woraufhin der Engel Eleleth erscheint, von dem in einem Zitat gesagt wird: „Die *Kraft* jenes Engels werde ich *nicht beschreiben* können (p 140 f.). Man könnte auch hier an Simons Katabasis nach dem irenäischen System (I,23,2 f.) denken[42].

12. Auch im sog. „Altgnostischen Werk“ des Cod. Brucianus wird der Urvater als *„unbegrenzte Kraft“* bezeichnet, ferner als *„Dreimalkräftiger“* oder „Allkraft“ (πανδύναμις). Wie bei den Simonianern, so tritt auch hier neben den Vater eine παμμήτωρ. Nachdem zunächst der „Vorvater“ erschienen und mit Kräften ausgestattet worden ist, sendet die Mutter eine Bitte zu dem „Verborgenen“ (d. h. zur ἀπέραντος δύναμις). Dazu heißt es: „Und es schickte ihr der verborgene Vater das Mysterium, das alle Äonen und Herrlichkeiten bedeckt (vgl. oben Nr. 5 Ev. veritatis p 38 f.), das einen vollkommenen, d. h. einen vollendeten Kranz hat, und er legte ihn auf das Haupt des großen Unsichtbaren, der in ihm ist und verborgen ist ... und (auf das Haupt) der *großen Kraft*, die mit ihm (ist), welche Gebärerin des Männlichen genannt wird und alle Äonen mit Herrlichkeit anfüllen wird.“ Auch hier ist „große Kraft“ kein Titel[43].

---

[41] Die Zitate nach *Böhlig-Labib*, Die koptisch-gnostische Schrift ohne Titel (1962), S. 37 ff.; 65 ff. und 105. Wie im Corpus Hermeticum, so ist auch im Titellosen Werk und ähnlichen gnostischen Elaboraten Gott „die reine Kraft“ *(Nilsson)*.

[42] Die Angaben nach *Leipoldt-Schenke*, Koptisch-gnostische Schriften aus den Papyrus-Codices von Nag-Hammadi (1960), S. 69 ff., hier S. 72 und 75 f. Alle derartigen Kraft-Ausdrücke sind natürlich keine Gottestitel.

[43] Die Angaben nach *Schmidt-Till*, Koptisch-gnostische Schriften I (GCS 45, [2]1959), S. 335 ff. hier bes. Kap. 14 (S. 355 f.). Der ἀπέραντος ist nach Kap. 2 f. der erste Demiurg und Vater des Alls (S. 335 u. 338). In dem Werk ist auch von der σιγή, der ἐπίνοια und ἔννοια (hier i. S. von Gedanke), sowie von der „Wurzel“ aller Dinge die Rede (vgl. Kap. 1; 3; 7, 9; 14; 21). Doch ist der Versuch, irgendein Verhältnis zur Megale Apophasis zu ergründen bei Werken dieser Art, die „zum Zwecke der Verbreitung des systematischen Blödsinns geschrieben zu sein scheinen“ (*Harnack*, TU VII, S. 1), kaum aussichtsreich. Nach *Till* (a.a.O. S. XXXIII f.) handelt es sich um eine späte Form der bei Iren I,29 und im Apokryphon Johannis wiedergegebenen Barbelognosis. Ins zweite Jahrhundert gehört die Abhandlung sicher nicht mehr.

13. Wie in anderen koptisch-gnostischen Spätwerken, so wimmelt es auch in der Pistis Sophia von „Kraft“ und „Kräften“, und auch hier spielt bekanntlich der Versuch der Vergewaltigung der Pistis Sophia durch die Archontenmacht eine beherrschende Rolle (vgl. oben zu Nr. 11). Folgt man der Gleichsetzung von Nilsson, wonach φῶς und δύναμις im synkretistischen Raum Wechselbegriffe sind, so kann natürlich auch der mehrfach begegnende Ausdruck *„unbegrenztes Licht“* mit *„unbegrenzte Kraft“*, also wieder in der Terminologie der Megale Apophasis, wiedergegeben werden. In Kap. 141 sagt Jesus: „Das Blut dagegen ward mir zum Zeichen wegen des menschlichen Körpers, den ich in dem Orte der Barbelo, der *großen Kraft* des unsichtbaren Gottes empfangen habe“ (vgl. oben Nr. 3). Im I Buche Jeû Kap. 40 sagt derselbe Christus: „Wenn du den Namen der *großen* in allen Örtern befindlichen *Kraft* (s. o. Nr. 12) sagst, so ziehen alle Örter sich zurück, die sich in den Schätzen befinden ... bis zu dem Schatze des wahren Gottes.“[44]

14. Bereits in meinem ZThK-Aufsatz hatte ich auf das außersimonianische Auftauchen der „großen Kraft“ als Wesensbezeichnung in der damals noch unedierten Nag-Hammadischrift *„Der Gedanke der großen Kraft“* (Cod VI,4) hingewiesen. Inzwischen ist die Edition der restlichen Schriften von Cod. II und VI durch Krause und Labib erfolgt. Das hier anfallende Material zur „großen Kraft“ geht über die genannte Schrift noch hinaus und bestätigt das damals Gesagte voll und ganz. Ähnlich wie in der Megale Apophasis redet auch in Cod VI,4 die „große Kraft“ selbst als Offenbarer (sogar in der 1. Person). Sie ist das höchste Göttliche, welches Christus empfängt und erkennt, aber sie ist zugleich auch *„unsere große Kraft“*, sofern sie die Gnostiker reinigt und erleuchtet[45]. Dieselbe *„große Kraft“* taucht aber auch in Cod VI,2 und 3

[44] Die Angaben nach *Schmidt-Till* (siehe vorige Anm.), bes. S. 242,29 f. (Kap. 141), vgl. auch die „große Lichtkraft“, die in Kap. 2 (S. 3,19) und Kap. 10 (S. 10,17) hinter der Sonne hervor auf Jesus herabkommt. Zur Gleichsetzung von „Licht“ und „Kraft“ vgl. außer *Nilsson,* Griech. Rel. II, S. 515 Anm. 5 auch *M. Pohlenz,* Die Stoa (^{3}1964), S. 374 f. Die aus dem Buche Jeû genannte Stelle I,40 befindet sich S. 295,26 ff., vgl. auch das Gebet Christi in Kap. 41 (S. 300,16): „Du hast eine *große Kraft* emaniert“ (dagegen zuvor S. 299,19 f.: „Du hast eine Kraft emaniert“) und II Jeû Kap. 50 (S. 320,13 ff.), wo die Jünger sagen: „Wir werden nun diese unvergänglichen Namen anrufen, damit du diese *große Lichtkraft* herausschickst ...“ und: „... als sie diese Namen angerufen hatten, indem sie zum wahren Gott riefen, da schickte er ... eine *große Kraft* von sich heraus“ (d. h. „eine große Lichtkraft“). II Jeû Kap. 45 (S. 309,1 f.) betet Jesus: „Erhöre mich, mein Vater, du unendliches (ἀπέραντος) Licht.“ Zum Problem der „intensiven Unendlichkeit“ der Gottheit (im Zusammenhange mit der Megale Apophasis) vgl. *Krämer,* Geistmetaphysik S. 349 ff., dazu die Stellung der Götter in Porphyrios Schrift von den Götterbildern, deren Kraft „unbegrenzt“ und unteilbar ist bei *Nilsson,* a.a.O. S. 421.

[45] Vgl. meinen ZThK-Aufsatz 1971, S. 414 f., Anm. 42 und *M. Krause,* Der Stand der Veröffentlichung der Nag-Hammaditexte, in: le Origini, S. 61 ff., bes. S. 81 Anm. 3. Die inzwischen erschienene Ausgabe „Gnostische und hermetische Schriften aus Codex II und Codex VI“ von *M. Krause* und *P. Labib* (Abh. d. Deutschen Archäol. Instituts Kairo, kopt. Reihe Bd. II, 1971) scheint derjenigen von *C. J. de Catanzaro* (Claremont, USA) zuvorgekommen zu sein. Soeben haben auch *H. G. Bethge* und *K. M. Fischer* in ThLZ 1973, Heft 2

auf („Der Donner, der vollkommene Nus" und „Die ursprüngliche Lehre"). Cod. VI,2 („Der Donner") ist vor allem dadurch bedeutsam, daß hier – ähnlich wie mit Christus in der Evangeliumsverkündigung der apokryphen Johannesakten (Act Joh 88 ff.) – ein freilich kaum noch zu überbietender Polymorphismus und Modalismus ambivalenter gnostischer Selbstaussagen getrieben wird, der wiederum an analoge simonianische Strukturen erinnert. In einer an das Evang. veritatis anklingenden Passage sagt das dort redende mannweibliche (?) Offenbarungswesen z. B.: „Ich bin die *Kraft der Kräfte* in meiner Erkenntnis der Engel", während die *„große Kraft"* in Cod. VI,3 als *„große Stärke* in unserm Innern" wiederkehrt. In der hermetischen Schrift ohne Titel (Cod VI,5) heißt es: „Ich fand den Anfang der *Kraft, die über allen Kräften ist, die keinen Anfang hat*" (s. o. Nr. 10)[46].

---

und 3 zu Codex VI,2 u. 4 („Der Gedanke der großen Kraft" und „Nebront" – *Krause:* „Der Donner, der vollkommene Nus") eigene Übersetzungen mit Anmerkungen und Einleitung vorgelegt. Im folgenden ist nach *Krause/Labib* zitiert. Der „Gedanke der großen Kraft" (Cod VI,4) ist eine christianisierte und gnostifizierte Apokalypse. Als Belege seien genannt: p. 36,3 f.: „Und wer unsere große Kraft erkennen wird, wird unsichtbar werden ..." (S. 150), vgl. p. 45,1 ff.: „... da sandten die Archonten den Nachahmer (ἀντίμιμον) zu jenem Menschen (scil. Christus), da sie unsere große Kraft kannten" (S. 161). Die Archonten werden hier offenbar mit den jüdischen Richtern Jesu identifiziert. Ferner p. 38,5 f.: „die Kraft geriet in die Mitte der Kräfte ..." (S. 152); es folgt die Schöpfung des Menschen nach Gen 1,26. p. 40,24 ff.: „dann ... wird der Mensch entstehen – das ist der, der die große Kraft erkennt –. Er wird empfangen und mich erkennen ... er wird in Gleichnissen sprechen (vgl. Mk 4,2 u. ö.), er wird den kommenden Äon verkünden" (vgl. Mt 12,32 u. ö.). Beim Empfang der „großen Kraft" ist wohl an Jesu Taufe zu denken, die in den apokryphen gnostischen Überlieferungen bekanntlich eine erhebliche Rolle spielt. p 47,10 f.: „... das Licht der Kraft, die erhabener ist als alle Kräfte, die unmeßbare, die allgemeine, ich und alle, die mich erkennen werden" (S. 163). p. 47,33 f.: „Erbarme dich unser, Kraft, die allen Kräften überlegen ist" (S. 164).

[46] Aus Cod. VI,2 („Der Donner") vgl. p. 18,9 ff.: „Ich aber bin der (vollkommene) Nus ... das Finden derer, die mich suchen (Mt 7,7 und Evang veritatis p 17,1 ff. u. ö.) ... und die Kraft der Kräfte in meiner Erkenntnis der Engel ..." (S. 128), vgl. dazu Cod VI,3 („Die ursprüngliche Lehre") p 25,26 ff.: „Der Vater existiert vor der Existenz aller Mächte (S. 136) und p 27,24 f.: „... indem aber eine große Stärke verborgen ist in unserem Innern" (S. 139). Die Stelle aus der hermetischen Schrift ohne Titel findet sich p 58,10 ff. (S. 177). Wie in der Apophasis (Hippol Ref VI,9,4 u. 18,2) wird auch in diesen Texten mehrfach das „Gramma" mit dem Inhalt der Verkündigung gleichgesetzt, vgl. „Der Donner" p 21,12 (S. 132) und „Der Gedanke der großen Kraft" p 36,15 (S. 150), wo von „Schriften" der großen Kraft die Rede ist. Was das sich selbst in laufenden Ambivalenzen prädizierende mythologische Offenbarungswesen im „Donner" betrifft, so möchte es *H. G. Bethge* („Nebront", ThLZ 1973, Sp. 99) mit der Allgöttin Sophia bzw. der Barbelo identifizieren, obwohl unter den Selbstaussagen gerade diese beiden fehlen. Um so mehr wird man die Affinitäten zu den analogen Christusaussagen in Act Joh 88 ff. und überhaupt die christlich-gnostischen Anklänge, besonders in der zweiten Hälfte des Textes hervorheben müssen, was ich bei *Bethge* vermisse.

3. Mit der vorstehenden Übersicht (I—III) ist ein verhältnismäßig breites Beziehungsfeld gewonnen, in das die verschiedenen Titulaturen Simons nunmehr terminologisch und sachlich einzutragen sind. Und zwar handelt es sich auf simonianischer Seite i. W. um drei Ausdrücke:

1. um den Titel des „Magiers“ Simon als μεγάλη δύναμις i. S. der ursprünglichen Selbstaussage (bzw. der Akklamation) von AG 8,9 f.,
2. um die gnostische Bezeichnung Simons als ἀνωτάτη δύναμις i. S. des als Erlöser auf Erden erschienenen transzendenten Urvaters (s. o. III,1a—f),
3. um die von Hippolyt mit Simon identifizierte Offenbarungsstimme der μεγάλη (bzw. ἀπέραντος) δύναμις in der Megale Apophasis (s. o. III,1g).

Was zunächst den erstgenannten Ausdruck betrifft, so dürfte hier — wie oben (S. 106 ff.) bereits gezeigt — in der Tat der auf dem ganzen syrisch-palästinischen Boden bis ins Christentum hinein verbreitete jüdisch-samaritanische Gottesname der „(großen) Kraft“ (s. o. I,1—3) zugrunde liegen. Von Hause aus ist derselbe natürlich völlig ungnostisch, freilich auch nicht einfach an Samarien gebunden. Es fragt sich daher, ob die durch Simons Person in AG 8 dargestellte „Inkarnation“ des höchsten Gottes den Übergang zum Gnostizismus andeutet[47]. Blickt man zunächst auf die gnostischen Vergleichstexte, so liegt diesen die Vorstellung der — wie immer gedachten — Inkarnation des höchsten Wesens unter dem Namen „die große Kraft“ ganz fern. Was hier als „große Kraft“ bezeichnet wird und eventuell auch in die irdische Sphäre eindringt (vgl. I,6 u. III,2), ist jedenfalls nicht der höchste Gott und auch nicht die Hypostase des Erlösers. Als nächste Parallele käme allenfalls der gnostische Magier Marcos (s. o. III,5) in Frage, der von sich behauptete, ihm wohne die μεγίστη δύναμις (der Charis) inne, doch zeigt gerade Marcos mit seinen auffälligen Affinitäten in bezug auf den Simonianismus, wie wenig die in AG 8 geschilderte „große Kraft“ mit wirklicher Gnosis zu tun hat. Man vergleiche nur die völlige Verschiedenheit beider in Sachen „Magie“: dort ein weitberühmter

[47] *M. Smith,* The Account of Simon Magus in Acts 8 (in: *H. A. Wolfson,* Jubilee, Engl. Section Vol II, Jerusalem 1965, S. 749) weist hierzu auf Origenes Comm in Joh II,31 (GCS 10, ed *Preuschen,* S. 88), wo Origenes sich für seine Vermutung, in Johannes d. Täufer sei ein ἄγγελος (vgl. Mk 1,2 parr) inkarniert gewesen, auf das apokryphe jüd. „Gebet Josephs“ beruft, worin der Patriarch Jakob sich am Jabbok (Gen 32,28 ff.) als Inkarnation des Erzengels Gabriel zu erkennen gibt (κἀγὼ Ἰσραὴλ ἀρχάγγελος δυνάμεως κυρίου). „In sum“, sagt *Smith,* „then, the belief that a particular individual might be a supernatural Power come down to earth and appearing as a man was reasonably common in first century Palestine.“ Indessen ist dieser Vergleich doch nur von sehr bedingtem Gewicht. Daß Engel in Menschengestalt auftreten konnten, war natürlich unbestritten (vgl. das Tobitbuch). Daß derartige Erscheinungen dagegen nicht als „Engel“, sondern als eine oder gar die „Kraft Gottes“ bezeichnet wurden, von dem ganz unengelhaften Gebaren Simons nach AG 8 zu schweigen, wird auch durch das „Gebet Josephs“ nicht bewiesen.

Sensationsthaumaturg, dem alles nachläuft, hier ein esoterischer gnostischer Kultmagier, der (angeblich) nur die Frauen verführt. Krasser kann der Gegensatz gar nicht sein. Davon abgesehen ist Marcos natürlich auch kein doketischer Christus (obwohl er sich damit parallelisiert haben könnte), sondern lediglich ein gnostisches Schulhaupt, das *an* der „größten Kraft“ seiner Charis Anteil hat und diese auch kultisch überträgt[48].

Wie aber ist dann die Erscheinung der „großen Kraft“ in Simon nach AG 8 zu erklären? Doch wohl nicht durch die von Kippenberg vorgeschlagene religionsgeschichtliche Engführung, die aus der bloßen Übertragung einer soteriologisch bereits vorpräparierten samaritanischen Gottesakklamation auf den Menschen Simon (vgl. AG 8,10!) bereits die Mutation ins gnostische Genus ablesen will, obwohl es dafür praktisch keine Parallelen gibt, sondern nur so, daß dem Titel der δύναμις μεγάλη, wie es schon der Vf. von AG 8,13 tut, die δυνάμεις μεγάλαι hinzugestellt werden, durch die sich die Anrufung jenes Titels überhaupt erst rechtfertigt. M. a.W. der Titel „die große Kraft“ ist im Falle Simons gerade nicht samaritanisch-liturgisch isoliert zu nehmen, sondern er ist in das ganze synkretistische Kraftmilieu der Zeit (s. o. II,1—5) hineinzustellen, das in einer hellenistischen Stadt wie Sebaste (dem wahrscheinlichsten Auftrittsort Simons) assoziierbar war. Dann aber bleibt für den in AG 8 nachgezeichneten Simon eigentlich nur eine einzige Unterbringungsmöglichkeit übrig, das ist der im Stile des θεῖος ἀνήρ auf Erden erscheinende und als solcher verehrte wundertätige Gott — hier „die große Kraft“ — (s. o. II,1), wie ihn schon die Parallelerzählung von AG 14,6 ff. am nächsten legt, d. h. ein Mensch, der sich auf Grund seiner Wundertaten als die „große Kraft“ ausgeben durfte, oder — wenn wir vorsichtiger sind: dem vielleicht erst posthum der Anspruch, die μεγάλη δύναμις gewesen zu sein, in den Mund gelegt wurde. Ein solcher Gott auf Erden hat mit dem Zauberer i. S. der Zauberpapyri (s. o. II,4) nichts gemein. Vielmehr ist er ein „Wohltäter der Menschheit“ und führt, worauf schon Bieler gewiesen hat, den Titel des „Magus“ in einem ganz anderen Sinne als jener[49].

[48] Irenäus sagt dem Marcos einen Dämon als Paredros nach, dazu Liebestränke und andere Zauberkünste (φίλτρα καὶ ἀγώγιμα) und bringt diese Dinge im Zusammenhang mit dem Mysterium des Brautgemachs. Hier treten also dieselben magischen Künste auf, die nach Iren I,23,4 auch von den simonianischen „sacerdotes“ (also wieder im kultischen Zusammenhang) sowie Iren I, 25,3 von den Karpokratianern behauptet werden, wobei die Ähnlichkeit zwischen Marcos und den Karpokratianern (vgl. I,13,6 mit Epiphanius XXV,2) auffällt. Daß die thaumaturgischen Taten Simons völlig anderer Art waren, beweist schon die Schilderung der Wunder des Philippus AG 8,7 f. (Exorzismus, Krankenheilungen), worin ja lediglich das (überlegene) christliche Gegenstück zur „magischen“ Tätigkeit Simons erscheint.

[49] Zum antiken Typ des θεῖος ἀνήρ s. die Übersicht bei *Windisch*, Christus und Paulus, S. 24 ff. und *Harnacks* lehrreichen Exkurs über die Elastizität des Begriffes θεός bei Gebildeten und Ungebildeten (DG I, S. 138 f. Anm. 1), wo

Daß es sich so verhält, beweist am schlagendsten vielleicht Justin in Apol I,26,1 ff., sofern sein kurzer Simon-Magus-Bericht, wie die Quellenkritik (s. o. S. 9 ff.) gezeigt hat, tatsächlich gar nicht aus einem Guß, sondern aus zwei recht verschiedenen Überlieferungen zusammengesetzt ist, deren erster Teil — in deutlicher Parallele zur Darstellung von AG 8 — das im Grunde ganz ungnostische Sensationswirken Simons von Samarien einfach auf Rom überträgt (nur daß am Ende nicht Simons Verfluchung, sondern seine Ehrung durch die ominöse Bildsäule stattfindet), während erst der zweite Teil auf den „Gnostiker" Simon zu sprechen kommt und damit auch ein ganz anderes Bild verbindet: das Bild des von einer kleinen esoterischen Sekte verehrten transzendenten Erlösers „Simon" nebst seinem weiblichen Syzygos, der Ennoia-Helena. Beide Berichte stehen bei Justin unmittelbar nebeneinander und zeigen damit an, daß das in AG 8 zugrunde liegende und das gnostische Simon-Magus-Bild tatsächlich zweierlei sind[50].

Damit aber wird auch die von „Lukas" in AG 8 bearbeitete Überlieferung in diesem Punkt verständlich, d. h. auch er setzt das gleiche ungnostische Simon-Magus-Verständnis wie Justin im ersten Teil seines Berichts voraus. Er hatte also gar keinen Anlaß, den göttlichen Wundermann von Samarien als Goeten niederer Sorte zu disqualifizieren oder ihn im modernen Sinne zum gnostischen Welterlöser zu potenzieren, sondern er sah ihn i. S. der damaligen synkretistischen Zeit als ein dynamisches Kraftfeld, dessen Ruhm als μεγάλη δύναμις τοῦ θεοῦ (der Genitiv wird hier verständlich!) sich eben auf seine δυνάμεις μεγάλαι gründete, bis ihm der Evangelist Philippus genau an diesem Punkte den Rang streitig machte.

So weit der θεῖος ἀνήρ von AG 8. Etwas ganz anderes ist dagegen die gnostische Bezeichnung Simons als „oberste Kraft" (ἡ ἀνωτάτη δύναμις) d. h. als Seinsurgrund der transzendenten Welt. Hier sind wir aus dem Raum geschichtlichen Lebens in den der kosmischen Kräftehierarchie versetzt, wo der Ausdruck „große Kraft" (s. o. I,6; II,3; III,2—4; 13—14) weder ein Gottesname noch ein thaumaturgisches Phänomen, sondern ein über-

auch Simon und die Stellen AG 14,1 f.; 28,6 mitbehandelt sind, ferner *Bieler*, a.a.O. Teil I, S. 83 ff. (bes. S. 85: μάγος = θεῖος) und Teil II, S. 113 ff. (Gott, Mensch, Heros); zur Vergöttlichung durch das Volk vgl. Teil I, S. 135 ff. und *Reitzenstein*, Poimandres, S. 236 f. Mit Recht weist *Kippenberg* (Garizim, S. 343 f.) die von *Schmitz*, *Grundmann* u. a. aufgebotene Erklärung von Simons Titulatur aus dem Bereich der niederen Beschwörungskunst und Magie zurück, doch beschränkt er sich in seiner Gegenposition einseitig auf die liturgisch-samaritanischen Belege zur Terminologie, ohne das sachliche Gewicht des antiken Dynamismus in diesem Zusammenhang zu berücksichtigen.

[50] Die Versuchung könnte naheliegen, auch die umstrittenen Simon-Standbilder (s. o. S. 11[11]) als wundertätige Repräsentationen des „göttlichen" Simon zu deuten (vgl. *Nilsson*, Griech. Rel. II, S. 502 ff. und 514 ff., dazu oben Abschnitt II,3). Doch geben die Quellen zu dieser Vermutung keinen Anlaß und ist gnostische Idololatrie auch sonst bezeugt.

weltliches hypostatisches Kraft*wesen* meint, ohne daß damit unbedingt die Vorstellung des höchsten Gottes verbunden sein müßte. Selbst die Steigerung dieser Kraft zur μεγίστη δύναμις (s. o. I,5–6; II,2; III,3–8) kann sowohl einem hohen Engelwesen als auch dem Demiurgen als auch dem höchsten weltnegativen Urwesen zufallen. Strenggenommen gibt es hier überhaupt nicht *die*, sondern immer nur *eine* „große", „größte" oder „höchste Kraft. Ihre Höhe und Größe bestimmt sich auch nicht primär durch ihr Verhältnis zur irdischen Wirklichkeit, sondern wesentlich im Blick auf die Hierarchie weiterer „Kräfte" der transzendenten bzw. intelligiblen Welt (s. o. I,6). Zugleich erklärt sich damit aber auch, warum Simons ursprüngliche Titulatur als „große Kraft" mit dem Übergang auf gnostischen Boden auf die „höchste Kraft" umgeschrieben werden mußte. Fest lag dabei von vornherein der Anspruch „Simons", das höchste Wesen zu präsentieren. Aber die Eintragung dieses Anspruchs ins gnostische Koordinatensystem bedeutete eine Metabasis in ein ganz anderes Genus, d. h. hier mußte vor allem die Erhabenheit der von Simon dargestellten Gottheit über alle anderen abgeleiteten Kräfte hervorgehoben werden, und eben dies ist mit dem neuen Ausdruck der „höchsten Kraft" geschehen. Aus dem samaritanischen Wundermann mit dem Titel der „großen Kraft" ist damit der gnostische Seinsurgrund geworden[51].

Freilich hat sich „Simon" damit zugleich in ein seltsam disparates Zwitterwesen verwandelt. Während nämlich einerseits die Wirklichkeit des θεῖος ἀνήρ in seiner menschlichen Erscheinung, seine Problematik dagegen in der beanspruchten Göttlichkeit liegt, erhebt sich im Bereich der kosmisch-transzendenten „Kräfte" gerade das entgegengesetzte Problem: Nicht die Göttlichkeit einer solchen Kraft, sondern die Möglichkeit ihrer konkreten Menschwerdung (in Simon) ist problematisch. Jedenfalls zeigt das ganze Universum gnostischer Kraft-Hypostasen so gut wie keine Neigung, sich außerhalb seiner strengen Transzendenz, d. h. im Raum der irdischen Welt irgendwie als wirklicher Mensch zu konkretisieren. Bestenfalls können Kräfte dieser Art *im* Menschen oder *wie* ein Mensch (s. o. I,4: III,2–3), aber nicht selbst *als* Mensch wirksam werden. Lediglich *eine*, freilich nur bedingte Ausnahme ist hier zu konstatieren, und sie ist es

[51] Ich verkenne nicht, daß μεγάλη, ἀνωτάτη und μεγίστη als Zusätze zu δύναμις nahezu auswechselbare Bezeichnungen darstellen (vgl. schon *Widengren*, Ascension, S. 51 f. und *Kippenberg*, a.a.O. S. 330), wie auch der Ausdruck δύναμις wiederum als Chiffre für alle möglichen anderen Vorstellungen (γνῶσις, ἔννοια, λόγος, νοῦς, ὄνομα, πνεῦμα, σοφία, φῶς, χάρις usw.) verwendbar war (vgl. *Bultmann*, ThWB I,695; *Grundmann*, ThWB II,299; *E. Schweizer*, ThWB VI,390, Anm. 347; *Wetter*, Sohn Gottes, S. 8 f.; *Nilsson*, a.a.O. S. 516 u. 559; *Thraede*, RAC VII, S. 80; *Colpe*, in: Le Origini, S. 440), indessen gehört diese Verschiebbarkeit im Ausdruck bereits zum Denken in Kraftsubstanzen und -hypostasen, und zeigt daher im Falle Simons nur, daß aus dem Namen der „großen Kraft" eine (entsprechende) Wesenheit geworden ist.

auch, auf die sich der simonianische Mythos als auf sein Vorbild ausdrücklich beruft, das ist die gnostische Christusgestalt, nur daß die der gnostischen Christologie nachgeahmte „Simonologie“ insofern vergröbert ist, als sie, der ursprünglichen Bestimmung Simons als μεγάλη δύναμις i. S. des „höchsten Gottes“ folgend, kurzerhand den gnostischen Urvater selbst, d. h. ohne jede weitere hypostatische Differenzierung, als Simon/Christus auf Erden erscheinen läßt. Aber diese singuläre Abweichung beweist im Grunde nur die Gewaltsamkeit dieser Art von Gnostifikation. Mit irgendeinem persönlichen Anspruch des „historischen“ Simon hat dergleichen nichts zu tun.

Wie im gnostischen Christus, so tritt also auch beim gnostischen Simon das Paradox einer gleichsam persönlichen Unpersönlichkeit in Erscheinung. Noch stärker entpersönlicht ist schließlich die letzte Steigerung „Simons“ zur μεγάλη (bzw. ἀπέραντος) δύναμις in der Megale Apophasis. Hier hören wir einen Simon sprechen, der letztlich nur noch gestaltloses „Wort Gottes“ ist. Wenn sich schon der jüdisch-palästinische Gottestitel der „großen Kraft“ nur durch Umformung in die „höchste Kraft“ als gnostifizierbar erwies, so beweist umgekehrt der außersimonianisch-gnostische Sprachgebrauch des gleichen Ausdrucks (s. o. III,2; 9–14), daß damit nirgends etwas spezifisch Simonianisches, sondern etwas ganz allgemein Gnostisches, nämlich die „Größe“ jeweiliger gnostischer „Kräfte“ gemeint war[52]. Auch das Auftreten des Ausdrucks der „großen unbegrenzten Kraft“ (s. o. III, 9–10; 12–14) in der Megale Apophasis ist also als solches, d. h. gnostisch gesehen, noch kein Indiz des Simonianismus. Wirklich simonianisch ist vielmehr lediglich der mit diesem Ausdruck verbundene (verdreifachte) Ἑστώς-Titel, der aber durch diese Verbindung nicht mehr einfach mit der ἀνωτάτη δύναμις der älteren simonianischen Tradition (s. o. III,1,a–f) *identifiziert*, vielmehr selbst noch einmal *sublimiert* wird. Und zwar besteht die Sublimierung, wie H. J. Krämer zur Apophasis ausführlich dargetan hat, darin, daß die in der ἀνωτάτη δύναμις noch manifeste positive Kraftvorstellung i. S. des antiken Dynamismus hier in die bloße Potentialität von transzendenter Existenz zurückgenommen, d. h. aus der weltnegativen Wirklichkeit der „obersten Kraft“ in die bloße Möglichkeit derselben aufgehoben wird. Damit befinden wir uns bereits im geistigen Vorfeld des Neuplatonismus (s. o. II,2 u. III,7), wie es sich auch in anderen gnostischen Systemen aus dem Sondergut von Hippolyts Refutatio (Doketen, Basilidianer, Valentinianer, Monoimos) deutlich abzeichnet[53]. Nicht in bezug auf

[52] Im Grunde ist damit also nicht viel mehr gemeint, als wenn Tertullian (Adv. Marc. I,3 ff.) den Satz aufstellt, „deum esse summum magnum“. Es ist „der große, hohe Gott, dessen Kraft niemand erreicht und begrenzt hat ...“ so der Lichtkönig bei den Mandäern (*Foerster*, Die Gnosis II, S. 208). Einen besonderen Namen kann diese oberste gnostische Gottheit von Hause aus nicht haben; sie ist namenlos, unsagbar (vgl. dazu Iren I, 11,5 u. 15,4).

[53] *H. J. Krämer*, Geistmetaphysik, S. 223 ff., hat im Blick auf den „Vor-

einen imaginären „historischen“ Simon, sondern in bezug auf diese Systeme ist also die Kraftvorstellung der Megale Apophasis primär zu würdigen. Anders ausgedrückt: So eng die in der Megale Apophasis auftretende Bezeichnung der „großen (unbegrenzten) Kraft“ mit dem in AG 8,10 zugrunde liegenden jüdisch-samaritanischen Gottesnamen verwandt zu sein scheint, ebenso weit entfernt, vielmehr durch mehrere Zwischenstufen getrennt, sind beide Ausdrücke voneinander, sobald man von dem vokabularen Gleichklang absieht und den jeweils gemeinten Sachverhalt herausdifferenziert. Vom θεῖος ἀνήρ in AG 8, der öffentlich als „große Kraft“ auftrat, über die ἀνωτάτη δύναμις der esoterischen simonianischen Gnosis bis zur abstrakten Potentialität der „großen ἀπέραντος δύναμις“ in der Apophasis liegt ein geschichtlicher Weg, der durch die Jahrhunderte führt und der sich auch durch religionsgeschichtliche Patentlösungen nicht einfach ins Nichts verdampfen läßt.

---

neuplatonismus“ der Untersuchung der Gnosis einen breiten Raum zugestanden und dabei die Systeme aus dem Hippolytschen Sondergut m. Recht bevorzugt. Zur Apophasis Megale vgl. S. 250; 254 ff. u. 349 ff., wo die „intensive Unendlichkeit“ der ἀπέραντος δύναμις herausgearbeitet wird; zur Unterscheidung zwischen „Kraft“ und „Potentialität“ auf simonianischem Boden s. S. 350 Anm. 575. Im Unterschied zur sonstigen mittelplatonischen Vorstellung wird dabei dem obersten transzendenten Sein (i. S. des πρῶτος θεός/νοῦς) noch eine überseiende rein punktuelle Monas als „Wurzel“ und letzte Potentialität übergeordnet, aus der jenes transzendente Sein erst hervorgeht (vgl. bes. S. 237 ff.; 253; 260 f. u. 285 Anm. 360, freilich auch das Zugeständnis S. 287 Anm. 365). Krämers Aufstellungen bleiben zwar weithin hypothetisch (zumal im Blick auf das von ihm angenommene „Modellsystem“), auch ist sein Bild des Gnostizismus noch stark von den Bousset-Jonas’schen Prämissen abhängig, gleichwohl bietet er in dem unübersichtlichen Gelände zwischen Platonismus und Neuplatonismus eine wichtige Orientierungshilfe, die aller Beachtung wert ist.

V. DIE SIMONIANISCHE GNOSIS

Mit dem Vorangehenden kann der negative Teil unserer Untersuchung als abgeschlossen gelten. Das Resultat läßt sich in einem Satz zusammenfassen: Von einem außerchristlich-samaritanischen Ursprung des simonianischen Gnostizismus kann im Ernst keine Rede sein. Damit bleibt die positive Frage nach dem Woher des gnostischen Simonianismus im Rest. Was ihre Beantwortung betrifft, so wird sie zunächst von der im ersten Abschnitt als zuverlässig herausgearbeiteten Quellenbasis auszugehen haben, d. h. allein von den Fragmenten aus dem Syntagma des Hippolyt und vom Irenäusbericht. Sachlich ist sie durch das Konzept des ZThK-Aufsatzes von 1971 präjudiziert, der die Aufmerksamkeit bereits auf die vielfach als quantité négligeable behandelten christlichen, nämlich christlich-*gnostischen* Bestandteile gelenkt hat, sofern dieselben nicht einfach als sekundäre Ornamente eines im wesentlichen vorchristlich-gnostischen Entwurfs, sondern als konstituierende Elemente dieses Entwurfs selbst angesehen werden müssen, so daß derselbe geradezu wie ein „auf Simon Magus (statt Christus) überpflanztes Kunst- und Konkurrenzprodukt zum gleichzeitigen christlichen Gnostizismus“ anmutet, „wobei eine besondere Affinität zu den valentinianischen Gruppen bestehen dürfte.“ (S. 424).

Diese Konzeption soll im folgenden als Orientierungspunkt dienen. Sie ist aber in mehrerer Hinsicht zu präzisieren. Und zwar stehen folgende Fragen zur Beantwortung an:

1. Welches sind die als konstitutiv anzunehmenden christlich-gnostischen Bestandteile innerhalb des simonianischen Mythos? Lassen sich dieselben auf *ein* bekanntes gnostisches System zurückführen oder nur aus disparaten gnostischen Quellen erheben?
2. Stammen diese aus christlich-gnostischen Zusammenhängen nachweisbaren Bestandteile der simonianischen Mythologie aus der christlichen oder aus der außerchristlichen Überlieferungsschicht ihrer Quellen? Sind sie also, trotz ihres Auftauchens im Rahmen christlich-gnostischer Quellen — zumindest teilweise — doch außerchristlichen Ursprungs?
3. Geht die Übernahme der christlich-gnostischen Elemente in den simonianischen Zusammenhang wirklich eindeutig auf simonianische Redaktion zurück oder lassen sich daneben auch gnostische Ergänzungen von kirchlicher Hand nachweisen, die also nicht zum simonianischen Kernbestand gehören?
4. Welche Stellung haben die rein heidnischen Elemente — hier vor allem die trojanischen Motive — im Zusammenhang der simonianischen Mythologie?

5. Wie lassen sich Horizontale und Vertikale, d. h. gnostische und ungnostische Bestandteile der simonianischen Überlieferung unterscheiden? M. a. M.: Wie hängen die Simon-Helena-Legende und der Simon-Ennoia-Mythos zusammen?
6. Auf welche Weise lassen sich die auffallenden Abwandlungen der simonianischen Gnosis gegenüber sonst bekannten gnostischen Systemen erklären? Als solche kommen in Frage:
a) das Fehlen eines einzelnen Demiurgen,
b) das Fehlen einer hypostatischen Differenzierung zwischen der Ennoia und dem an den Fleischesleib gefesselten Geistwesen,
c) das entsprechende Fehlen einer hypostatischen Differenzierung zwischen dem gnostischen Urvater und dem auf Erden in Simons Gestalt erscheinenden Erlöser,
d) das Auseinanderfallen der Einzelerlösung der Ennoia-Helena durch Simon und der simonianischen Verkündigung an alle Menschen,
e) der Öffentlichkeitscharakter der simonianischen Verkündigung im Unterschied zur gnostischen Esoterik und Geheimreligion.
7. Wie ist die Simonianisierung des christlich-gnostischen Materials, falls sich eine solche nachweisen läßt, überhaupt historisch zu motivieren? Was konnte veranlassen, Simon Magus an die Stelle des gnostischen Christus zu setzen?

Die vorstehenden Fragen sind zunächst bewußt ohne Rücksicht auf die Möglichkeit ihrer Beantwortung aus den vorhandenen Quellen gestellt. Sie müssen aber als kritische Kanones vorausgenommen werden, wenn anders unser Verfahren wissenschaftlich glaubwürdig sein soll. Im folgenden wird das bei der Dynamisfrage bereits angewandte Verfahren in größerem Umfang noch einmal wiederholt werden, d. h. wir gehen zunächst – beginnend mit dem simonianischen Kernbestand, dem Ennoia-Helena-Mythos – die simonianische Überlieferung der Reihe nach Punkt für Punkt durch und stellen zu jedem Thema das entsprechende Bezugsfeld zusammen, in das die betr. simonianische Passage überlieferungsgeschichtlich einzuordnen ist. Dabei wird es sich empfehlen, die eindeutig als christlich erkennbaren Bestandteile aus dem simonianischen Zusammenhang jeweils an die Spitze zu stellen. Ebenso werden die simonianischen Belege bei den Materialdarbietungen jeweils vorangestellt. Irgendeine Präponderanz ist damit jedoch nicht intendiert. Erst am Schluß wird versucht werden, die Einzelergebnisse zusammenzufassen und die obigen Fragen zu beantworten.

1. *Das Gleichnis vom „verlorenen Schaf“* (Iren I,23,2; Hippol Ref VI, 19,2 u. 4; Epiphanius, haer. XXI,3,5). Hier ist zunächst vorwegzunehmen, daß dies Gleichnis in der frühchristlichen Überlieferung nicht für sich steht, sondern von einer Fülle verwandter Assoziationen umgeben ist, die im Blick auf die Auslegungs- und Traditionsgeschichte möglicherweise ins Gewicht fallen können. Hierzu gehören a) das atl-jüdische Bild von Hirt und Herde (vgl. bes. Ez 34), b) das heidnische Hirtenmotiv und die antike

Bukolik, c) die metaphorische Bedeutung des Schafes als Seele, dazu der Hirt als männliches Komplementärstück, d) der Bezug des Hirten auf das kirchliche Amt, dazu die Assoziation der Bußfrage, e) das Motiv von Zerstreuung und Sammlung des „Volkes Gottes" (vgl. z. B. Matth 9,36), in diesem Zusammenhang auch die Ketzerfrage, d. h. die Gefährdung der Herde durch „Räuber" und „Wölfe" (mit und ohne Schafspelz), f) das Bild des „guten Hirten" (Ps 23,1 u. Joh 10,1 ff.), g) das Motiv des „Irrtums" (πλάνη) sowie des Suchens und Findens (bzw. Gesucht- und Gefundenwerdens) des Verlorenen (vgl. Ez 34,16 mit Luk 19,10 o. ä.), h) die Allegorisierung und Mythologisierung des Hirtenbildes, hier z. B. die Katabasis des Hirten von oben (vgl. Matth 18,12), die 99 Schafe auf den Bergen als Engel[1].

Alle diese Bezüge bilden den größeren Rahmen, innerhalb dessen die Überlieferungs- und Auslegungsgeschichte unseres Gleichnisses zu sehen ist. Im Blick auf den gnostisch-simonianischen Gebrauch sind folgende Posten zusammenzustellen:

a) Nach Irenäus und Hippolyt (s. o.) haben die Simonianer das Gleichnis vom Schaf mythologisch-allegorisch auf den Fall und die Erlösung der Ennoia durch Simon angewandt, wobei die Ennoia als Schaf, der Erlöser Simon (und damit Christus) als Hirte zu stehen kommt. Dabei ist die von Hippolyt im Syntagma (Ref VI,19,2 vgl. Epiphanius, haer. XXI,3,5 – Originalfragment Nr. 5) vorausgesetzte Matthäusfassung (Matth 18,12 ff.) vom „verirrten Schaf" samt der Katabasis des Erlösers (V 12) gegenüber der von Irenäus gebotenen lukanischen

[1] Belege (ohne Vollständigkeit): zu a) *J. Jeremias*, Art. ποίμην ThWB VI, 485 ff.; zum NT auch *P. Stuhlmacher* in Kerygma und Dogma 1971, S. 39 Anm. 26, ferner *M. Hengel*, Judentum und Hellenismus, S. 343 f., auch *Reitzenstein*, Poimandres, S. 245 und eschatol. Stellen wie V Esra II,34; zu b) Dio von Prusa Or. II,73 (Herrscher) ferner die Aberkiosinschrift (vgl. *Lietzmann*, Geschichte der Alten Kirche II, S, 85; 138; 144; 194). Wesentlich zurückhaltender dagegen *Th. Klauser* (Studien zur Entstehungsgeschichte der christ. Kunst, Jahrbuch f. Ant. u. Chr. 1958, hier S. 24 ff.), der selbst den von Tertullian (De pud 7,1 u. 10,1 f.) verunglimpften „Hirten" der christl. Kelche noch für heidnisch halten will. Zu d) sind die Belege massenhaft. Älteste Stellen außerhalb des NT: Ign. Phld. 2,1; 9,1; vgl. Pol. Phil. 6,1, dazu Hermas, bes. Sim VI,2,5 ff., ferner Tert Scorp 6; De pat 12 und bes. De paen 8,5 u. De pud 7,1 ff.; 9,2; 13,7; Cyprian, Epist 55,12 u. 22; 75,2; De hab virg 1 u. 17; Orig Hom in Jes Nav VII, 6,4; Comm in Ps 77,52 u. ö.; Didask/CA II,18 u. 20; Aug De bapt. VI,1,1; Epist 93 u. 185; Ench ad Laur 64. Zu e) massenhafte Belege zu Stellen wie Mt 7,15 (vgl. 20,4 u. 24); ich verweise nur auf II Clem 5,1; Epist Apost 44 *(Duensing)*; Hippol Comm in Cant Cant VII,2,4,5; De antichr 6; Hippol Ref IX,13,5; Eus. h. e. V,16,17; VI,42,2 und *Waldschmidt-Lentz*, ABA 1926, Nr. 4 S. 11 u. 27 (Mani). Zu f) s. die Nachweise bei *W. Bauer* zu Joh 10,1 ff. (Hdb. z. NT 7, S. 143 f.), bes. noch Joh. Buch der Mandäer, S. 44 ff. Zu g) sind die Belege, zumal auf gnostischem Boden wiederum massenhaft, vgl. aber z. B. *R. Haardt*, Die Struktur des πλάνη-Mythos im Evangelium veritatis (Wiener Ztschr. f. d. Kunde d. Morgenlandes 1962, S. 24 ff.). Ebenso unübersehbar ist die Masse der Belege zum Thema von Mt 7,7 (Suchen/Finden).

Form vom „verlorenen Schaf" (Luk 15,4 ff.), wie schon oben (S. 36) gezeigt, im simonianischen Zusammenhang die ursprüngliche[2].

b) Belege zur altkirchlichen Auslegung der Parabel vom Schaf sind bereits von F. J. Dölger (zur Aberkiosinschrift) und B. Lohse (zum Engelfall im Zusammenhang mit Hilarius Comm in Matth 16,8) übersichtlich zusammengestellt worden. Dabei dominiert die Matth-Fassung (doch bevorzugen Iren. und Tert. Luk). Der Typ ist einheitlich allegorisch: Das verirrte Schaf ist die Menschheit (bzw. der Einzelmensch), die 99 auf den Bergen sind die Engel, der Hirte ist der zur σωτηρία der Menschheit herabkommende Christus (bzw. auch der kirchliche Bischof)[3].

c) Schon Th. Zahn hat auf die Mythologisierung des Gleichnisses vom verlorenen Schaf bei den Valentinianern hingewiesen. Nach Iren. I,8,4 irrte die Achamoth außerhalb des Pleroma umher (ἐπλανήθη), bis sie der Soter suchte und fand und zu ihr sprach: „Ich bin gekommen zu dem Verirrten" (Mt 18,12; Lk 19,10); „denn – fügt Iren. hinzu –, es heißt, sie interpretieren die Mutter (d. h. die Achamoth) als das verirrte Schaf". Indessen ist Zahn im Irrtum, wenn er hier die Benutzung von Luk 15,4 ff. konstatiert. Tatsächlich ist, wie der Ausdruck πρόβατον πεπλανημένον beweist, die Matthäusfassung vorausgesetzt[4].

d) Pythagoräisch weiterreflektiert taucht die gleiche Auslegung auch sonst im valentinianischen Einflußbereich auf, d. h. bei Marcos (Iren I,16,1 f. = Hippol Ref VI,52,4), im Evang. veritatis (p 31 f.) und bei Iren II,24,6. Freilich ist das Gegenüber zwischen Achamoth und Soter hier überdeckt durch den des Kenoma (i. S. der 99) und Pleroma (i. S. der 1), d. h. sobald die Eins „gefunden" wird, die „den Mangel emporzieht", geht die Zählung von der „Linken" (99)

---

[2] Siehe dazu schon ZThK 1971, S. 417 Anm. 47. Hinter dem simonianischen Gebrauch des Gleichnisses vom Schaf das heidnische Hirtenbild zu vermuten (so *Cerfaux*, Rech. de sc. rel. 1926, S. 481 ff.) besteht angesichts der christlich-gnostischen Parallelen kein Anlaß. Auch Ps. Tert. c. 1 sagt, Simon sei herabgekommen, die Weisheit zu „suchen".

[3] Vgl. *F. J. Dölger*, Ichthys Bd. II, 1922, S. 466 ff. und *B. Lohse*, Zu Augustins Engellehre, ZKG 1959, S. 278 ff., hier S. 287 f., Anm. 48. Beide ergänzen sich. Die Stellen ließen sich noch vermehren. Die Irenäus-Stellen finden sich bei *Klauser*, a.a.O. S. 26 Anm. 30, der darauf aufmerksam macht, daß die latein. Übersetzung sich das Schaf als weiblich vorstellte; weiteres in meinem Clemens Romanus, S. 62 Anm. 2.

[4] Vgl. *Th. Zahn*, GK I, S. 740 (*Harvey*, Iren Bd. I, S. 73). *Zahn* verweist außerdem auf Herakleon, Frgm 23 b. Orig Comm in Joh XIII,20 (s. GCS 10, *Preuschen*, S. 244), wo vom Verlorengehen des Gotteigenen in der πλάνη und seiner Suche (durch Christus) die Rede ist. Origenes assoziiert dazu Luk 15,4 ff. u. 11 ff., um die mythologische Deutung abzuweisen. Wie doppeldeutig die Dinge für gnostische Gemüter zuweilen sein konnten, zeigt z. B. Exc. ex Theod. § 42,1: Christus trägt die Spermata (der Gnosis) „auf seinen Schultern", d. h. natürlich: den Stauros, aber man könnte ebensogut auch Luk 15,4 ff. assoziieren. Ein kirchlicher Reflex auf die gnostische Auslegung von Matth 18,12 ff. findet sich dagegen bei Clemens, Strom III,94,2 f.: Christus kam zu dem „Verirrten", aber „verirrt" heißt nicht „von oben her ins Diesseits", sondern das Abirren des Geistes von den Geboten. Möglicherweise kannte also auch Origenes (s. o.) diese gnostische Auslegung, wenn er ähnlich argumentierte.

auf die „Rechte“ (100) über, die Vielheit wird zur Einheit, das Kenoma kommt zum Pleroma. Unter den drei genannten Texten ist derjenige des Evang. veritatis in unserem Zusammenhang der wichtigste, sofern hier, genau wie bei den Simonianern, das Gleichnis vom Schaf in Verbindung mit dem Motiv der ‚Entfesselung‘ (dort: der Ennoia, hier: der Gnostiker) sowie im Zusammenhang mit einer modalisierenden Vater/Sohn-Christologie auftritt[5].

e) Evang. Thom. 107 lautet: „Jesus sprach: Das Reich ist gleich einem Hirten, der hundert Schafe hat. Eins von ihnen verlief sich, das größte. Er ließ die neunundneunzig; er suchte nach dem einen, bis er es fand. Als er sich abgemüht hatte, sagte er zu dem Schaf: Dich liebe ich mehr als die neunundneunzig.“ Wie das πλανᾶν des Schafes zeigt, liegt auch hier die Matthäusversion zugrunde. Ebenso ist auch der Gegensatz zwischen der 99 und der winzigen und doch zugleich gewaltigen Eins angedeutet. Doch ist das Ganze noch einmal abgewandelt durch das Motiv vom „Mehrlieben“. Nach Phil. Ev. 55 und Mariaevang p 10,1 ff. (vgl. 17,15 ff. u. 18,16) liebte nämlich Jesus die Maria Magdalena mehr als die anderen (männlichen) Jünger. In Phil. Ev. 55 folgt diese Aussage unmittelbar auf einen Satz über die Sophia als „Mutter der Engel“. Das ist die gleiche Gestalt, welche bei den Simonianern durch die Ennoia dargestellt wird. Im übrigen läßt sich nicht übersehen, daß das Paar Jesus/Maria Magdalena in Simon/Christus und der Helena/Ennoia eine auffallende Parallele hat[6].

---

[5] Die Irenäustexte bei *Harvey* I, S. 158 u. 161, ferner S. 341 f.; der Text aus dem Evangelium veritatis findet sich bei *Foerster*, Die Gnosis II, S. 76 f. (ab 31,20), auch *Hennecke-Schneemelcher* Bd. I, S. 163 f. Im Kontext heißt es: „Er ließ die Strafen und Leiden aufhören, denn sie sind es, die das Mitleid brauchten im Irrtum und in Fesseln. Und mit Kraft löste er sie auf ...“ „Das Zeichen für das, was in ihrer Stimme ist, ist der Vater. Dieser arbeitete am Sabbat für das Schaf, das er gefunden hatte, nachdem es in die Grube gefallen war“ (Kontamination von Matth 12,11 und 18,13). Zur Zahlenspielerei (99 + 1 = 100) vgl. *Krämer*, Geistmetaphysik, S. 245, zur Berührung zwischen Evangelium veritatis und Valentinianismus jetzt *H. Ringgren*, The Gospel of truth and Valentinianism (Stud. Theol. Aarhus XVIII, 1964, S. 51 ff.). Das Motiv der in Fesseln Irrenden, die von Christus erlöst und ins Licht hinaufgeführt werden, begegnet auch in Epist Apost c. 21 (*Duensing*, S. 19), dazu *C. Schmidt* (TU 43), S. 309 ff.

[6] Der Text von Thom. Ev. 107 nach der Übs. von *Haenchen* bei *Aland*, Synopsis Quattuor Evangeliorum, S. 529, vgl. dazu die griech. Übs. m. Komm. bei *Kasser*, a.a.O. S. 115 f. Daß das Thomasevang. den Valentinianismus voraussetzt, belegt *B. Gärtner*, The Theology of the Gospel acc. to Thomas (1961), S. 79 ff. Zum Motiv des Mehrliebens vgl. meine Hinweise in Clemens Romanus, S. 258 Anm. 3 und ZThK 1971, S. 423 Anm. 62, sowie die Monographie von *W. Henß*, Das Verhältnis von Diatessaron, christl. Gnosis und Western Text ... Materialien zu ... Luk 7,36–50 (BZNW 33, 1967). Über die m. E. bis hinter die divergierenden kanonischen Osterberichte zurückreichende Rivalität zwischen „Petrus“ und Maria Magdalena habe ich mich (im Zusammenhang von Ev. Petr 50) in meinem Siebensternbuch, Die verborgene Überlieferung von Christus, S. 57 ff. bereits geäußert; sie findet sich, außer im Mariaevangelium auch in Pistis Sophia c. 36 u. 72 u. Thom. Ev. 114. Noch die Katharer (*Borst*, a.a.O. S. 164) sollen Maria Magdalena als die Konkubine Jesu bezeich-

f) Von Thekla, der Gefährtin des apokryphen Paulus heißt es in Act Pauli et Thecl. 21, sie habe bei ihrem „Martyrium“ nach Paulus „gesucht, wie ein Schaf in der Wüste nach dem Hirten“ und habe ihn plötzlich im Theater als Christus erblickt. Das scheint eine ins legendäre Genus übertragene Variante der bereits besprochenen Überlieferung zu sein: Christus und das (weiblich gedachte) Schaf als die von ihm gerettete Gefährtin. Eine weitere Variation des gleichen Themas könnte auch in der gnostischen Legende von der Höllenwanderung der Hure (?) in Act Thom 57 stecken, die im Jenseits dem „Zwilling“ Jesu, Judas-Thomas, mit den Worten übergeben wird: „Empfange diese; denn sie ist eins von den verirrten (Schafen).“ Doch könnte hier zusätzlich auch noch Jes 53,6 = Ez 34,5 = I Petr 2,25 eingewirkt haben[7].

g) Nach Tertullian, De carne Christi 8 soll der ehemalige Marcionit Apelles (dem übrigens Tertullian abermals den Umgang mit einer „Hure“, nämlich der Prophetin Philumene nachsagt), den gnostischen Demiurgen als ein abtrünniges hohes Engelwesen („gloriosus angelus“; „igneus deus“ vgl. Ex 3,3 f.) betrachtet und seine „Reue“ gegenüber dem „guten Gott“ wegen der mißratenen Schöpfung „de figura ovis erraticae“ interpretiert haben. Auch diese Mythologisierung des Gleichnisses vom Schaf steht wieder auf der Matthäusfassung. Sie dürfte eine weitere Variante der valentinianischen Achamoth-Interpretation darstellen[8].

net haben (vgl. ähnliches bei Gregor von Tours, hist. franc. X,25 und bei Tanchelm). Der ganze überaus verwickelte Komplex bedürfte noch einmal einer energischen Untersuchung. Auffallend in Thom. Ev. 107 ist auch das Motiv des sich Abmühens, das mit und ohne Bezug auf das Gleichnis vom Schaf auch sonst vorkommt (vgl. z. B. Tertullian, De paen 8,5; Nag-Hammadi Cod. VI,3 p 34 f., *Krause-Labib*, S. 148; Epist Apost 39 bei *Duensing*, S. 33, *Schmidt*, a.a.O. S. 129 und 334 f.; Papst Coelestin mit Bezug auf die Amtsträger, samt Gleichnis vom Schaf in: ACO I/1, S. 76,12 ff.), vgl. ähnlich das Suchen des Hirten auf Bergen und in Tälern (Tertullian, Scorp 6 und Joh.-Buch der Mandäer, 12,48 f., *Lidzbarski*, S. 53 f.).

[7] Zu Thecla (Li-Bo I, S. 249 f.) vgl. *Harnack*, Marcion, S. 178 Anm. 2. Thecla wirkt nach Kap. 19 f. wie eine Geliebte des Paulus (vgl. hierzu *R. Söder*, Die apokryphen Apostelgeschichten und die romanhafte Literatur der Antike, 1932, S. 133 f.). Nach dem Evang. des Mani (Kopt. Psalmbuch II, S. 187,2 ff. – *Alberry*, vgl. *Hennecke-Schneemelcher* I, S. 263 f.) ist Maria Magdalena (siehe vorige Anm.) die Vertraute Jesu, die die „Schafe“ zum „Hirten“ bringen soll. Zu Act Thom 51 ff. (Höllenfahrt des Mädchens) hier bes. c. 57 = Li-Bo II/2, S. 174, vgl. ausführlich *G. Bornkamm*, Mythos und Legende in den apokryphen Thomasakten (1933), S. 45 ff. Auch in Act Petr 10 (Li-Bo I, S. 58 – Marcellus) tritt der Vergleich mit dem Schaf im Bußzusammenhang auf.

[8] Textdarbietung bei *Hilgenfeld*, Ketzergesch. S. 537 Anm. 890 und bes. *Harnack*, Marcion, S. 408 f.* und 191. Daß die Philumene eine Hure gewesen sei (Tert praescr. 30,6), ist natürlich Verleumdung. Apelles soll auch, wie Simon, in Alexandria gewesen sein und die gleiche Transfiguration Christi gelehrt haben wie Simon nach Epiphan haer XXI,2,4 (Originalzitat Nr. 1), siehe dazu *Holl*, Epiphanius I, 240, zu Z. 3 und *Harnack*, a.a.O. S. 410*. Zum feurigen Weltschöpfer (Mischung aus Jahwe und Helios?) vgl. außer Hippol Ref VIII,10,1 noch Ginza re. *(Lidzbarski)*, S. 98,28 ff.; doch tritt auch der Erlöser in feuriger Gestalt auf, vgl. „Das Wesen der Archonten“ *(Schenke)* p 143,8 ff. und die Messalianer (*H. Dörries*, Wort und Stunde Bd. I, 1966, S. 342).

h) Problematisch ist dagegen die Stellung des Enkratiten Tatian zu unserem Gleichnis. Nach Iren I,28,1 soll Tatian die Seligkeit Adams, d. h. der durch Christus rekapitulierten Gesamtmenschheit zugunsten einer partikularen Ansicht bestritten haben. Dem hält Irenäus in III,23,8 entgegen, daß Leute dieser Art dann auch nicht glauben könnten, daß das verlorene Schaf (nach patristischer Ansicht die Menschheit, s. o. unter b) von Christus wiedergefunden worden sei. Daraus hat A. Adam den Schluß gezogen, Tatian selbst müsse die von Irenäus vorgetragene Fehl-Interpretation des Gleichnisses vom Schaf vertreten haben. Indessen steht diese Vermutung auf sehr schwachen Füßen. Zwar sagt Tatian in Oratio 13, die gefallene Seele habe Gott κατὰ πλάνην gesucht, und dies könnte allenfalls an Matth 18,12 erinnern, obwohl es sachlich dazu nicht paßt. Allein die von Irenäus in III,23,8 aufgebotene Konsequenz ist doch viel zu grotesk, als daß man sie ausgerechnet dem Vf. des Diatessaron zutrauen könnte. Dazu kommt, daß Irenäus selbst kurz vorher (III,23,1) das Gleichnis vom Schaf nach der gleichen lukanischen Version bespricht wie in III,23,8, so daß hier doch am wahrscheinlichsten ein eigenes Argument des Irenäus vorliegt[9].

Damit kann die vorstehende Übersicht abgeschlossen werden. Der Ertrag dürfte ebenso eindeutig wie aufschlußreich sein. Fest steht zunächst, daß die sowohl von der Gnosis als auch von den meisten Kirchenvätern benutzte Version des Gleichnisses vom Schaf nicht die lukanische (15,4 ff.), sondern die matthäische (18,12 ff.) gewesen ist, ein für die frühe Geltung des Matthäusevangeliums immerhin nicht unerheblicher Sachverhalt. Zugleich hat sich damit bestätigt, daß die von der Syntagmatradition (Hippolyt, Epiphanius) gebotene Textform in der Tat die eigentlich simonianische ist. Der simonianische Mythos sprach also wie der valentinianische vom „verirrten", nicht – wie Irenäus – vom „verlorenen" Schaf. Davon abgesehen hat sich gezeigt, daß sowohl Gnostiker als auch Kirchenväter bei der Auslegung des Gleichnisses von einem gemeinsam überkommenen Interpretationstyp ausgehen, der darin besteht, daß der Hirte auf Christus, das Schaf dagegen auf die Seele (o. ä.) bezogen war, nur wird dieser Sachverhalt auf kirchlichem Boden lediglich allegorisiert, auf gnostischem Boden dagegen mythologisiert, und zwar dergestalt, daß das „verirrte Schaf" auf die aus dem transkosmischen Pleroma entstürzte weibliche Potenz (d. h. bei den Valentinianern die Sophia/Achamoth) bezogen wird, zu der Christus als Erlöser herabkommt.

Daß dieser Interpretationstyp im gnostischen Raum zum Wandergut gehörte, läßt sich aus seinem verschiedenartigen Auftreten bei valentinianischen Lehrern, im Thomasevangelium, bei Apelles und nicht zuletzt bei den Simonianern selbst eindeutig ablesen. Dabei dürfte der Valentinianismus, wo nicht das Zentrum so doch den Ausgangspunkt gebildet haben.

[9] Vgl. Iren I,28,1 u. III,23,1 bzw. 8 bei *Harvey* Bd. I, S. 220 u. II, 124 u. 130, sowie Tatian, Oratio 13 bei *Schwartz*, TU IV/1 (1888), S. 14,29 f., dazu *A. Adam*, Lehrbuch der Dogmengeschichte Bd. I, S. 156.

Was die simonianische Version betrifft, so scheint sie einerseits älter, andererseits aber auch jünger als das valentinianische Modell zu sein, älter insofern, als sie die valentinianische Äonendifferenzierung noch nicht vorauszusetzen scheint (doch s. dazu u. Nr. 2!), jünger dagegen insofern, als der Soter Christus bei den Simonianern zumindest teilweise durch die Gestalt Simons übermalt ist; denn die hier auftretende Sotergestalt ist, wie sich aus der Auslegungsgeschichte des Gleichnisses ergibt, ursprünglich jedenfalls Christus gewesen[10].

Besonders bemerkenswert sind schließlich noch ein paar Einzelheiten, die auch für die folgenden Untersuchungen ins Gewicht fallen, einmal dies, daß das dem Valentinianismus zumindest nahestehende Evangelium veritatis das Gleichnis vom Schaf mit demselben Motiv der Erlösung als „Entfesselung" verbindet, das auch bei den Simonianern (s. Iren I,23,2 f.) im gleichen Zusammenhang begegnet, wobei diese Kombination auch beide Male von einer modalisierenden Vater/Sohn-Christologie begleitet ist. Weniger sicher ist dagegen die Verbindung des Gleichnisses mit dem Motiv der Prostitution, wie sie aus der gnostischen Legende von der Höllenfahrt des Mädchens (Act Thom 51 ff.) sprechen könnte. Hier handelt es sich lediglich um eine Vermutung von G. Bornkamm. Vor allem aber ist die Abweichung der simonianischen Verwendung unserer Parabel von der übrigen mythologischen Tradition bemerkenswert, die darin besteht, daß alle jene Systeme das Gleichnis mythologisieren und damit spiritualisieren, während es durch seine Beziehung auf Simons irdische Begleiterin Helena zugleich auch konkretisiert wird. Hier liegt das Proprium der simonianischen Interpretation gegenüber der sonstigen Gnosis; denn eine derartige Kontraktion zwischen Mythologie und Wirklichkeit (also: Maria Magdalene = Sophia Achamoth) sucht man auf außersimonianisch-gnostischem Boden vergebens[11]. Freilich spricht gerade diese Besonderheit der simo-

[10] Ohne Zusammenhang mit dem *Gleichnis* vom Schaf ist die von *Quispel*, Gnosis als Weltreligion (S. 54) zitierte Passage aus dem Manichäischen Psalmbuch (Ps 226, *Alberry*). Hier handelt es sich nur um das Schaf ohne Hirten, das von Wölfen umstellt ist, vgl. dazu auch *Waldschmidt-Lentz*, Die Stellung Jesu im Manichäismus (ABA 1926, Nr. 4. S. 11 u. 27). Dasselbe bei den Katharern (*Borst*, a.a.O. S. 166 u. 195). Nicht zugänglich war mir der Aufsatz von *F. Bussley*, Did a shephard leave sheep upon the mountains or in the desert? (Anglican Theol. Review 1963).

[11] S. z. B. die deutliche Unterscheidung zwischen dem Syzygos Christi und Maria Magdalena im Fragment der „Großen Fragen der Maria" bei Epiphanius, haer XXVI,8,2 f. (dazu *Blum*, Tradition und Sukzession, S. 130). Auch in Phil Ev. 55 (vgl. 32) ist Maria Magdalena als „Gefährtin" (κοινωνός) des Kyrios von der Sophia als seinem Syzygos textlich zu unterscheiden (vgl. dazu *R. Mc L. Wilson*, The Gospel of Philipp, 1962, S. 115 f.). Immerhin will z. B. *K. Rudolph* (Die Mandäer, Bd. I, S. 97) die mandäische Mirjai auf Maria Magdalena zurückführen und spricht auch *L. Fendt* (Gnostische Mysterien, 1922, S. 80 = Anm. 22) von biblischen Frauen als „Repräsentanten der großen Mutter" bei den Gnostikern, vgl. auch Pistis Sophia Kap. 59 (*Schmidt-Till*,

nianischen Auffassung nicht für ihre Ursprünglichkeit, sondern lediglich dafür, daß der Simonianismus im Kreise der übrigen gnostischen Erscheinungen ein Außenseiter ist und daß die Übertragung der gnostifizierten Parabel vom Schaf auf Simons Begleitperson verhältnismäßig gewaltsam vollzogen wurde.

2. *Die Allmutter Ennoia* (Iren I,23,2). Dasjenige gnostische Wesen, welches von den Simonianern als „verirrtes Schaf" interpretiert wurde, ist die gnostische Allmutter Ennoia; sie ist die eigentliche Zentralgestalt des simonianischen Mythos. Sie läßt sich aber auch aus anderen, christlich-gnostischen Systemen belegen, und zwar durchweg aus solchen, die bei der Frage des höchsten simonianischen Kraftwesens bereits herangezogen wurden. Demgegenüber sind die weiteren Identifikationen der Ennoia a) mit Athene/Minerva – dazu Simon als Zeus/Jupiter (vgl. Iren I,23,4 und Justin Apol I,64, dazu oben S. 12 f.) und b) mit der trojanischen Helena rein simonianisches Sondergut, d. h. auf gnostischem Boden sonst nirgends nachweisbar. Wir vergewissern uns zunächst über das Vorkommen der Ennoia-Gestalt:

a) Justin, Apol I,26,3 (vgl. 64,5), nennt das oberste weibliche simonianische Geistwesen die πρώτη ἔννοια. Dagegen sprechen Irenäus (I,23,2) und Hippolyt (Epiphanius, haer XXI,2,4 u. 3,2–4) nur von der „Ennoia", Irenäus mit dem Zusatz, sie sei die „Allmutter" (neben Simon als „Allvater", I,23,1). Nach Ps-Clem Hom II,25,2 heißt Simons Begleiterin (Helena) κύρια (vgl. Hippol Ref VI,20,1), σοφία (vgl. Ps Tert c. 1) und παμμήτωρ.
b) Auch bei den Valentinianern verschiedener Richtungen ist die Ennoia neben oder nach dem Ur-Abgrund die oberste pneumatische Emanation. Und zwar ist sie hier mit der Charis, Sige oder Aletheia identisch, dagegen ist sie von der Sophia, durch eine ganze Reihe mythologischer Generationen getrennt. Daß indessen hier ein Zusammenhang besteht, beweist z. B. Theodot, wenn er die Sophia-Achamoth als „Ennoia des Mangels" bezeichnet. In gleicher Weise ist auch der Name der „Allmutter" von der Ennoia getrennt. Zwar heißt in der Hippolytschen Darstellung des valentinianischen Systems die erste, aus dem ungezeugten Vater hervorgehende Syzygie (Νοῦς und Ἀλήθεια) die μήτηρ πάντων (zugleich auch κύρια wie die simonianische Helena bei Hippolyt), sonst aber haftet der Muttername an der Achamoth[12].

S. 75), wo den beiden biblischen Marien (die zumal im syrischen Raum bekanntlich vielfach verwechselt wurden) die Ähnlichkeit mit dem Wesen der Barbelo zugesprochen wird. Was *E. Brandenburger*, Die Auferstehung der Glaubenden als historisches und theologisches Problem (in: Wort und Dienst, Betheljahrbuch 1967, hier S. 25 f.) über die Homoiosis der Aseneth in bezug auf die himmlische Sophia berichtet, ist natürlich keine Inkarnation.

[12] Belege: Vgl. bes. Epiphanius, haer XXXI,5,2 (*Holl* I, S. 390 mit Anm. zu Zeile 5 ff.), ferner Iren I,1,1; 2,5; 8,3 f.; 11,1; 12,1–3; 15,5; 21,3 (*Harvey* I, S. 8 f.; 20; 72 f.; 100 f.; 109 ff.; 155; 183); Exc ex Theod 22,7 u. 29,2 (*Stählin* III, S. 114 und 116); Hippol Ref VI,29,6; 34,3 u. 38,7 (*Wendland* III, S. 156; 162 f.;

c) Im Apokryphon des Johannes ist die πρώτη ἔννοια die erste Emanation des Allvaters (p 27 f.). Sie ist zugleich die „vollkommene Kraft" (s. o. S. 117, III,8) und die Barbelo, wobei wir uns erinnern, daß auch Epiphanius – freilich nicht in den Originalfragmenten – die simonianische Ennoia mit der Barbelo identifizierte (s. o. S. 24). Auch hier wird diese Ennoia als „Mutter" bezeichnet, doch ist das System darin von dem der Simonianer und Valentinianer unterschieden, daß es im obersten Bereich nicht von einer einfachen Syzygie (Vater–Mutter), sondern von einer pneumatischen Triade (Vater = unsichtbares Pneuma, Mutter = Barbelo/Ennoia, und Sohn) überwölbt wird, die ihrerseits wieder als „vollkommene Kraft" gelten[13].

d) Zur Quaternität erweitert erscheint der pneumatische Seinsurgrund bei den Ophiten des Irenäus (I,30). Und zwar besteht die oberste Konstellation aus a) Vater = Anthropos, b) Sohn = Ennoia (2. Anthropos), c) hl. Geist = (erstes) Weib, sowie – gezeugt von Vater/Sohn und Weib –d) Christus = 3. Anthropos. Freilich erinnert auch hier weniger die Ennoia als vielmehr das pneumatische Weib, die „Mutter der Lebendigen" (vgl. Gen 3,20) an die simonianische Allmutter Ennoia, sofern sie sich als Sophia Prunikos abwärts in die Urflut stürzt und dort, wenn auch nur vorübergehend, materiell „gefesselt" wird. Doch geschieht diese Fesselung, im Unterschied vom simonianischen Mythos, noch *vor* Entstehung der demiurgischen Welt, die freilich, genau wie dort, vom φθόνος durchwaltet ist. Wie bei den Simonianern, so spielt übrigens auch hier die Katabasis Christi und seine (Schein)-Kreuzigung eine wichtige Rolle[14].

e) Eine weitere Ennoia-Version bietet sodann die „Sophia Jesu", die gerade darum von Wichtigkeit ist, weil sie gegenüber dem nahverwandten Eugnost-Brief möglicherweise eine jüngere Variante darstellt. Das System beginnt auch hier mit einem Urvater, der sich im Autopator (d. h. im 1. Anthropos) alsbald hypostatisch wiederholt. Beiden inhäriert u. a. Kräften auch die Ennoia. Dem Autopator ist sodann die „große Sophia" als Syzygos beigegeben, mit der zusammen der androgyne Christus erzeugt wird, dessen weiblicher Teil wiederum Sophia und „Mutter des Alls" genannt wird. So also auch hier eine Vater/

---

170). Außerdem ist auf den von *Rudolph* (ThR 1969, S. 137) beschriebenen „zweiten Logos des großen Seth" (Nag-Hammadi, Cod VII,2) hinzuweisen, dessen mythologisches Gerüst (Trennung von Ennoia und Sophia) dem valentinianischen ähnelt.

[13] Vgl. zunächst Iren I,29,2 ff. (*Harvey* I,221 ff.), dazu das Apokryphon Joh *(Till)* p 27,5 ff. Neben der „ersten" Ennoia, deren genitura ausgelassen ist, existiert noch eine zweite (hierzu *Till* in der Einl. S. 39 f. und *Foerster*, Die Gnosis I, S. 135). Wie bei den Valentinianern, so werden auch hier Ennoia und Sophia (die „Vatermutter" vgl. p 75,10 ff.) unterschieden.

[14] Iren I,30,1 ff. *Harvey* I,226 ff., der im Hervorgang der Ennoia (S. 227 Anm. 1) eine Modifikation der simonianischen Theorie erblicken will. Die Quaternität zu entwirren, hat bekanntlich *Bousset* (Hauptprobleme, S. 162) unternommen, indessen sind die hier gebotenen Verwirrungen und Ambivalenzen quellenkritisch kaum zu analysieren, vgl. den ganz ähnlichen Stil in dem neu herausgegebenen Werk, „Der Donner, der vollkommene Nus" (*Krause-Labib*, Gnost. und Hermet. Schriften aus Cod II u. VI, 1971, S. 122 ff.). Den Fall *vor* Entstehung der demiurgischen Welt hat die ophitische Sophia mit der barbelotischen (siehe vorige Anm.) gemeinsam.

Mutter/Sohn-Triade. Im Unterschied zum Valentinianismus stürzt aber die Sophia nicht aus der oberen Einheit, sondern entsendet samt ihrem Syzygos – beide nochmals hypostatisch differenziert als σωτήρ und παγγενέτειρα – ihre Lichttropfen in die Welt des Demiurgen, wo sie in die „Fessel" der ἀγνωσία fallen, aus der sie dann vom Soter erlöst werden müssen[15].
f) Schließlich bleibt nachzutragen, daß auch das ins Uferlose inflationierte gnostische System des sog. „Altgnostischen Werkes" u. a. eine Syzygie aus „Allvater" und „Allmutter" enthält, wobei die Allmutter auch als „Ennoia" und „Kraft des Unendlichen" bezeichnet wird[16].

Was besagt diese Zusammenstellung für das Verständnis des simonianischen Ennoiamythos? Sie besagt zunächst, daß auch die Ennoia als oberster weiblicher Genius neben dem Urvater kein simonianisches Spezialissimum ist, sondern ebenso zur Grundausstattung anderer gnostischer Systeme gehört hat. Die Frage ist demnach, ob die Simonianer auch diese Gestalt – freilich dann auch diejenige des Urvaters! – von dort übernommen haben oder ob man – zumindest in diesem Punkt – nicht besser die gemeinsame Abstammung aller oben verglichenen Systeme (also auch des simonianischen) von einer vor- und außerchristlichen Tradition annehmen soll[17]. In der Tat scheint auf den ersten Blick die einfachere Struktur des simonianischen Ennoiamythos gegenüber der komplizierten Differenziertheit der christlich-gnostischen Systeme für die zweite Annahme zu sprechen. Indessen so naheliegend diese Lösung zu sein scheint, ebenso gewichtig sind die Gründe, die sich dagegen erheben lassen:

1. Blicken wir zunächst auf die obige Zusammenstellung zurück. Schon hier muß auffallen, daß unter den verglichenen christlich-gnostischen Systemen eines ist – das valentinianische – das nicht nur ebenfalls von der Ennoia ausgeht, sondern auch den Sturz samt Wiederbringung des gefallenen mythischen Geistwesens – freilich in der Gestalt der Sophia/Achamoth – mit der gleichen gnostischen Auslegung der Parabel vom „verlore-

---

[15] Zum Verhältnis zwischen Sophia Jesu und Eugnostbrief vgl. *Rudolph*, ThR 1969, S. 208 ff. und *M. Krause* bei *Foerster*, Die Gnosis II, S. 32 ff. Zur obersten Trias siehe *H. M. Schenke*, Das System der Sophia Jesu (ZRGG 1962, S. 352 ff.); zur Ennoia/Pammetor vgl. bes. p. 86,16 ff.; 96,12 ff.; 97,2 ff.; 99,9 ff.; 103 f.; 118,3 *(Till)*.

[16] Vgl. Altgnost. Werk *(Schmidt-Till)* Kap. 7 – Begreifen des Vaters durch eine Ennoia (S. 341,28 ff.) – Ennoia des Setheus (S. 343,34); Kap. 9 – die Allmutter in Verbindung mit den „sieben Weisheiten" (S. 346,16 ff.), Kap. 21 – die aus dem Allvater (ἀπέραντος δύναμις) emanierte Ennoia (S. 362,33 ff.). Von einer „Mutter des Lebendigen" (Gen 3,20) spricht ebenso das Titellose Werk (p 81,7) wie die Schrift vom „Wesen der Archonten" (p 137,15) – hier die Barbelo. Eine oberste Vater/Mutter-Syzygie kennen auch die Archontiker (Epiphanius, haer XL,2,8); zum Manichäismus, vgl. *Krämer*, Geistmetaphysik, S. 250 Anm. 204, zur „Mutter des Lebens" im Manichäismus vgl. Act Archelai c. 7,1 (*Beeson*, S. 9).

[17] Dies scheint *Bousset*, Hauptprobleme, S. 58 ff. anzunehmen.

nen Schaf" kombiniert, wie der simonianische Mythos auch, wobei, wie gezeigt, die Priorität dieser Parabelauslegung eindeutig auf der christlich-gnostischen Seite liegt. Dann aber dürfte auch die auffällige Koinzidenz beider Motive – also Ennoia/Pammetor *und* „verlorenes Schaf" – dafür sprechen, daß die Überlieferungsgemeinschaft in diesem Fall eine übergreifende ist, daß also auch die Ennoia-Gestalt (samt dem gnostischen Urvater) bei den Simonianern christlich-gnostischer Import sein dürfte.

2. Freilich wirkt demgegenüber die hypostatische Differenzierung zwischen Ennoia und Sophia/Achamoth bei den Valentinianern neben dem scheinbar weit einfacheren Ennoia-Modell der Simonianer wie eine Sekundärbildung. Allein auch hier darf man sich nicht einfach am Phänotyp orientieren. Nimmt man nämlich die christlich-gnostischen Ennoiasysteme zusammen und stellt sie der simonianischen Konkurrenzbildung gegenüber, so erscheint eine erstaunlich andersartige Perspektive: Kein einziges dieser christlichen Systeme läßt die Ennoia, wie es der simonianische Mythos tut, ohne jede hypostatische Differenzierung in den mythischen Absturz der Sophia oder gar in das Schicksal der Inkarnation verwickelt sein. Vielmehr bleibt die Ennoia, im Unterschied zur gnostischen Sophia, – unbeschadet der jeweiligen Differenzierungsvariante – vom Sturz aus der Ureinheit oder gar von einer Inkarnation in jedem Falle unberührt. Lediglich der simonianische Mythos operiert mit der für gnostisches Denken im Grunde ganz unmöglichen Vorstellung, das oberste weibliche Geistwesen selbst müsse – wie in anderen Systemen die Sophia – in einen präkosmischen Sturz verwickelt und schließlich – wie sein männlicher Partner, der Urvater – in Menschengestalt auf Erden umhergewandert sein.

3. Damit erhebt sich die Frage, ob die beiden von der Forschung immer wieder identifizierten Gestalten der Ennoia und der Sophia wirklich von Hause aus Manifestationen ein- und derselben gnostischen Urgestalt sind[18]. Hierzu ist zunächst dies zu sagen:

---

[18] Vgl. vor allem *U. Wilckens,* Weisheit und Torheit, eine exeget.-rel.-gesch. Untersuchung zu I Kor 1 und 2 (1959, S. 135: „Die Ennoia ist als obere weibliche Gottheit ja auch im valentinianischen System nichts anderes als die Sophia in ihrer vollendeten Gestalt. Und die vertritt in dem Geschick ihres Falles und ihrer Erlösung sowohl die Ennoia (und damit alle weiblichen Äonen des Pleroma) als auch die Gnostiker. Im Grunde läßt sich das komplizierte valentinianische System zurückführen auf eine Urform, in der es – wie in der Urform simonianischer Gnosis – um das Geschick *einer* weiblichen Gottheit und ihre Erlösung durch ihren männlichen Syzygos geht." Diese – scheinbar völlig selbstverständliche – Erklärung ist in Wahrheit ein moderner Synkretismus, dessen neuralgischer Punkt vor allem in der Vernachlässigung der philosophischen Strukturen der Gnosis besteht. Doch steht *Wilckens* mit dieser Gleichung nicht allein, vgl. (außer W. selbst in ThWB VII, S. 511) schon *W. Anz,* Die Himmelsreise der Seele (TU XV/4, 1897), S. 54, ferner *H. Waitz* in ZNW 1904, S. 136; *Bianchi* in: le Origini S. 724 f. und selbst *Krämer,* a.a.O. S. 231.

a) Was in der Spätantike unter der πρώτη ἔννοια τοῦ θεοῦ verstanden wurde, erfährt man am besten aus der Oratio XII des Dion von Prusa, die eben diesen Titel trägt. Es handelt sich dabei um die ursprüngliche, allen Menschen einwurzelnde Uroffenbarung nach stoischem Verständnis, deren verschiedene „Quellen“ Dion empirisch erhebt und die z. B. Tertullian auf die „anima naturaliter christiana“ übertragen hat. Diese Fragestellung geht über Plutarch bis auf Poseidonius und Aristoteles zurück. In der Gnosis ist daraus der oberste Syzygos des überweltlichen pneumatischen Urvaters, d. h. der Nus-Monas geworden, den die Ennoia als weibliche Hypostase repräsentiert[19].

b) Eine ganz andere Wesenheit ist von Hause aus die gnostische Sophia. Sie ist nicht griechischer, vielmehr orientalischer, bzw. speziell spätjüdischer Herkunft, und tritt in der hellenistischen Periode der jüdischen Weisheitsliteratur (vgl. bes. Sap Sal) auch hypostatisch auf. Diese Sophia ist nicht Syzygos, sondern erstes Geschöpf Gottes (vgl. die vielverhandelte Stelle Prov 8,22). Sie ist zugleich „Allmutter“ (Philo), Ordnerin des Kosmos und Erzieherin der Menschheit, teilweise geradezu mit der Thora identisch, kurz, sie erfüllt, wie der philonische Logos, dem sie konkurriert, im eigentlichen Sinn die Funktion der platonischen Weltseele, verschwimmt aber auch mit vorderasiatischen Muttergottheiten wie Isis[20].

Beide — Ennoia und Sophia — treten also als gnostische Genien auf, wobei ihre Affinität, zumal im synkretistischen Raum sicher nicht zu übersehen ist. Trotzdem aber wird die Ennoia in der Gnosis nirgends mit der Allmutter Sophia identifiziert, wie etwa mit der Charis, Sige oder Aletheia, vielmehr sind beide stets durch den hypostatischen Abstand voneinander getrennt, d. h. sie verhalten sich etwa so zueinander wie die platonische Nus-Monas zur Weltseele, nur daß diese — gnostische — Nus-Monas echt

---

[19] Vgl. hierzu außer *Ueberweg-Praechter*, Grundriß der Geschichte der Philosophie Bd. I ([12]1960), S. 508 vor allem *H. Binder*, Dio Chrysostomos und Poseidonios, Quellenuntersuchungen zur Theologie des Dio von Prusa (Diss. Tübingen, 1905), S. 16 ff., ferner *Nilsson*, Geschichte der griech. Rel. II, S. 382 und *H. Dörrie*, Emanatio, ein unphilosophisches Wort im spätantiken Denken (in: Parusia, Festgabe für J. Hirschberger, 1965, S. 119 ff., hier S. 130). Zur Zuordnung der „Allmutter“ an den νοῦς siehe vor allem Hippol Ref VI,29,6 (oben S. 135[12]), dazu *Krämer*, Geistmetaphysik, S. 240 u. 256.

[20] Hierzu *Wilckens*, ThWB VII,498 ff. und *Hengel*, Judentum und Hellenismus, S. 275 ff. Philo, leg alleg II(14)49 (*Cohn-Wendland* I, S. 100,7) nennt die Weisheit μήτηρ τῶν συμπάντων, De ebrietate 8,31 (a.a.O. II,176,9) „Mutter des Kosmos“, vgl. dazu *Bousset-Greßmann*, Religion des Judentums, S. 345 und *G. Kretschmar*, Trinitätstheologie S. 43. Zur Beziehung der Sophia auf die Weltseele vgl. *Hengel*, a.a.O. S. 293 f. und *Krämer*, a.a.O. S. 231 und 240 f., der jedoch diesen Platz bei den Valentinianern zu stark an den Demiurgen delegiert. Zu Isis als Allmutter und Weltseele vgl. *Leisegang*, PW II/5, 1033, *Hengel*, a.a.O. S. 294 Anm. 359 und *Krämer*, a.a.O. S. 95 f. und 178, zum Verhältnis von Logos und Sophia in diesem Zusammenhang vgl. *Krämer*, S. 277 ff. Auch Selene galt als Pammetor (vgl. z. B. *Preisendanz*, PGM IV,28, 30 ff. und 29,15 ff., Bd. I, S. 162 und 166). Als „Göttermutter“ erscheint die Weltseele bei Xenokrates (*Krämer*, S. 35 f. u. 79).

mythologisch in einen männlichen und einen weiblichen Partner, Urvater und Ennoia, gegliedert ist. Die Sachlage ist nur dadurch verwirrend, daß das Tochterwesen Sophia selbst wieder den Namen der Allmutter führt[21].

4. Von hier aus ist der simonianische Mythos zu beleuchten; denn nun zeigt sich mit einem Schlage seine simonianische Eigenart gegenüber den anderen gnostischen Systemen: Wesentlich daran ist nämlich nicht, daß das System die Hypostase der Sophia scheinbar nicht enthält, so daß man von hier auf eine noch undifferenzierte Frühform von Gnostizismus zurückschließen dürfte, sondern daß die Sophia von der simonianischen Ennoia vielmehr ganz und gar absorbiert ist, so daß diese deren Schicksal – man vgl. die Parabel vom „verlorenen Schaf"! – ja darüber hinaus sogar die Inkarnation des gefallenen gnostischen Pneuma *selbst* übernimmt, und zwar offenbar allein deshalb, weil auch ihr Syzygos, der Urvater, in Simon Magus angeblich *selbst* in irdischer Gestalt erschienen ist. Der in aller sonstigen Gnosis tiefgestaffelte Absturz des gnostischen Pneuma bis in die materielle Existenz ist also im Simonianismus in einem einzigen Wesen kontrahiert, das zugleich eine Ennoia/Sophia einschl. Inkarnation darstellt. Steht es aber so, dann gewinnen auch noch andere Einzelheiten des Ennoiakomplexes ein unerwartetes Gewicht, und zwar vor allem die beiden so seltsam parallel gestalteten mythologischen Identifikationen dieser Ennoia a) mit Athene/Minerva und b) mit der trojanischen Helena, deren gemeinsames Auftauchen in *einer* Gestalt sonst unbezeugt ist. Beide repräsentieren nämlich jene beiden von der Ennoia absorbierten Aspekte a) der Allmutter Sophia und b) der Inkarnation, die an sich getrennt zu denken sind: Athene, die Tochter des Zeus als Sophia/Ennoia, die keiner Inkarnation bedarf, und Helena, ebenfalls Tochter des Zeus, die von vornherein inkarniert ist, aber zugleich der Erlösung bedarf, die eine als Herrin des Kampfes und *der* Kriege in aller Welt, die andere eine solche, um die *ein* Krieg – der trojanische – geführt wurde. Die (ursprünglich stoische) Gleichsetzung der Athene mit der πρώτη Ἔννοια umfaßt bei den Simonianern also zugleich auch den gnostischen Sophiaaspekt, was in der entsprechenden Passage bei Justin (Apol I,64,5; s. o. S. 12 f.) zumindest nicht erkennbar ist[22]. Demgegenüber hat die trojanische Helena mit der hypostasierten

---

[21] Die Beziehung der gnostischen Systematik auf das platonische Schema a) Nus-Monas, b) Weltseele, c) Weltmaterie ist in unserem Zusammenhang das Hauptverdienst des – trotz seines Hypothesenreichtums – ungemein anregenden Werkes von Krämer über den Ursprung der Geistmetaphysik (s. o. S. 125[53]).

[22] Vgl. zur Stellung der Athene/Minerva bes. *H. Leisegang*, PW II/5, Sp. 1028 f. u. IX, Sp. 2121, ferner *Krämer*, a.a.O. S. 28 f. mit dem Hinweis auf *W. Theiler*, Die Vorbereitung des Neuplatonismus, S. 19, auch *Hengel*, Judentum S. 277, Anm. 291. Bei Varro (Augustin, De Civ Dei VII,28) ist die Athene erstmals als Trägerin der göttlichen Ideen (*Krämer:* der pythagoräischen Zahlen?) nachgewiesen. Weitere Identifikationen sind νοῦς, αἰθήρ, πρόνοια, Weis-

Weisheit von Hause aus nichts zu tun. Zwar könnte hinter der simonianischen Figur *auch* eine synkretistische Helena/Astarte stecken[23], allein die Gnostifikation dieser Gestalt könnte dann erst im Zusammenhang mit den literarischen Trojamotiven erfolgt sein, weil nur in ihnen die Helena als Inkarnierte *und* „salvanda" erscheint. Zugleich erklärt sich damit auch das sonst unerklärliche Mischmasch der simonianischen Überlieferung bei Hippolyt (Ref VI,19,2 f., vgl. Epiphanius, haer XXI,2,5), wonach die Ennoia angeblich *alle* Kriege veranlaßt haben soll, um doch nur das Opfer *eines* dieser Kriege zu sein.

3. *Der Hervorgang der Ennoia aus dem Willen des Vaters* (Iren I,23,2 vgl. Epiphanius, haer XXI,2,4; 3,1 f.)[24]. Schon mit dem vorangehenden

---

heit (Augustin, Ctr. Faustum XX,9) sowie die Allmutter Isis. Im Neuplatonismus ist Athene zur jungfräulichen Erlöserin geworden.

[23] Vgl. *A. Henrichs,* Die Phoinikike des Lollianos, Fragmente eines griech. Romans, Papyrologische Texte und Abhandlungen, hrg. von *L. Koenen* und *R. Merkelbach* Bd. 14 (1972) S. 19 ff., „Phönizische Liebe" (Ich verdanke den Hinweis Herrn Kollegen Hengel). Hier wird im Zusammenhang mit dem Simonianismus (Iren I,23,2) das phönizische Dirnenwesen (vgl. schon *H. Usener,* Die Legenden der Pellagia, in: Vorträge und Aufsätze, 1907, S. 191 ff.) und die syrisch-phönizische Dea meretrix (Astarte/Isis/Aphrodite) verglichen; dazu bes. S. 22: „Herodot (2,112) spricht ausführlich von dem Tempelbezirk der phönizischen Tyrer in Memphis, wo die ‚fremde Aphrodite' verehrt wurde, die auch *Helena* hieß." Freilich liegt zwischen Herodot und den Simonianern mehr als ein halbes Jahrtausend. Dagegen ist mit der von *M. Lidzbarski,* Neue Götter (GGA 1916, S. 86 ff., vgl. auch *Fascher,* Prophetes, S. 191 f.) aufgebauten Hypothese eines in Syrien verehrten Götterpaares Simon und Athene (= Esem und Anat), abgesehen von ihrer Unbeweisbarkeit, schon deshalb nichts anzufangen, weil Simon mit Athene gar nicht als Simon, sondern als Zeus verehrt wurde. Interessant ist aber der Hinweis von *F. Altheim,* Der Niedergang der alten Welt Bd. II (1952) S. 219, wonach Athene (arab. Allat) im ganzen arabischen Sprachgebiet bis Palmyra als Kriegsgöttin bekannt war. Die Nabatäer sollen ihren Kult in den Hauran gebracht haben.

[24] Mit diesem Abschnitt beginnen diejenigen Bereiche des Irenäusberichtes, die mit den übrigen Teilen des Ketzerkataloges von I,23–28 durch höchst auffällige vokabulare Übereinstimmungen (siehe schon oben S. 16[19]) und Motivparallelen verbunden sind, so daß quellenkritisch erhöhte Vorsicht geboten ist. Die meisten Übereinstimmungen finden sich im Basilides- und Karpokratesbericht (24,3 ff.; 25,1 ff.). Folgende sind besonders hervorzuheben: a) Schöpfung der Welt durch die „fabricatores mundi", d. h. die aufsässigen Engelmächte, vgl. 23,5; 24,1 f. u. 4; 25,3; b) Fehlen eines einzelnen Demiurgen, vgl. 25,2 f. – ausgenommen die allegorische Deutung des Gleichnisses vom Gang zum Richter (Luk 12,58 f.) in 25,4; c) Unkenntnis des Urwesens durch die subalternen Mächte, vgl. 26,1; d) Metempsychose, vgl. 25,4 f.; e) Kriegsmotiv, vgl. Hippol Ref VI,19,2 und Iren I,24,4; 27,2; f) Scheinkreuzigung, vgl. 24,2; 24,4 – wörtlich!; 26,1; dazu Jesus als Josephssohn in 25,1; 26,1 u. 2 – freilich nicht bei den Simonianern; g) Propheten als Engelsendboten, vgl. 24,2; h) kyrenaische Gesetzeslehre vgl. 25,5; i) grundsätzlicher Libertinismus in puncto sexti praecepti, vgl. 24,4 f.; 25,4 f.; 26,3; 27,3?; 28,2; aber auch I,6,3; 13,6 f. u. 31,2; k) Ma-

Abschnitt ist erkennbar geworden, daß die simonianische Ennoia offenbar mitnichten ein besonders ursprüngliches Exemplar dieser gnostischen Gestalt darstellt, sondern aus mehreren verwandten Aspekten (Ennoia, Sophia, Inkarnation) zusammengestrichen worden sein dürfte. Für sich genommen könnte dieser Behauptung freilich, trotz der bereits erbrachten Belege, als Wagnis erscheinen, zumal sie dem üblichen Differenzierungsdrang der Gnosis widerspricht. Indessen drängt sich die gleiche Beobachtung auch bei den einzelnen Stationen des Ennoia-Schicksals immer wieder auf, d. h. auch hier scheint der gewöhnliche gnostische Instanzenzug zugunsten der Direktverbindung zwischen der überweltlichen Urmutter und Simons angeblich irdischer Begleiterin offenbar nicht unerheblich eingekürzt. Wir betrachten zunächst den hypostatischen Hervorgang der Ennoia. Hierzu folgende Übersicht:

a) Iren I,23,2 wird die Ennoia als reine Erfindung Simons in bezug auf seine zweifelhafte Begleiterin vorgestellt: „dicens hanc esse primam mentis eius conceptionem ... per quam in initio concepit angelos facere et archangelos. Hanc enim Ennoiam exsilientem ex eo, cognoscentem quae vult pater eius, degredi ad inferiora et generare angelos et potestates ..." Schon die Doppelaussage über die vom Vater intentionierte, von der Ennoia konkretisierte Engelschöpfung beweist hier, daß beide Gestalten im Urbild/Abbild-Verhältnis stehen. Die Ennoia ist also einfach der hypostasierte Willensratschluß des Vaters, wobei es übrigens in der Schwebe bleibt, ob ihr „Ur-Sprung" als schuldhaft gelten soll oder nicht. Harvey vergleicht zu dieser Stelle die entsprechende Passage aus der Megale Apophasis (Hippol Ref VI,18,6). Näher liegt jedoch die durch Hippolyt (Ref VI, 38,5) und Epiphanius (haer XXXIII,1,2 ff.) auch griechisch überlieferte Formulierung von Iren I,12,1 (s. unter b), zumal sie den Bezug auf die Willensmetaphysik enthält, der in der Apophasis fehlt[25].

b) Die wichtigsten Parallelen zum Hervorgang der simonianischen Ennoia liefert wieder der Valentinianismus. Hier sind vor allem Iren I,1,1 ff. und I,12,1 (s. o.) miteinander zu vergleichen. Nach I,1,1 „gedachte" der Propator die Ennoia mit sich selbst (dem Bythos) zu schwängern; darauf gebar sie den Nus. Die ptolemäische Anschauung in I,12,1 differenziert zwar die Ennoia in zwei Genien (Ἔννοια und Θέλησις), kommt aber mit der Formulierung „Prima enim mente concepit quid emittere ... post deinde voluit" dem Simon-Magus-Text (I,23,2) unmittelbar nahe. Auch hier ist die Ennoia Trägerin des Vaterwillens. Gleichzeitig zeigt sich aber auch der Unterschied: Während die Ennoia

---

gie und Idololatrie, vgl. 23,5; 24,5; 25,3 u. 6; aber auch 13,5; l) Verähnlichung mit dem Meister, vgl. Hippol Ref VI,19,3 mit Iren I,25,2.

[25] Vgl. *Harvey* I, S. 191 mit S. 8 ff. und 109 (dazu *Holl*, Epiphanius Bd. I, S. 448 und *Wendland*, Hippolyt Bd. III, S. 169 f. – mit Ref VI,38,6). Der griechische Text zu Iren I, 12,1 nach Hippolyt/Epiphanius könnte auch zur Rekonstruktion des griechischen Originals in I,23,2 (Simon) verwendet werden. Dem πρῶτον γὰρ ἐνενοήθη τι προβαλεῖν ... ἔπειτα ἐθέλησε würde in I, 23,2 der Wortlaut πρώτην Ἔννοιαν τοῦ νοὸς αὐτοῦ ... δι' ἧς ἐν ἀρχῇ ἐνενοήθη κτίζειν τοὺς ἀγγέλους καὶ ἀρχαγγέλους (vgl. mit Epiphanius, haer XXI,2,4, Originalzitat Nr. 1) und: γνόντα τὶ ὁ πατὴρ αὐτῆς ἐθέλει entsprechen.

bei den Valentinianern als Syzygos des Vaters behandelt wird, kommt sie bei den Simonianern zugleich als Syzygos und Tochter „ihres" Vaters (pater eius) zu stehen, erfüllt also auch die Funktion des valentinianischen Nus, der allein den Vater erkennt (I,2,1). Darüber hinaus übernimmt sie mit ihrem „Ur-Sprung" (exsilientem ... degredi) zugleich den analogen Sprung (praesiluit) der valentinianischen Sophia (I,2,1). Beide Sprünge sind in Wahrheit der Anfang des Absturzes[26].

c) Eine Variante der allgemein valentinianischen Auffassung bietet die Stelle Exc ex Theod 7,1: Der unbekannte Vater *wollte* sich den Äonen zu erkennen geben und brachte durch seine Enthymesis den Monogenes hervor; Enthymesis hier anstelle der Ennoia. Daß die Ennoia ursprünglich der alleinige Syzygos des Vaters war, beweist auch das valentinianische Lehrschreiben bei Epiphanius (haer XXXI,5,2 ff.), wonach die Ennoia als Trägerin von Willen und Erkenntnis des Vaters aus ihm heraustritt (die ewigen Bande zerreißt), um ihn zum Begehren und Ruhen in ihr zu veranlassen, woraus als „Antityp" des Vaters der Anthropos entspringt. Ganz ähnlich Evang. veritatis p 37: Das „Denken" des Vaters tritt durch seinen „Willen" als (Offenbarungs-)Wort in Erscheinung. „Der Wille aber ist es, in dem der Vater ruht und der ihm gefällt." Auch nach Marcos (Iren I,15,2) äußert sich der Vaterwille in der Offenbarung, d. h. in der Aufhebung der ἄγνοια durch die ἐπίγνωσις. Ob die βουλή im Poimandres (Corp Herm I,8, u. ö.) eine eigene göttliche Wesenheit darstellt, ist umstritten. Jedenfalls ruft sie die Physis hervor. Doch bietet die dortige Kosmologie mit ihrer quasi Parallelschaltung von Wille, Demiurg und Anthropos eigene Probleme. Sensibilisiert ist das Willensproblem im basilidianischen System des Hippolyt (Ref VII,21,2 f.), das im Blick auf den überseienden Vater vom „willenlosen" „Willen" spricht[27].

---

[26] Siehe die Textangaben der vorigen Anm. Zu Iren I,12,1 (griech.) vgl. bes. *E. Benz,* Marius Victorinus und die abendl. Willensmetaphysik, S. 323 ff. (vgl. 319 ff.), der hierzu bereits auf die simonianische Parallele verwiesen hat. B. möchte in der Entfaltung des androgyn zu denkenden Bythos als ϑέλημα (= νοῦς) und ἔννοια (= ἀλήϑεια) die Syzygie der „Kraft" und der „Idee" erblicken, doch ist diese Kombination unpräzise, einmal deshalb, weil ϑέλημα sowohl bei Hippolyt als auch bei Epiphanius mit ϑέλησις promiscue gebraucht wird, also nicht eindeutig maskulin definiert werden kann, zum anderen, weil der Hervorgang der Ennoia dem des Thelema nicht folgt, sondern vorangeht. Die Ur-Syzygie war also wahrscheinlich doch nur der Bythos (Propator) mit der Ennoia, die dann sekundär in zwei Impulse (Ἔννοια und Θέλησις) zerlegt worden ist.

[27] Belege: Exc ex Theod 7,1 bei *Stählin,* Clem Alex Bd. III, S. 108; der von *Holl* (gegen *O. Dibelius*) als sehr alt angenommene valent. Lehrbrief bei Epiphanius Bd. I, S. 390 ff. und *Völker,* Texte, S. 60 ff.; Evang. Veritatis p. 37 bei *Haardt,* Die Gnosis, S. 185 f. und *Foerster,* Die Gnosis Bd. II, S. 80; vgl. auch „der authentische Logos" (Nag Hammadi Cod. VI,3) p 26,6 ff.; keine Offenbarung ohne den Willen des Vaters (*Krause/Labib,* a.a.O. S. 137). Marcos bei Iren I,15,2, siehe *Harvey* I, S. 149; Basilides bei *Wendland,* Hippolyt III, S. 196 f., vgl. *Völker,* S. 47. Zum Corpus Hermeticum siehe die Zusammenstellung von *Schrenk,* ThWB I,692 f. und *Kroll,* a.a.O. S. 27 f.; doch hat *Nilsson,* Griech. Rel. II, S. 560 Anm. 4 gegen die von Reitzenstein und Kroll verfoch-

d) Grundlage dieses Denkens ist die (gnostifizierte) platonische Willensmetaphysik, d. h. der Willensratschluß der obersten Gottheit (βουλή, θέλημα) ist nicht funktional-voluntaristisch, sondern ontologisch-intellektualistisch zu verstehen. Gottes Wollen ist also sein Sein; alles, was er – geistig – „will", „ist" daher auch sofort (vgl. Corp Herm I,14; Evang. veritatis p 37; Epiphanius, haer XXXI,5,6). Voraussetzung ist die Auffassung, wonach Gott als Seinsgrund reine „Güte", d. h. „vollkommen", sich selbst genügend, daher „ohne Neid" ist. Im Willensratschluß determiniert sich die Gottheit daher hypostatisch im Blick auf die Welt, um ihr Anteil zu geben, wie es die Logoshypostase von Philo bis zu Marius Victorinus zeigt. Schon Benz, und neuerdings wieder H. J. Krämer, haben in diesem Zusammenhang auf den platonischen Systemtyp bei Chalcidius (4. Jh.) gewiesen, welchen Krämer mit der valentinianischen Struktur vergleicht. Bei Chalcidius ist der „Wille" Gottes als „prima mens" = νοῦς (vgl. Iren I,12,1) von der „secunda mens", d. h. der Weltseele hypostatisch unterschieden[28].

Wir fassen zusammen: Die im hypostatischen Hervorgang der Ennoia aus dem Urvater zum Ausdruck kommende Struktur ist diejenige der platonischen Willensmetaphysik (Grundstelle: Timaios 29 DE), welche die Gnosis – auf eigene Weise – bearbeitet hat, die aber auch in der Logostheologie zugrunde liegt. Schon dies läßt darauf schließen, daß der Simonianismus nicht einer archaisch-vorchristlichen samaritanischen Heterodoxie, sondern einem größeren Verbande gnostischer Systematik entstammt. Und zwar besteht auch hier die engste Verwandtschaft wieder zur valentinianischen Schule, die aber das mit der Willensfrage verknüpfte Hypo-

---

tene Hypostasierung der βουλή im Poimandres (bes. Corp Herm I,8) energisch protestiert.

[28] Zur noetischen Bindung des Willens an seinen Gegenstand in der Antike siehe *Pohlenz*, Die Stoa I, S. 124 ff. Demnach ist die βούλησις (mittelplatonisch) „das Vermögen Gottes das Gute zu wollen" (*Pannenberg*, ZKG 1959, S. 20 Anm. 79), daher Chalcidius (*Krämer*, a.a.O. S. 278): „voluntas Dei, quam Graeci νοῦν vocant"; vgl. ferner *Benz*, a.a.O. S. 59 (bzw. 67 f.): Die Formung des esse zum esse formatum vollzieht sich „voluntate magnitudinis patris" (Marius Victorinus). Zur entsprechenden Gottesvorstellung zusammenfassend *Harnack*, DG II, S. 119 f. Die Belege zur Güte und ἀφθονία Gottes in- und außerhalb des christlichen Schrifttums sind zahllos und können hier nicht ausgebreitet werden (vgl. immerhin für beides zusammen Plato Phädros 246 D bis 247 A; Celsus bei Orig. VIII,21). Für Marcion und die Kirchenväter entstand hier das Problem der Vereinbarkeit von göttlicher Güte und Gerechtigkeit; vgl. die Schlüsselstelle Tertullian, De pud 2,1 ff., dazu meine Hinweise in Kerygma und Dogma 1972, S. 48 f. mit Anm. 45; hierzu wäre eine eigene Abhandlung erforderlich. Zur Willensmetaphysik bei den Kirchenvätern bis Augustin vgl. *Benz* passim, bes. aber S. 298 ff. (der theol. Willensbegriff) und 327 ff. (die dogmatische Gestaltung der Willensmetaphysik); Einzelstellen: bes. Justin Dial 76,7 (dazu *Prigent*, Justin et l'ancien Testament, S. 93); Origenes, De princ IV,4,1 (dazu *Kettler*, Die Ewigkeit der geistigen Schöpfung nach Origenes, Festschrift R. Stupperich, 1969, S. 278), auch Athanasius, Ctr Arian III,63 (dazu *Loofs*, ³RE II, S. 18).

stasenproblem sachgemäßer behandelt als der Simonianismus. Während nämlich der Valentinianismus die oberste Syzygie, also Urvater und Ennoia (platonisch: die — zur Syzygie erweiterte — Nus/Monas) als zusammengehörig beläßt und die gefallene Tochtergottheit Sophia (platonisch: die Weltseele) davon präzise unterscheidet, sind in der simonianischen Ennoia *beide* Aspekte, also Syzygos *und* Tochter des Vaters (Athene), kontaminiert, und zwar so, daß der Sophiaaspekt den Ennoiaaspekt (trotz des Ennoianamens) überwiegt. In gewissem Sinne bildet die simonianische Ennoia damit eine — freilich undeutliche — Parallele zur philonisch-patristischen Logosfigur, die, in Parallele zur hypostasierten jüdischen „Weisheit", ebenfalls eine Kontraktion aus Weltnus und Weltseele darzustellen scheint[29]. Was das simonianische System betrifft, so erklärt sich daraus jedenfalls dreierlei: a) die seltsame Kurzschlüssigkeit, mit der der Gedanke der Erzeugung der demiurgischen Weltengel unmittelbar in die „mens", d. h. den νοῦς, des Urvaters (bzw. seiner Ennoia) eingetragen wird, womit die Weltengel automatisch die Stelle des — im Simonianismus fehlenden — oberen Äonensystems erhalten[30], b) das Fehlen eines die Weltengel überragenden eigenen Demiurgen; denn der Urvater (samt seiner Ennoia) *ist* eben der Demiurg, d. h. die samaritanische „große Kraft" ist im Simonianismus kurzerhand auf den gnostischen Urvater umgeschrieben worden[31], c) das auffällige In-der-Schwebe-Bleiben der Schuldfrage beim

[29] Vgl. hierzu *Krämer*, a.a.O. S. 264 ff. (Die Logos-Theologie) und *J. Kroll*, a.a.O. S. 28 Anm. 1 (zu Philo): „Diese Verknüpfung platonischer Ideenlehre mit dem Begriff des Logos ist wahrscheinlich auch nicht nur philonisch, sondern eine griechische Übertragung der stoisch-pantheistischen Vorstellung auf eine platonisch-dualistische." Umgekehrt hebt *H. Kleinknecht* (ThWB III, S. 76 f.) die Veränderung des griech. Gottesbegriffes durch das jüdische Schöpfungsdenken in der Gott-Logos-Hypostase Philos hervor.

[30] Vgl. hier bes. die Originalfragmente Nr. 1 u. 2 (Epiphanius, haer XXI,2,4 u. 3,1 f.). Simon sagt: „Durch sie (d. h. die Ennoia) habe *ich* die Engel geschaffen und die Engel schufen Weltall und Menschheit." Ferner: „Sie (die Ennoia) machte durch die unsichtbaren Gewalten die Abbilder" (des oberen Kosmos). Bei seiner Katabasis nennt Simon die Archonten „meine Engel". Der Instanzenzug ist hier also ganz und gar auf den Urvater als Urgrund der Schöpfung bezogen. Daneben hat schon *W. Foerster* (Von Valentin zu Herakleon, BZNW 7, 1928, S. 46 f.) auf die von Hippolyt (Ref VI,29,3 f.) signalisierten valentinianischen Schulstreitigkeiten hingewiesen über die Frage, ob der Bythos/Propator einen weiblichen Syzygos habe oder nicht.

[31] Das Fehlen eines Einzeldemiurgen bei den Simonianern wird von *Jonas*, a.a.O. I, S. 228 ff. (bes. S. 229, Anm. 4) und *Quispel*, Simon en Helena (a.a.O. S. 343, ebenso Gnosis als Weltreligion, S. 60) als besonders archaisches Zeichen gewertet. *K. Rudolph* konstruiert in diesem Sinne sogar angebliche Beziehungen der Simonianer zu den von *Drijvers* (Numen 1967, S. 107 ff.) behandelten obskuren Quqiten um Edessa, die auch keinen Einzeldemiurgen kennen (ThR 1969, S. 224). Indessen ist die Annahme einer Kontraktion des Demiurgen mit dem Urvater bzw. der Ennoia weit einfacher. Als „große Kraft" brachte Simon den Schöpferanspruch ja mit. Übrigens tritt der Demiurg auch sonst nicht allzu

„degredi" der Ennoia, sofern sie sowohl die (ungefallene) Ennoia als auch die (gefallene) Sophia darstellt[32].

4. *Die Vergewaltigung der Ennoia* (Iren I,23,2 vgl. Epiphanius, haer XXI,2,6 u. Ps Clem Hom II,25,2). Das Motiv ist so augenfällig, daß es ohne Rücksicht auf die simonianische Engellehre für sich genommen werden kann. Freilich ist die Überlieferung seltsam gespalten: Nach Irenäus ist die Ennoia einfach das Opfer des Überfalls ihrer eigenen Nachkommen. Hierhin gehören außer der mythischen Schändung das Motiv der Inkarnation, die Metempsychose, die trojanischen Bilder, das tyrische Bordell und ihre dortige Erlösung. Abweichend dagegen die Syntagmatradition: Hier hat die Ennoia schon beim Überfall der Engel „nichts gelitten", im Gegenteil, sie selbst veranlaßt durch die Erscheinung ihrer Schönheit die Kriege und weilte, wie Ps Clem Hom II,25,2 überliefert, während der trojanischen Auseinandersetzung sogar beim πρώτιστος θεός[33].

Wir wenden uns zunächst dem bei Irenäus überlieferten Vergewaltigungsmotiv zu[34]. Als Grund hierfür ist allein das „propter invidiam" (also nicht etwa die „Lüsternheit" der Ennoia – Quispel) angegeben. Über das Motiv des „Neides" habe ich ausführlich bereits in meinem Buch über Clemens Romanus gehandelt[35]. Hier ist nur so viel zu sagen, daß das griechi-

deutlich hervor (vgl. Iren I,24,1 f.; 25,2 ff.; III Kor I,15; Valentin bei Clem Strom II,36,2, ferner II,38,3 f.).

[32] Schon *Lipsius*, Quellenkritik S. 83 (m. Anm.) hat darauf hingewiesen, daß der Hervorgang der Ennoia bei den Simonianern eigentlich kein Abfall sei; die simonianische Ennoia könne daher nicht mit der valentinianischen Sophia gleichgesetzt werden. Das ist richtig und falsch zugleich. Vgl. ebenso *Jonas*, a.a.O. Bd. I, S. 356 Anm.: „Ob schon das exsilisse eine Schuld der Ennoia darstellt, ist ungewiß." Tertullian, De anima 34 (*Hilgenfeld*, a.a.O. S. 180) ließ die Ennoia die Engelschöpfung „praevento proposito patris" vornehmen (s. dazu o. S. 69[143]).

[33] Siehe dazu o. S. 65 (Quellenkritik zur ps-clem. Überlieferung).

[34] Zur Sache existiert leider nur das kümmerliche Messina-Referat von *Yvonne Janssens*, Le thème de la fornication des anges (in: le Origini, S. 488 ff.), das alle derartigen Erscheinungen (Engelehen, Vergewaltigung der Eva, Brautgemach usw.) kurzerhand auf die jüdische Überlieferung von Gen 6 zurückführen möchte. Mit Recht haben Zandee und bes. Jonas in der Diskussion (S. 495) den Mangel an Differenzierung beanstandet. Freilich ist die von J. gewählte Quellengrundlage dafür auch viel zu schmal. Weder ist die (bis in die Tradition der syr. Schatzhöhle reichende) jüdisch-christliche Adamshaggada ins Auge gefaßt, noch die Beziehung etwa des valentinianischen „Brautgemachs" zur hellenistischen Mysterienwelt auch nur erwähnt. Selbst die simonianische Ennoia ist vergessen.

[35] Clemens Romanus und der Frühkatholizismus, S. 48 ff., vgl. auch S. 299 ff. (zur βασκανία); zur simonianischen Mythologie a.a.O. S. 99 f. Soweit mir bekannt, hatte sich bis dahin lediglich *A. Fridrichsen* (Propter Invidiam, Eranos 1946, S. 161 ff.) – wenn auch recht begrenzt – mit dem Motiv des „Neides" in der frühchristlichen Überlieferung befaßt. Nun hat soeben auch *W. C. van Un-*

sche Motiv des Götterneides im Bereich der jüdischen Adamshaggada als Neid des Teufels auf das erste Menschenpaar wiederkehrt, der durch die Verführung Evas, d. h. durch den Sündenfall, sein Ziel erreicht[36]. Daß der gnostische Demiurg (Jahwe) — sei es teilweise, sei es überwiegend — satanische Züge trägt, ist bekannt. Infolgedessen kehrt auch der „Neid" als Grundzug des Unvollkommenen, Mangelhaften, Unruhigen gegenüber der wahren göttlichen Vollkommenheit, Ruhe und Güte in seiner Gestalt wieder[37]. Er bildet damit ein weiteres Indiz dafür, daß die bei den Simonianern fehlende Demiurgengestalt in der von ihnen adaptierten Gnosis ursprünglich vorhanden war und lediglich sekundär entfallen ist. Zum Überfall auf die Ennoia nun folgende Belege und Vergleiche:

---

nik eine eigene Abhandlung, Der Neid in der Paradiesgeschichte nach einigen gnostischen Texten (in der Festgabe für Böhlig, 1973, S. 120 ff.) herausgebracht und dabei — wie schon in der Frage des antiken Friedensgedankens (siehe Vig. Christ. 1970, S. 261 ff. und meine Antwort mit Gegenantwort *van Unniks*, ebda. 1972, S. 18 ff.), so auch hier — wieder kräftig gegen mein Clemensbuch Sturm gelaufen (S. 131 m. Anmerkungen). Ich gestehe, daß ich die Schärfe des Gegensatzes, den van Unnik gegen mich aufzurichten bemüht ist, auch diesmal nicht ganz verstehe, d. h. ich bleibe — unbeschadet der Differenzierungen, welche van Unnik inzwischen eingebracht hat — bei meiner einfachen Überzeugung, daß es sich beim φϑόνος- und βασκανία-Motiv um einen zwar vielfach abgewandelten, im Kern jedoch relativ einheitlichen Topos der spätjüdisch-frühchristlichen Überlieferung handelt, der von der Adamsliteratur über die christliche Gnosis bis in die allgemein kirchliche Schriftstellerei immer wieder auftritt, indem er den „Neid" als das widergöttliche (bzw. gnostisch: demiurgische) Indiz schlechthin herausstellt. Übrigens ist das hier zu sichtende Material, wie ich aus meiner fortgesetzten Stellensammlung ersehe, noch weit umfangreicher als es in meiner und van Unniks Darstellung zum Ausdruck kommt. Der Sachverhalt würde eine eigene Monographie erfordern.

[36] Besonders interessant ist das Auftreten des φϑόνος-Motivs im Zusammenhang der Engellehre der Asc Jes (7,9 ff.; 10,29 ff. vgl. 11,19). Hier ist das Motiv des Neides, wie bei den Ophiten und Simonianern des Irenäus (I,30,5 ff.; 23,2) mit dem des mythischen Krieges (vgl. auch Ps Clem Hom III,24 f. und Epiphanius, haer XXXIX,2,1) samt der Vergewaltigung der Engelmächte untereinander gekoppelt und durch die unerkannte Katabasis Christi (siehe abermals die Simonianer) kontrastiert. Freilich geht es zu weit, wenn *H. Schlier* (Rel.-gesch. Untersuchungen zu den Ign.-Briefen, S. 8 ff.) bereits darin einen gnostischen Mythos vermutet. Die Gnostiker haben derartige jüdische Traditionen erst gnostifiziert.

[37] Vgl. *A. Böhlig*, Christentum und Gnosis im Ägypterevangelium (in: BZNW 37, 1969, S. 12): „Ein besonderes Zeichen der Friedlosigkeit der bösen Mächte ist, daß sie selbst einander angreifen." Zur Sache vgl. Plotin, Gegen die Gnostiker XVII,165 *(Harder)*: μὴ ϑέμις φϑόνον ἐν τοῖς ϑεοῖς εἶναι. Gregor von Nazianz (Orat XXV,16) hat den hypostatisch undifferenzierten Gott der Juden kurzerhand als „neidisch" und „schwach" bezeichnet, Gregor von Nyssa (De orat dom III,5) nennt traditionsgemäß den „Neid" des obersten Engels als Grund des biblischen Sündenfalles. Unter den zwölf der Menschheit auferlegten τιμωρίαι im Corp Herm, XIII,7b *(Scott)*, rangiert der φϑόνος an 8. Stelle.

a) Iren I,23,2: „Posteaquam autem generavit eos (scil. angelos et potestates), haec (scil. Ennoia) detenta est ab ipsis propter invidiam, quoniam nollent progenius alterius cuiusdam putari esse ... Ennoiam autem eius detentam ab iis, quae ab ea emissae essent potestates et angeli; et omnem contumeliam ab iis passam, uti non recurreret sursum ad suum patrem, usque adeo ut et in corpore humano includeretur ..." etc.[38]
b) Eine gewisse Nähe zum simonianischen Mythos von der Vergewaltigung der Ennoia verrät das bei Epiphanius (haer XXV,5) den Nikolaiten zugeschriebene Fragment eines gnostischen Schöpfungsmythos. Das Geschehen ist hier auf zwei Akte verteilt. Zunächst wallt die zornige Finsternis von unten gegen den lichten Geist von oben auf, umschlingt ihn und zeugt mit ihm eine Welt halbschlächtiger Äonen. Die Art dieser Vereinigung wird von Ps Tert c. 1 als „foetida", „immunda" und „obscoena" charakterisiert. In abgeblaßter Form wiederholt sich derselbe Vorgang dann nochmals, indem der Demiurg sich mit der Metra verbindet und mit ihr die unteren Äonen erzeugt. Daß es ursprünglich nur *eine* demiurgische Wesenheit war, die sich mit der Mutter vereinigte, könnte hieraus mit Sicherheit hervorgehen, wenn nicht die bei Clem Alex (Strom III,25 f. = Eus. h. e. III,29,2 ff.) und Epiphanius, haer XXV,1,1 ff.) überlieferte – doch wohl mythologisch unterlegte – nikolaitische Legende von der Preisgabe der „schönen" Frau des Nikolaos an alle „Jünger" eine andere Perspektive eröffnen würde. Immerhin steht aber auch dort *ein* Anführer an der Spitze des Kreises[39].
c) Dem Valentinianismus ist das Motiv der mythischen Vergewaltigung relativ unbekannt, was freilich auch für sein Niveau spricht. Lediglich Exc ex Theod 1,2 spricht von einem Festgehaltenwerden der Sophia (nicht etwa der Ennoia!), während Valentin selbst im 2. Fragment (Clem Strom II,114,3 ff., vgl. Hippol Ref VI,34,6 und Herakleon, Frgm. 18b. Orig Comm in Joh XIII,11) die mögliche Schändung durch die Dämonen auf die als „Pandocheion" vorgestellte Menschenseele beschränkt. Ähnliche Gedanken, die Seele als „Hure" im Leibe als „Bordell" usw., kultiviert auch die Nag-Hammadi-Schrift über die „Exegese der Seele (Cod II,6), und die „authentische Lehre" (Cod VI,3)[40].

---

[38] *Harvey* I, S. 191 f., vgl. dazu *R. M. Grant* in: le Origini, S. 150. Daß die Verbindung des Engelneides mit der Gefangenschaft der Ennoia nicht ganz so singulär ist, wie *W. Foerster* (in: le Origini, S. 192) meint, habe ich in ZThK 1971, S. 422 Anm. 59 bereits unterstrichen.

[39] Auf den nikolaitischen Metra-Mythos habe ich schon in ZThK 1971, S. 421 Anm. 58 hingewiesen. Zur Nikolaos-Legende s. o. S. 22[29] (Text m. Parr. bei *Holl* I, S. 267 f.). Die Überlieferung zeigt bemerkenswerte Affinitäten zur simonianischen Mythologie: 1. Im Mittelpunkt eine jungfräuliche Gestalt, die durch einen Männerkreis unter einem Anführer beleidigt u. geschändet wird, 2. dieser Vorgang wird zugleich von der Aufforderung zu allgemeiner Polymixie begleitet, 3. übereinstimmend wird die große Schönheit der Frau hervorgehoben (vgl. auch die Legende von der durch den Drachen ermordeten Dirne, Act Thom 30 ff., dazu *Bornkamm*, Mythos u. Legende S. 24 ff. und mein Clemens Romanus S. 54 f.; ferner Titelloses Werk p 156,5 ff. *(Böhlig)*, Act Archelai 9 u. a. Stellen), 4. anstelle des φθόνος-Motivs tritt die Zelotypie des „Nikolaos" auf, die aber im jetzigen Zusammenhang überflüssig ist, 5. nach Epiphanius hat N. die Frau aus Scham über seine Nichtenthaltsamkeit preisgegeben und die täg-

d) Eine einfache Übertragung der Adamshaggada (s. o.) auf gnostische Verhältnisse ist die im Apokryphon Joh (p 62,8 ff.) berichtete Schändung der Eva durch Jaldebaoth; die aus der Verbindung hervorgehenden Söhne sind Jahwe und Elohim (alias Kain und Abel). Eine wichtige Variante dazu findet sich im ophitischen System bei Irenäus (I,30,7). Nachdem der Sophia durch die Erschaffung Adams die „Entleerung" Jaldebaoths gelungen ist, versucht dieser seinerseits „eifersüchtig" durch die Erschaffung der Eva die verlorengehende Pneumasubstanz für sich zu retten, was freilich mißlingt, indem die Prunikos auch die Eva an sich zieht und „entleert". Im Gegenschlag wird daher die Eva von den Archonten Jaldebaoths verführt, so daß sie die Weltengel als (archontische) Abkömmlinge hervorbringt. Das Stück ist deshalb interessant, weil darin 1. der ζῆλος Jaldebaoths mit seinem φθόνος (30,5) zusammenzudenken ist, 2. weil die Eva, wie die simonianische Ennoia von Haus aus kein irdisches Wesen, vielmehr Mutter der Weltengel und von großer Schönheit ist, 3. die Verführer der Eva als Pluraletantum auftreten, 4. der ophitische Mythos genau jene mythische Differenzierung zwischen Ennoia, Sophia und (geschändeter, später inkarnierter) Eva vornimmt, die wir bereits in der kontrahierten Gestalt der simonianischen Ennoia vermutet haben[41].

e) Noch einen gewichtigen Schritt weiter führen die beiden eng verwandten Nag-Hammadi-Schriften vom „Wesen der Archonten" und das Werk „ohne

liche Unzucht gefordert, man vgl. dasselbe über Simon bei Hippol. Ref. VI, 19,4 f.

[40] Daß die Verunreinigung des Pandocheion bei Valentin (Frgm. 2, *Stählin/Früchtel*, S. 174 f., *Völker*, Quellen, S. 58) mit der Schändung der Seele durch die bösen Geister zusammenhängt, beweisen Hippol. Ref. VI,34,6 und Herakleon, Frgm. 18. Der Text ist offenbar in Anlehnung an die jüdisch-christliche Zwei-Geister-Lehre (vgl. auch Matth 12,43 ff. par) gebildet (siehe meinen Clemens Romanus, S. 119, Anm. 4), vgl. auch die Messalianer, auf die hier nicht eingegangen werden kann; zur übertragenen Bedeutung der „Herberge" vgl. jetzt *W. D. Hauschild*, Gottes Geist und Mensch, Studien zur frühchristlichen Pneumatologie, 1972, S. 152 ff. Etwas anders, aber wiederum mit „Streit" und „Neid" verbunden, argumentiert Phil. Evang. 61 (hier das auch sonst, vgl. z. B. Exc ex Theod. 21, auftretende Erlösungsmotiv: Vermännlichung der Seele). Spürbar gröber wirken die entsprechenden (aber nicht identischen) Vorstellungen in den beiden Nag-Hammadi-Schriften „Exegese der Seele" und „ursprüngliche Lehre". Hier ist das „Haus", in dem die Seele festgehalten wird, der fleischliche Leib, daher „Armenhaus" oder „Bordell" (Ex. d. Seele p 130,13 ff.; Urspr. Lehre p 23 f. u. 27 f.; *Böhlig/Labib*, S. 73; 134 f. und 139 f.), die Seele eine „Hure" (Ex. d. Seele passim), die in ihrer leiblichen Inkarnation alle möglichen „Schändlichkeiten ... und Unehren" (Urspr. Lehre p 32, a.a.O. S. 145) erleidet, bis sie im Nus ihr Brautgewand empfängt.

[41] Apokryphon Joh p 62,3 ff. (*Till* S. 165): „Dann sah Jaldebaoth die Jungfrau, die Adam zur Seite stand. Es erfüllte ihn Sinnlosigkeit, indem er wünschte, einen Samen aus ihr sprießen zu lassen. Er schändete sie und zeugte den ersten Sohn, ebenso den zweiten: Jave, das Bärengesicht, und Eloim, das Katzengesicht. Einer ist gerecht, der andere aber ist ungerecht." Vgl. dazu p. 65, 3 ff. (*Till* S. 171): Die Pneumatiker, legen alle πάθη, d. h. Furcht, *Neid*, Zorn, Begierde usw. ab. Das ist die gnostifizierte Adamshaggada, vgl. meinen Clemens Romanus, S. 49 ff. Mit dieser Tradition ist (p 74 f.) diejenige von den „Engelehen" (s. o. S. 146[34]) nur äußerlich verbunden.

Titel". Voranzustellen ist, daß auch hier, in beiden Fällen, das Motiv der Vergewaltigung mit dem Neid des Demiurgen einerseits und der pneumatischen Eva andererseits zusammenhängt. Der Text im „Wesen der Archonten" (p 137, 15 ff.) ist zunächst etwas undurchsichtig: Adam spricht mit seinem oberen (weiblichen) Ebenbild (der Licht-Eva), die sich offenbar von ihm getrennt hat und ihm noch einmal erscheint. Die Archonten verfolgen dies Wesen, um es zu schänden, allein sie können ihre Gier lediglich an dessen „Schatten" (der irdischen Eva?) befriedigen und werden von der pneumatischen „Mutter" dafür ausgelacht. Derselbe Vorgang wiederholt sich etwas anders auch an Evas Tochter Norea (p 140,14 ff.). Auch sie wird von einer Mehrheit von Archonten mit dem Authades an der Spitze bedrängt. Zunächst erklärt sie, sie stamme nicht von ihnen ab (vgl. die umgekehrte Tendenz der Weltengel im simonianischen Ennoiamythos, oben unter a), dann aber entgeht sie der drohenden Vergewaltigung dadurch, daß sie um Hilfe ruft, woraufhin ihr der Erlöser-Engel Eleleth erscheint[42].

f) Die gleiche Szenerie in der „Schrift ohne Titel". Das „geistige Weib" (d. h. die als pneumatische Eva hypostasierte Sophia-Zoe) kommt zu Adam und spricht mit ihm. Die Archonten sagen: „Was ist diese Lichte? Denn sie gleicht (ja) auch dieser Gestalt, die sich uns in dem Lichte offenbart hat. Jetzt kommt, wir wollen sie ergreifen und unseren Samen in sie werfen, damit sie, wenn sie befleckt wird, nicht zum Licht emporsteigen kann, sondern die sie gebären wird, uns untertan werden" (p 164,13 ff.). Das ist – bis hin zum „uti non recurreret sursum ad suum patrem" – die gleiche Situation wie bei Iren I,23,2 (s. o. unter a). Indessen gelingt der Plan nur halb, d. h. er *mißlingt* dadurch, daß die Angreifer von der Lichteva ausgelacht und geblendet werden, so daß sie sich nur an deren Abbild vergreifen können (p 165,1 ff.). Wir bemerken: Auch hier ist der Vergewaltigungsversuch auf ein gleichsam geteiltes Lichtwesen bezogen: Nur der untere Aspekt der Licht-Eva fällt den Archonten in die Hände, ihr oberes Wesen bleibt unberührt. Dazu kommt, daß neben dem Neid auch der Engelkrieg (p 152,14 ff.) eine Rolle spielt. Zwar geht derselbe nicht um ein weibliches Wesen (wie Helena), sondern um Sabaoth, das Urbild Adams, aber hier wie dort wird die betr. Gestalt aus dem Getümmel hinaus nach oben entrückt. Sabaoth gelangt so in die Ogdoas[43].

---

[42] Zu der Passage „Wesen der Archonten" p 137,15 ff. vgl. die Erklärungsversuche von *Schenke*, Der Gott Mensch, S. 60 ff., *ders.:* in: *Leipoldt/Schenke*, Kopt.-gnost. Schriften (1960), S. 73 und 83. Zur sexuellen Verführung der Eva in der Haggada siehe außer *Schenke*, a.a.O. noch *Puech* in *Hennecke-Schneemelcher* I, S. 238 f., *Billerbeck* IV, S. 505 ff. und die Belege von *Lietzmann* und *Dibelius* zu II Kor 11,3 bzw. I Tim 2,14 im Hdb. z. NT; zu den gnostischen Norea-Stellen wieder *Schenke* ThLZ 1958, Sp. 662, ebenso kopt.-gnost. Schr. S. 70 f.; Über Jaldebaoths Neid, siehe Wesen der Archonten p 138,5 ff. u. 144, 5 f. *(Schenke).*

[43] Texte: Titelloses Werk (ed *Böhlig/Labib*) p 162,8 ff. (Sophia Zoe als Mutter der lichten Eva), p 164,13 ff.–165,1 ff. (der Vergewaltigungsversuch, vgl. dazu die Bemerkungen von *Böhlig*, a.a.O. S. 24 ff. u. 73 ff.); p 146,4 ff.; 152,14 f.; 154,22 und 30; 168,15 f.; 172,23 (der archontische Neid); zur Belehrung Adams durch Eva als Vertreterin der Sophia siehe *Böhlig*, Der jüdische Hintergrund in gnostischen Texten von Nag Hammadi (in: Mysterion und Wahrheit, 1968,

g) Ins Uferlose ausgewalzt ist das Motiv der Schändung der Pistis Sophia durch den löwenhäuptigen Oberarchon Authades in Kap. 29–82 des gleichnamigen Werkes. Das literarische Mittel hierfür liegt im Wiederholungsmotiv, sowie in der Einschaltung der Reuehymnen der gefallenen Sophia und ihrer Exegese durch Jesu Jüngerschar, ein äußerst primitives Elaborat. Wir bemerken folgendes: Auch hier ist – wie bei der Norea im „Wesen der Archonten" – lediglich vom (immer wiederholten) Versuch, der Pistis Sophia das Letzte anzutun (d. h. sie ihrer ganzen Licht-Kraft zu berauben) die Rede. Sie wird „bedrängt", „umringt", an ihrem Lichtgewande „festgehalten", einmal sogar auch vom Authades „niedergeworfen", „ins Chaos gestürzt", ruft aber jedesmal, wie Norea, um Hilfe, d. h. sie „wartet", wie die simonianische Ennoia (Epiphanius, haer XXI,3,2) auf das Erscheinen ihres Syzygos (Christus). Dieser steigt, wie Simon Magus, „unerkannt" durch die Sphären und errettet sie, wie Simon die Ennoia aus ihren „gewaltigen Fesseln"[44].

h) Zuletzt ein Blick auf die apokryphen Apostelakten, hier zumal die Thomasakten. Zu den bekannten Dämonengeschichten von Act Thom 42 ff. und 62 ff. bemerkt G. Bornkamm bündig: „Wenn hier in der 5. (Praxis) eine schöne Frau, in der 7. u. 8. die Gattin und (die) Tochter eines Obersten des Königs Misdai aus der Gewalt lüsterner Dämonen befreit und dem himmlischen Er-

S. 80 ff., hier S. 94 f.). Noch bei den Bogomilen und Katharern ist die gnostische Version der Adamshaggada (Neid und sex. Verführung der Eva) nachweisbar, siehe *Döllinger,* Beitr. zur Sektengeschichte des MAs (1890) I, S. 39, vgl. *Borst,* Die Katharer, S. 145. Zur Benutzung des Stoffes in der Adamapokalypse (Nag Hammadi Cod V,5) siehe *L. Schottroff* in: BZNW 37, S. 77. Übrigens hat die Adamapokalypse (p 66 f., „*Böhlig/Labib,* Kopt.-gnost. Schriften aus Cod V von Nag Hammadi, 1963, S. 98 f.) das Motiv der Blendung dahin gewendet, daß dieselbe als Verfinsterung über Adam kommt, womit seine eigene sexuelle Begierde erwacht.

[44] Vgl. dazu *W. C. Robinson,* Nov. Test. 1970, S. 112. Nahezu alle Stationen des Simon/Ennoia-Mythos lassen sich hier als Bestandteile eines Christus/Sophia-Mythos zusammentragen. Daß die Archonten des Adamas ununterbrochen Geschlechtsverkehr treiben (Kap. 136; *Schmidt-Till,* S. 233 f.) stimmt mit der angeblichen Aufforderung des Nikolaos (Epiphanius, haer XXV,1,5: tägliche Unzucht, s. o. S. 148[39]) auffallend überein. Vom „Bedrängen", „Umringen", „Festhalten" der Pistis Sophia durch die Archonten ist immer wieder die Rede (vgl. z. B. Kap. 79; S. 113; man will die PS ins Chaos stoßen). Kap. 66 (S. 89) spricht sogar vom „Niederwerfen" der PS; Kap. 30 (S. 27) wird der Authades als „eine große Kraft (!) mit Löwenangesicht" bezeichnet, der die PS vom Aufstieg nach oben abschneidet, wie die Engel die Ennoia bei Irenäus (I,23,2). Wie diese (vgl. Epiphanius, haer XXI,3,2), so „wartet" auch sie auf den Erlöser (Christus), der heimlich herabsteigt (vgl. Kap. 52 und 81 = S. 63 u. 115), sie „sucht" und ihre „Fesseln" auflöst (Kap. 39; 68; 81 = S. 40; 96; 117). Mit der Pistis Sophia wären die Oden Salomos zusammenzunehmen (vgl. z. B. 28,7 f.). Etwas anders ist dagegen der Skopus in der Nag Hammadi-Schrift „Der Donner, der vollkommene Nus" (Cod VI,2; *Krause/Labib,* a.a.O. S. 122 ff.). Die hier redende Sophia (p 16,3) schwelgt in Ambivalenzen wie der Christus der Evangeliumsverkündigung der Act Joh (c. 94 ff.), d. h. sie ist die „ehrbare Dirne" (p 13,18), und darum ist die ihr widerfahrene Schmach und Schande (vgl. p 16,20 ff.; 17,25 ff.) auch wieder keine. Letzten Endes bleibt damit freilich auch hier alles in der Schwebe.

löser zugeführt werden, so bezeugen auch hier Reden, Beschwörungsformeln, Gebete und Kulthandlungen, daß die Dämonen die Macht der Finsternis darstellen, zu deren Besiegung der Erlöser herabgekommen ist, um der Finsternis die geraubten Lichtseelen zu entreißen und die definitive Scheidung von Licht- und Finsternis-,Natur' (c. 43. 75. 76) schon jetzt zu vollführen. Unschwer erkennt man in den Legenden den bekannten gnostischen Mythos von der Sophia, die das Begehren der Weltarchonten erregt hat und von ihnen am Aufstieg in das Lichtreich gehindert wird. Unsere Erzählungen sind damit zugleich legendäre Abwandlungen der Simon-Helena-Geschichte, die auch in der Manichäerlegende Eingang gefunden hat."[45]

Wir brauchen nicht weiter auszugreifen. Das aus den vorstehend gebotenen Quellen zu gewinnende Bild ist ebenso eindeutig wie ... überraschend; denn es bestätigt nicht nur unsere bisherige These in bezug auf das aus mehreren mythischen Gestalten zusammengezogene Bild der simonianischen Ennoia – hier die Sophia, bzw. die Lichteva – sondern beleuchtet darüber hinaus zugleich schlaglichtartig das bisher schwierigste Problem der ganzen simonianischen Ennoiaüberlieferung überhaupt: den Sachverhalt nämlich, daß die Ennoia einerseits (so Irenäus) den Weltengeln einfach zum Opfer fällt, während sie andererseits (so die Syntagmatradition) bei ihrer Vergewaltigung angeblich „nichts gelitten", ja beim Trojanischen Krieg (so Ps Clem Hom II,25,2) sogar zum πρώτιστος θεός entrückt worden sein soll[46]. Das Rätsel löst sich angesichts der obigen Aufstellungen auf die denkbar einfachste Weise: Auch hier reflektiert der simonianische Mythos nicht etwa eine besonders archaische „vorchristliche" Gnosis, sondern er *kontrahiert* lediglich die beiden sonst getrennten Aspekte der Eva-Sophia, die der Vergewaltigung entgeht und deren Ab-

---

[45] *G. Bornkamm* bei *Hennecke-Schneemelcher* Bd. II, S. 300 f., vgl. dazu *ders.* Mythos und Legende in den apokr. Thomasakten, S. 38 ff.; 81 ff. und 90 ff. Zumal der Überfall des Dämonen auf die Frau im Bade (Act Thom 42 ff.), die ausdrücklich als καλλίστη σύζυγος (c. 46) – der Dämon dagegen als ὁ βάσκανος (c. 44) – bezeichnet wird, ist auffallend (c 62 ff. ist eine Parallelgestaltung, bei der nur das Motiv des Dämons im Bade (vgl. c. 43 mit der auffallend ähnlichen Erzählung Hermas, Visio I,1,1, ferner Iren III,3,4 = Eus. h. e. IV, 14,6 – Polykarp/Kerinth und Epiphanius, haer XXX,7,5 f.) durch das der Hochzeit (c. 62 f.) ersetzt ist. Das Hochzeitsmotiv begegnet bekanntlich auch in Act Thom 4 ff. Hier vermutet *Bornkamm* (a.a.O. S. 84) Beziehungen zum valentinianischen Sophia-Mythos.

[46] Belege zum οὐδὲν πάσχειν habe ich bereits in Clemens Romanus (S. 55 Anm. 1) zusammengestellt. Zu ergänzen sind noch: Asc Jes 11,14; Od Sal 19,7; Epiphanius haer XXXVIII,1,4 (Kainiten); vgl. Iren I,31,1; Apc Jacobi (kopt.) I, p 31,18 ff. *(Böhlig).* Zur Problematik vgl. Basilides, Frgm. 2 (Clem Strom IV,81 ff.; *Völker,* Quellen S. 40 f.). Christologisch gewendet erscheint das Motiv bei Iren I,7,2. Stets geht es dabei um Überirdisches, sei es die wunderbare Schmerzunempfindlichkeit beim Martyrium (vgl. schon Mart Pol 8,3), sei es die doketische oder asketische Weltüberlegenheit. Die simonianische Ennoia entspricht also genau dem doketischen Wesen Simons.

bild, die von den Archonten tatsächlich geschändete Eva. Und er *kombiniert* zugleich diesen – ophitisch-barbelotischen – Sachverhalt völlig stilwidrig mit dem – valentinianisch-barbelotischen – Urwesen der Ennoia.

5. *Metempsychose der Ennoia und trojanische Motive* (Iren I,23,2; Hippol Ref VI,19,1 ff.; Epiphanius, haer XXI,3,1 ff.). Was zunächst das allgemeine Motiv der Metempsychose betrifft, so ist diese ursprünglich pythagoräische Doktrin eins der typisch hellenistischen Elemente zahlreicher gnostischer, bzw. gnostisierender Systeme und Richtungen gewesen. Hierhin gehören, abgesehen von den Simonianern selbst, die Basilidianer, Karpokratianer, Barbelognostiker des Epiphanius, die Doketen, die Ophiten bei Celsus, wahrscheinlich auch die Kainiten, ferner das Apokryphon Johannis, die kopt. Jakobusapokalypse I, die Pistis Sophia, eventuell das kopt. Philippusevangelium und der Naassenerhymnus, weiter: Clemens von Alexandrien nach der auffallend gnostischen Darstellung des Photius, mit Vorbehalt auch Origenes, schließlich Elchesaiten, Manichäer und Neumanichäer (Priscillianer und Katharer). Wir zitieren als Beispiel zunächst die dem Priscillian bei Paulus Orosius angelastete manichäische Auffassung:

„Priscillianus primum in eo Manichaeis miserior, quod ex veteri quoque testamento haeresim confirmavit, docens animam quae a deo nata sit de quodam promptuario procedere, profiteri ante deum se pugnaturam et instrui adoratu angelorum: dehinc descendentem per quodam circulos a principatibus malignis capi et secundam voluntatem victoris principis in corpora diversa contrudi eisque adscribi chirographum."[47]

Wenn Priscillian, wie der Kontext ausweist, damit das Gleichnis vom Sämann (Matth 13,3 ff. parr) verbunden hat („volens intellegi hunc esse

[47] Paulus Orosius, Comm de errore Priscillianistorum et Origenistarum c. 2 (CSEL XVIII, ed *Schepss*, 1889, S. 153 f.). Der im folgenden angezogene Vergleich mit der Parabel vom Säemann (Matth 13,3 ff. parr) ist auch sonst in der Gnosis bezeugt, vgl. Ps Clem Hom III,28,2; Epiphanius, haer XXVI,3,1; 13,2; Hippol Ref V,8,29; VI,19,5 – in je verschiedener Nuancierung. Die weiteren gnostischen Belege zur Seelenwanderung finden sich bei Basilides Fragm. 2–5 b. Clem Strom II,113 f.; IV,81 ff. und Orig Comm in Ep ad Rom V,1 (sämtlich bei *Völker*, Quellen, S. 40 ff.), auch Exc ex Theod 28. Karpokratianer und Kainiten (sind zu vergleichen): Iren I,25,4 und 31,2. „Gnostiker" bei Epiphanius, haer XXVI,10,7 f. Doketen bei Hippolyt, Ref VIII,10,3. Ophiten bei Orig Ctr Celsum VI,33. Apokryphon Joh *(Till)* p 69, hier auch das Motiv der „Fessel". Apc Pauli (Nag Hammadi Cod V,2 ed *Böhlig/Labib*) p 21,15 ff. Phil Evang 113 (?). Naassenerhymnus bei Hippol Ref V,10,2. Pistis Sophia Kap. 128 *(Schmidt/Till*, S. 211 f.). Clem Alex bei Photius, Bibl c. 109 ff.; Text bei *Harnack*, Altchristl. Lit.-Gesch. I/1, S. 297; Erklärung bei *Zahn*, Forschungen III, S. 144 ff. Zu Origenes vgl. *C. Schneider*, Geistesgeschichte Bd. I, S. 475 Anm. 3 und 478 Anm. 4, dazu *Krämer*, Geistmetaphysik, S. 289 ff. Manichäer, siehe Act Archelai 10 (*Beeson*, S. 15 ff.). Zu den Katharern vgl. *Borst*, a.a.O. S. 149, 168 f. und 181 Anm. 6.

seminantem qui animas captas spargeret in corpora diversa quae vellet"), so hat er den Text richtig, d. h. i. S. der Seelenwanderung, ausgelegt. Für die gnostische Betrachtungsweise geht es dabei regelmäßig um die fortgesetzte Einkerkerung der zerstreuten Pneumapartikel und ihre „Fesselung" an die materielle, fleischliche Existenz[48].

Auch der Simonianismus setzt diesen Pluralismus der Fesselungen und Wiederverkörperungen voraus, wenn er von *den* Fesseln und *den* muliebria corpora spricht, in welche *die* Ennoia verbannt war. Allein im schroffen Gegensatz zu allen sonstigen Versionen dieses Topos verbindet er die Fesselung direkt mit der obersten Ennoia und beschränkt sie damit von vornherein auf die Seelenwanderung eines einzigen gnostischen Geistwesens[49]. Natürlich kann man diese Singularität damit erklären, daß die Ennoia/Sophia bei den Simonianern als „anima generalis" eben den Inbegriff *aller* derartigen Einzelschicksale vertritt, indessen ist diese Akkommodation doch strenggenommen kaum zulässig, da sie sich aus den Quellen nirgends belegen läßt. Tatsächlich sagt „Simon" in den Originalfragmenten bei Epiphanius (s. o. S. 30), nur, daß er allein um der Ennoia selbst „herabgestiegen" sei; erst Irenäus (I,23,3 Anfang) hat damit in unscharfer Weise auch Simons Verkündigung an alle Menschen verknüpft (s. o. S. 36). Und ebenso behauptet der simonianische Mythos — was meist übersehen wird — daß die Ennoia allein in „weiblichen Leibern" (vgl. Hippol Ref VI,19,2) — also nicht in Männern! — inkarniert gewesen sei. Darüber hinaus fehlt in Simons angeblicher Verkündigung (Iren I,23,3) jede Andeutung einer Parallelität zwischen der Erlösung der Ennoia und derjenigen der Simonia-

---

[48] Das Bild des Leibes als „Gefängnis" bzw. „Fessel" der Seele ist platonisch-pythagoräisch (vgl. Plato, Timaios 31 BC; Kratylos 400 C), dazu *U. Wikkert,* Studien zu den Pauluskommentaren des Theodor von Mopsuestia (1963), S. 19: „Mit Vorliebe pflegt sich das Bild der Fessel einzustellen, wo es gilt, zwei Gegensätze unter ein Gemeinsames zu zwingen, so zuerst bei Platon im Timaios, später allenthalben, wo diese berühmte Stelle nachwirkt." Gnostische bzw. der Gnosis nahestehende Belege finden sich bei Iren I,21,5; Orig Ctr Cels VI,32; Epist Apost c. 21 *(Duensing);* Apokryphon Joh p 55 u. 71 f.; Evang veritatis p 17 und 31; Sophia Jesu p 121,13 ff. *(Till);* Titelloses Werk p 162, 20 ff.; Wesen der Archonten p 144,27 ff. *(Schenke);* Rheginosbrief p 49,13 ff.; Apc Jacobi I p 27,4 f.; II p 59,12 ff.; die ursprüngliche Lehre p 23,13 ff.; Thomasbuch p 145,7 f.; Ginza li. *(Lidzbarski)* S. 430,12 ff.; Acta Archelai 7,2 f.; Hippol Ref V,19,20; Clem Strom II,13,2 ff. Seltener wird das Bild der Fesselung auf gnostische Hypostasen angewandt, doch vgl. Joh Buch der Mandäer *(Lidzbarski)* S. 137 und 141 (Mirjailegende); Iren I,30,3; Epiphanius, haer XXXI,5,5; Od Sal 17; 21,2; 22,4; 25,2; 26,4; Pistis Sophia z. B. Kap. 81 (bei *Schmidt/Till* S. 116 Nr. 10). Zur Fesselung dämonischer Mächte vgl. bes. die mandäische Mythologie des rechten Ginza; in bezug auf demiurgische Mächte vgl. z. B. Hippol Ref VIII,8,8 und Sophia Jesu p 103,10 ff.

[49] So richtig *Haenchen,* Gab es eine vorchristl. Gnosis? (ZThK 1952) S. 341: „Die Erlösung der Ennoia und die der Menschen, welche eigentlich identisch sind, stehen hier nebeneinander und konkurrieren im Grunde miteinander".

ner. Wer hier Parallelen sucht, findet sie erst bei den Karpokratianern (Iren I,25,4). Kurz, es bleibt bei der „ardua lectio" der simonianischen Texte, wonach allein die in der Helena inkarnierte gnostische Ennoia als das Opfer der Seelenwanderung vorzustellen ist. Für diesen Sachverhalt aber existieren – im Unterschied zum allgemeinen Topos der gnostischen Metempsychose – nur ganz wenige, freilich aufschlußreiche Parallelen zum Vergleich.

a) Die bekannteste Gestalt dieser Art ist der immer wieder – d. h. bis zur Erscheinung Christi und darüber hinaus – auftretende „wahre Prophet" der pseudoclementinischen Syzygienlehre. In der Regel beschäftigt sich die Forschung nur mit ihm; hier dagegen ist auch sein Gegenstück, die von Eva/Kain ausgehende „weibliche" Prophetie (vgl. bes. Hom II,15 ff.; III,17 ff.) hinzuzunehmen. Diese mythische Eva ist als „Mutter" zugleich die Herrin der diesseitigen Welt und aller ihrer negativen Vorgänge, d. h. sie lehrt – getreu der Kaintradition der Adamslegende – Götzendienst, Hurerei und Ehebruch und ist vor allem durch ihre Kreaturen, die irdischen Herrscher, die Anstifterin von Krieg und Blutvergießen (damit auch der blutigen Opfer)[50].

b) Ähnliche, freilich weniger dualistisch akzentuierte Vorstellungen finden sich bei den Elchesaiten. Auch hier begegnet das immer wiederholte Auftreten „Christi", d. h. eine Art Metempsychose des Erlösers, doch ist der weibliche Syzygos diesem nicht konfrontiert, sondern als (weiblicher) hl. Geist diesem zugeordnet, wie die bekannte Vision des Elchesai beweist. Auch der ethische Dualismus der Pseudoclementinen ist durch die Verkündigung der 2. Buße ermäßigt, wobei, was schon Hippolyt hervorgehoben hat, die Fleischessünden obenanstehen. Im Unterschied zur Abkapselung des Judenchristentums in den Pseudoclementinen hat der Elchesaitismus eine stärker werbende Nuance[51].

[50] Zur Einordnung des wichtigen Textes Ps Clem Hom III,24 f. (die weibliche Prophetie der Kainslinie als Stifterin alles Unheils) in den Zusammenhang der Adamshaggada und der Gnosis vgl. meinen Clemens Romanus, S. 60 f. Doch scheint bei den Simonianern auch das Motiv des irdischen Krieges mit dem des mythischen Engelkrieges verwachsen zu sein, vgl. hierzu noch Ps Clem Hom XI,19; Bardesanes, lib leg reg (*Nau-Nöldecke* PO I/1) c. 22; Titelloses Werk p 152 (*Böhlig/Labib*, S. 51), Pistis Sophia z. B. Kap. 75 (a.a.O. S. 108) und bes. Epiphanius, haer XXXIX,2,1 (Krieg der Engel um Kain/Abel; Verbindung mit dem Brudermord).

[51] Über die weitreichende Wirkung des Elchesaitismus unterrichtet jetzt der von *Henrichs-Koenen* neugeöffnete griech. Manikodex (ZPE 1970, H. 2) zu Elchesai bes. S. 133 ff. und 141 ff., vgl. ferner *G. Strecker* in RAC IV, S. 171 ff. Zur Wiederverkörperung Christi siehe Hippol Ref IX,14,1 u. bes. X,29,1 ff. (mit dem Vorwurf der Magie gegen die Elchesaiten) und Epiphanius, haer LIII,1,8; hierzu *Schmithals*, Die Gnosis in Korinth, S. 45 f. Die Vision des Elchesai (Hippol Ref IX,13,2 f. und Epiphanius, haer XXX,17,6 f.) zeigt im Grunde das gleiche Götterpaar, welches auch Simon und die Ennoia darstellen. Anstelle der Diastase zwischen „männlicher" und „weiblicher" Prophetie in den Ps-Clementinen ist hier eine Synthese getreten, die sich in der prophetischen Verkündigung der 2. Buße durch Elchesai Ausdruck verschafft hat. Man könnte den Elchesaitismus als „Reform-Judenchristentum" bezeichnen. Der missionarische Anspruch ergab sich mit der neuen Konzeption im Grunde von

c) Aus dem gnostischen Hebräerevangelium existiert im Jesajakommentar des Hieronymus folgende Darstellung von der Taufe Jesu: „Factum est autem, cum ascendisset dominus de aqua descendit fons omnis spiritus sancti et requievit super eum et dixit illi: fili mi, in omnibus prophetis exspectabam te ut venires et requiescerem in te. tu es enim requies mea, tu es filius meus primogenitus qui regnas in sempiternum." Um den gnostischen Sinngehalt des Textes zu verstehen, muß man natürlich alle diejenigen Züge der Szene, die lediglich aus der kanonischen Taufgeschichte (Matth 3,13 ff. parr) übernommen sind, in Klammern setzen. Übrig bleibt dann die ursprünglich jüdische Vorstellung der durch alle Propheten wandernden „Weisheit Gottes" (vgl. z. B. Sap Sal 7,27), ihrer Erwartung des Erlösers und Ruhe in ihm, womit die Erlösung der gnostischen Sophia durch Christus angedeutet ist[52].

d) Mit dem Motiv der „Erwartung" des Erlösers stimmt das Hebräerevangelium (s. o.) unmittelbar mit dem simonianischen Enoiamythos (vgl. Epiphanius, haer XXI,3,2 = Orig.-Zitat Nr. 2) überein. Der gleiche Zusammenhang begegnet auch bei der Erlösung der Achamoth durch Christus bei Irenäus I,8,4, wo die Erwartung des Erlösers durch Lk 2,28 biblisch unterlegt ist. Ebenso unmittelbar erinnert das „Warten" bzw. „Ausschau halten" der „Seele" und ihre Befreiung aus dem „Armenhaus" oder „Bordell" des Leibes in den Nag-Hammadischriften „Die Exegese der Seele" und „die ursprüngliche Lehre" (Cod II,6 u. VI,3) an den simonianischen Ennoiakomplex[53].

---

selbst. Bezeichnend aber folgerichtig ist es, daß Hippolyt den elchesaitischen Versuch nicht anders empfinden konnte als Tertullian in De pud das Hermasbuch; als christlich erlaubte Unzucht und Blasphemie (siehe dazu meinen Aufsatz, Kallist und Hippolyt, ThZ 1964, S. 103 ff.).

[52] Text bei *Klostermann*, Apocrypha ³II, S. 6 Nr. 4, vgl. dazu *W. Bauer*, Leben Jesu, S. 120 und meine „verborgene Überlieferung von Christus", S. 84 ff. Natürlich darf man die Inspiration der Propheten durch die Weisheit (siehe dazu *Bousset-Greßmann*, Religion des Judentums, S. 343 ff.) nicht mit Metempsychose verwechseln. Nach Exc ec Theod. 26,1 war die Sophia das Sichtbare an der Erscheinung Jesu, der Sohn das Unsichtbare (d. h. Christus nahm durch die Sophia einen psychischen Leib an). Zur gnostischen Anapausis vgl. außer *Vielhauer* in der Haenchen-Festschrift (1964), S. 281 ff. besonders Evang. veritatis p 42 (*Foerster*, Die Gnosis II, S. 83 f.): „Das ist die Art derer, die an der Höhe teilhaben durch die unermeßliche Größe, indem sie auf den Einen allein und den Vollkommenen warten, der für sie da ist. Sie gehen nicht in die Unterwelt hinab, noch haben sie Neid noch Seufzen, noch ist Tod in ihnen, sondern sie ruhen in dem, der ruht, wobei sie nicht geplagt werden noch verwickelt sind in das Suchen der Wahrheit, vielmehr sind sie selbst die Wahrheit." Hier tritt der bei den Simonianern verwischte Gegensatz zwischen φθόνος (das bedeutet Umgetriebenheit, vgl. den Naassenerhymnus, Hippol Ref V, 10,2 f. s. o. S. 148[37]) und ἀνάπαυσις (das bedeutet Apathie) besonders eindrucksvoll hervor.

[53] Der Irenäus-Text bei *Harvey* I, S. 73 ff. In der Schrift „Die ursprüngliche Lehre" (Cod VI,3) heißt es p 22,18 ff. von der „Seele": „... ob sie beim Abstieg oder im Pleroma ist, wobei sie nicht von ihnen (d. h. den Einzelseelen) getrennt ist: vielmehr sehen sie sie, und sie hält Ausschau nach ihnen in dem unsichtbaren Wort. Im Verborgenen brachte ihr Bräutigam es." Dann – zurückgreifend auf den Fall p 24,7 ff.: „Er schließt sie (die Hurerei) aus und wirft sie ins Bordell. Sie raubten ihr nämlich die Sittsamkeit." Und p 27,14 ff.:

Diese Texte offenbaren einen doppelten Sachverhalt. Einmal: Es dürfte – auch hier – offenkundig sein, daß der simonianische Mythos die übliche gnostische Perspektive dadurch vereinfacht hat, daß er die mythische Gestalt der durch die Zeiten wandernden Sophia (simonianisch: die Ennoia) kurzerhand mit der im Grunde andersartigen Vorstellung von der Einsperrung der in die materielle Sphäre gelangten Pneumapartikel ins fleischliche Gefängnis kontrahiert hat. Nur so läßt sich jedenfalls die eigenartige Zwitterstellung der Ennoia zwischen Singularität und Pluralität, Macht und Ohnmacht ihrer Verkörperungen einigermaßen erklären. Daneben aber scheint noch ein zweiter Vorgang zu stehen. Denn indem die Ennoia – zumindest vorübergehend – als „Dirne" hingestellt wird, indem sie bei den Simonianern als Veranlasserin der Kriege erscheint, ja, indem der Simonianismus – samaritanisch und gnostisch zugleich – die ganze atl Prophetie verwirft (Iren I,23,3)[54], sieht es fast aus, als hätte der Simonianismus zwischen der männlichen und der weiblichen Linie der judenchristlichen Syzygienlehre die Vorzeichen vertauscht, dergestalt, daß die dort verworfene „weibliche" Prophetie als positiv, die „männliche" dagegen als negativ betrachtet worden wäre. Damit stünde der simonianische Antinomismus im Gegensatz zum judenchristlichen Nomismus. Natürlich ist damit noch nicht gesagt, daß dieser Antinomismus zugleich auch Libertinismus gewesen sein müßte. Selbst aus dem moralisch überaus verächtlichen Bild der fackelschwingenden Helena (Originalzitat Nr. 2, Epiphanius, haer XXI,3,2), die in der entsprechenden Vergilpassage (Aeneis VI,493 bis

„Wir aber gehen, indem wir Hunger und Durst haben, indem wir Ausschau halten nach unserem Wohnort ... Unsere Seele ist krank, weil sie in einem Armutshause ist ..." (*Krause/Labib*, S. 133; 135 u. 139). Von der Hurerei der Seele bzw. vom „Bordell" (mit Ez 16,23) spricht bes. auch die „Exegese der Seele", deren Zurückführung auf vorchristliche bzw. sogar vorsimonianische Gnosis bei *W. C. Robinson* (Nov Test 1970, S. 102 ff.) und *Rudolph* (ThR 1972, S. 320) allerdings mit Vorsicht aufzunehmen ist. Vgl. p 129,6; 130,13 ff. und bes. 132,14 ff.: „Sie saß drinnen in ihm (d. h. dem Brautgemach) und hielt Ausschau nach dem wahren Bräutigam." (*Krause/Labib*, S. 71; 73 u. 77). Anders der „Donner" (Cod VI,2). Hier ruft die Nus/Weisheit: „Und ihr Hörer, hört auf mich! Die ihr auf mich gewartet habt, nehmt mich zu euch und folgt mir nicht ... Ich bin die Dirne und die Ehrbare ..." (p 13,7 ff.) ... „Ich bin der Krieg und der Friede ... ich bin die Entehrte und die Große ..." usw. (p 14,31 ff.), *Krause/Labib*, S. 122 und 124.

[54] „Prophetas autem a mundi fabricatoribus angelis inspiratos dixisse prophetias" (Iren I,23,3). Ebenso hat auch Dositheus als echter Samaritaner den Prophetenkanon abgelehnt (vgl. *Hilgenfeld*, Ketzergesch. S. 158 f. mit Anm. 168). Doch ist die Abkehr von den Propheten natürlich auch in der sonstigen Gnosis zu finden, vgl. z. B. Thom Ev 52 vgl. dazu *Hennecke-Schneemelcher* Bd. I S. 218 f.; Hippolyt Ref VI,35,1; III Kor 10 (Simon und Kleobius); die Melchisedekianer wenden sich gegen Gesetz *und* Propheten (Eus. h. e. V,28,19). Apokryphon Joh p 59,1 ff. *(Till)* heißt es: „Denn er (der Demiurg) sagte ja durch seinen Propheten: Ich will die Ohren ihrer Herzen beschweren, damit sie nicht verstehen und damit nicht sehen."

534) als Verführerin, Verräterin und Beihelferin zum Mord geschildert wird, ist das nicht ohne weiteres ablesbar[55]; denn man darf die Bildhälfte derartiger gnostischer Allegorien nicht einfach mit der gemeinten Wirklichkeit verwechseln. Doch führen die „homerischen" Anleihen („Helena mit der Fackel", „Trojanisches Pferd") in anderer Hinsicht noch etwas weiter. Auf den ersten Blick scheint es nämlich, als hätten diese Bestandteile mit dem Christentum überhaupt nichts zu tun[56]. Indessen dieser Schein trügt. Vielmehr ist der Sinn dieser Bilder *ohne* christliche, nämlich christlich-gnostische Voraussetzungen gar nicht denkbar. Daß es so ist, läßt sich vor allem an der Vokabulatur der betr. Originalzitate feststellen. Erstlich: „Helena", d. h. also die in der trojanischen Helena angeblich inkarnierte

[55] Hierzu wörtlich *Becker,* Helena S. 110 f.: „Vollends unsympathisch und abstoßend erscheint aber Helenas Verhalten an der anderen Stelle: Aeneis VI, 493–534. Aeneas trifft bei seinem Besuch in der Unterwelt den grauenhaft verstümmelten Deiphobos. Von ihm erfährt er nun, wie grausam und heimtückisch Helena in Troja an ihm gehandelt habe: Inmitten der allgemeinen Festesfreude, mit der der Einzug des hölzernen Pferdes nach Troja begangen wurde, habe die Verräterin Helena auf der Burg den Reigen der phrygischen Frauen angeführt und dabei mit einer mächtigen Fackel ihren im Hinterhalt lauernden Landsleuten das verabredete Zeichen zur Rückkehr gegeben ... Doch damit nicht zufrieden, habe sie sich heimlich in das Gemach des schlafenden Gatten eingeschlichen, behutsam unter seinem Haupte das scharfe Schwert hervorgezogen und alle sonstigen Waffen aus dem Hause hinausgeschafft. Dann erst habe sie ihren früheren Gemahl Menelaos herbeigerufen, ihm die Tore geöffnet und den wehrlos Schlafenden seinem wilden Rachedurst ausgeliefert ... So habe sie geglaubt, ihren schändlichen Ehebruch vergessen zu machen und sich die Gnade des siegreichen Griechenheeres wieder zu sichern ..."

[56] Daß Homer, „der Erzieher Griechenlands" und „die Bibel der Griechen" (nach seiner Ablehnung durch Plato) in hellenistischer Zeit durch die stoische Allegorese geradezu kanonisches Ansehen gewonnen hatte, ist bekannt (vgl. für den palästinischen Raum: *Hengel,* Judentum, S. 124 f., ferner *U. Kahrstedt,* Kulturgesch. der frühen Kaiserzeit, ²1958, S. 280 f. und *W. Jaeger,* Das frühe Christentum und die griech. Bildung, dtsch. v. *W. Eltester,* 1963, S. 100 f. „Wenn Tertullian", sagt *C. Schneider* (Geistesgeschichte des frühen Christentums Bd. I, S. 319), „von den christlichen heiligen Schriften behauptet: ... non potest non fuisse quod scriptum est, so unterscheidet sich das nicht im geringsten von der Homergläubigkeit, die diese ganze Epoche noch begleitet ... Es gibt kaum einen griechischen Kirchenvater, der Homer nicht zitiert. Vor allem hat die Kirche sämtliche Formen der Exegese, die je am Alten oder Neuen Testament geübt worden sind, an der Homerexegese gelernt ... Homer blieb Lehrmeister in allen Künsten und Wissenschaften, Ratgeber in Politik und Ethik, aber auch in der Religion. Man brauchte ihn nur richtig auszulegen ..." usw. Infolgedessen blühte auch die apokryphe Homerliteratur, vgl. Tertullian, De praescr 39,3: „Vides hodie ex Vergilio fabulam in totam aliam componi, materia secundum versus et versibus secundum materiam concinnatis" (vgl. dazu *N. Brox,* Offenbarung, Gnosis und gnost. Mythos bei Iren. von Lyon, 1966, S. 63). Gnostische Homeranleihen finden sich u. a. bei Iren I,9,4; 12,2; 13,6; Hippol Ref V,7,30 ff.; VI,15 f.; Clem Strom II,112 f. und Exegese d. Seele, p 136,25 ff.

simonianische Ennoia, soll nach „Simons" eigener Aussage (Epiphanius, haer XXI,3,2) auf Simons „Parusie" „gewartet" haben (wörtlich: προσεδόκα τὴν ἐμὴν παρουσίαν). Man braucht hier das Subjekt der Aussage, also Simon, lediglich durch „Christus" zu ersetzen und die Situation erhellt sich mit einem Schlage; denn das προσδοκᾶν der παρουσία Christi gehört, wie die frühchristlichen Schriften (vgl. bes. II Petr 3,12 ff. und Justin, Apol I,54,7 = Gen 49,10) beweisen, zum Kernbestand des christlich-eschatologischen Sprachgebrauchs. Dieser Sprachgebrauch blaßte bekanntlich während des 2. Jahrhunderts dahin ab, daß man unter „Parusie" nicht mehr einfach die eschatologische, sondern auch schon die geschichtliche Erscheinung Christi zu verstehen, bzw. eine doppelte Parusie zu unterscheiden begann[57]. Diese abgeblaßte Bedeutung aber setzt auch der Simonianismus voraus, d. h. er gnostifiziert sie, indem er die „geschichtliche" Parusie Simons (alias Christus) mit der eschatologischen identifiziert.

Daß es so ist, beweist schließlich auch die andere trojanische Allegorie, die das Hereinziehen des hölzernen Pferdes in die Stadt dahin interpretiert, daß die außerhalb von Simons Gnosis befindlichen „Heiden" sich eben durch ihre ἄγνοια den Tod selbst „zuzögen". Man vergleiche einfach das Hermasbuch, wo der entsprechende Sprachgebrauch samt dem zugehörigen eschatologischen Sachverhalt wiederkehrt: Die Unbußfertigen, Sünder, Schwelger usw. „bereiten" sich selbst durch ihr eigenes Verhalten den Tod[58]. Gemeinsam ist der kirchlichen wie der gnostischen Auffassung die schroffe Gegenweltlichkeit, nur ist diese Gegenweltlichkeit auf der einen Seite geschichtlich, auf der anderen dagegen geschichtslos orientiert. Und insofern könnte allerdings die den Soter „erwartende" und seine „Parusie" durch die Fackelzeichen des „oberen Lichtes" (heimlich) vorausverkündende simonianische Helena in der Tat eine echt gnostische Kontrastfigur zur kirchlich-alttestamentlichen Prophetie in bezug auf Christus darstellen[59].

---

[57] Vgl. hierzu ThWB V, S. 868 ff. *(Oepke)* zur παρουσία VI S. 725 ff. *(Chr. Maurer)* und II,526 *(Bultmann)* zur προσδοκία; II, S. 365,36 ff. *(Grundmann)* zu Gen 49,10 (Justin, Dial 52; Iren I 10,1 u 10,2; Ps Clem Hom III,49,1 usw.). Bei Justin, Apol I,54,7 *(Krüger)* ist die Stelle Gen 49,10 mit dem Thema der παρουσία verbunden. Das durchschnittliche Verständnis von παρουσία in bezug auf das AT findet sich im Kerygma Petri bei Clem Alex Strom VI,128,1 ff., vgl. hierzu auch Justin Apol I,36,2 f. und 52,3.

[58] θάνατος ist hier i. S. von ἀπώλεια zu verstehen (vgl. ThWB III,21 u. V, 396 „Lieblingswort des II Petr" und der griech. patristischen Tradition, siehe *H. Kraft*, Clavis Patrum Apost. S. 55 f. u. 59). Zum Tode der Sünder vgl. bes. I Clem 8,2 u. 16,9 ff.; Hermas, Vis II,3,1 (μνησικακία wirkt den Tod, hierzu mein Clemens Romanus S. 128 und 203 sowie *Merki*, Homoiosis, S. 55); Mand IV,1,2 (πορνεία); XII,1,2 (ἐπιθυμία πονηρά); Sim VI,5,7 (τρυφή); VIII,6,6; 7,3 u. 5 (Unbußfertigkeit). Im Ganzen wiederholen sich hier also die Sünden des Todesweges der jüdisch-christlichen Zweiwegelehre.

[59] Vgl. zur fackelschwingenden Helena (Epiphanius, haer XXI,3,2) auch die

6. *Simon als vielnamiger Gott* (Iren I,23,1). Von den trojanischen Motiven wenden wir uns Simon selbst zu, und zwar zuerst seiner angeblich trinitarischen Erscheinung als Sohn in Judäa, als Vater in Samarien und als hl. Geist unter den übrigen Völkern der Welt. Freilich ist der Zugang zu dieser eigenartigen Trinitätslehre zunächst durch zwei Probleme behindert, die vorab erledigt werden müssen, einmal nämlich durch die Tatsache, daß die trinitarischen Aussagen zwischen Irenäus und der Syntagmatradition divergent sind (Irenäus identifiziert Simon mit allen drei Personen der simonianischen Trinität; Hippolyt reserviert den hl. Geist für die Ennoia), zum anderen dadurch, daß die trinitarische Aussage – jedenfalls bei Irenäus – durch den scheinbar disparaten Zusatz erläutert wird, Simon sei der Allvater, er ließe sich daher bei seiner Anbetung auch jedwede göttliche Namengebung gefallen („et sustinere vocari quodcunque eum vocant homines").

Wir nehmen in diesem Abschnitt das Problem der Vielnamigkeit Simons vorweg. Dazu ist zunächst festzustellen, daß dieser Topos mit dem auch sonst zur Schau getragenen simonianischen Anspruch, die universale Menschheitsreligion darzustellen, genau übereinstimmt. Der Blick ruht nicht einfach gnostisch-vertikal auf der Welt, sondern er geht zugleich gleichsam kirchlich-horizontal darüber hin und verrät damit einmal mehr, daß der Simonianismus, zumindest seinem Anspruch nach, keine Sekte darstellen, sondern dem missionarisch-ökumenischen Bewußtsein der Kirche als Konkurrent gegenübertreten wollte[60]. Freilich war die Behauptung der Vielnamigkeit des Allvaters in damaliger Zeit keine Sensation, vielmehr etwas allgemein Bekanntes. Ebenso wie man sich zunehmend scheute, der Transzendenz des allerhöchsten Gottes noch einen bestimmten Namen beizulegen, konnte man dieselbe auch als Zusammenfassung und Inbegriff aller bekannten Gottheiten fassen. Natürlich galt in erster Linie

– textlich leider nicht sichere – Stelle aus dem kopt. Thomasbuch (Cod II,7 von Nag-Hammadi) p 139,12 ff., wo Thomas zu Christus sagt: „Deswegen sage ich dir, Herr, daß diejenigen, die über das nicht Offenbare und das schwierig zu Erklärende sprechen, denen gleichen, die ihre Feuer für ein Zeichen in der Nacht ausbreiten. Sie breiten zwar ihre Feuer wie einige aus, damit sie für das Zeichen ausbreiten, aber es ist nicht sichtbar. Wenn aber das Licht hervorkommt und die Finsternis verhüllt, dann wird das Werk jedes einzelnen offenbar werden (vgl. I Kor 3,13). Du aber bist unser Licht, da du leuchtest, Herr." (*Foerster*, Die Gnosis II, S. 140 f.) (übs. v. *M. Krause*).

[60] Zum kirchlichen Missionsdenken siehe *Harnack*, Mission und Ausbreitung I, S. 39–79, zum ökumenischen Bewußtsein der frühen Kirche meinen Clemens Romanus, S. 279–299 (das dort gebotene Material ließe sich noch erheblich vermehren), zur frühchristlichen Missionspredigt vgl. *Stuhlmacher*, Das paulinische Evangelium I (1968), S. 258 ff. Auch die mehrfache Erwähnung der ἔθνη (siehe dazu schon oben S. 31) bei den Simonianern (vgl. Iren I,23,1 und Epiphanius, haer XXI,3,3, Originalfragment Nr. 3) beweist, daß sich der Simonianismus ein quasi weltkirchliches Ansehen zu geben versuchte.

Zeus als πολυώνυμος, aber daneben auch Hermes, Isis und die Gottwesen der Zauberpapyri, d. h. im Grunde waren *alle* „höchsten Götter" der synkretistischen Periode auch πολυώνυμοι [61]. Dabei war übrigens die Vielnamigkeit keineswegs – wie etwa im Attishymnus der Naassenerpredigt – einfach als polytheistische Zusammenfassung vorzustellen, sie konnte ebenso auch begrifflich-kosmologisch gedacht sein. In dieser Form taucht das Attribut der Vielnamigkeit z. B. schon bei dem Zeitgenossen des Sokrates, Eukleides von Megara auf, dazu bei Plato (Timaios 28 B), wo es heißt: ὁ δὴ πᾶς οὐρανὸς – ἢ κόσμος ἢ καὶ ἄλλο ὅτι ποτὲ ὀνομαζόμενος μάλιστ' ἂν δέχοιτο, τοῦθ' ἡμῖν ὠνομάσθω ...[62].

Bedenkt man, daß der Kosmos im Timaios (92 C) als die sinnliche Erscheinung der Gottheit vorgestellt wird, so kommt die zitierte Stelle der Simon-Magus-Passage bei Irenäus (I,23,1) unmittelbar nahe. Natürlich haben auch spätere Platoniker ihre transzendente Gottheit als vielnamig ausgegeben[63]. Und damit ist auch das Übergreifen des Motivs auf den Gnostizismus gegeben[64]. Da die Vielnamigkeit Simons aber im Zusam-

---

[61] So schon *Cerfaux*, Rech. de sc. rel. 1926, S. 498. Zur Vielnamigkeit von Zeus/Jupiter siehe vor allem die Stoiker, z. B. Chrysipp III,313 n. 1070: Es gibt eine Macht (unam potestatem), aber ihre Namen wechseln (nomina variuntur), ferner Kleanthes, Zeushymnos (Stoic. Vet. Frgm. ed *I. v. Arnim* 537, S. 121 ff., dazu Varro (siehe *Pohlenz*, Stoa I, S. 268) und Dio von Prusa, Oratio XX,74 f.; XXXVI,35 f. (Jupiter als „König", „Vater" usw.), vgl. auch *Gigon*, Die antike Kultur und das Christentum, S. 55. Ein schönes Beispiel der verschiedenartigen Zeus-ἐπικλήσεις aus Aristides (XLIII,29 f.) zitiert *Norden*, Agn. Theos, S. 164 f.; zu Seneca vgl. *Kroll*, Hermes-Trismegistos S. 50. Die ganze Anschauung ergibt sich aus dem stoischen ἓν καὶ πᾶν. Ebda. auch Isis. Auch sie wurde „mit einer Reihe von Göttinnen identifiziert" und hieß daher „myrionyma" (*Nilsson*, Griech. Rel. II, S. 549, vgl. PW IX, Sp. 2114). Typische Beispiele für die Vielnamigkeit „höchster" Gottheiten liefern auch Corp. Herm. V,8 und die Zauberpapyri, vgl. z. B. PGM VIII,15 (Bd. II, S. 46) – Hermes – und vor allem XII,285 ff. (Bd. II,77 f.) mit Aufzählung vieler Namen. Die dort angerufene Gottheit wird auch als μεγίστη δύναμις bezeichnet.

[62] Eukleides von Megara (siehe *Ueberweg-Praechter*, S. 155 ff.) bei Diog. Laertios II,106 (*Krämer*, Geistmetaphysik, S. 220): ἓν τὸ ἀγαθὸν ἀπεφαίνετο πολλοῖς ὀνόμασι καλούμενον. Den Text aus Timaios 28 B bespricht *H. Sasse*, ThWB III,871,40 ff. Mit der Wendung: „welche anderen Namen er (der Kosmos) sich gefallen lassen will" erinnert die Stelle unmittelbar an die Ausdrucksweise Simons bei Iren I,23,1: „sustinere vocari se quodcunque eum vocant".

[63] Vielnamig ist z. B. das neupythagoräisch-neuplatonische ἓν (siehe *Zeller-Nestle*, Die Philosophie der Griechen, [6]1919/20, Bd. I, S. 122 ff.), vgl. auch Plutarch, De Is. et Osir. 67: Ein Logos und ein Pneuma wirken überall, sie werden aber unter verschiedenen Namen verehrt und angeredet, ähnlich ist auch Philos Logos ein πολυώνυμος (Confus 146; *Cohn-Wendland* II, S. 257,5), ebenso wie der Zeus des Mittelplatonikers Celsus (bei Orig. V,41, vgl. dazu *Andresen*, Logos und Nomos, S. 196). Letzten Endes steckt in alledem das antike Grundproblem von sinnlicher Vielfalt und göttlicher Einheit.

[64] An sich ist der Attishymnus der Naassenerpredigt (Hippol Ref V,9,8 f.)

menhang mit einer trinitarischen Aussage behauptet wird, müssen hier in erster Linie *christlich*-gnostische Texte verglichen werden. Wir verweisen auf folgende:

a) In der gnostischen Evangeliumsverkündigung der Johannesakten (c. 98) begegnet der Auferstandene seinem Jünger Johannes auf dem Ölberg im Zusammenhang mit der Vision des (valentinianischen?) Lichtkreuzes und sagt: „Dieses Lichtkreuz wird von mir um euretwillen bald Logos, bald Nus, bald Jesus, bald Christus, bald Tür, bald Brot, bald Same, bald Auferstehung, bald *Sohn*, bald *Vater*, bald *Geist* (vgl. Simon), bald Leben, bald Wahrheit, bald Glaube, bald Gnade genannt. Da der Erlöser mit dem Lichtkreuz im Grunde identisch ist, handelt es sich hier um Selbstaussagen Christi (vgl. die johanneischen Parallelen zu „Tür", „Brot", „Auferstehung" usw.), die aber zugleich alle die „Decknamen" zusammenfassen, unter denen Christus für seine (gnostischen) Anhänger bekannt ist[65].

b) Genau die gleiche Ölbergszene spielt sich – in anderer Version – auch in der Einleitung des Apokryphon Joh (p. 21,14 ff., Cod Berol 8502) ab. Doch ist hier das Motiv der Vielnamigkeit Christi durch das (auch in der Evangeliumsverkündigung der Act Joh enthaltene) der Polymorphie etwas überdeckt. Christus sagt zu Johannes folgendes: „... ich bin der, der bei euch (?) ist alle Zeit. Ich bin der *Vater*, ich bin die *Mutter*, ich bin der *Sohn*. Ich bin der ewig Seiende, der Unvermischbare ..."[66]

---

nicht gnostisch. Es ist aber bezeichnend, daß er zur Grundlage einer gnostischen Offenbarungsschrift werden konnte (vgl. auch Ref V,9,4 und VIII 12,6 f. – dazu s. u.).

[65] Text: Li-Bo II/2, S. 200,5 ff.; zur Sache *K. Schäferdiek* in: *Hennecke-Schneemelcher* Bd. II, S. 142 f. und mein Siebensternbuch, die verborgene Überlieferung von Christus, S. 88 ff., bes. S. 111 ff.. (Evangeliumsverkündigung der Johannesakten). Die Reihenfolge: Sohn, Vater, Geist in Act Joh 98 stimmt mit derjenigen der Simonianer bei Irenäus (I,23,1) genau überein, siehe schon mein ZThK-Aufsatz 1971, S. 418 mit Anm. 52. Reihenweise Selbstbenennungen dieser Art, womöglich in paradoxal-ambivalenter Form, sind in gnostischen Offenbarungsschriften bekanntlich nicht selten. Ein besonders ausgeartetes Beispiel hierfür bietet die neuerschlossene Nag-Hammadi-Schrift „Der Donner, der vollkommene Nus" (Cod VI,2) bei *Krause/Labib*, a.a.O. S. 122 ff.

[66] Text bei *Till*, Kopt. gnost. Schriften des Cod. Berol. 8502, S. 83 f.; vgl. die ähnliche Formulierung in der Fassung des Apokryphon Joh von Cod II,1 von Nag-Hammadi bei *Krause/Labib*, Die drei Versionen des Apokryphon Joh (1962), S. 112: „Ich (bin der Vater, ich bin) die Mutter, ich bin der So(hn). (Ich bin der Un)faßbare und der Fleckenlose." (p 2,13 ff.); zur Polymorphie Christi vgl. *Weigandt*, Doketismus S. 40 ff., zur Sache mein Siebensternbuch S. 99 ff. Im Apokryphon Joh erscheint Christus zugleich als Kind und Greis (p 21,3 ff., *Till* S. 83), in Act Joh 88 f. (vgl. dazu mein Siebensternbuch S. 99 ff.) als Kind, Jüngling und Greis; vgl. weiter Phil Ev 26, Hermas Vis III,10,2 ff. (dazu PGM XIa 1 ff.; Bd. II, S. 54); *Krämer*, Geistmetaphysik, S. 237 (zu Basilides, Hippol Ref VII,21,5), *Harnack*, Marcion S. 187, Anm. 2 zu Apelles; *Hennecke-Schneemelcher*, Bd. II, S. 274 und vor allem *Hal Koch*, Pronoia und Paideusis, S. 66 ff. zu Origenes Ctr Cels II,63 ff. (ferner: Comm in Matth 12,36 f.

c) Buchstäblich in die unmittelbare Nähe des Simonianismus führt die entsprechende Aussage der Naassenerpredigt (Hippol Ref V,9,4), sofern sie direkt mit dem bekannten Zitat aus der Megale Apophasis (Ref V,9,5 = VI,9,4) verbunden ist, so daß man fragen kann, ob nicht die ganze Passage aus der Apophasis stammt. Im Anschluß an die Erklärung von Joh 4, 21 ff. (Anbetung im Geist) heißt es hier: „Der *Geist* aber ist dort, wo der *Vater* und der aus dem Vater geborene *Sohn* genannt wird. Das ist der Vielnamige, Tausendäugige, Unbegreifliche, nach dem jede Physis, sei es so, sei es anders, verlangt.“[67]
d) In die gleiche Überlieferungsreihe gehört schließlich auch die Offenbarungsrede Jesu an Jakobus, mit der die kopt. Jakobusapokalypse I (p 24 f.) einsetzt, nur daß diese Rede angeblich noch *vor* Jesu Hinrichtung erfolgt. Dort heißt es (p 24, 18 ff.): „Wisse, höre! Nicht existierte etwas außer dem Seienden. Ein Unnennbarer und Unaussprechlicher ist er: Auch ich bin ein Unnennbarer aus dem Seienden (p. 25,1: ein Bild (εἰκών) des Seienden). Wie man mir eine Menge Namen gegeben hat, zwei (stammen) von dem Seienden.“[68]

Eine Beurteilung der Simon zugeschriebenen Vielnamigkeit ist angesichts der vielfältigen synkretistischen Möglichkeiten in diesem Bereich natürlich nicht leicht. Festzuhalten ist, daß Simon mit Zeus, dem Allvater identifiziert wurde; damit ist auch dessen Vielnamigkeit automatisch gesetzt[69]. Allein mit der Vielnamigkeit des Allvaters ist die von den christlich-gnostischen Quellen behauptete Vielnamigkeit des Sohnes (s. o.) sofort zu kombinieren, und zwar in derselben gnostisch-modalistischen Weise, mit der das simonianische System den „Vater“ und den „Sohn“ überhaupt vereinerleit und identifiziert, und zwar aus zwei Gründen: 1) Drei der oben angeführten vier christlich-gnostischen Texte (nämlich Act Joh 98, Apokry-

---

u. 41). Grundgedanke: Die Einheit des transzendenten Vaters entfaltet sich im Logos-Sohn in die Vielfalt der menschlichen Erscheinungen.

[67] Text bei *Wendland*, Hippolyt III, S, 98 und *Völker*, Quellen, S. 24, vgl. dazu meine Bemerkung in: ThLZ 1970, Sp. 669 unten. Gemeint ist der Anthropos, der die Weltseele vertritt (*J. Frickel*, Megale Apophasis S. 174 Anm. 6). Eine Parallele hat die Stelle bei dem Araber Monoimos (Hippol Ref VIII,12, 5 ff.; *Wendland*, a.a.O. S. 232), wo das punktuelle ἕν als „vielgestaltig, vieläugig und vielnamig“ bezeichnet wird. Auch hier: Die göttliche Einheit (der Anthropos), welche die unbegrenzte Vielheit in sich trägt.

[68] Text bei *Böhlig/Labib*, Koptisch-gnostische Apokalypsen aus Codex V von Nag Hammadi (1963), S. 34 f.

[69] Daß Zeus, der Vater (vgl. ThWB V,972 f.) im synkretistischen Raum vielfach mit Jahwe verschmolzen wurde, ist bekannt (vgl. z. B. *Hengel*, Judentum S. 480 ff.), doch ist diese Kombination aus den simonianischen Nachrichten zumindest nicht unmittelbar zu belegen. Wenn der Simonianismus dagegen seinen Offenbarungsgott Simon/Zeus mit dem Vater des christlichen Glaubens gleichsetzte, und Iren I,23,2–3 beweist es, so tat er damit im Grunde nichts anderes als das, was kirchliche Schriftsteller (vgl. z. B. Minucius Felix, Octavius XVIII, 11) auch taten, wenn sie behaupteten, daß der Heide, wenn er Jupiter sage, tatsächlich den christlichen Gott meine, da es nur einen Gott gebe. Der Unterschied bestand lediglich im jeweiligen Vorverständnis: dort inklusiv synkretistisch, hier exklusiv-kirchlich.

phon Joh p 21,14 ff. und Apc Jac I, p 24,18 ff.) sind *Selbstaussagen* des gnostischen Christus an der Spitze gnostischer Offenbarungsreden. 2) Ebenfalls drei der obigen vier Texte (nämlich Act Joh 98; Apokryphon Joh p 21,14 ff. und Hippol Ref V,9,4) verbinden das Motiv der Vielnamigkeit mit einer *Trinitätsaussage* (Vater, Sohn, Geist, bzw. Vater, Mutter, Sohn). Wenn also auch die simonianische Aussage bei Irenäus genau die gleichen Merkmale aufweist, nämlich 1) Simon seine eigene Vielnamigkeit selbst behaupten läßt (s. o. S. 13) und 2) damit eine entsprechende Trinitätsaussage verbindet, so kann es auch in diesem Fall keinen Zweifel daran geben, daß wir es mit einem auf Simon übertragenen Stück *christlich-gnostischer* Überlieferung zu tun haben. Der ursprüngliche Sprecher dieser Passage war also nicht Simon oder ein vorchristlich-gnostisches Offenbarungswesen, sondern der gnostische Christus!

7. *Simon als „trinitarischer" Gott* (Stellen bei Nr. 6). Daß der quasi „trinitarische" Selbstvergleich „Simons" nicht einfach eine christliche, vielmehr speziell eine christlich-gnostische Anleihe des Simonianismus darstellt, dürfte aus dem vorigen Abschnitt bereits erkennbar geworden sein. In der Tat sind triadische Aussagen dieser und ähnlicher Art im Munde des gnostischen Christus, aber auch in Anwendung auf gnostische Systeme, allenthalben nachweisbar[70]. Freilich beansprucht der Simonianismus auch mit dieser Okkupation eine so ausgesprochene Sonderstellung, daß man sich wundern muß, daß die Forschung darauf nicht längst aufmerksam geworden ist[71]. Doch ist die Erörterung des Sachverhalts zunächst dadurch

[70] Nach dem — freilich unkontrollierbaren — Valentinfragment Nr. 9 (Anthimus von Nikomedien = Marcell von Ankyra, De sancta Ecclesia c. 9; *Völker,* Quellen, S. 60) soll die hypostatische Differenzierung der göttlichen Trias auf Valentin zurückgehen. Triadische Gottesaussagen (Vater, Sohn, Geist) finden sich auch sonst in der Gnosis vgl. etwa Exc ex Theod 80,3 (dazu *Zahn,* Forschungen III, S. 232); Thom Evang 13 ff. (dazu *Haenchen,* Die Botschaft des Thomasevangeliums, 1961, S. 35 f.); Iren I,30,1 (Quaternität; dazu *Bousset,* Hauptprobleme, S. 162); Phil. Evang. 44 (dazu *Ménard,* Ztschr. d. dtsch. Morgenländ. Ges. Suppl. I/II, 1969, S. 386 f.); Ginza rechts, S. 50 (dazu *Wetter,* Sohn Gottes, S. 16 Anm. 3); Corp Herm X,1—3 u. 14 (ϑεός, πατήρ, ἀγαϑόν) oder Hermes als τριγενέϑλιος (*Puech,* Rev. des Etudes grecques 1946/47, S. XI ff.); zur begrifflichen Dreizahl vgl. *Norden,* Agnostos Theos, S. 348 ff., zur Trinitätsstruktur *P. Gerlitz,* Außerchristliche Einflüsse auf die Entwicklung des christl. Trinitätsdogmas (1963) mit der freilich vernichtenden Rezension von *H. Dörrie* (ThLZ 1965, Sp. 851 ff.).

[71] Vgl. dazu Beginnings V, S. 157 f. Nach *Haenchen* (ZThK 1952, S. 339 Anm. 1) handelt es sich bei der triadischen Formel um einen späten Zuwachs, der wegen seiner modalistischen Nuance vor dem 2. Jh. nicht denkbar ist. Damit ist wenigstens der christliche (wenn auch nicht christlich-gnostische) Charakter der Aussage ernst genommen. Dagegen suchen reine Religionsgeschichtler das Wesen der Formel gerade in dem zu erblicken, was sie nicht sagt, nämlich in einer vor- und außerchristlichen Trias, so vor allem *Reitzenstein,* Hellen. Wundergeschichten ([2]1963), S. 137 f. Anm. 3, ebenso *Bousset,* Hauptprobleme,

behindert, daß die Aufstellungen bei Irenäus und im Syntagma des Hippolyt in diesem Punkt scheinbar unvereinbar voneinander abweichen, so daß hier eine weitere Vorklärung erfolgen muß: Das Problem ist folgendes:

a) Nach der bei Hippolyt (Ref VI,19,6) mitgeteilten griechischen Fassung des Irenäustextes, die – mit leichter Abweichung – auch bei Theodoret (haer fab I,1) noch erhalten ist, lautete Simons angebliche trinitarische Selbstaussage so: φανέντα Ἰουδαίοις μὲν ὡς υἱόν, ἐν δὲ τῇ Σαμαρείᾳ ὡς πατέρα, ἐν δὲ τοῖς λοιποῖς ἔθνεσιν ὡς πνεῦμα ἅγιον ... Die Besonderheit dieser Formulierung liegt einmal darin, daß die gewöhnliche trinitarische Reihenfolge verstellt, d.h. in „Sohn, Vater, Geist“ verändert ist, zum anderen, damit zusammenhängend, darin, daß die göttliche Instanzenreihe mit einer weltlichen, nämlich geographisch-ethnologischen Erscheinungsreihe („Juden, Samarien, übrige Heiden“) gekoppelt ist, die in dieser Reihenfolge an das ökumenische Missionsprogramm von AG 1,8 erinnert[72].

b) Anders die Syntagmatradition. Und zwar ist ihre Abweichung eine doppelte. Einmal nämlich verbindet das Syntagma die Herabkunft Simons als des „Vaters“ nicht mit Samarien, sondern – um der Errettung der Ennoia willen – direkt mit der Stadt Tyrus (so ausdrücklich Hippolyt, Ref VI,19,3, vgl. die Originalfragmente bei Epiphanius, haer XXI,3,2 u. 3,5: „um ihretwillen bin ich herabgekommen“), während sich Simon den Samaritanern gegenüber lediglich „als Vater ausgegeben haben“ soll. Zum anderen aber ist auch die trinitarische Aussage selbst verkürzt, d.h. in eine binitarische verwandelt. Simon will nur als Vater bei den Samaritanern und als Sohn bei den Juden aufgetreten sein. Als hl. Geist figuriert dagegen die Ennoia (haer XXI,2,4 vgl. 2,3 u. 5,1), die daneben auch Barbelo und Prunikos heißen soll[73].

S. 334 f. unter Hinweis auf die „erdrückenden Parallelen zur Dreiheit göttlicher Triaden“. Dasselbe wiederholt sich bei *Quispel* (Gnosis als Weltreligion, S. 57 f.) im Blick auf den dreifaltigen simonianischen Ἑστώς der Megale Apophasis. Das Non plus ultra dieser Auffassung bietet wieder *W. Schmithals* (Die Gnosis in Korinth, S. 41) mit der Behauptung, selbst der Christustitel Simons sei in Wahrheit vorchristlich.

[72] Bei Theodoret (MSG 83, Sp. 345) heißt es, Simon sei „den Juden als Sohn erschienen, zu den Samaritanern als Vater herabgekommen und zu den übrigen Heiden als hl. Geist gelangt“ (vgl. dazu *Harvey*, Irenäus Bd. I, S. 191 Anm. 2).

[73] Nach Hippol Ref VI,19,3 heißt es von Simons Eintreffen in Tyrus: „Dorthin sei er herabgekommen und habe sie (d.h. die Ennoia – als verirrtes Schaf) gefunden“. Der Triade aus „Sohn, Vater, Geist“ bei Irenäus steht also bei Epiphanius eine solche aus Vater, Sohn und Mutter (= hl. Geist) gegenüber, doch lautet die weit gängigere gnostische Reihenfolge bekanntlich: Vater, Mutter, Sohn, vgl. Hippol Ref VI,17,3 (Megale Apophasis); Apokryphon Joh *(Till)* p. 21,19 ff. u. 35,19 f.; Altgnost. Werk, Kap. 1 (*Schmidt/Till*, S. 335); Ägypter-Evang. von Nag-Hammadi (cod. III,2 – *Doresse*) p 41,8 ff.; 42,1 ff.; Evang. des Mani bei *Hennecke-Schneemelcher* Bd. I, S. 268, evtl. auch Act Thom 27 u. 50 (dazu *Bornkamm*, Mythos und Legende, S. 89 und 95). Zur Vater-Mutter-Syzygie (wobei die „Mutter“ meist der hl. Geist ist) vgl. Hippol, Ref. V,6,5 u. VIII,12,5, ferner Phil. Ev. 6, zur Sache schon *Bousset*, Hauptprobleme, S. 26, auch *Quispel*, Makarius, das Thomasevang. und das Lied von der Perle, S. 8.

Was ist von diesen Divergenzen zu halten? Wir versuchen folgenden Gedankengang:

a) Was zunächst die verschiedene Ortsangabe im Zusammenhang mit der Katabasis des Vaters betrifft, so ist die Differenz zwischen Tyrus und Samarien schlechthin unauflösbar, zumal weder die Kirchenväter noch die von ihnen benutzte simonianische Überlieferung hier irgendeine Reflexion verraten. Gerade darum wird man aber die Divergenz auch nicht überbetonen dürfen; denn im Grunde entspricht sie einfach dem je verschiedenen Skopus der simonianischen Überlieferung in der Form der Syntagmatradition und bei Irenäus, wie das bereits bei der Quellenkritik (s. o. S. 35) erkennbar wurde. Für die Syntagmaüberlieferung steht der Ennoia-Helena-Komplex im Vordergrund; bei Irenäus ist der Ennoiamythos von der allgemeinen Heilsbedeutung Simons umschlossen.

b) Mit ziemlicher Sicherheit wird man sodann die Identifikation der Ennoia/Helena mit dem (weiblichen) hl. Geist (= Sophia Prunikos) bei Epiphanius (haer XXI,2,3 f. u. ö.) als spätere Interpolation preisgeben müssen, gleichviel ob man die Einschaltung einem kirchlichen oder – wahrscheinlicher – einem simonianischen Redaktor zuschreibt. Daß sie indessen sekundär sein muß, beweist schon ein Blick auf die ganz konträren Strukturverhältnisse der Aussagen auf der einen und anderen Seite: „Simons" Behauptung, er sei als Sohn, Vater und hl. Geist erschienen (Irenäus), ist nämlich eine ausgesprochene Identifikationsformel (bzw. Präsentationsformel), in der das Ich des Sprechers Subjekt, die drei Glaubensinstanzen (Sohn, Vater, Geist) dagegen Prädikat sind. Demgegenüber handelt es sich bei der Bezeichnung der Ennoia/Helena als hl. Geist/Sophia Prunikos um eine ebenso ausgesprochene Rekognitionsformel, d. h. hier ist der (weibliche) hl. Geist Subjekt, die simonianische Ennoia aber das Prädikat. Beides paßt kaum zusammen, m. a. W. die ursprünglich simonianische Konzeption in bezug auf Vater, Sohn und Geist, war sicher nicht die, daß „Simon" gleichsam als gnostischer υἱοπάτωρ die Ennoia erlöste, um dadurch die verlorene Einheit mit dem hl. Geist wiederherzustellen, vielmehr dürfte die –auch sonst bekannte – Gleichung: hl. Geist = Prunikos von außen in den simonianischen Zusammenhang eingewandert sein[74].

[74] Die Aussage, daß die Ennoia mit dem hl. Geist = Prunikos gleichzusetzen sei, findet sich in einer – deutlich erkennbaren – Parenthese im Originalzitat Nr. 1 bei Epiphanius (haer XXI,2,4) und wird von Epiphanius (ebda. 51 vgl. 2,3) als Simons eigene Aussage behandelt. Demnach handelt es sich um ein simonianisches Interpretament, das beweist, daß auch der Text der Originalzitate bereits ein überarbeiteter ist. Die Gleichsetzung des hl. Geistes mit der Sophia Prunikos findet sich außerhalb des Simonianismus vor allem bei den Barbelognostikern (Iren I,29,4) und – leicht differenziert – bei den Ophiten (Iren I,30,1 ff.), vgl. auch den Hervorgang des Geistes bei den Valentinianern (Iren I,11,1). Das mit dem Geist identifizierte gnostische Wesen ist wiederum die „Mutter" Sophia vgl. schon das oben (S. 156) besprochene Fragment aus dem Hebräerevangelium bei Hieronymus, Comm in Is 11,2 (*Kloster-*

c) Fällt demnach die Ineinssetzung des hl. Geistes mit dem weiblichen Genius der Ennoia ursprünglich dahin, so bleibt als Divergenz zwischen Irenäus und der Syntagmatradition nur dies im Rest, daß Irenäus die dreigliedrige Formel „Sohn, Vater, Geist" – mit der aus AG 1,8 bekannten Unterscheidung „Juden, Samaritaner, Heiden" verknüpft, während das Syntagma diese Verknüpfung zwar auch voraussetzt, indessen auf die Zweiheit von Vater und Sohn beschränkt. Dabei scheint zunächst alles für die Priorität der Syntagmatradition zu sprechen. Zumindest das aus Irenäus/Theodoret erschließbare κατεληλυθέναι des Vaters zu den Samaritanern *vor* dem φανῆναι des Sohnes bei den Juden macht auf den ersten Blick einen ursprünglicheren Eindruck als die eigenartig verstellte Reihenfolge bei Irenäus, die vielleicht überhaupt erst durch den Hinzutritt der dritten Aussage (über den hl. Geist bei den Heiden) i. S. der Reihenfolge von AG 1,8 erzwungen wurde[75].

Indessen, so nahe diese Lösung zu liegen scheint, ebenso gewichtig sind die Argumente, welche gegen sie sprechen, die es vielmehr wahrscheinlich machen, daß in der Tat die dreigliedrige und verstellte Irenäusfassung die ältere ist. Wir nehmen zunächst ein paar äußere Argumente vorweg:

1. Nicht nur das Syntagma, sondern auch Tertullian in De anima 34 bietet lediglich eine zweigliedrige Formel (nämlich „Sohn" und „Vater"), läßt also die Erwähnung des hl. Geistes beiseite, obwohl er mit Sicherheit den Irenäustext voraussetzt. Also kann auch die zweigliedrige Passage der Syntagmatradition auf einer Verkürzung der ursprünglich dreigliedrigen Überlieferung beruhen[76].
2. Die verstellte Reihenfolge „Sohn, Vater, Geist" ist zwar in der frühchristlichen Literatur selten bezeugt, allein sie ist uns im Zusammenhang mit der Vielnamigkeit bereits als Selbstaussage des gnostischen Christus in Act Joh 98 (s. o. S. 162) begegnet, d. h. in einer Passage, die uns auch beim Thema „Doketismus" nochmals beschäftigen wird[77].

---

mann, Apocrapha II, S. 6, Nr. 4), außerdem *Bousset,* Hauptprobleme, S. 347 ff.; zur gnostischen Pneumatologie auch *E. Schweizer,* ThWB VI, 391 ff. u. 449.

[75] Zu AG 1,8 vgl. 9,31 u. 11,18 f.; zum dortigen Missionsgedanken siehe meinen Clemens Romanus, S. 267 ff. (bes. S. 276 Anm. 3). Hiermit ist auch der im Matthäusevangelium (vgl. 10,5 und 15,24 mit 28,18 ff.) angedeutete Missionsfortschritt identisch. Die Dreiheit Juden, Samariter, Heiden findet sich auch bei kirchlichen Schriftstellern, vgl. z. B. Justin, Apol I,53,3 und Epiphanius, haer LI,25,1 (*Holl,* Bd. II, S. 294). Bei Melito von Sardes, Passahomilie 45 sind nur Jerusalem und die Enden der Erde konfrontiert; Herakleon (Frgm. 31, b. Origenes, Comm in Joh XIII,38) bezieht Samarien (zu Joh 4,34) gnostisch auf den Kosmos.

[76] Tertullian, De anima 34 (CSEL XX/1, S. 359): „in Iudaea quidem filium, in Samaria vero patrem se gesserit". Die personale Struktur dieser Aussagen ist hier vollends verwischt.

[77] Außer Act Joh 98 begegnet die Reihenfolge „Sohn, Vater, Geist" noch in II Kor 13,13; Ign Magn 13,1 f.; Od Sal 19,2; Acta Apollonii 47 (*Knopf-Krüger,* Ausgew. Märtyrerakten, ³1929, S. 35), evtl. auch in Act Thom 27. Ob hinter

3. Auf jeden Fall bietet die irenäische Version – schon angesichts ihrer Reihenfolge – gegenüber der Syntagmatradition die „ardua lectio". Aber auch der Inhalt des dritten Gliedes – das Kommen Simons zu den Heiden im Geist – setzt eine Auffassung voraus, die mit der kirchlichen Simon/Rom-Legende schlechterdings kollidiert, also wahrscheinlich originalsimonianischer Herkunft ist[78].

4. Schließlich ist aber auch die Verbindung des κατεληλυθέναι mit der Erscheinung des Vaters *vor* der des Sohnes anzufechten. Zwar verbindet der Simonianismus die Katabasis des Erlösers ausdrücklich mit dem gnostischen Urvater, allein in der sonstigen gnostischen Tradition gehört dieser Abstieg auf jeden Fall zum „Sohn": καταβήσομαι sagt Christus zu seinem Vater im Naassenerhymnus[79]!

d) Das sind zunächst freilich nur formale Argumente. Hinzu kommen jedoch inhaltliche Erwägungen, und zwar vor allem in bezug auf den eigentümlichen Modalismus der trinitarischen Aussage bei Irenäus. Schon Harnack hat diejenigen frühchristlichen Zeugnisse gesammelt, die das Vorhandensein eines – unreflektierten – Modalismus *vor* dem Ausgang des 2. Jahrhunderts bezeugen, und dabei unsere simonianische Passage als besonders wichtige Stelle an den Schluß gestellt[80]. Die damaligen Belege

---

der verstellten Reihenfolge ein Konzept oder nur der Zufall steht, läßt sich kaum sagen. Möglicherweise hat dabei eine Betrachtung Pate gestanden, die den christlichen Glauben – wie im Joh Ev (vgl. 12,46; 14,6 und 9) – bei der Erscheinung des inkarnierten Christus begann und von da aus zur Erkenntnis des Vaters und Gabe des hl. Geistes fortschritt (vgl. z.B. Aristides, Apol 2,6 bei *Hahn*, Bibl. d. Symbole, S. 4, aber auch den von *Kretschmar*, Trinitätstheologie, S. 193 Anm. 3 gebotenen Abendmahlstext aus Ephräm, Serm in hebd. sanct c. 4). Eine andersartige Betrachtung wäre demgegenüber die bei Irenäus in heilsgeschichtlicher (vgl. dazu *H. v. Campenhausen*, Saeculum XXI, 1970, S. 207), bei Origenes in spiritueller Weise (vgl. schon Phil Evang 44) aufgebaute Reihe „Geist, Sohn, Vater".

78 Zur Simon/Rom-Legende s. o. S. 10. Der Widerspruch zur simonianischen Trinitätsauffassung besteht darin, daß die kirchliche Legende Simon persönlich nach Rom kommen läßt, während die Anwesenheit des hl. Geistes bei den „übrigen Heiden" das gesamte Geistchristentum als simonianisch vereinnahmt und Simon selbst zu einer transzendenten Größe macht.

79 Hippol, Ref V,10,2 (*Wendland*, S. 103,18; *Völker*, Quellen, S. 26,20); im übrigen vgl. u. S. 171 ff. (zur Katabasis des Erlösers).

80 *Harnack*, DG I, S. 217 f. Anm. 2 (vgl. S. 735, Anm. 4 urnd Mission und Ausbr. Bd. I, S. 264 Anm. 3). Dabei ist die von Epiphanius (haer LXII,2,4 f., *Holl* II, S. 391, vgl. *Klostermann*, Apocrypha II S. 15) dem „Ägypterevangelium" zugeschriebene modalistische Aussage (vgl. auch *Quispel*, Makarius, S. 84) möglicherweise doch schon sabellianischer Herkunft (*Hennecke-Schneemelcher* Bd. I, S. 112), wenn auch nicht zu verkennen ist, daß der II Clem, in dem das Ägypterevangelium vielleicht benutzt ist, modalisierend redet (*Harnack*, DG I,765 Anm. 3). Eine wichtige Schlüsselstelle, die gründlicher Untersuchung bedürftig wäre, ist Justin, Dial 128,3. Ist dieser Modalismus christlich (so *Semisch*, Justin der Märtyrer, S. 286 f. u. 341 f.), judenchristlich (so *Adam*, Lehrb. d. DG I, S. 157 f.) oder einfach jüdisch (so *Harnack*, DG I, S. 217 Anm. 2)?

lassen sich inzwischen noch vermehren, vor allem durch die heute erweiterte Kenntnis des Gnostizismus. Harnack selbst hat – wie bekannt – in späteren Jahren gegen seine ursprüngliche Ansicht auch Marcion zu diesen „Modalisten“ gerechnet. Hinzu kommen die modalistischen Selbstaussagen des gnostischen Christus in Act Joh 98 und im Apokryphon Johannis (s. o. S. 162), ferner Belege aus dem Thomas- und Philippusevangelium von Nag Hammadi, dem Evangelium veritatis, dem „altgnostischen Werk“, der Epistula apostolorum und – allenfalls – auch die Ich-bin-Tiraden im „Donner“ (Cod VI,2) von Nag Hammadi[81].

Alle diese Aussagen – gnostische wie außergnostische – zeigen, daß der spätere Modalismus im 2. Jahrhundert offenbar ein breiteres Traditionsfundament gehabt hat, als es unsere spärlichen patristischen Quellen heute noch verraten. Zwar scheint die modalistische Einheit Gottes in einzelnen dieser Fälle nur den „Vater“ und den „Sohn“ (ohne den hl. Geist) zu umfassen, allein man vergegenwärtige sich dazu Marcion, der nach Tertullian (adv Marc III,15) ein ganz analoges Argument wie die Simonianer gebraucht zu haben scheint, wenn er behauptet, der Name „Christus“ sei lediglich als Akkommodation der christlichen Offenbarung in bezug auf speziell jüdisches Vorverständnis zu verstehen: Marcion lehrte, in der Erscheinung Christi diejenige des „guten“ Gottes, d. h. des marcionitischen „Vaters“ erkennen, aber er hat zugleich auch das von ihm als verbindlich anerkannte „Evangelium“ und die entsprechende Offenbarung im Geist (II Kor 12,1 ff.) so dicht an diesen Christus heran- und der empirischen Gestalt der kirchlichen Überlieferung so fern gerückt, daß man eigentlich kaum umhin kann, in dem von Marcion entdeckten „Urevangelium“ die mit Christus identische, d. h. ihn repräsentierende Offenbarung des hl. Geistes zu sehen[82].

---

[81] Belege: Zu Marcion vgl. *Harnack*, Marcion S. 123 (gegen DG I, S. 735 Anm. 4) und *Adam*, a.a.O. S. 147 ff.; ferner Thom Ev 13 und 15 (dazu *Quispel*, Makarius S. 99), Phil Evang 12 (?), 20; 26 und 44 (?); möglicherweise auch Valentin, Frgm. 2 (Clem Strom II,114,3 ff.), falls der Ausdruck ἐπισκέψηται mit Luk 19,44 zusammenzusehen ist; Exc ex Theod 6 f. (dazu *Schlier*, Ign.-Briefe S. 60 f.) und 16,1; Evang veritatis, bes. p. 38 f. (dazu *Arai*, Christologie, S. 62 ff.); Od Sal 19,2 u. 23,22 (wenn man *Adam*, a.a.O. Bd. I, S. 143 folgt); Hippol Ref V,9,4; Ps Clem Rec II,7,1 f.; Altgnost. Werk Kap. 21 f. (*Schmidt/Till*, S. 362 f. und 366,14 ff.); Der „Donner“, p 13 f., bes. 14,1 ff.: „Ich (sagt Jesus) bin die Herrin meines Abkömmlings. Er aber ist es, der mich vor der Zeit gezeugt hat ... und meine Kraft stammt aus ihm.“ (*Krause/Labib*, S. 123; vgl. zu dieser Schrift jetzt auch *H. G. Bethge* in ThLZ 1973, Sp 97 ff.); Epist Apost 17 (*Duensing*, vgl. dazu *M. Hornschuh*, Studien zur Epist Apost, S. 37 f. – identische Nichtidentität); zu den Priscillianern vgl. *Harnack* DG II, S. 309 Anm. 3 und *B. Vollmann*, Studien zum Priszillianismus (1965), S. 122 ff., Ep Leonis 15,1; zu den Bogomilen, *Döllinger* Sektengeschichte des MAs I, S. 37.

[82] Tertullian, Adv Marc III,15 (*E. Evans* Bd. I, S. 216): „Sed quomodo, inquit, irreperet in Iudaeorum fidem, nisi per sollemne apud eos et familiare nomen?“ Marcions Ur-Lukas-Evangelium hatte für ihn keinen menschlichen

Indessen nicht der Modalismus als solcher, sondern nur seine simonianische Aufbereitung steht hier zur Debatte. Dabei aber zeigt sich abermals die charakteristische Sonderstellung des Simonianismus gegenüber aller sonstigen christlichen, bzw. christlich-gnostischen Tradition, und zwar sowohl in horizontaler als auch in vertikaler Hinsicht. Horizontal: Der Simonianismus unterscheidet sich von der übrigen christlichen Überlieferung darin, daß er die trinitarische Dreiheit „Sohn, Vater, Geist" zwar übernimmt, freilich nur, um sie auf die bereits genannte geographisch-ethnologische Dreiheit „Judäa, Samarien, die Heidenwelt" zu projizieren, d. h. zu drei *Aspekten* eines ökumenisch-simonianischen Offenbarungsanspruches zu relativieren[83]. Hiermit aber hängt die Vertikale, d. h. „Simons" Verhältnis *zu* dieser relativierten Trinität, unmittelbar zusammen: Simon sagt nämlich bei Irenäus nicht, wie man es versteht, wenn man ihn mit den von Celsus skizzierten Wanderpropheten (Orig Ctr Cels VII,9) oder mit Montanus nach Didymus (De trin III,41) vergleicht: Ich bin der Sohn, der Vater und der hl. Geist — dergleichen wird erst bei Epiphanius daraus! — sondern er sagt: Ich bin *als* Sohn bei den Juden, *als* Vater in Samarien und *als* hl. Geist unter den übrigen Heiden erschienen. D. h. er bezieht seine trinitarischen Bestimmungen nicht auf seine geschichtliche Person, sondern versteht sich vielmehr umgekehrt als ein eigenes, völlig unirdisches, transzendentes Urwesen, das sich lediglich *in* den drei geschichtlichen Offenbarungsformen von „Sohn", „Vater" und „Geist" der Welt zu erkennen gegeben hat.

Damit aber wird nicht nur der kirchliche Glaube auf den Kopf gestellt, sondern auch die gnostische Trinitätsauffassung noch einmal simonianisch überboten; denn hier ist auch die triadische oberste Gottheit selbst nur noch die dreifache Erscheinungsweise eines Überwesens, namens Simon, das als letzte Einheit *hinter* solcher Entfaltung steht, bzw. aus ihr hervorzusprechen behauptet. Das pure, geschichtslose Verkündigungsgerede, als das sich gnostische Offenbarungsreden immer wieder entpuppen, ist also gleichsam noch einmal sublimiert und in den obersten weltnegativen gnostischen Urgrund selbst hineinverlegt, wie es in ähnlicher Weise auch in

---

Verfasser (*v. Campenhausen*, Die Entstehung der Bibel, 1968, S. 183 m. Anm. 34; vgl. *Harnack,* a.a.O. S. 39); Paulus hat sein „Evangelium" nicht von Menschen (Gal 1,1 ff.) sondern durch ἄρρητα ῥήματα im 3. Himmel empfangen (*Harnack*, a.a.O. S. 39 u. 101*).

[83] *Hilgenfeld*, Ketzergesch. S. 177 (mit Anm. 291) hat etwas Richtiges gesehen, wenn er meint, die drei Aussagen über Simon repräsentierten im Grunde drei Religionen, Judentum (bzw. „innerjüdisches Christentum"), Samaritanismus und heidnische Aufklärung im Zusammenhang einer übergeordneten (simonianischen) Weltreligion. Indessen ist es falsch zu sagen: „Das Christentum gilt ihm (Simon) als das wahre Judentum" (so richtig, statt „Christentum" a.a.O.); denn der Simonianismus wiederholt nur den universalen Anspruch der christlichen Gnosis auf simonianisch.

der Megale Apophasis (Hippol, Ref VI,9 ff.) oder anderen gnostischen Apokryphen (z. B. im „Donner", Nag-Hammadi Cod. VI,2) wiederkehrt. Zugleich ist damit aber auch der übliche personale Identitätsverlust des gnostischen Erlösers auf die Spitze getrieben. Denn derselbe Simon, der für die Menschheit nur *als* Vater, Sohn und hl. Geist erkennbar sein will, soll ja andererseits auch wieder als irdischer Verkünder seiner eigenen exklusiven Gnosis (vgl. das Originalzitat Nr. 3 b. Epiphanius, haer XXI,3,3!) samt der Ennoia/Helena umhergezogen sein. Ob das Ich von Simons Offenbarungsrede also ein konkreter „historischer" Mensch ist oder eine völlig unfaßbare transzendente Stimme, läßt sich von Fall zu Fall kaum ausmachen, vielmehr schwankt der gnostische Simon zwischen totaler Geschichtlichkeit und totaler Geschichtslosigkeit dialektisch hin und her, ohne daß sich zwischen seiner transzendenten und immanenten Existenz ein fester Konzentrationspunkt finden ließe[84]. Freilich verrät gerade die Dissoziation von Simons Persönlichkeit nur einmal mehr den sekundären Charakter der ganzen Doktrin, beruht sie doch einfach auf der künstlichen Zusammenklitterung von Simons historischer Gestalt mit der modalistisch-trinitarischen Selbstprädikatur des gnostischen Christus, wie wir sie in Act Joh 98 und verwandten christlich-gnostischen Offenbarungsschriften kennengelernt haben. Selten so deutlich wie hier zeigt es sich übrigens, daß der simonianische Konkurrenzanspruch gegenüber der christlichen Gnosis ohne das bereits vorhandene christlich-gnostische Pendant gar nicht denkbar ist. Selten so deutlich wird auch erkennbar, daß der gnostische Offenbarungsgott „Simon" mit dem geschichtlichen Magus aus Samarien längst nur noch den bloßen Namen gemeinsam hat.

8. *Simons Katabasis und Transfiguration* (Iren I,23,3; Hippol Ref VI, 19,3; Epiphanius, haer XXI,2,4). Mit der dreifachen Entfaltung von „Si-

[84] Diese Dialektik ist geradezu das Indiz gnostischer Offenbarungsreden, zumal dann, wenn der Erlöser – wie bei den Simonianern und ihren inner- wie außerchristlichen Verwandten – seinen eigenen Mythus als Ich und Nicht-Ich berichtet; vgl. z. B. Corp. Herm. I, 2–5 – Poimandres; Apokryphon Joh (p 19 ff.), Act Joh 94–102 – Evangeliumsverkündigung; Der Donner (p 13 ff.); Evang veritatis (bes. p 27 und 42 f.); das Wesen der Archonten (p 141,19 ff. – Norea); der Kölner Mani-Codex (*Henrichs-Koenen*, a.a.O. S. 112, vgl. S. 192 ff.); Pistis Sophia bes. Kap. 4 ff.; rationalisiert bei Adamantius, De recta in deum fide (*Holl*, Ges. Aufs. Bd. III, S. 16 m. Anm. 4). In der eigentümlichen Nicht-Identität des gnostischen Offenbarers mit sich selbst, liegt m. E. auch der gedankliche Schlüssel zur sog. „erlöserlosen Gnosis". Der Erlöser „ist" einfach das gegenstandslose „Wort" (vgl. mein Siebensternbuch Nr. 136, S. 114 f.). Um so bezeichnender, daß die rein formgeschichtliche Arbeit von *H. Becker*, Die Reden des Johannesevangeliums und der Stil der gnostischen Offenbarungsrede (hrg. v. *R. Bultmann*, 1956), diesen Gesichtspunkt gar nicht in den Blick bekommt und daher auch die grundsätzliche Andersartigkeit der johanneischen Christusreden in bezug auf gnostische Offenbarungen nicht wirklich darstellen kann.

mons" Wesen, als Sohn, Vater und hl. Geist ist zugleich eine ebenfalls dreifaltige soteriologische Funktion gesetzt, ohne daß die einzelnen Teile dieser Anschauung untereinander zu einem präzisen Ausgleich kämen. Zu unterscheiden sind: 1) Die Katabasis des Allvaters nach Samarien und die Erlösung der Ennoia durch ihn in ... Tyrus, 2) die doketische Erscheinung Simons als Christus in Judäa und seine dortige Scheinkreuzigung, 3) die mit der pneumatischen Verkündigung „Simons" an alle Menschen proklamierte simonianische „Gnosis" (die zugleich „Glaube" bzw. „Hoffnung" ist) und der davon umschlossene Antinomismus. In allen drei Entfaltungen ist „Simon" in die irdische Welt herabgekommen, sei es als Vater, sei es als Sohn, sei es als hl. Geist[85]. Wir versammeln daher zunächst die Parallelen zur Katabasis und Transfiguration des Erlösers:

a) Nach Epiphanius, haer XXI,2,4 (Originalzitat Nr. 1) sagt Simon folgendes: „In jedem Himmel nahm ich eine andere Gestalt an, jeweils nach der Gestalt derer, die in jedem Himmel (sind), damit ich meinen Engelmächten verborgen bliebe und (so) herabkam zu der Ennoia ... durch die ich die Engel schuf, und die Engel (schufen) den Kosmos und die Menschen." Vergleicht man hierzu Theodoret (haer fab I,1 = Iren I,23,1), so geschah das καταλελυθέναι bei den Samaritanern, allein nach Hippolyt (Ref VI,19,4) ist das κατελθών mit dem εὗρεν, d. h. mit der Befreiung der Ennoia in Tyrus verbunden, als sei Simon also nicht nach Samarien, sondern nach Tyrus „herabgekommen". Ein Ausgleich zwischen der vertikalen (Samarien) und der horizontalen (? – Tyrus)

---

[85] Zu den Propheten des Celsus (Orig VII,8 f.) s. o. S. 103[12]. Ihre Ausdrucksweise versteht die göttlichen Namen alternativ (Vater *oder* Sohn *oder* hl. Geist) und kommt damit, freilich auch nur *damit*, der entfalteten simonianischen Dreiheit nahe (siehe dazu auch *Hilgenfeld*, Ketzergesch. S. 620; Intention bei Patripassianern und Simonianern entgegengesetzt). Ähnlich wurde Melchisedek von den Melchisedekianern teils mit dem Vater, teils mit dem Sohn, teils mit dem hl. Geist identifiziert (*Windisch* im Hdb. z. NT, Exk. zu Hebr 7,1 ff., S. 62). Zu den üblichen gnostischen Ich-bin-Proklamationen vgl. jetzt die Übersicht von *G. W. MacRae* SJ, The Ego-Proclamation in gnostic sources (in: *E. Bammel*, The Trial of Jesus, 1970, S. 122 ff.), der von den entsprechenden Demiurgenaussagen ausgeht. Simons trinitarische Selbstaussage stellt eine Art Mittelding zwischen einer Identifikationsformel und einer Präsentationsformel dar (i. S. von *Bultmann*, Joh.-Ev. S. 167 f. Anm. 2), ohne das eine oder das andere zu sein. Die dem Montanus von Didymus (De trin III,41,1, MSG 39, Sp. 984, vgl. *Labriolle*, Les sources de l'histoire du Montanisme, 1913, S. 97) nachgesagte Selbstbezeichnung als „Vater, Sohn und hl. Geist" (zur Diskussion vgl. *v. Campenhausen*, a.a.O. S. 262 Anm. 92 und bes. Basilius Epist 188 can. 1) dürfte kaum historisch sein (so mit Recht schon *G. Ficker* in ZKG 1905, S. 449 f.); vgl. dagegen die echt montanistische Identifikationsaussage der Maximilla beim antimontanistischen Anonymus (Eus. h. e. V,16,17). Die Anhänger des Montanisten Aeschines sollen nach Ps Tertullian c. 7 (CSEL 47, S. 244,22 ff.) behauptet haben: „Christum ipsum fuisse filium et patrem." Dagegen bezeichnete sich Mani in seinem Evangelium als den „Parakleten" (vgl. *Henrichs-Koenen*, ZPE 1970 H. 2, S. 191 f.).

Perspektive ist kaum möglich. Beide Orte gehören aber durch ihre Verbindung mit der Katabasis des „Vaters" zusammen[86].

b) Daß die Katabasis Christi durch die sieben Himmelsphären an sich noch nichts spezifisch Gnostisches darstellen muß, hat C. Schmidt am Beispiel der Epistula Apostolorum (c. 13) besonders energisch unterstrichen. Die betr. Stelle lautet in der Übersetzung von Duensing: „Und was er uns offenbart hat ist dies, wie er zu uns sprach: „Während ich vom Vater des Alls (!) her kam, indem ich an den Himmeln vorüberging, wobei ich die Weisheit des Vaters anzog und in seine Kraft von seiner Kraft mich kleidete, war ich in den Himmeln, den Engeln und Erzengeln, indem ich an ihnen vorüberschritt, in ihrer Gestalt und wie einer von ihnen. An den Klassen, Herrschaften und Fürsten ging ich vorüber, indem ich die Weisheit dessen, der mich gesandt hat, besaß. Und die Erzengel Michael, Gabriel und Uriel folgten mir bis zum fünften Himmelsfirmament, indem sie nämlich dachten in ihrem Herzen, daß ich einer von ihnen wäre. Der Vater aber hat mir gegeben die Kraft von dieser Beschaffenheit ... So habe ich es gemacht durch die Weisheit der Ähnlichkeit." Dieser Text besitzt eine ganze Reihe von Ähnlichkeiten mit der simonianischen Darstellung, vor allem dies, daß der Bericht über die Katabasis von Christus selbst in direkter Rede gegeben wird. Ungnostisch ist vor allem der Vorgang der Erlösung der Sophia (Christus „zieht sie" nur „an"), sowie die dem Abstieg folgende reale Inkarnation (c. 14)[87].

c) Aus welcher Art Quelle Epist apost 13 gespeist ist, verrät die nahe verwandte Darstellung der Katabasis Christi in der Ascensio Jesajae (c. 10). Man könnte diese auch von christlichen Gnostikern benutzte Apokalypse ihrer Substanz nach etwa als „halbgnostisch" bezeichnen; sie ist weder häretisch noch im vollen Sinne kirchlich, d. h. auch hier fehlt vor allem die Gestalt der „Sophia salvanda", und auch hier gibt es noch keinen gnostischen Demiurgen, vielmehr lebt der „Fürst dieser Welt" (vgl. etwa I Kor 2,6 ff.; II Kor 4,4) mit seinen abtrünnigen Engeln lediglich im untersten Geschoß des siebenstöckigen Sphärenbaus, wo freilich – wie bei anderen Gnostikern – Kampf, Neid und Vergewaltigung untereinander herrschen (10,29 ff., s. o. S. 146 ff.), während zwischen der ersten und der fünften Sphäre (vgl. Epist apost. 13) eine Art Zwischenzone zu liegen scheint, in welcher der absteigende Christus bereits so stark „verwandelt" ist, daß ihn die dortigen Engelmächte nicht mehr als den

---

[86] Die Ausdrucksweise ᾗ κατελθὼν εὗρεν (Hippol Ref VI,19,3) ist nicht – wie etwa in der AG – geographisch-horizontal, sondern mythologisch-vertikal zu verstehen; sie beruht auch nicht auf einer Kombination Hippolyts zwischen Simons Katabasis und dem Gleichnis vom Schaf, da dieselbe Kombination auch bei den Markosiern (vgl. Iren I,15,3 mit 16,1 f.) vorausgesetzt ist.

[87] Vgl. *C. Schmidt*, Gespräche Jesu, S. 281 ff. mit ausführlicher Begründung und weiteren Belegen. Der Text von Epist apost 13 ist gegeben nach *H. Duensing* (Kl. Texte 152) S. 11 f. mit Fußnoten; vgl. auch c. 39 (a.a.O. S. 33). Zur ungnostischen Katabasisvorstellung siehe auch *H. Bietenhard*, Die himmlische Welt im Urchristentum und Spätjudentum (1951), S. 82 ff., dazu ferner *W. Bauer*, Leben Jesu S. 407; *H. Lietzmann*, PW II/3, Sp. 181 und *G. Kretschmar*, Trinitätslehre, S. 39 f. Die Ep apost lehrt bekanntlich auch den Vater/Sohn-Modalismus (vgl. c. 17).

erkennen, der er eigentlich ist. Auch hier folgt, wie in Epist apost. 14, sodann die reale Inkarnation[88].

d) Als einer der ältesten gnostischen Katabasis-Mythen gilt seit langem der Abstieg des mandäischen Erlösers Hibil im 8. Traktat des rechten Ginza, der die sieben volldämonisierten Sphären abwärts durchsteigt, wobei er sich Generationen lang unerkannt in jeder einzelnen Sphäre aufhält. Freilich hat die mandäische Schilderung für unseren Zweck nur indirekte Bedeutung, sofern sie den üblichen gnostischen Typ dahin abwandelt, daß die der simonianischen Ennoia, d. h. eigentlich der Sophia entsprechende weibliche Figur (ursprünglich die Weltseele) bei den Mandäern mit Rucha identifiziert ist und daher für eine Erlösung nicht in Frage kommt. Rucha wird nicht, wie die simonianische Ennoia, entfesselt, sondern gefangengesetzt. Der mandäische Mythos stellt also eine Abwandlung der bei den Simonianern u. a. Gnostikern vorausgesetzten Soteriologie dar[89].

e) In typisch gnostischer Form findet sich die Katabasis Christi bei den Valentinianern und verwandten Gruppen. Charakteristisch ist dabei vor allem, daß

---

[88] Die neueste Übersetzung der Asc Jes gibt *H. Duensing* bei *Hennecke-Schneemelcher* Bd. II, S. 454 ff. In c. 3,13 sind Katabasis und Transfiguration Jesu, wie bei Simon, miteinander genannt, vgl. auch c. 9,13; von einer Katabasis Beliars ist in c. 4,1 die Rede. Nach c. 9,13 f. gehören — abermals wie bei Simon — auch Katabasis und Kreuzigung Christi zusammen. Die ausführlichste Schilderung der Katabasis bietet c. 10. Die Asc Jes war zumindest bei den Archontikern (Epiphanius, haer XL,2,2) in Gebrauch, später auch bei Priszillianern, Bogomilen und Katharern (siehe dazu *Harnack*, Altchristl. Lit. Gesch. Bd. I, S. 854 ff.); zum halbgnostischen Charakter der Ascensio vgl. *ders.*, a.a.O. Bd. II/1, S. 573 ff. Daß das kosmologische Denken in 7 Sphären und daher auch die Vorstellung vom Durchstieg Christi durch diese Sphären an sich nicht gnostisch ist, hat bes. *C. Schmidt*, Gespräche Jesu, S. 276 unterstrichen. Das gleiche gilt auch für die Ogdoas (vgl. hierzu jetzt *R. Staats*, Ogdoas als ein Symbol für die Auferstehung, Vig. Christ. 1972, S. 29 ff.). Bedauerlich, aber auch signifikativ für die „gnostische" Beweisführung von *M. Hornschuh* zur Epist apost (Studien zur Epist apost, vgl. bes. S. 39 f.) ist die Tatsache, daß der Vf. die Asc Jes so gut wie nirgends erwähnt, obwohl sich der Vergleich mit dieser Schrift an mehr als einer Stelle geradezu aufdrängt.

[89] Zur Katabasis Hibils vgl. bes. Ginza re. *(Lidzbarski)* S. 154 ff.; dem Abstieg des Erlösers entspricht der Aufstieg der Seelen in die Lichtwelt, die in den sphärischen „Wachthäusern" (Matartas) zur Bestrafung festgehalten werden (s. dazu *W. Brandt*, Die Mandäische Religion, 1889, S. 74), wie es vor allem im linken Ginza dargestellt ist. Daß Rucha ursprünglich mit der gnostischen Sophia identisch war, hat *Bousset* (Hauptprobleme, S. 26 ff.) bereits gesehen (vgl. auch *Jonas* Bd. I, S. 277 Anm. 4 — Ähnlichkeit mit den Klagen der Sophia — *Quispel*, Der gnostische Anthropos, Eranos-Jb. 1953, hier. S. 199 und *Rudolph*, Die Mandäer Bd. I, S. 148 Anm. 2), ohne sich dabei die Frage vorzulegen, ob eine Abhängigkeit des Mandäismus vom christlichen Gnostizismus in Frage kommt. Zum Vergleich zwischen mandäischer Katabasis und Ascensio Jesajae siehe *H. Schlier* (Ignatiusbriefe S. 8 ff.), der aber aus den verglichenen Texten allzu rasch auf einen „vollständigen Mythos" schließt. Eine neue Variante zur Katabasisvorstellung bringt auch die Adamapokalypse von Nag Hammadi (Cod. V,5) p 75 f. *(Böhlig)*.

Christus zunächst in die Ogdoas absteigt, sich dort mit der Sophia (Achamoth) im Hieros Gamos verbindet, um dann mit ihr zusammen, den Abstieg durch die unteren 7 Sphären anzutreten. Wir zitieren der Einfachheit halber G. Kretschmar zur Darstellung der Ophiten bei Irenäus (I,30,12): „Hier hatte das erste Weib, der hl. Geist, zwei Emanationen aus sich entsandt, den männlichen Christus, der sofort ins Pleroma zurückkehrte, und die (untere) Sophia. Bei der Menschwerdung wurde Jesus aus Maria geboren, dann stieg der Christus aus dem Pleroma nieder, verband sich mit seiner Schwester Sophia und stieg durch die sieben Himmel hinab, wurde ähnlich den Söhnen der Sophia und schöpfte ihre Lichtkraft aus[90].

f) Eine weitere Quellengruppe bietet die Barbelognosis. Nach dem Apokryphon Joh (p 47) kommt der Syzygos der gefallenen Sophia zu ihr herab, um ihren Mangel richtigzustellen. Nach p 75,14 f. deutet Christus – wieder in direkter Rede – seine eigene Katabasis an. Dasselbe in der Pistis Sophia: Auch hier erzählt Christus selbst seinen Jüngern wie er ins „Chaos" zur Pistis Sophia herabgekommen ist, auch hier geschieht seine Entsendung heimlich; die Archonten erkennen ihn nicht, der Authades wird getäuscht, alles in unermeßlicher Ausführlichkeit und Wiederholung. Schließlich berichtet auch Epiphanius (haer XXVI,10,4) von Streitigkeiten der Barbelognostiker über die Art der Katabasis Christi durch die 365 Himmel, die sie in ihren obszönen Mysterien angeblich sogar kultisch wiederholen[91].

g) Unter den gnostischen Quellen im Sondergut der Hippolytschen Refutatio sind für unseren Zusammenhang folgende hervorzuheben: 1. der Naassenerhymnus (Ref V,10,2): Christus wird vom Vater zur Weltseele in den Bereich des Todes entsandt, durchschreitet alle Äonen und öffnet ihr den Ausweg aus der Gefangenschaft, 2. die Peraten (Ref V,12,5 f.): Der trichotomische Christus kommt in die Welt, um durch seine Katabasis das Dreigeteilte zu erretten. 3. Basilides (Ref VII,25,5): Das Evangelium kam in die Welt, durchschritt alle Mächte und Gewalten und was den Namen der Herrschaft trägt. 4. Die Doketen (Ref VIII,10,3 ff.): Christus verwandelt sich bei seinem Abstieg, indem er

---

[90] Vgl. *G. Kretschmar*, Trinitätstheologie, S. 49 ff. (zu Iren I,30,12), der hier mit Recht Epist apost 13 vergleicht, ferner folgende Texte: Iren I,4,5 und 8,2/ 8,4; Iren I,15,2 f. und 16,1 f. – beidemale in Kombination mit der Parabel vom verirrten Schaf; ferner Exc ex Theod 1,1 u. 67,1; zur Sache auch *W. Bauer*, Leben Jesu S. 491.

[91] Apokryphon Joh p 47,4 f. vgl. 51,8 ff. (Christus) bei *Till*, a.a.O. S. 135 und 143. Nach p. 36,16 ist die Sophia Christi (und des Johannes) „Mitschwester" (vgl. Iren I,30,12). Besonders aufschlußreich ist das mythologische Stück bei Epiphanius, haer XXVI,10,4 f. (*Holl* I, S. 288); dort wird, wie bei den Simonianern die Katabasis mit der doketischen Erscheinung Christi verbunden (vgl. Epist Apost 14 und Asc Jes 11,1 ff.). Dazu ist haer XXVI,9,8 f. (*Holl* I, S. 286) heranzuziehen, wo der Gnostiker (alias Christus) im Zusammenhang mit dem kultischen Hieros Gamos sagt: „Ich bin der Christus; ich bin von oben herabgekommen durch die Namen der 365 Äonen hindurch." Man ist berechtigt zu fragen, was an dieser Darstellung – absichtlich? – mißverstandener gnostischer Mythos ist. In der Pistis Sophia vgl. z. B. Kap. 12; 44; 52; 54 und bes. 81 (*Schmidt/Till*, S. 13; 47; 63; 65; 115 f.), zusammenfassend dazu *Schlier*, a.a.O. S. 12 ff.

sich mit allen (30) Äonen – ja schließlich sogar mit dem Fleischesleibe – bekleidet, um unbekannt und verachtet in diese Welt zu kommen. Das Bild dieser Systeme, die sich gegenseitig ergänzen, ist im Grunde das gleiche wie bisher, nur ist die Gestalt der Sophia ausgeschieden[92].

Von dieser Basis aus ist die simonianische Katabasisvorstellung einzuordnen. Daß die Transfiguration dogmengeschichtlich eine unhaltbare Primitivchristologie darstellt, ist hier nur am Rande zu bemerken[93]. Hervorzuheben ist dagegen, daß als Modell dieser Anschauung auch hier allein der *christliche* Gnostizismus in Frage kommen kann, d. h. es handelt sich bei der angeblichen Katabasis Simons um genau den gleichen Vorgang, den auch die Valentinianer und Ophiten (Iren I,4,5; 8,4; 30,12 vgl. Exc ex Theod § 43,2 f.) beschreiben, wenn sie die in der Ogdoas befindliche Allmutter Sophia im Hieros Gamos durch Christus erlöst werden lassen und *damit* – so Valentinianer und Marcosier (Iren I,8,4; 15,3 f.; 16,1 f.) – das Gleichnis vom verirrten Schaf (Mt 18,12 ff.) verbinden. Wenn „Simon" sich in diesem Zusammenhange nicht als Christus, sondern als menschgewordener Allvater ausgibt, so drückt sich darin zunächst einfach die gleiche perspektivische Verkürzung aus, wie sie auf der weiblichen Seite in der Vereinerleiung zwischen Ennoia und Sophia bereits erkennbar geworden ist. Doch kann der Allvater auch selbst als Soter der „Jungfrau" (Achamoth) herabsteigen und sich mit ihr vereinigen, wie Phil. Evang. 82 beweist. Dagegen ist die Verlegung dieser Erlösung aus der mythischen in die irdische Sphäre, d. h. aus der Ogdoas nach Tyrus, und ihre Beziehung auf den historischen Simon Magus nicht etwa ein besonders archaisches gnostisches Motiv, sondern eine echt simonianische Extravaganz, die das von den anderen christlich-gnostischen Richtungen überlieferte Bild bereits voraussetzt, d. h. im simonianischen Sinne umgeformt hat. Die verglichenen Systeme, soweit sie die Gestalt der Sophia enthalten, beweisen jedenfalls eindeutig, daß dieses Wesen keine irdische Verkörperung kennt, also auch nicht in Tyrus, sondern nur im mythologischen Bereich erlöst werden kann[94].

---

[92] Vgl. *Wendland*, Hippolyt Bd. III, S. 103; 105; 203; 229 f. Die Aussagen entstammen einer einheitlichen gnostischen Konzeption.

[93] Vgl. meinen Aufsatz, Christentum und Veränderung in der alten Kirche (Kerygma und Dogma 1972, hier S. 31 f. m. Anm. 14, zu Tertullian Adv Prax 27) und *W. Elert*, Der Ausgang der altkirchlichen Christologie (1957), S. 42 f. u. 45. Die von Celsus (b. Orig. IV,14) gegen die Verwandelbarkeit Gottes vorgetragene Kritik geht auf Plato (Politikos 381 BC) zurück, daher auch Corp Herm X,25: Kein Gott wird zur Erde herabkommen, aber der Mensch steigt auf zum Himmel.

[94] Dagegen spricht nicht, daß es nach dem Fragment des Hebr Evs bei Hieronymus (Comm in Is 11,2, *Klostermann*, Apocrypha II, S. 6) auch eine irdische Wanderschaft der Sophia „in omnibus prophetis" zu geben scheint, die durch die Vereinigung mit Christus in dessen Taufe beendet ist; denn auch hier kann nur von einer Inspiration der Propheten durch die weltdurchwaltende

Was aber bedeutet die Verlegung der Ennoia-Erlösung aus dem mythologischen in den irdischen Bereich? Sie bedeutet zunächst, daß die Erlösung der Anima generalis mit derjenigen der Einzelseele in *einer* (nämlich der irdischen) Ebene zusammenfällt, so daß diese von jener absorbiert wird, was zur Aufhebung des betr. Sachverhalts beim einzelnen Gnostiker führen muß. In der Tat fehlt denn auch dort jeder Hinweis auf zu erlösende Pneumateile, die etwa durch Simon (oder die Ennoia) wieder eingesammelt würden. Die Erlösung der Gnostiker scheint vielmehr etwas ganz anderes zu sein als diejenige der Ennoia, ja, sie steht geradezu beziehungslos neben dem ganzen Ennoiamythos[95]. Eben dieses beziehungslose Nebeneinander zweier Vorgänge aber, die im sonstigen Gnostizismus in aller Regel vertikal übereinandergeschichtet und aufeinander bezogen sind, ist gerade die eigentliche Signatur der simonianischen Soteriologie. Genau das gleiche Nebeneinander wie zwischen Ennoiaerlösung und allgemeiner Soteriologie (i. S. der simonianischen Trinitätslehre also: zwischen der Erscheinung Simons i. S. des 1. und 3. Glaubensartikels) präsentiert sich nämlich erst recht, wenn wir die Erscheinung Simons nach dem 2. Artikel, d. h. seine doketische Person und Kreuzigung in Judäa hinzunehmen, die zwar abermals ohne das Motiv der mythischen Katabasis nicht zu denken ist, gleichwohl aber ebenso unvermittelt *neben*, bzw. zwischen den beiden anderen irdischen Manifestationen „Simons" zu stehen kommt. Das Disarrangement ist hier kaum noch zu überbieten: Was die Erlösung der Ennoia aus Tyrus mit dem Auftritt Simons als Christus unter den Juden und beides wiederum mit der pneumatischen Ubiquität Simons unter den Heiden zu tun haben soll, ist nirgends ersichtlich. Es würde auch dann nicht einleuchtender werden, wenn man die Einzelstücke dieser Auffassung auf verschiedene literarische Schichten zurückführen wollte. Tatsächlich handelt es sich eben um nichts anderes, als um einen in die irdische Horizontale verlagerten gnostischen Erlösungspluralismus, dessen Anliegen offenbar darin besteht, alle *drei* Dimensionen des christlichen Glaubens, d. h. Vater, Sohn und hl. Geist, durch „Simon" zu okkupieren,

---

Sophia, nicht aber von deren Inkarnation die Rede sein (s. o. S. 156). Mit der Stelle Phil. Ev. 82 hat sich *D. Lührmann*, Das Offenbarungsverständnis bei Paulus (1965), S. 127 beschäftigt. Sie lautet (in der Übersetzung von *M. Krause*, bei *W. Foerster*, Die Gnosis, Bd. II, S. 112): „Wenn es sich ziemt, ein Geheimnis auszusprechen: Der Vater des Alls vereinigte sich mit der Jungfrau, die herabgekommen war, und ein Bilden erleuchtete ihn. An jenem Tage offenbarte er das große Brautgemach, daher kam sein Körper, der an jenem Tage entstanden war, aus dem Brautgemach. Wie der, der aus dem Bräutigam und der Braut entstanden war, ebenso errichtete Jesus alles in ihm durch diese. Und es ziemt sich, daß jeder einzelne der Jünger in seine Ruhestätte eingeht."

[95] Siehe dazu u. S. 201[132] *(L. Schottroff)*; vgl. Irenäus I,23,3: „Quapropter et eum venisse ut eam (scil. Ennoiam) assumeret primam et liberaret eam a vinculis, hominibus autem salutem praestaret per suam agnitionem." *(Harvey* Bd. I, S. 192 f.).

Simons häretische Gestalt also gleichsam kumulativ zum Inbegriff aller christlich denkbaren Erlösung zu bestimmen. Stünde es so, dann würde freilich auch auf das Verhältnis des Simonianismus zum übrigen christlichen Gnostizismus ein aufschlußreiches Licht fallen. Denn wie konnte der Simonianismus jegliche Form christlichen Glaubens im gnostischen Sinne auf sich selbst beziehen, ohne zugleich seine grundsätzliche Überlegenheit über alle sonstigen christlichen, bzw. christlich-gnostischen Konkurrenzbildungen zur Schau zu tragen? In diesem Zusammenhang muß vor allem die auffallende Primärstellung des Simonianismus im Ketzerkatalog des Irenäus beachtet werden. Sie wird in der Regel nur im Blick auf AG 8 betrachtet und die folgende Ketzerreihe als ketzerisches Spiegelbild des kirchlichen Sukzessionsgedankens angesehen. Indessen, sie *muß* nicht ausschließlich auf kirchlicher Redaktion beruhen, sie *könnte* zugleich auch den simonianischen Anspruch voraussetzen, die grundlegende Form des Christentums überhaupt darzustellen[96].

9. *Die Erlösung der Ennoia in Tyrus* (Justin, Apol I,26,3; Iren I,23,2 f.; Hippol Ref VI,19,3 f.; Epiphanius, haer XXI,3,1 ff.). Schon bei Simons „trinitarischer" Erscheinungsweise war uns die eigentümliche Ambivalenz zwischen „Simon" als transzendent-gnostischem Urwesen und dem geschichtlichen Simon Magus aus Samarien zum Problem geworden. Genau die gleiche Ambivalenz kennzeichnet aber in entsprechender Weise Simons angebliche Begleiterin, die Ennoia/Helena, bei der sich ebensowenig wie bei ihrem Syzygos feststellen läßt, was sie nun eigentlich darstellen soll, ein irdisches Einzelgeschöpf aus Fleisch und Blut oder eine archetypisch-gnostische Sophiagestalt[97]. Was das *Wesen* der Ennoia/Helena betrifft,

[96] S. dazu u. 188[113]. Natürlich kann man die Paradestellung des Simonianismus am Anfang der Ketzerkataloge auch auf rein kirchliches Arrangement zurückführen, zumal dann, wenn man diese Form von „Doxographie" noch nicht mit Justin, sondern erst mit Irenäus beginnen läßt. Wer wie Irenäus (I,23,1) AG 8 als Ausgangspunkt wählte, *mußte* zwangsläufig im Simonianismus die älteste Ketzerei erblicken. Hinzu kommt, worauf mich Herr Kollege *Elze* (Hamburg) brieflich (v. 2. 5. 1972) freundlich aufmerksam gemacht hat, daß Irenäus – wie die Kirche (vgl. I,10), so auch die Ketzerei als eine Einheit ansah und ihr daher auch – analog zur kirchlichen Sukzession – eine eigene Ketzerdiadoche zuzusprechen geneigt war. – Das alles mag bei Irenäus in der Tat mitgesprochen haben, indessen darf dabei doch der vom Simonianismus selbst zur Schau getragene Absolutheitsanspruch, *die* Gnosis aller Gnosis zu sein und in Simon *den* „historischen" Gnostiker aller Gnostiker zu erblicken, nicht übersehen werden. Das simonianische System will eben schlechterdings alles Heidentum *und* Christentum (s. die Beziehung zu AG 1,8) auf Simon/Jupiter/Vater-Sohn-Geist zurückführen.

[97] Man vgl. die Hinweise auf die errettete Ennoia, angeblich aus Simons eigenem Munde, in den Originalfragmenten bei Epiphanius Nr. 2 und 5: „Sie ist es die jetzt bei mir ist"; „um ihretwillen bin ich herabgekommen" (haer XXI,3,2 u. 5). Wo und vor wem sollen derartige Verkündigungen eigentlich stattgefunden haben?

so ist dasselbe bereits oben unter Nr. 2 und 5 (S. 135 ff. u. S. 153 ff.) erörtert worden; hier ist ihre Erlösung durch Simon aus dem tyrischen Bordell hinzuzunehmen. Wir kommen damit zu dem zentralsten, zugleich aber auch undurchsichtigsten Sachverhalt der simonianischen Erlösungslehre.

Beginnen wir mit der Verankerung der Überlieferung im Ganzen des simonianischen Systems. Wie die drei quasi „ökumenisch" entfalteten Erscheinungsformen Simons als Sohn, Vater und hl. Geist zum Wesen des transzendenten Allvaters, so verhalten sich analog auch die drei Erlösungsimpulse, d. h. a) Simons doketische „Menschwerdung" und Kreuzigung, b) die Ent-Fesselung der Ennoia in Tyrus und c) die Verkündigung von Simons Gnosis an alle Menschen zur Katabasis und Transfiguration dieses Allvaters in „Simon" (s. o. Nr. 8, S. 171 ff.). D. h. strenggenommen sind die drei Erlösungseinheiten lediglich Teilaspekte ein- und derselben Herabkunft des Erlösers, der zunächst in der Ogdoas die Sophia „anzieht", dann als doketischer Christus irdisch erscheint, um schließlich als reines Geistwesen in den Seinen zu leben. Indem aber der Simonianismus auch hier die ursprünglich vertikale Struktur dieser Erlösung in die irdische Horizontale projiziert, treten damit auch die drei Erlösungsmomente verhältnismäßig selbständig nebeneinander, ohne daß das System – soweit überliefert – einen erkennbaren Ausgleich anböte. Zumal die Verlegung der Ennoiaerlösung nach Tyrus aber fällt so stark aus dem Rahmen der übrigen simonianischen Lokalbestimmungen (Judäa, Samarien, die Heidenwelt) heraus, daß der Gedanke an eine ältere, noch vorgnostische Überlieferungsschicht sich hier nahezu von selbst einstellt. Freilich bleibt auch dann das Nebeneinander von Tyrus (für die Ennoia) und Samarien (für Simon) bestehen; denn die Katabasis Simons als des Erlösers der Ennoia ist natürlich in Tyrus, nicht in Samarien vorzustellen. Wir gehen im folgenden schrittweise vor und geben zunächst einige redaktionskritische Hinweise an die Hand:

a) Nach der aus Epiphanius (haer XXI,3,1 = Orig.-Zitat Nr. 2) und Irenäus (I,23,2 Ende bis 23,3 Anfang) erschließbaren direkten Offenbarungsrede ist „Simon" herabgekommen, um die Ennoia „von ihren Fesseln" zu erlösen und sie „als erste an sich zu nehmen". Diese Aktion wird sowohl von Irenäus als auch von Hippolyt (Ref VI,19,3 f.) in den Zusammenhang von Suchen (des Verirrten) und Finden, hier das Gleichnis vom verirrten Schaf (Mt 18,12 ff.), eingerückt. Daß die Gefangenschaft der Ennoia eine solche im Bordell war, weiß schon Justin. Darüber hinaus fügen Irenäus und Hippolyt (außerhalb der Originalrede) die Ortsangabe Tyrus und die Tatsache des Freikaufs der „Helena" durch Simon hinzu. Diese Mitteilungen bilden zwar zur direkten Simon-Magus-Überlieferung keinen Gegensatz, wohl aber einen Unterschied: „Simon" selbst betont die mythologische Seite, die Referate der Kirchenväter dagegen die „konkreten" Verhältnisse[98].

[98] Was den Vorgang der Suche und Rettung des Verirrten (vgl. bes. Hippol Ref VI,19,3 ff.) durch den Urvater, bzw. Erlöser betrifft, so darf man dazu

b) Zu den Einzelmotiven: Was das Erkaufen und Mit-sich-Führen einer Dirne aus dem Bordell durch ihren Liebhaber betrifft, das zumindest Hippolyt (Ref VI,19,4) und Epiphanius (haer XXI,2,2) bezeugen, so handelt es sich dabei um einen wohlbekannten Sachverhalt der antiken Sittengeschichte, der als solcher mit dem Gnostizismus noch nichts zu tun haben muß. Da die Freudenmädchen gewöhnlich Sklavinnen waren, konnten sie von ihren Verehrern natürlich auch gekauft oder gar entführt werden, was reichlich bezeugt ist. Auf dem Theater war „der reiche Jüngling, der eine Dirne liebt", geradezu ein Typ. Wenn also die antignostischen Väter an Simon und seiner Begleiterin gerade diese Züge hervorheben oder gar verstärken, so gehört dergleichen seiner Tendenz nach zunächst eher in den Bereich der Ketzerpolemik als in denjenigen der gnostischen Mythologie. Für diese ist es vielmehr charakteristisch, daß die Ennoia, welche „Simon" aus dem Bordell holt, eigentlich überhaupt kein irdisches Wesen und jedenfalls von Hause aus etwas ganz anderes als eine gewöhnliche Dirne ist[99].

c) Ebenfalls in den Bereich der Ketzerpolemik gehört auch der freilich nicht allzu häufig bezeugte Sachverhalt, daß man einen Häresiarchen, um ihn sittlich zu disqualifizieren, mit einer Dirne in Zusammenhang bringt. Schon Celsus hat, der jüdischen Antilegende folgend, behauptet, Jesu Mutter sei eine Hure gewesen. Von Philumene, der Prophetin des Apelles behauptet Tertullian unbedenklich das gleiche, obwohl es sicher nicht stimmt. Besonders nahe an die simonianische Überlieferung führt die von Epiphanius aufgetischte, in den Acta Archelai freilich fehlende Behauptung, Skythianus, einer der geistigen Vorläufer Manis, habe sich eine Dirne aus einem Bordell gekauft und sei mit dieser herumgezogen. Über die Mirjailegende der Mandäer und Verwandtes wird unten noch zu reden sein[100].

---

nicht einfach Lk 19,10 assoziieren, sondern wird Texte wie Herakleon, Fragm. 23, (bei Orig. Comm in Joh XII,20, s. o. S. 130[4]) oder das mandäische Johannesbuch (p 43 ff., *Lidzbarski,* S. 48 ff. – vom guten Hirten) heranziehen, wo der Sachverhalt im gnostischen Zusammenhang wiederkehrt. Herakleon spricht davon, daß das, was dem Vater eigen war, in der πλάνη der ὕλη verloren ist und von ihm, dem Vater (Joh 4,23!) wieder aufgesucht wird; das Johannesbuch verbindet damit das Bild des guten Hirten, bzw. des verirrten Schafes.

[99] Vgl. hierzu PW VIII (Art. Hetaira) Sp. 1332 ff. und XV (Art. Meretrix) Sp. 1124; jeweils von *C. Schneider,* dazu auch RAC III (Art. Dirne) Sp. 1172, vgl. auch Hdb. f. Ant. u. Christentum Bd. III (1960), S. 70 ff. Daß Göttinnen als Hetären auf Erden herumgeführt wurden, ist nirgends ersichtlich. Zum Theater vgl. *W. Weismann,* Kirche und Schauspiele, Die Schauspiele im Urteil der latein. Kirchenväter unter bes. Berücksichtigung von Augustin 1972, S. 49.

[100] Belege: Origenes Ctr Cels I,28 u. 32; die Dinge gehören in den Umkreis der Überlieferung von Protev Jac 9 ff. hinein; zum Beinamen „Panthera" des röm. Soldaten, mit dem die Mutter Jesu Ehebruch getrieben haben soll, siehe *Zahn,* Forschungen VI, S. 266 ff., auch Epiphanius, haer LXXVIII,7 f.), zur Sache noch *W. Bauer,* Leben Jesu, S. 459 und *E. Hennecke,* Jüdisches über Jesus (Hdb. zu den ntl. Apokryphen, 1904, S. 47 ff. die Magdalenenfrage). Zu Apelles vgl. Tertullian, De praescr 30,5 ff., dazu *Harnack,* Marcion S. 177 f. m. Anm. 4 und 405* m. Anm. 3; auch Marcion soll nach Epiphanius (haer XLII,1,4) durch Verführung einer „Jungfrau" (die Gemeinde?) zum Ketzer ge-

Soweit die redaktionellen Möglichkeiten. Sie zeigen immerhin, daß die Erlösung der Ennoia der antignostischen Kritik willkommene Angriffspunkte geboten haben dürfte. Zumindest die penetrante Konkretheit, mit der die Kirchenväter das Verhältnis zwischen Simon und seiner Begleiterin zu schildern lieben, wird in diesem Sinne zu berücksichtigen sein. Davon abgesehen bieten freilich andererseits auch die gnostischen Überlieferungen wesentliche Vergleichspunkte. Bezeugt ist einmal die (ursprünglich platonische) Vorstellung von der Gefangenschaft des Geistes in der „Fessel" des fleischlichen Gefängnisses, dazu die Verbindung dieses Topos mit dem Gedanken der „Verirrung" und Wiedersuche, ferner die – freilich auch außerhalb des Gnostizismus (vgl. z.B. Tert de pud) – begegnende Assoziation von Fleischeslust und Bordell und schließlich auch die gnostische Erlösung aus diesen Fesseln durch Christus, d.h. die Verwandlung des „Bordells" ins pneumatische „Brautgemach", so vor allem in den beiden Nag-Hammadi-Schriften „Die Exegese der Seele" und „Die ursprüngliche Lehre" (Cod II,6 u. VI,3). Zumal die „Exegese der Seele" bringt einen ganzen Zusammenhang von Motiven, die an den Simonianismus erinnern könnten (mythische Vergewaltigung, Verwandlung der Jungfrau in eine Hure, Inkarnation als Bordell, Erwartung des Erlösers und „Brautgemach" als – pneumatische – Geschlechtsgemeinschaft)[101].

---

worden sein, man vgl. hier die Nikolaoslegende bei Clem Alex Strom III,25,6 (= Eus. h. e. III,29,2 und Epiphanius, haer XXV,1,4 ff.). Zu Skythianus vgl. Epiphanius haer LXVI,2,3 f. (*Holl* Bd. III, S. 17); anders Act Archelai c. 62,4 (vgl. noch 63,6 ff.). Besteht hier Abhängigkeit von der Simon-Magus-Erzählung?

[101] Belege: Zur Exegese der Seele (*Krause/Labib*, S. 68 ff.): vgl. bes. p 127, 21 ff.; 129,6; 130,13 ff.; 131,16 ff.; 133,33 f.; 134,12 f. – Verwandlung von „Bordell" in „Brautgemach" ist Erlösung aus Gefangenschaft; ergänzend „Die ursprüngl. Lehre" (a.a.O. S. 133 ff.) bes. p. 22,21 ff.; 24,7 ff.; 31,14 ff.; 32,2 ff.; 33,2; 34,32 f.; 35,11. Anders angelegt ist „Der Donner" (a.a.O. S. 122 ff.), doch vgl. immerhin p 13 f. und 16,16 ff., im übrigen s. o. S. 156[53]. Daß die Materie hurenhaft ist, bzw. die Seele in der Verfallenheit an den Leib zur Dirne wird, weiß auch der Platonismus (vgl. z.B. *H. Dörrie*, Porphyre, Entretiens tome XII, S. 180 und *R. Bultmann*, Das Urchristentum, S. 352 = Plotin, Enn VI, 9,65). Zum Zusammenhang von Fessel und Verirren vgl. die Belege bei *Schlier*, Ign.-Briefe, S. 153 ff., zur Befreiung aus der Fessel vor allem Od Sal 17,1 ff.; 22,4; Ginza li. S. 430,12 ff.; Evang verit p 31; Wesen der Archonten p 144,27 ff., dagegen Apc Jac I, p 27,4 und II 59,12 ff.; ferner Celsus bei Orig VI,32; Iren I,21,5; Sophia Jesu p 121,13 ff. vgl. p 104 f. u. ö.; Thomasbuch p 145,7 f.; Hippol Ref V,19,20. Besonders wichtig ist in diesem Zusammenhang die Vernichtung (bzw. Auflösung) der Fessel des Todes, siehe etwa Ign Eph 19,2 f. (dazu *Schlier*, a.a.O. S. 17 ff.) und Epist apost 21 (*Duensing*, dazu *Schmidt*, TU 43, S. 309). Die gnostischen und kirchlichen Belege sind hier zahlreich, vgl. etwa Valentin, Fragm. 4 (Clem Strom IV, 89,1 ff., dazu mein Veränderungsaufsatz, Ker. und Dogma 1972, hier S. 40 m. Anm. 29); weitere Belege sind Iren I, 15,2 II,20,3; Exc ex Theod § 80,2; Melito, Passahom n. 66 f. u. 102; Method De resurr III,23,4 vgl. auch *H. Lietzmann*, Apollinaris von Laodizea (1904), S. 178 m. Anm. 2.

Freilich darf man auch hier die charakteristischen Unterschiede zwischen simonianischer und außersimonianischer Gnosis nicht übersehen. Hierhin gehört zunächst schon die simonianische Identifikation der ins Bordell verschlagenen Seele mit der gnostischen Ennoia (s. o. Nr. 2, S. 139), vor allem aber der Unterschied im Blick auf die Inkarnation: Während z. B. für die „Exegese der Seele" die Einsperrung ins Bordell mit der Inkarnation des ursprünglichen Geistwesens, d. h. mit der Unterwerfung unter die Fleischeslust, einfach zusammenfällt, ergibt sich dieser Punkt für die simonianische Ennoia erst als letzte Station eines bereits langen körperlichen Leidensweges durch Generationen von Frauen. Der Grund für diese simonianische Eigenwilligkeit ist übrigens leicht zu erkennen: Nur wenn das Bordell am Ende der Seelenwanderung stand, konnte man die Ennoia – in einem früheren Zeitpunkt ihres Leidensweges – auch mit der trojanischen Helena kombinieren. Davon abgesehen mag auch hier wieder die bereits bekannte simonianische Verlagerung der ursprünglichen gnostischen Vertikale in die Horizontale mitgespielt haben: Die Inkarnation (= Bordell) ist ja auch dort die letzte, nämlich unterste Station des mythologischen Kataraktes.

Damit sind zumindest ein paar Umrisse der Ennoiaerlösung durch Simon als gnostische Anleihe erkennbar geworden, dagegen fehlt noch der irdische Erlösungsvorgang selbst. Über ihn geben die bisher befragten gnostisch-mythologischen Systeme keine Auskunft, vielmehr müssen wir, um hier weiter zu kommen, auf andere, nämlich vorwiegend legendäre Überlieferungen blicken. Wir zählen folgende auf:

a) In Act Thom 4 ff. wird die bekannte gnostische Legende von der Entführung der hebräischen Flötenspielerin durch den Zwilling Christi, Judas-Thomas, von der königlichen Hochzeit geschildert, nachdem der Apostel als Hochzeitslied den gnostischen Seelenhymnus rezitiert hat. Daß hier einfach die gnostische Erlösung der Sophia durch Christus legendarisiert ist, darf als eines der sichersten Ergebnisse von G. Bornkamms Untersuchung festgehalten werden. Das Gewerbe der Flötenspielerin ist durch ihr Flötenspiel hinlänglich angedeutet, der Hieros Gamos mit dem Erlöser, der sie entführt, ebenso. Schon F. Chr. Baur, dem Bornkamm (und diesem wieder W. Foerster) gefolgt ist, hat zu diesem Zusammenhang auf die Simon/Helena-Geschichte als Parallele verwiesen[102].

[102] *G. Bornkamm*, Mythos und Legende, S. 68 ff. (zur Sache vgl. auch *Bousset*, Hauptprobleme S. 267 ff.). Zum Vergleich mit Simon und Helena s. S. 74 Anm. 1, desgl. *W. Foerster* in seiner Rezension (Theol. Lit. Blatt 1934, Sp. 182) und wiederholt in seinem Aufsatz über das Wesen der Gnosis (in: Die Welt als Geschichte, 1955, S. 110). In *Hennecke-Schneemelcher* Bd. II, S. 302 hat *Bornkamm* den Vergleich mit Simon und Helena auch auf die 5., 7. und 8. Praxis (Act Thom 42 ff. u. 62 ff.) erweitert. *Bornkamms* Untersuchungen scheinen mir auch durch den neuen Kommentar von *A. F. J. Klijn* (The Acts of Thomas, Nov. Test. Suppl. V, 1962) nicht wirklich widerlegt zu sein. Übrigens müßte in diesem Zusammenhang natürlich auch das neuerdings wieder vielverhandelte

b) Eine – ebenfalls legendäre – Variante derselben apokryphen Erzählung findet sich in der Maximillageschichte der griech. Andreasakten (c. 5 ff.). Wenn Maximilla – die Angelegenheit spielt im „Gefängnis"! – dem Begehren ihres Ehegatten Aegeates standhaft widersteht und dafür von Andreas als „Seele" und „zweite Eva" angesprochen wird, wenn es dabei heißt, sie sei mächtiger als alle jene, die ihr Gewalt anzutun schienen und sie in die Gefangenschaft geführt hätten, wenn sie als erhaben über alle Mächte und Gewalten der Welt, nämlich als himmlisch, dem Ungezeugten verwandt hingestellt und ihr schließlich sogar zugerufen wird, sie möge „alle Fesseln zerreißen" usw. so kann über den mythischen Charakter dieser Befreiung, angesichts des simonianischen Mythos, wohl kaum noch ein Zweifel bestehen. Es handelt sich einfach um den gleichen Sachverhalt in einer anderen Version. Daß Andreas, als zweiter Adam mit Christus identisch ist, beweist ohnehin seine anschließende Kreuzigung[103].

c) In die gleiche Traditionslinie dürfte aber auch die Mirjailegende des mandäischen Johannesbuches gehören, nur daß der Stoff hier durch Motive aus dem Jakobusevangelium übermalt worden ist, so daß die erlöste weibliche Gestalt quasi als Jerusalemer Tempeljungfrau (und Mutter Jesu) kostümiert auftritt. Wir gehen die Übereinstimmungen durch: 1. Mirjai muß fegen und spülen; darf das verriegelte Haus nicht verlassen (p 127); als sie das Gebot übertritt, wird sie von ihrem Vater als „Hure" und „brünstige Hündin" beschimpft (p. 129 f.), vgl. dagegen Mirjai: „Ich bin kein Weib, das zur Unzucht ausgezogen ist" usw. (p 140 f. – doch ist hier *auch* die Bearbeitung i. S. von Protev Jac 13 ff. bemerkbar); 2. Der Erlöser kommt, entführt Mirjai nach Babylon (p 130 f.; 134 f.; usw.); sie liebt ihn; die Juden dagegen wollen einen Pfahl für ihn aufrichten, d. h. ihn kreuzigen (p 136); 3. Hinzuzufügen ist, daß nach dem Traktat „Der gute Hirte" (p 40 ff.) der Erlöser zugleich der Hirte ist, der über Berge und durch Schluchten wandert (vgl. Tert, Scorp 6 zu Matth 18,12 ff.), um das verirrte Schaf – eines von Tausend (vgl. Basilides b. Iren I,24,6 u. Thom. Ev 23) (p 49 u. 44) wiederzufinden[104].

d) Endlich ist zu fragen – denn eine Antwort ist beim gegenwärtigen Quellenstand nicht möglich – ob nicht auch die mehrfach bezeugte gnostische Syzygie

„Perlenlied" der Thomasakten (c. 108 ff.) einbezogen werden (vgl. jetzt *Henrichs-Koenen*, a.a.O. S. 171 ff.). Doch würde die hierzu nötige Untersuchung den Rahmen der vorliegenden Abhandlung sprengen.

[103] Text bei Li-Bo II/1, S. 39 ff., zur Einordnung des Stückes in die gnostische Adam-Eva-Tradition vgl. meinen Clemens Romanus, S. 55 f., mit S. 56 Anm. 2 und 4.

[104] Text bei *Lidzbarski*, Das Johannesbuch der Mandäer (1915), S. 123 ff. (Mirjai), vgl. S. 191 ff. (Der fremde Mann in Jerusalem) und S. 42 ff. (Der gute Hirte). Zur Verwandtschaft mit dem Protev Jac siehe vor allem *V. Sch. Pedersen*, Le Mandéisme et les origines chrétiennes (Rev. d'hist. et de phil. rel 1937, S. 378 ff.). Die vermutete Unzucht der Mirjai (vgl. bes. Protev 15 f.) übermalt also wahrscheinlich eine ältere gnostische Überlieferung von einer wirklichen Dirne. *K. Rudolph*, Die Mandäer Bd. I, S. 97 möchte Mirjai mit Maria Magdalena zusammenbringen, andere Vergleiche habe ich in Stud. Patr. IV (1961), S. 275 f.) angestellt. Man wird indessen hier nicht zu viel vermuten dürfen. Die Beziehung des „guten Hirten" zu Joh 10, Tertullian und Basilides zwingt zu der Frage, ob hier nicht christlich-gnostische Überlieferung bearbeitet ist.

zwischen Jesus und Maria Magdalena als christliches Vorbild für Simon und „Helena" in Frage kommt, wie bereits früher verschiedentlich vermutet worden ist. Daß Christus die Maria Magdalena mehr liebte als die männlichen Jünger und daß sie als eine der höchsten gnostischen Offenbarungsmittlerinnen galt, ist aus verschiedenen gnostischen Quellen ersichtlich. Überdies erinnert das Motiv vom „Mehr Lieben" an die gnostische Variante des Gleichnisses vom Schaf (Mt 18,12 ff.) in Thom Ev 107 (s. o. S. 131). Dagegen läßt sich nicht nachweisen, daß Maria Magdalena bereits in der Frühzeit mit der „großen Sünderin" von Luk 7,36 ff. (vgl. 8,2) identifiziert war, wo das Motiv des „Mehr Liebens" bekanntlich zum erstenmal auftaucht. Nur wenn dies klar wäre, wäre auch die Beziehung des simonianischen Mythos zu dieser Überlieferung eindeutig nachweisbar[105].

Angesichts dieser christlich-gnostischen Legendenüberlieferung (auch die Mirjai-Legende ist ohne christlich-gnostischen Hintergrund kaum denkbar) wird man auch die Befreiung der „Dirne" durch Simon kaum anders als auf christlich-gnostischem Hintergrunde zu sehen vermögen; d. h. wenn hier eins für das andere Modell gestanden haben sollte, so kann nur die christliche, nicht die simonianische Legende dieses Modell gewesen sein, zumal der Simonianismus auch in diesem Fall seine eigentümliche Kontraktionstendenz deutlich erkennen läßt: Die Erlöste soll die Ennoia sein, sie müßte aber eigentlich die Sophia sein, sie ist es aber nur, sofern darin zugleich die Erlösung der Einzelseele aus dem „Bordell" der Fleischlichkeit repräsentiert ist[106].

[105] Zu dieser Vermutung siehe die Nachweise in meinem ZThK-Aufsatz 1971, S. 423 Anm. 61. Die Magdalenenfrage kann hier nicht ausgebreitet werden, doch vgl. dazu meinen Clemens Romanus S. 258 Anm. 3, mein Siebensternbuch Nr. 136, S. 57 ff. und 124 ff., zum Motiv des Mehr-Liebens s. o. S. 131[6]. Die beste Quellenübersicht gibt noch immer *U. Holzmeister* in ZkathTh 1922, S. 401 ff. u. 557 ff. Zumal im syrischen Raum war die Vereinerleiung der biblischen Marien häufig (vgl. *L. Lelois*, Ephrem de Nisibe, Commentaire de l'Evangile concordant au Diatessaron, Sources Chrét. 121, 1960, S. 75 Anm. 3. Weiteres bei *V. Saxer*, Le culte de Marie-Madeleine en occident, 2 Bde, Paris 1959). Nach Phil Evang. 32 gilt Maria Magdalena als Syzygos Christi, bei den Katharern soll sie gar als dessen Konkubine angesehen worden sein (vgl. *Borst*, Die Katharer, S. 164). Ist sie mit der „gesuchten" Maria von Hippol Ref V,8,2 zu identifizieren? Daß die simonianische „Helena" – der Name bezeichnet natürlich die trojanische Helena! – ein x-beliebiges weibliches Wesen zur Zeit des historischen Simon gewesen sei, wie verschiedentlich behauptet worden ist (vgl. *Ed. Meyer*, Ursprung und Anfänge Bd. III, S. 290; *Kippenberg*, Garizim S. 346 Anm. 134; *Foerster* in: le Origini S. 193, vgl. dazu auch *Bergmeier*, Quellen vorchristl. Gnosis S. 207 Anm. 52), halte ich schon deshalb für ausgeschlossen, weil sowohl die Ennoia als auch Simon selbst vom Simonianismus als doketische Wesenheiten vorgestellt werden.

[106] Vgl. hierzu die mythische Parallele in Pistis Sophia Kap. 81 (*Schmidt/Till*, S. 115 f.), die in Sache und Wortlaut auffallend dicht an das heranführt, was „Simon" nach den Originalfragmenten Nr. 1 und 2 (Epiphanius, haer XXI, 2,4 u. 3,1 f.) über die Ennoia sagt: Christus erklärt hier – wie Simon in direk-

So weit ist die Erlösung der simonianischen Ennoia erklärbar. Unerklärbar bleibt dagegen die Ortsangabe „Tyrus“ und der mit dieser Ortsangabe verbundene Loskauf der Ennoia für Geld. Was zunächst die konkrete Ortsangabe betrifft, so widerspricht sie nicht nur, wie schon gezeigt, der anderen Ortsangabe Samarien, die der Simonianismus sonst für die Katabasis „Simons“ als „Vater“ in Anspruch nimmt, sondern auch dem Grundgedanken des gnostischen Mythos überhaupt. Daß Samarien und Phönizien eng zusammengehörten, daß das Huren- und Bordellwesen dort besonders florierte, daß selbst Isis nach dem freilich späten und singulären Zeugnis des Epiphanius (Ancoratus 104,11) in Tyrus zehn Jahre lang als Prostituierte gelebt habe, ist in der einschlägigen Literatur mehr als einmal hervorgehoben worden. Indessen eine wirkliche Erklärung des spezifisch simonianischen Sachverhalts bieten derartige Argumente nicht. Was die vielzitierte Angabe in bezug auf die zehnjährige Prostitution der Isis betrifft, die man über Astarte/Aphrodite/Helena mit der simonianischen Ennoia zu verbinden suchte, so ist hier vor allem die von der gesamten Forschung offenbar übersehene Bemerkung K. Holls zu dieser Stelle zur Kenntnis zu nehmen, daß der Ausdruck ἐν Τύρῳ „dem Epiphanius eigentümlich“ ist und der gemeinte Ort, wie bei Aristides (Apol 12,2) wahrscheinlich überhaupt Byblos heißen muß. Auf die Stelle Ancoratus 104,11 ist also nicht entfernt so viel zu bauen, als man es im Zuge modern-synkretistischer Vergleichungen seit Bousset gern getan hat[107].

ter Rede – „Es geschah nun nach all diesem, da nahm ich die Pistis Sophia, und führte sie in den 13. Äon ... Ich trat ein in den Ort der 24 Unsichtbaren, indem ich gar sehr leuchtete, und sie gerieten in große Unruhe; sie blickten und sahen die Sophia, *die bei mir war;* sie erkannten sie, mich aber *erkannten sie nicht,* wer ich wäre.“ Es folgt der Jubelhymnus der Pistis Sophia über ihre Befreiung. Darin heißt es: „Und als ich aus der Höhe gekommen war, *irrte ich umher* in Örtern, in denen kein Licht, und *nicht konnte ich* zum 13. Äon, *meinem Wohnort, zurückkehren* ... Ich befand mich in der Finsternis und im Schatten des Chaos, *gebunden mit den gewaltigen Fesseln* des Chaos, und kein Licht war in mir. Und es (das Licht) hat ... *zerrissen alle meine Bande und mich heraufgeführt* aus der Finsternis und der Bedrängnis des Chaos.“ – Man vgl. hier, vor allem das Gesperrte, einfach mit dem ganzen simonianischen Mythos. Die Übereinstimmungen auf so engem Raum sind so zahlreich, daß ein Zufall ausgeschlossen ist. M. a. W. beide, die Pistis Sophia, wie der simonianische Mythos gehen auf die gleiche Überlieferung zurück, aber im Falle der Pistis Sophia handelt es sich um eine gnostische Christusüberlieferung.

[107] Zu Epiphanius, Ancoratus 104,11 siehe *Holl* Bd. I, S. 126 zu Zeile 13. Die Stelle wurde in unserem Zusammenhang bereits von *Hilgenfeld,* Ketzergesch. S. 174 Anm. 287 (auf Grund von *Döllinger* und *W. Möller*) zitiert, hat aber erst durch *Boussets* Einordnung in einen größeren religionsgeschichtlichen Zusammenhang (Hauptprobleme S. 78) ihre bis heute andauernde suggestive Wirkung erhalten. Über die „phönizische Liebe“ hat sich zuletzt *A. Henrichs* (Papyrol. Texte und Abh. hrg. von *L. Koenen* und *R. Merkelbach,* Bd. XIV, 1972, S. 19 ff.) eingehend geäußert und dabei auch den Simonianismus behandelt. Wirklich greifbare Ergebnisse zur Simon-Magus-Frage fallen aber bei die-

Um so eigenartiger bleibt freilich gerade dann die simonianische Ortsangabe „Tyrus" im Zusammenhang mit dem Bordellaufenthalt der Ennoia/Helena, zumal wenn man das zweite Motiv, den Loskauf der unfreiwilligen Dirne durch Simon hinzunimmt. Übrigens sind beide Motive – d. h. sowohl die Ortsangabe „Tyrus" als auch der Loskauf durch Geld – nur in den Berichten der antignostischen Väter *über* Simon Magus nachweisbar, dagegen nicht im Bereich der simonianischen Überlieferung selbst, wo nur vom Bordellaufenthalt der Ennoia und der Erlösung aus ihrer Gefangenschaft (Iren I, 23,2 f.) die Rede ist. Doch kann das natürlich Zufall sein. Unter den gnostischen Häuptern des 2. Jahrhunderts hat allein Marcion – dieser freilich mit Nachdruck – die Erlösung der Gläubigen durch Christus als Redemption verstanden. Indessen sind seine Aussagen so eindeutig an Paulus (bes. Gal 3,13) orientiert, daß sich Schlüsse auf eine eigenständige gnostische Redemptionstradition daraus nicht ziehen lassen[108]. Näher an den simonianisch-soteriologischen Zusammenhang scheint dagegen eine Passage aus dem neuerdings von Henrichs und Koenen geöffneten Kölner griechischen Manikodex heranzuführen. Dort sagt Mani von sich selbst folgendes:

„Als mein Vater Wohlgefallen hatte und mich unter sein Erbarmen und seine Fürsorge stellte, da sandte er von dort meinen Gefährten (σύζυγος), der absolut zuverlässig ist, die umfassende Frucht der Unsterblichkeit. Dieser sollte mich loskaufen (ἐξαγοράσαι) und erlösen aus diesen Irrungen (λυτρώσας ταύτης τῆς πλάνης) der Anhänger jenes Gesetzes (d. h. der Elchesaiten). Er kam zu mir und gab mir die beste Hoffnung, die man sich denken kann, die auf der Unsterblichkeit beruhende Erlösung, wahre Instruktionen und die Berufung durch meinen Vater. Jener kam (ἐλθὼν δέ), wählte mich aus und erwählte mich: er trennte mich von ihnen und zog mich aus der Mitte derer, die jenem Gesetz anhängen, in dem ich erzogen wurde, zu sich heran."[109]

Die zitierte Stelle zeigt immerhin, daß sich die gnostische Erlösung unter bestimmten Umständen auch i. S. des Sklavenloskaufs deuten ließ. Allein

---

sem Verfahren nur dann ab, wenn man sich entschließt, rein hypothetisch vorzugehen, d. h. wenn man die phönizischen Details und die simonianische Gnosis einfach kombiniert.

[108] Zur Redemptionstheorie Marcions siehe *Harnack*, Marcion, S. 132 ff. und 288* f., daneben auch Irenäus V,1,1 und 21,3. Hier ist Christi vergossenes Blut der Kaufpreis für den Menschen. Zum Sachverhalt des Sklavenloskaufs und seiner Übertragung auf das religiöse Gebiet vgl. *Deißmann*, Licht vom Osten (⁴1923), S. 271 ff.

[109] Text nach der Übersetzung von *Henrichs-Koenen*, Ein griech. Manikodex S. 165 (vgl. 169 – griech.). Zur Verbindung mit dem Syzygos vgl. auch die in der Gnosis häufige Paredros- bzw. Schutzengel-Vorstellung, über die ich im Siebensternbuch Nr. 136 S. 105 ff.; 124 ff. 131 ff. gehandelt habe, und die Gestalt des „Bruders" des Erlösers" (vgl. auch *Henrichs-Koenen*, a.a.O. S. 161 ff. „Manis himmlischer Zwilling"). Auf die verzweigte Problematik kann hier nicht eingegangen werden.

auch in diesem Fall müssen die Divergenzen zur simonianischen Vorstellung wohl beachtet werden; denn die tyrische Erlösung der Ennoia meint – jedenfalls nach Ansicht der antignostischen Väter, die sie verbreiten – wirklich nur den realen Loskauf einer Dirne aus Tyrus für bares Geld, während Mani (wie auch Marcion, dem Paulus folgend) das Motiv des Loskaufs durch den Erlöser im übertragenen Sinne verwendet[110].

Subtrahiert man schließlich alles gnostisch Nachweisbare (Ennoia, Dirne, Bordell, Gefängnis, Fessel und Entfesselung) aus der Tyrusüberlieferung, so bleiben im Höchstfall zwei, allenfalls auch drei Überlieferungsrückstände im Rest, nämlich 1. die Stadt Tyrus, 2. Simons Geldangebot und 3. – vielleicht – der Name „Helena" für die in Tyrus Befreite, falls derselbe nicht einfach auf literarischem Wege, d. h. aus den Homeranleihen eingedrungen sein sollte. Alle drei Motive sind als solche ungnostisch; sie könnten also möglicherweise als Rudimente jener angeblich vorgnostisch-simonianischen Myterienreligion angesehen werden, um deren Aufhellung sich vor allem Waitz und Cerfaux bemüht haben. Freilich, was Simons Geld und Kaufangebot betrifft, so wird man auch diese Einzelheit vorsichtshalber noch ausscheiden müssen. Zwar hat Tertullian – scharfsichtig wie immer – in De anima 34 einen direkten Zusammenhang im Blick auf Simons Angebot von AG 8,20 gemutmaßt, wonach es sich in beiden Fällen um dasselbe Geld gehandelt haben müsse, welches der Magier angeboten, bzw. ausgegeben habe[111], allein nichts wäre verhängnisvoller als aus dieser – zweifellos auffälligen – Parallelität irgendwelche historischen Rückschlüsse zu ziehen und die Tyruslegende womöglich auf dem Boden des 1. Jahrhunderts anzusiedeln. Was die tyrische Erlösung angeht, so hängt Simons Geld hier allein mit dem Motiv des Dirnenkaufs (s. o. S. 180), allenfalls auch mit seiner Funktion als Magier zusammen, nicht aber mit dem Namen „Helena"[112]. Im Blick auf AG 8,18

[110] Abgesehen davon, daß Mani nicht mit der gefallenen Ennoia/Sophia identifiziert werden kann, ist auch das Verhältnis des Schutzengel-Syzygos zu seinem Schützling – trotz ihrer Identität (vgl. das „Ich bin du" a.a.O. S. 189 Anm. 229) – ein anderes als das bei der Ennoia-Erlösung der Simonianer. Die nächsten christlich-gnostischen Vergleiche bieten sich beim Evangelienfragment von Pistis Sophia 61 (dazu mein Siebensternbuch S. 124 ff.) und bei der Erscheinung des Engels Baruch bei dem Hirten Jesus im Baruchbuch des Gnostikers Justin (Hippol Ref V,26,29).

[111] CSEL XX/1, S. 358 f.: „nam et Simon Samarites in Actis Apostolorum redemptor spiritus sancti, posteaquam damnatus ab apostolo cum pecunia sua interitum frustra flevit, conversus ad veritatis expugnationem quasi pro solatio ultionis, fultus etiam artis suae viribus, ad praestigias virtutis alicuius Helenen quandum Tyriam de loco libidinis publica eadem pecunia redemit dignam sibi mercedem pro spiritu sancto."

[112] Daß Magier Geld hatten und Ketzer (nach kirchlicher Ansicht) das Geld liebten, ist bekannt (vgl. *H. D. Betz*, Lukian S. 112 f. und meinen Aufsatz „Kallist und Hippolyt", ThZ 1964, bes. S. 109 ff. und S. 112 Anm. 24). Nach Ire-

(Simons Geldangebot) aber muß gesagt werden, daß die Antipathie gegen angebotene, empfangene, vergeudete, unterschlagene oder auf unerlaubte Art verdiente Gelder eine so ausgesprochene Spezialität des Autors ad Theophilum ist (vgl. außer AG 8,18 noch 1,18; 5,1 ff.; 16,16 ff.; 24,26, ferner auch Lk 6,24; 15,11 ff.; 16,1 ff. 19 ff.; 17,28; 19,8 u. ö.), daß auch von dieser Seite her kein Anlaß besteht, das in AG 8,18 von Simon berichtete Faktum für übermäßig historisch zu halten.

Bleiben also nur Tyrus und – eventuell – der Name „Helena" übrig. Hier an die – sagen wir – „Translation" eines typischen Helena-Aphrodite-Kultus nach Samarien zu denken, kann nicht verwehrt werden, so lange man sich dessen bewußt bleibt, daß es sich dabei lediglich um eine vage Vermutung handeln kann und daß der vermutete Sachverhalt jedenfalls kein gnostischer war. Wüßten wir an dieser Stelle mehr, so würde von hier aus vielleicht auch ein Licht auf die in unserer Analyse immer wieder beobachtete Tendenz des Simonianismus zur irdischen Konkretion gnostischer Überlieferungen fallen. Allein hier versagen die Quellen jede weitere Auskunft.

10. *Simon als doketischer Christus* (Iren I,23,3, vgl. Hippol Ref VI,19,6 u. Epiphanius, haer XXI,1,3). Daß Simon als falscher Christus aufgetreten sein soll, ist die übereinstimmende Meinung der gesamten antisimonianischen Literatur[113]. Das Gewicht, welches die Berichte gerade auf diesen Punkt legen, zeigt, daß – zumindest für die Gegner – der Christusanspruch an erster Stelle stand, an derselben Stelle also, wo er auch nach simonianischer Ansicht hingehörte, wenn man die trinitarische Reihenfolge mit „Sohn, Vater und hl. Geist" angab. Schon diese Reihenfolge wirkt formelhaft; dasselbe aber gilt erst recht von den beiden auffallend parallel gebauten Aussagen der simonianischen Christologie, nämlich:

---

näus (I,13,3) war der Magier und Ketzer Marcos schwerreich, und auch Simon soll nach Act Petr 17 die reiche Eubola um ihr Gold erleichtert haben. Von der Geldgier der Ketzer spricht noch Alexander von Alexandrien i. J. 324 wie von etwas Selbstverständlichem (vgl. Theodoret h. e. I,4,1 bei *Opitz*, Urk. z. Arian. Streit 14,1; S. 19).

[113] Das Material schon bei *Wetter*, Sohn Gottes, S. 8, vgl. auch *Schmithals*, Apostelamt, S. 149 m. Anmerkungen (vollständige Titulatur Simons), ferner oben S. 15[18] (Simon und die ‚nota antichristi'). In Ps Clem Rec II,14,1 f. vgl. III,47,1 legt sich Simon sogar die Jungfrauengeburt zu (vgl. dazu *Wetter*, a.a.O. S. 92 f. und 287 Anm. 1). Der Simonianismus war demnach als Plagiat des Christentums gedacht; so schon Justin, Apol I,26,1 (dazu *Cerfaux*, Rech de sc. rel. 1926, S. 488 ff., bes. S. 490 Anm. 5 u. 499 Anm. 2), vgl. auch Origenes Ctr Cels V,62 u. VI,11 (dazu *Foerster* in: le Origini, S. 193). *Ed. Meyer* (Ursprung und Anfänge des Christentums III, S. 296) hat richtig empfunden, wenn er aus dem simonianischen Konkurrenzanspruch gegenüber dem Christentum Simons Stellung am Anfang der Ketzerkataloge ableitete (dazu auch o. S. 178[96]).

a) *Menschwerdung:* „... ut et in hominibus homo appareret ipse, (scil Simon), cum non esset homo“,
b) *Passion:* „et passum autem in Iudaea putatum, cum non esset passus“.

Das ist radikaler Doketismus, gehört also i. S. der von P. Weigandt getroffenen Unterscheidungen zu der von Joh/Ign/Polykarp, Cerdo/Marcion, Satornil und den Johannesakten bezeugten eigentlich „doketistischen“ Christologie, welche, ursprünglich in Syrien entstanden, abgesehen von Marcion nur begrenzt verbreitet war, von den Kirchenvätern aber stets als *der* Inbegriff gnostischer Christologie schlechthin verketzert wurde[114]. Die Radikalität dieses Doketismus liegt darin, daß er grundsätzlich jedes leibhafte oder menschliche Substrat der Erlöserpersönlichkeit leugnet; sie wird noch gesteigert durch die Tatsache, daß „Simon“ (alias Christus) gleichsam als „Auferstandener“ die Mitteilungen über seine Schein-Menschheit und Schein-Passion selbst ausspricht, wie wir es auch aus anderen christlich-gnostischen Quellen bereits kennen. Übrigens vereinfacht die Weigandtsche Vorarbeit unser folgendes Verfahren ungemein, d. h. wir können von vornherein alle jene gnostisch-christologischen Lösungen ausklammern, die den hier angesprochenen radikal-doketischen Typ nicht repräsentieren[115]. Wir stellen daher nur folgendes zusammen:

[114] *P. Weigandt,* Der Doketismus im Urchristentum und in der theol. Entwicklung des zweiten Jahrhunderts (Diss. theol. Heidelberg, Masch.-Schr. 1961), vgl. bes. S. 16 ff.; 38 f.; 57 ff. (Simonianer); 83 ff.; 103 ff.; 118 ff. (Test XII Patr); und vor allem die Zusammenfassung ab S. 152. Hervorzuheben ist an dieser Arbeit die Dominanz des dogmengeschichtlichen gegenüber dem religionsgeschichtlichen Gesichtspunkte. Möglicherweise richtete sich auch die Christologie der Epist apost (vgl. Jesu Fußspuren in c. 11 mit Act Joh 93, dazu *Weigandt,* S. 120) gegen den hier gemeinten radikalen Doketismus. Kurze Hinweise zum Doketismus finden sich auch bei *H. Windisch* zu Barn 5,10 (Erg.-Bd. z. Hdb. z. NT Heft III, S. 330 f.) und *Bultmann,* Joh.-Evang. S. 39 Anm. 1.

[115] Damit entfällt auch die von *Cerfaux* (a.a.O. 1925, S. 505 ff. u. 1926, S. 501 ff.) gemutmaßte Abhängigkeit der simonianischen Aussagen über Simons Kreuzigung (Iren I,23,3) von der bei Basilides (I,24,4) berichteten Stellvertretungslegende: Christus tauscht mit „Simon“ (von Kyrene) die Gestalt und sieht dessen Hinrichtung lachend zu. (Zum Lachen verweist *R. M. Grant,* Vig. Christ. 1959, S. 123 f. auf Ps. 2,4; eine neue Variante des Vorganges findet sich in der Petrusapokalypse von Nag-Hammadi, Cod. VII,3, siehe *Rudolph,* ThR 1969, S. 138 Anm. 4; zur Stellvertretung auch *Borst,* Die Katharer, S. 166 f.: An Christi Stelle ein Räuber gekreuzigt.) Daß die ganze Legende bei Irenäus wie ein Einschub wirkt, ist oben (S. 34[53]) bereits gesagt worden. Nach Photius, Bibl cod 114 soll sie zu den Johannesakten gehört haben (vgl. *Harnack,* Altchristl. Lit.-Gesch. I, S. 122 und *C. Schmidt,* TU 24/1, S. 68 ff.). Der Vorgang ist auch christologisch nicht ganz eindeutig. Der Einsatz: „... et gentibus ... apparuisse eum in terra hominem“ (*Harvey* I, S. 200) stimmt mit dem Bericht über Simon Magus überein (vgl. auch Ps Tert c. 4; CSEL XLVII, S. 215,10 f.: „(Christum) venisse in phantasmate sue substantia carnis fuisse ...“); erst mit dem „quaepropter neque passum“ folgt die Stellvertretungslegende. Basilides'

a) Die ältesten außersimonianischen Zeugnisse für den dem simonianischen entsprechenden christlichen Doketismus finden sich im I und II Joh, bei Ignatius von Antiochien und Polykarp. Insgesamt lassen die polemischen Ausführungen dieser Schriften erkennen, daß sich das doketische Interesse der gnostischen Gegner genau auf jene beiden Fixpunkte konzentrierte, die auch die simonianische Formulierung (oben a und b) konstituieren, nämlich 1. die „Menschwerdung" – Christus ist nicht ins Fleisch gekommen (vgl. bes. I Joh 4,2 f.; II,7; Ign Smyrn 5,2, vgl. Eph 19,3 u. ö.; Pol Phil 7,1a), er ist also als menschliche Erscheinung ein reines Phantasma gewesen, 2. „Tod und Auferstehung" – Christus hat auch nicht, vielmehr lediglich zum Schein am Kreuz gelitten und ist daher auch als Auferstandener lediglich als δαιμόναον ἀσώματον erschienen (vgl. bes. Ign Smyrn 1–3; Trall 9; Magn 11; Pol Phil 7,1b). Die jeweiligen konkreten Lebensdaten, etwa das „Essen und Trinken" Jesu, sei es als Mensch, sei es als Auferstandener (so Ign Trall 9,1; Smyrn 3,3 usw.) sind auf diese beiden Fixpunkte hingeordnet zu denken. Das Interessanteste ist aber, daß zumindest Ignatius selbst nicht nur die gleiche modalisierende Vater/Sohn-Christologie vertritt (vgl. bes. Eph 19,3 beim „Lösen der Fessel") wie der Simonianismus, sondern daß er in Magn 13,1 sogar genau dieselbe verstellte trinitarische Reihenfolge von „Sohn, Vater und hl. Geist" rezitiert, die auch bei den Simonianern (Iren I,23,1) benutzt ist[116].

b) Daß Marcion, wie die Simonianer, in trinitarischer Hinsicht modalistisch dachte, in christologischer den gleichen Radikaldoketismus vertrat, ist bekannt. Da Marcion von dem „syrischen Vulgärgnostiker" (Harnack) Cerdo abhängig war, ist ein Blick auf dessen christologische Ansicht in diesem Fall besonders wichtig. Nach Ps Tert c. 6,1 lautete sie so: „hic prophetias et legem repudiat, deo creatori renuntiat, superioris dei filium Christum venisse tractat, hunc in substantia carnis negat, in phantasmate solo fuisse pronuntiat, nec omnino passum, nec ex virgine natum sed omnino non natum". Auch hier bezieht sich der Doketismus offenkundig auf die gleichen beiden Fixpunkte von Menschwerdung und Passion (samt Auferstehung), welche auch für die Gegner des Ignatius maßgebend waren. Dasselbe bei dem Antiochener Satornil, der freilich mit Cerdo und Marcion von den Simonianern durch die Annahme eines eigenen Demiurgen geschieden ist. Nach Ps Tert 1, soll er gelehrt haben, „Christum in substantia corporis non fuisse et phantasmate tantum quasi passum fuisse"[117].

---

eigene Ansicht von Passion spiegelt übrigens Frgm. 2 (bei Clem Alex Strom IV,81,2).

[116] Vgl. hierzu insgesamt *Weigandt*, a.a.O. S. 103–118 und *W. Bauer* zu Ign Trall 10 (Erg. Bd. z. Hdb. z. NT, Heft 2, S. 239). Das Zitat bei Ign Smyrn 3,2 aus der apokryphen Doctrina Petri, wonach der Auferstandene (im Zusammenhang mit Luk 23,37) behauptet, „kein körperloser Dämon" zu sein, stammt zwar nicht, wie Hieronymus (De vir ill 16) meinte, aus dem Hebr.-Ev. (*Bauer* a.a.O. S. 266 f. und *Vielhauer* bei *Hennecke-Schneemelcher* Bd. I, S. 82 f.; auch *H. Köster*, ZNW 1957, S. 235), ist aber sicher ein gutes Stück älter als die Ignatiusbriefe (vgl. auch Ep apost 11, dazu *C. Schmidt*, TU 43 S. 299 f.) und richtet sich gegen denselben Doketismus wie Ign.

[117] S. *Weigandt*, a.a.O. S. 66 ff. und *Harnack*, Marcion, bes. S. 122 ff. (Modalismus und Doketismus), zu letzterem vgl. bes. Tert Adv Marc III,8,2 ff. Auf-

c) Abermals radikal doketistisch – in der Passionsgeschichte vielleicht mit einem leise basilidianischen Einschlag – gibt sich die Christologie der Evangeliumsverkündigung der Johannesakten (c. 85–105). Wie bei Marcion, so erscheint Christus auch hier zum erstenmal als (polymorphes) Phantasma am See Genezareth (c. 89). Daß Christus überhaupt kein Mensch ist, geht vor allem aus der apokryphen Verklärungsszene (c. 90, vgl. auch Act Petri 20 f.) hervor; ähnliches zeigt sich beim Versuch, Jesus (im Stile von I Joh 1,1) zu betasten (c. 93). Daß er am Kreuz „nicht gelitten" habe, sagt er wie Simon Magus in direkter Rede (c. 101) und fast mit den gleichen Worten: ἀκούεις με παθόντα καὶ οὐκ ἔπαθον. Nimmt man hinzu, daß auch hier mit dem christologischen Doketismus der trinitarische Modalismus und mit diesem wieder das Phänomen der Vielnamigkeit (s. o. S. 168 ff.) verbunden wird, daß Christus dabei außerdem die trinitarische Reihe in derselben verstellten Anordnung von „Sohn, Vater, hl. Geist" ausspricht wie Ignatius und „Simon Magus" (c. 98) und daß schließlich auch, wie bei den Simonianern, in der ganzen Evangeliumsverkündigung kein Demiurg erwähnt wird, so kann die Übereinstimmung mit der simonianischen Lehre kaum vollständiger sein[118].

d) Schließlich ein Blick auf die christliche Überlieferungssubstanz des Manichäismus, wie sie von Waldschmidt/Lentz und neuerdings wieder von A. Böhlig behandelt worden ist. Auch Mani gehört bekanntlich zu den christologischen Radikaldoketisten, d. h. er lehnte jede körperliche Erscheinung Christi ab und bekannte sich zum vollen Scheinleiden des Erlösers. In Acta Archelai 8,4 wird im Zusammenhang mit der Transfiguration Christi sogar wörtlich das gleiche über ihn gesagt wie bei Irenäus (I,23,3) im gleichen Zusammenhang über „Simon": *„et apparebat quidem hominibus ut homo, cum non esset homo"*. Auch die Auffassung, daß „Christen, Juden und Heiden" (Simon: Samaritaner, Juden, Heiden) im Grunde alle den gleichen Gott verehren (Act Archelai 12,4), ist

fallend ist das Interesse bei Irenäus (I, 27,2) an Christi Auftreten in Judäa. Mit der Wendung: „venientem in Iudaeam . . . in hominibis forma manifestatum his qui in Iudaea erant" (*Harvey* I, S. 216 f.) ist die gleiche Kombination zwischen Doketismus und Erscheinung Christi bei den Juden vorgestellt wie bei den Simonianern (I,23,3). Besteht hier ein historischer oder lediglich (s. o. S. 141[24]) ein literarischer Zusammenhang? Dazu kommt, daß Marcion wie die Simonianer vom „Glauben" sprach, die entsprechende paulinische Problematik behandelte und nicht esoterische, sondern ökumenische Ansprüche erhob. Wenn er Jesu Kreuzestod mit der Vorstellung vom „Loskauf" in bezug auf den Weltschöpfer verband (*Harnack*, S. 132 f.), so wiederholt sich damit die gleiche Vorstellung, welche bei den Simonianern mit dem Loskauf der Ennoia aus dem Bordell verbunden ist. Sollte also in dieser Vorstellungsreihe der Schlüssel für die simonianische Abwandlung des Motivs liegen? Zu Cerdo (CSEL XLVII, S. 222,20 ff.) siehe insgesamt *Harnack*, a.a.O. S. 31* ff.

[118] Vgl. bes. die Partie Act Joh 98–102 (Li-Bo II/1, S. 199 ff.); zum dortigen Doketismus siehe *W. v. Loewenich*, Das Johannesverständnis im 2. Jh. (BZNW 13, 1932, S. 102 ff. – Joh.-Akten und Joh.-Ev), und *Weigandt*, a.a.O. S. 83 ff.; zur Sache auch mein Siebensternbuch Nr. 136, S. 99 ff. (Die christl. Gnosis u. d. Evangeliumsverkündigung der Johannesakten). Mit Recht erklärt Weigandt (a.a.O. S. 150): „Die Christologien Markions ... und der Johannesakten ... gleichen sich auffallend."

bemerkenswert, sofern auch Mani, wie angeblich „Simon“, sich nicht als esoterischen Erlöser, sondern als Apostel für alle Menschen ausgab[119].

Soweit das Material. Das aus dieser Zusammenstellung zu gewinnende Gesamtbild zum simonianischen Doketismus kann nur als denkbar eindeutig bezeichnet werden. Die Übereinstimmungen zwischen den einzelnen miteinander verglichenen gnostischen Überlieferungen – zumal die Verbindung zwischen christologisch-doketischer und trinitarisch-modalistischer Christusauffassung, die letztere sowohl bei „Simon“ als auch bei Ignatius und in den Johannesakten mit der gleichen verstellten Reihenfolge „Sohn, Vater, Geist“ verbunden, die wir oben (S. 165 ff.) bereits erörtert haben – sind derart deutlich, daß über die Herkunft dieses simonianischen Komplexes aus einem ganz bestimmten Bereich syrisch-christlicher Gnosis so gut wie kein Zweifel sein kann, zumal die verglichenen Erscheinungen dem Simonianismus auch zeitlich z. T. noch vorausliegen[120].

Dabei ist es überaus auffallend, daß der trinitarisch-christologische Zusammenhang nicht nur bei den außersimonianischen Partnern des Gnostizismus wiederkehrt (zu Marcion s. o. S. 169), sondern ebenso auch den frühkirchlichen Glaubensformeln zugrunde liegt, wie es für den Westen seinerzeit K. Holl am römischen Symbol nachgewiesen hat. Das heißt: auch hier triadische Gottesaussage mit einer zweigegipfelten christologischen Hinzufügung – nämlich: a) Menschwerdung, b) Tod und Auferstehung Christi – im 2. Artikel[121]. Freilich befinden wir uns sowohl bei

[119] Hegemonius, Acta Archelai *(Beeson)*, S. 20; der griech. Text auch bei *Schlier*, Ignatiusbriefe, S. 112. Zum Ganzen vgl. *E. Waldschmidt* und *W. Lentz*, Die Stellung Jesu im Manichäismus (ABA 1926, Nr. 4), hier bes. S. 25. Die Metapher vom Wolf und der Schafherde etc. bei den Manichäern (a.a.O. S. 26 f. vgl. S. 108) ist zu allgemein, als daß man sie mit *Quispel* (Gnosis als Weltreligion) zur Erklärung des speziellen simonianischen Gebrauchs heranziehen dürfte. Weiteres bei *Böhlig*, Christliche Wurzeln im Manichäismus (Mysterion und Wahrheit, S. 202 ff., bes. S. 207 f.) und *Schmithals*, Apostelamt, S. 126 ff. Leider war es mir nicht möglich, die offenbar gewichtige Arbeit von *Eugen Rose*, Die Christologie im Manichäismus (Diss. Masch.-Schr. Marburg 1941) in die Hand zu bekommen. Ich verweise statt dessen auf die Inhaltsangabe bei *S. Schulz*, Die Bedeutung neuer Gnosisfunde (ThR, 1960/61, hier 1960, S. 230 ff.). Was die Herkunft Manis betrifft, so hat der von Henrichs-Koenen neugeöffnete griech. Manikodex eine ganz neue Lage geschaffen.

[120] Wenn *W. Foerster* (in: le Origini, S. 193) vermutet, der simonianische Doketismus müsse eine „Angleichung an *spätere* gnostische Systeme“ sein (Hervorhebung von mir), so ist das grundfalsch. Vielmehr handelt es sich um die älteste Form von christlicher Gnosis, die wir kennen (richtig *Weigandt*, S. 109). Ebenso falsch ist die von *Schmithals* (Die Gnosis in Korinth, S. 232) vollzogene Vereinerleiung des doketischen Erlösers mit den Erlösten: „Der Pneumatiker ist ja im Grunde kein Mensch mehr“. Das läuft auf den Spott des Ign, Smyrn 2 (αὐτοὶ τὸ δοκεῖν ὄντες) hinaus. Man lese dagegen die Evangeliums-Verkündigung der Johannesakten.

[121] *K. Holl*, Zur Auslegung des 2. Artikels des sog. Apostolischen Glaubensbekenntnisses (Ges. Aufs. Bd. II, der Osten, S. 115 ff.).

Ignatius von Antiochien als auch bei seinen gnostischen Widersachern noch jenseits von streng formulierten Glaubensbekenntnissen im römischen Sinn; allein, daß dergleichen auf kirchlichem Boden zum Erfordernis der Zeit werden mußte, verraten gerade die häretischen Aussagen, „Simon" eingeschlossen, mit aller Deutlichkeit.

Aber weit wichtiger ist für unseren Zusammenhang noch etwas anderes. Bis zum vorigen Abschnitt (Nr. 9) haben wir uns vorwiegend, wo nicht gar ausschließlich mit dem Schicksal der simonianischen Ennoia und ihrem Erlöser, d. h., der simonianischen Geographie zufolge, mit „Samarien" bzw. „Tyrus" beschäftigt. Mit dem jetzigen Abschnitt dagegen sind wir auf „Judäa" übergegangen. Was hat das quellenmäßig zu bedeuten? Blickt man auf den gesamten Ennoiakomplex, so stammen die wichtigsten christlich-gnostischen Vergleichsstücke dazu meist aus denjenigen gnostischen Richtungen, welche H. Jonas als die „weibliche Gruppe" zusammengefaßt hat, sofern nämlich hier — voran beim Valentinianismus — das mythische Schicksal (Fall und Erlösung) einer weiblichen Hauptgestalt, d. h. durchschnittlich der Sophia/Weltseele, im Mittelpunkt steht. Mit dem Übergang zum Problem des gnostischen Doketismus aber, ja, eigentlich bereits beim trinitarischen Modalismus (s. o. Nr. 7), nur dort noch nicht so deutlich erkennbar, ist diese vorwiegend weibliche Orientierung mit einem Schlage aus den Vergleichsquellen verschwunden. Weder die von I/II Joh, Ignatius oder Polykarp bekämpften Doketisten, noch Cerdo, Marcion, Satornil oder die Evangeliumsverkündigung der Johannesakten behandeln den gnostischen Sophia-Mythos. Lediglich der Manichäismus, der aber überlieferungsmäßig ein pluralistisches Spätprodukt darstellt, kennt u. a. auch die Gestalt der Lichtjungfrau. Der Simonianismus hat also nicht nur den judäischen Sektor seiner Soteriologie vom samaritanischen abgetrennt, sondern er benutzt zu seiner Darstellung offenbar auch eine ganz andere, nämlich maskulin orientierte christlich-gnostische Überlieferung. An die Stelle der femininen Triade „Vater, Mutter, Sohn" ist damit die maskuline von „Vater, Sohn, Geist" bzw. „Sohn, Vater, Geist" getreten. Daraus folgt mit Sicherheit, daß der Simonianismus, wie gegenüber der „weiblichen Gruppe", so auch gegenüber der männlichen, ein sekundäres Gebilde sein muß, da er das zusammenarbeitet, was dort jeweils in Trennung existiert. Zugleich ergibt sich damit aber auch für die noch ausstehenden Untersuchungen über Simons Heilsverkündigung an alle Menschen die Frage, welchem dieser beiden gnostischen Typen diese Bestandteile simonianischer Lehre jeweils zuzuordnen sind, ob also dieser Teil der simonianischen Verkündigung mehr dem Stil des Ennoiamythos oder der modalistisch-doketischen Christusüberlieferung angehört.

11. *Gnade und Freiheit* (Iren I,23,3; Hippol Ref VI,19,5 ff.; Epiphanius, haer XXI,3,4). Am Anfang des 2. Jahrhunderts hat Polykarp das Verdre-

hen von Herrenworten durch die Gnostiker als „nota antichristi" gebrandmarkt (Phil 7,1). Gemeint sind damit die auch in den Johannes- und Ignatiusschriften bekämpften radikalen Doketisten. Etwa zur gleichen Zeit meldet der II. Petrusbrief (3,16) den gleichen Mißbrauch mit dem Corpus Paulinum. Gemeint sind diesmal gnostische Libertinisten, wie die aus dem Judasbrief in II Petr 2 übernommene Schilderung beweist. Schließlich behauptet auch der ps-clementinische „Petrus" (Epist ad Jac 2), daß die Gnostiker seine eigenen Schriften im Blick auf die κατάλυσις τοῦ νόμου verdreht hätten. Die drei Zeugnisse sprechen für sich, d. h. sie geben den Blick auf das gnostische Milieu frei, dem wir uns zuwenden müssen, wenn wir die simonianische Gnaden- und Freiheitslehre studieren wollen[122]. Wir legen dabei den (durch keine Parallelüberlieferung mehr gedeckten) Text bei Iren I,23,3 zugrunde, so daß sich mit diesem Abschnitt auch die Frage entscheidet, ob das irenäische Sondergut simonianischer Herkunft ist oder nicht. Die Passage lautet:

„Prophetas autem a mundi fabricatoribus angelis inspiratos dixisse prophetias; quapropter nec ulterius curarent eos hi, qui in eum et in Helenam eius spem habeant, et ut liberos agere, quae velint. Secundum enim ipsius gratiam salvari homines, sed non secundum operas iustas. Nec enim esse naturaliter operationes iustas, sed ex accidenti; quemadmodum posuerunt, qui mundum fecerunt angeli per huismodi praecepta in servitutem deducentes homines."[123]

---

[122] Zu Pol Phil 7,1 vgl. Epiphanius haer XXVI 6,2 und die weiteren Belege bei *W. Bauer*, Leben Jesu S. 409 ff. Ob die Stelle antimarcionistisch ist, ist umstritten: *Lightfoot* und *Harnack* haben es bestritten, *K. Holl* (Ges. Aufs. Bd. III, S. 15 Anm. 5), *N. P. Harrison*, The two epistles of Polycarp (1936), S. 176 ff. und *H. v. Campenhausen*, Die Entstehung der christl. Bibel, S. 209 f. m. Anm. 158, dagegen anerkannt. Für die These spricht das in nachapostolischer Zeit auffallende Paulusengagement des Polykarp (vgl. bes. 3,2; 9,1 11,2 f., doch dagegen *W. Schneemelcher*, Paulus in der griech. Kirche des 2. Jhs. ZKG 1964, S. 1 ff., hier S. 6 f.), dagegen die Tatsache, daß die von Polykarp bekämpfte Gnosis eher dem Typ des III Kor (vgl. bes. I,12 ff.) entspricht als demjenigen Marcions. Außerdem ist man gezwungen, eine vorrömische Agitation Marcions in Asien anzunehmen (dazu *Harnack*, Marcion S. 3* ff. und *E. C. Blackman*, Marcion and his Influence, 1948, S. 2), und den Hauptteil des Polykarpbriefes mit Harrison zeitlich so dicht an die Past. heranzurücken, daß auch I Tim 6,20 antimarcionitisch fixiert werden muß. Indessen zeigt die dort bekämpfte Gnosis keinen marcionitischen Zuschnitt und ist die heute durchweg kritiklos anerkannte Teilungshypothese Harrisons keineswegs über jeden Zweifel erhaben (vgl. schon die sehr zurückhaltende Rezension von *G. Krüger*, ThLZ 1937, Sp. 401 ff.). *J. Knox*, Marcion and the New Testament (1942), S. 112 f. hat den angeblich antimarcionistischen Skopus von Pol Phil 7,1 durch die phantasievolle Annahme zu retten versucht, daß Marcion in seiner asiatischen Frühzeit die ntl. Schriften bloß interpretiert und erst in Rom (nach 139 also) die kritische Schere zur Hand genommen habe. Bewiesen ist auch damit natürlich nichts.

[123] Text nach *Harvey* Bd. I, S. 193 f.; dort auch die griech. Version nach Hippolyt Ref VI,19,7 f. Hippolyt ersetzt die simonianische „Hoffnung" auf

Daß die Ablehnung der atl. Prophetie ein samaritanisches, die Streichung des gnostischen Einzeldemiurgen zugunsten eines Pluraletantum von Engeln ein simonianisches Specialissimum darstellt, ist früher bereits gesagt worden. Im jetzigen Zusammenhang interessiert uns allein die simonianische Gnadenlehre. Als erstes fällt auf, daß nicht weniger als fünf der hier verwendeten Begriffe zum Kernbestand der paulinischen Theologie gehören, nämlich 1. Freiheit, 2. Knechtschaft, 3. Gnade, 4. Werke (der Gerechtigkeit) und 5. die auf Simon (samt „Helena") übertragene christliche Hoffnung. Daß es sich dabei zumindest um eine Nachahmung des Paulus handeln *soll*, zeigt sich schon an der kontradiktorischen Gegenüberstellung der beiden parallel geschalteten Gegensatzpaare von Gnade und Werken, Freiheit und Knechtschaft, sowie an der exklusiven Beziehung dieser Dialektik auf die Person „Simons" (d. h. eigentlich Christi) durch das Motiv der Hoffnung für alle[124].

Freilich läßt sich auch nicht übersehen, daß die paulinische Stilisierung bestenfalls nur wie ein dünner Firnis auf einer scheinbar ähnlichen, in Wahrheit ganz andersartigen, nämlich gnostischen Grundierung aufgetragen ist. Daß es so ist, geht schon daraus hervor, daß sich für diese scheinbar so paulinische Gnadenlehre tatsächlich kaum eine einzige bestimmte Paulusstelle als Vorlage angeben läßt. Statt dessen drängt unter der paulinisierenden Fassade überall der massive Gnostizismus hervor. Hierzu folgende Beobachtungen:

a) Was zunächst den Gegensatz von „Knechtschaft" und „Freiheit" betrifft, so ist er, wie an Gal 5,1; 6,18 und Röm 8,15 mit 21 (doch vgl. ebenso Joh 8,31 ff.!) ablesbar ist, zwar *auch* paulinisch, allein im Unterschied zur echt paulinischen Dialektik von „Gesetz" und „Freiheit" kein unbedingt paulinisches Spezificum. Dagegen ist dieser Gegensatz (zumal im Zusammenhang mit der χάρις) geradezu typisch für den Gnostizismus. Daß in der Tat das gnostische Verständnis gemeint ist, beweist vor allem die Wendung „ut liberos agere quae velint", die sich auch sonst in gnostischen Zusammenhängen findet. Letzten Endes steht

---

Simon und Helena durch den „Glauben" und stellt das libertinistische πράσσειν ὅσα βούλονται in deutliche Parallele zu dem ποιήσαντες ὅσα βούλονται, d. h. zur Willkür-Schöpfung der Weltschöpferengel. Beides dürfte spätere Eintragung sein. Daß die von Hippolyt (19,4 f.) assoziierte praktisch-kultische Unzucht mit dem theoretischen Gedanken des Libertinismus bei Irenäus ursprünglich nicht zusammengehört, ist oben (S. 21 f.) zur Quellenkritik bereits dargestellt.

[124] Schon *Lipsius*, Zur Quellenkritik des Epiphanius, S. 80 Anm. 2 hat die paulinische Nuance unserer Stelle gespürt: „Offenbar wird unter der Maske des Simon der Apostel Paulus bestritten", ebenso *L. Fendt* (Gnostische Mysterien, S. 81 = Anm. 22), der die Abweichung von Paulus in der nachsichtigen Maxime „Gnade vor Recht" erblickt. *J. Woltmann*, Der geschichtliche Hintergrund der Lehre Markions vom ‚fremden Gott' (in: Wegzeichen, H. M. Biedermann zum 60. Geburtstag 1971, S. 15 ff., hier S. 29 f.) spricht im Blick auf II Petr 3,16 von einer „Verdrehung" paulinischer Aussagen, ohne sich freilich um das philosophisch-gnostische Substrat dieser „Verdrehung" zu kümmern.

dahinter das – platonisch/gnostisch gefilterte – Urbild des stoischen Weisen, der in seiner ἐξουσία τῆς αὐτοπραγίας, d. h. in seiner inneren Freiheit, kein „Sklave“, sondern ein heimlicher „König“ ist, weil er unabhängig von allen πάθη tun und lassen kann, „was er will“, nachdem er sich von den falschen δόγματα seiner Umwelt gereinigt hat. Mit der paulinischen Freiheit i. S. des neuen Gehorsams hat das im Grunde nichts zu tun[125].

b) Ebenso ist auch der analoge Gegensatz von „Gnade“ und „gerechten Werken“ nur äußerlich ein paulinischer (Paulus spricht von „Glaube“ und „Gesetzeswerken“), tatsächlich aber ein gnostischer. Zwar findet sich das Gegensatzpaar in Eph 2,8 und Tit 3,4 (vgl. Pol Phil 1,3!), allein schon dies sporadische Auftreten in zwei deuteropaulinischen Schriften muß bedenklich machen. In Wahrheit liegen auch hier die gnostischen Parallelen viel näher, d. h. „Gnade“ (χάρις) ist kein forensischer Begriff, sondern die mit der Gnosis von Gott ausgehende Pneuma- und Kraftmitteilung, deren Korrelat nicht die „Sünde“, sondern das kosmische Weltgesetz ist, von dem sie befreit, indem sie ihren Träger diesem Weltgesetz überlegen macht[126]. Das gleiche gilt mutatis mutan-

[125] Zur Freiheit des Weisen vgl. zusammenfassend *Rengstorf* und *Schlier*, ThWB II,266 f. und 489, ferner *Heitmann*, Nachahmung Gottes, S. 66 und *Merki*, Homoiosis, S. 119 (Gregor von Nyssa), zum ntl. Freiheitsbegriff jetzt *K. Niederwimmer*, Die Freiheit im NT (1969). Ἐλεύθερός ἐστιν ὁ ζῶν ὡς βούλεται sagt Epiktet an der bekannten Stelle Diss IV,1,1 *(Schenkl)*. Die Formulierung ist aristotelisch, s. *R. Till*, Ein Bekenntnis des Scipio Aemilianus (in: Festschrift f. Konstantinos J. Merentitis, 1972, S. 421 Anm. 24 Polit. 1317b 11). Den gleichen Geist atmet auch das von Paulus (I Kor 6,12 u. 10.23, vgl. 9,1 ff.) bekämpfte πάντα μοι ἔξεστιν. Wenn *W. Schmithals* (Die Gnosis in Korinth, S. 217 ff.) darin „natürlich nur gnostische Tendenzen“ zu erblicken imstande ist, so ist das eine willkürliche Verengung einer tatsächlich weit geräumigeren Perspektive. Den Ketzern wird das „Tun, was sie wollen“ stets im Zusammenhang mit theoretischem oder praktischem Hedonismus vorgeworfen, ohne daß dabei irgendwo auf I Kor 6,12 die Rede kommt, während umgekehrt Paulus den Begriff der ἡδονή nirgends gebraucht; vgl. Justin, Dial 1,5 – Philosophen, Iren I,6,2; 13,6 – libertin. Gnostiker; Hippol Comm in Dan IV,19 – angeblich Montanisten; Clem Strom III,30,1 f. 41,1 – Antitakten, sehr charakteristisch; Epiphanius, haer XXXI,7,8 – Valentinianer. Zum Zusammenhang zwischen Hedonismus und gnost. Libertinismus vgl. ferner Clem Strom II,117, 6 f. (auch III,44,4 u. 109,2): ἡδονή durch ἡδονή überwinden (ähnlich Hieron Epist 125,14); Plotin, Gegen die Gnostiker, Enn II,19,15 – Gnosis als Epikuräertum; schon Eudoxos von Knidos (*Krämer*, Geistmetaphysik, S. 181 f.) identifizierte die ἡδονή mit dem ἀγαθόν. Was die Stelle Gal 5,17 (vgl. Röm 7,15 – nicht tun können, was man will, vgl. dagegen Corp Herm. XII,8: der νοῦς kann, was er will) betrifft, so wurde sie, wie Origenes Princ III,4 mitteilt, von den Gnostikern i. S. der 2-Geisterlehre ausgelegt.

[126] Vgl. dazu vor allem *Jonas* Bd. I, S. 208 Anm. 1 (dazu S. 236) zu Origenes Ctr. Cels VI,31 (νόμου τῆς σῆς κτίσεως χάριτι λυόμενος): „Das ist der unverfälscht gnostische νόμος-Begriff: νόμος τῆς κτίσεως = ... kosmisches Gesetz, und dem entspricht als sein Widerpart der gnostische χάρις-Begriff. Der Unterschied dieses Gegensatzpaares zum gleichnamigen paulinischen enthält in nuce den ganzen Unterschied der gnostischen und der paulinisch-christlichen Ausprägung der Erlösungsreligion.“ Zum dynamischen Charakter der χάρις vgl. paradox Paulus in II Kor 12,9 f. (dazu *Grundmann*, Begriff der Kraft S. 104), fer-

dis auch für den Begriff der „Werke“, d. h. auch hier ist zunächst nicht Paulus, sondern der hellenistisch-jüdische Moralismus heranzuziehen, wie ihn auf christlichem Boden in der ersten Hälfte des 2. Jahrhunderts vor allem die Apostolischen Väter repräsentieren. Diesen Moralismus lehnt der Simonianismus ab; er ist also von Hause aus nicht paulinisch, sondern antinomistisch orientiert[127].

c) In diesem Zusammenhang ist es nun von prinzipieller Bedeutung, daß der Simonianismus seine Gnadenlehre durch das sophistische Axiom von der bloß akzidentiellen Gültigkeit der „operationes iustae“, d. h. des sittlichen Gesetzes unterlegt. Diese Theorie findet sich auf gnostischem Boden ausgesprochenermaßen nur bei zwei nahe verwandten Richtungen wieder, deren Übereinstimmung die Szene freilich schlagartig beleuchtet. Und zwar handelt es sich um die Karpokratianer bei Irenäus (I,25, vgl. bes. 25,4), speziell um den kommunistischen Traktat περὶ δικαιοσύνης des Epiphanes (Clem Strom III,5 ff.), sowie

---

ner *G. P. Wetter*, Charis (1913), sowie *Nilsson*, Griech. Rel. II, S. 516 Anm. 3 (Licht–Kraft) und S. 697. Sofern die χάρις zugleich göttliches Wesen (*Bieler*, Theios Aner, S. 52 ff.; *C. Schneider*, Geistesgesch. I,45 f. – Isis) und von Gott ausgehende Gunst (vgl. *Preisendanz*, PGM IV,199 – gr. Pariser Zauberpap. Bd. I, S, 78, aber auch Stellen wie Clem Strom III,57,2) darstellt, ist sie hypostasierbar (so schon bei Aristobul, *Bousset-Greßmann*, S. 28 Anm. 2), ja, fällt mit Gott zusammen (Apokryphon Joh p 25,20 f., der Urvater als „die Gnade, welche Gnade spendet“) oder ist ein eigener (weiblicher) Äon ebda p. 32,19 ff. und Iren I,13,2, vgl. Epiphanius, haer XXXI,5,4: die Ennoia. Weitere gnostische Belege: Evang Veritatis p 16,31 ff.; 20; 34,1; 35 ff. (dazu *Arai*, a.a.O. S. 108 f.); Iren I,6,4; Exc ex Theod § 31,3 (Ob man indessen von einer valentinianischen „Gnadentheologie“ sprechen kann, so *W. D. Hauschild*, Der Ertrag der neueren auslegungsgeschichtlichen Forschung für die Patristik, Verk. und Forsch. 1971 H. 1 S. 23, scheint mir fraglich); ferner Act Joh 94; Phil Evang 114; Apc Jac II p 63,2 f.: „in mir lebt deine Gnade“, d. h. eigentlich Christus; bes. charakteristisch Marcos bei Iren I,13,2 f. als „alter Christus“ im kultischen Sinn: „Sume primum a me et per me gratiam“ (*Harvey* Bd. I, S. 118), doch ist Simons Rede (I,23,3) von „seiner Gnade“ nicht kultisch gemeint; endlich auch Pistis Sophia Kap. 63: „Du bist die Gnade“ u. 69: „Dein Antlitz war mit mir, mich rettend in deiner Gnade“ (*Schmidt/Till*, S. 82 u. 98; Altgnost. Werk Kap. 9 u. 14, a.a.O. S. 347 u. 355); Sophia Jesu p 88,10 ff.

[127] Von ἔργα (ὅσια καὶ) δίκαια sprechen allein II Clem 6,9 und Hermas Mand VI,2,3 vgl. 2,8 u. 10); die Vorstellung ist hellenistisch-jüdisch grundiert, siehe Plato Theaitet 176 AB und gehört mit dem „Gerechtwerden durch Werke“ (I Clem 30,3; vgl. Hermas Sim VIII,11,1) zusammen; zum ἐργάζεσθαι δικαιοσύνην etc vgl. noch I Clem 33,8; Hermas Vis II,3,3; Mand V,1,1; VII,2; XII,3,1; 6,2; Sim V,1,4; VIII,10,3; IX,13,7; zur Sache vgl. ThWB II, S. 184; 632; 642 f.; 647 *(G. Schrenk, G. Bertram)*. Die Verwerfung der δίκαια ἔργα bei den Simonianern (vgl. analog das ἀγαθὸν ἔργον des Judas bei den Kainiten, Epiphanius, haer XXXVIII,3,5; *Holl* Bd. II, S. 66) weist bereits auf Marcion voraus. Die sonstige Gnosis denkt in bezug auf die δικαιοσύνη konventioneller, vgl. z. B. Evang verit p 33 (Gerechtigkeit gegen Gesetzlosigkeit); Epiphanius haer XXXIX,1 ff. (Sethianer); Clem Strom IV,162,1 (der Äon δικαιοσύνη bei den Basilidianern, dazu *Krämer*, Geistmetaphysik, S. 242); Pistis Sophia Kap. 61; 63 und 88 (*Schmidt/Till*, S. 78 f.; 83 u. 129); die urspr. Lehre p 22,14 (*Krause/Labib*, S. 133). Selbst der Traktat des Epiphanes περὶ δικαιοσύνης Clem Strom III,5 ff. verwirft nicht die Gerechtigkeit als solche.

um die Lehren des Prodikos und der Antitakten (Clem Strom III,30 ff.). Beide Richtungen sind christlich, d. h. sie berufen sich für ihre Ansichten auf Christus selbst; beide sind libertinistisch und versuchen ihren Libertinismus durch Paulusexegese zu rechtfertigen; schließlich gehören auch beide nicht zur femininen, sondern zur maskulinen Richtung der Gnosis, d. h. sie kennen keine weibliche Erlöserin (und daher auch keine sakramentale Unzucht). Während aber der karpokratianische Traktat περὶ δικαιοσύνης echt kynisch-kyrenaisch den Gegensatz zwischen νόμος und φύσις aufrichtet, um in Anlehnung an platonische Reminiszenzen die allgemeine Güter- und Weibergemeinschaft als Rückkehr zum verlorenen Urstand zu empfehlen, läuft die Tendenz der Antitakten mehr auf libertinistische Schöpfungsverachtung hinaus. Einen Zwischentyp repräsentiert vielleicht die irenäische Darstellung der Karpokratianer (I,25), mit der diejenige der Basilidianer (I,24,3 ff.) samt den Originalfragmenten des Basilides und Isidor zu vergleichen ist. Hier muß offenbar jeglicher Salvandus in langen Seelenwanderungen jegliche Antinomie durchmachen (Basilides: abbüßen), ehe die Erlösung faktisch wird. Die gnostische Überwindung der an den νόμος gebundenen pathologischen menschlichen Existenz ist allen diesen Richtungen gemeinsam[128].

d) Übrig bleibt schließlich das Motiv der „Hoffnung", welche die Simonianer, d. h. eigentlich alle Menschen, auf „Simon" als Erlöser setzen sollen. Was die personale Fixierung dieser Hoffnung auf Simon als „alter Christus" betrifft, so

---

[128] Belege: 1. Quellen a) Epiphanes bei Clem Strom III,5 ff.; in 7,2 ist Röm 7,7 benutzt; dazu Iren I,25 (Text bei *Völker*, Quellen S. 33 ff.) vgl. *H. Kraft*, Gab es einen Gnostiker Karpokrates? (ThZ 1952, S. 434 ff.); b) Prodikos und die Antitakten bei Clem Strom III,27,3 vgl. 54,1 (?); 36,1, 3 u. 5; 37,1; 38,2; 41,1 und 3 f. (hier mit Gal 5,1); 44,4; 61,1 (Röm 6,14); zum Ganzen siehe ZThK 1971, S. 418 f. m. Anm. 53. 2. Die nur akzidentielle Gültigkeit des νόμος ist sophistischer, d. h. kynisch-kyrenaischer Herkunft, vgl. *W. Jaeger*, Die Theol. d. frühen griech. Denker (1953), S. 9 ff. und *Ueberweg-Praechter* Bd. I, S. 123 ff. auch Diog Laertios II,16 u. Clem Strom II,128,2. *F. Chr. Baur*, Lehrbuch d. christl. DG ([4]1968), S. 114 parallelisiert den akzidentiellen Charakter der praecepta bei Simon mit dem der Materie bei den Valentinianern. 3. Der bei Epiphanes reflektierte Gedanke der Rückkehr zur allgemeinen Gleichheit des Urstandes (vgl. ganz ähnlich Philo, spec. leg 231 ff.) geht auf Poseidonius zurück (*Ueberweg-Praechter*, S. 481 f. und *Andresen*, Logos und Nomos, S. 248 ff.), seine Verbindung mit Gütergemeinschaft und Liebeskommunismus setzt sich auf dem Boden des Mönchtums fort (vgl. *K. Müller*, Kirchengeschichte Bd. I/1, [3]1940, S. 505 f. und meinen Veränderungsaufsatz, Kerygma und Dogma 1972, S. 37 Anm. 23 und S. 42 f. Anm. 33). Die Forderung der Frauengemeinschaft ist platonisch (Politicus 457 CD) bzw. kynisch (*Ueberweg-Praechter*, Bd. I, S. 507; *Schneider*, Geistesgesch. Bd. I, S. 690). Schließlich ist auch die seltsame Idee der Christusgleichheit bzw. -überlegenheit des Gnostikers (Iren I,25,2) nicht ohne antikes Beispiel, vgl. etwa Seneca, Epist 53,9 ff.: „est aliquid quo sapiens antecedat deum" (dazu *Heitmann*, Nachahmung Gottes, S. 45 f. und *Merki*, Homoiosis, S. 17); zum Gedanken der Isochristie vgl. meinen Aufsatz in Kerygma und Dogma, hier S. 51, Anm. 50. 4). Basilides und Isidor (Fragmante bei *Völker*, a.a.O. S. 38 ff.) stellen einen fortgeschrittenen Grad gnostischer Reflexion dar (vgl. dazu jetzt *E. Mühlenberg*, Wirklichkeitserfahrung und Theologie bei dem Gnostiker Basilides, Kerygma und Dogma 1972, S. 161 ff.).

ist dieselbe sicher paulinische Anleihe, wenn nicht einfach die spätjüdische „Hoffnung auf Gott" zugrunde liegen sollte. Doch ist das erste im Kontext das Wahrscheinlichere. Immerhin gibt es auch zu diesem Punkt gnostische Parallelen, unter denen wenigstens die manichäische genannt zu werden verdient; denn die „Hoffnung" war der Inbegriff von Manis Erlösungsbotschaft, die sich, wie die simonianische, grundsätzlich an alle Menschen richtete. ἐλπίδα ἐκήρυξα verkündet Mani, wie „Simon" in direkter Rede, am Anfang seines Evangeliums. „Ich predigte ihnen die Hoffnung des Lebens", heißt es in den Kephalaia[129].

Blicken wir zurück, so kann auch in diesem Fall kein Zweifel daran bestehen, daß die simonianische Gnaden- und Freiheitslehre von christlich-gnostischen Vorlagen abhängig ist, deren Überlieferung lediglich im Blick auf Simon neu zurechtgestutzt wurde. Dafür sprechen nicht nur die Parallelen auf christlich-gnostischem Boden, sondern — auch hier — die philosophischen Strukturen, die bei den obigen Vergleichen sichtbar geworden sind. Von einer samaritanischen „Frühgnosis" oder ähnlichem kann keine Rede sein. Zumal die bei Simonianern, Karpokratianern und Antitakten erkennbare Kombination zwischen Christologismus, Paulinismus, Libertinismus mit dem sophistischen Axiom von der Minderwertigkeit positiver Satzungen spricht eine eindeutige Sprache[130].

---

[129] Zum jüdisch-christlichen Hoffnungsbegriff vgl. *Bultmann* und *Rengstorf* in ThWB II, S. 519 Anm. 30; 526,5 f. und 528 (Verbindung mit ἐλευθερία bei Paulus. Zum Inhaltlichen bes. *C. Schmidt,* TU 43, S. 310. Die Mani-Stellen bei *Henrichs-Koenen*, a.a.O. S. 201 Anm. 271 (Keph 15,26, ähnlich Keph 154); weitere gnostische Belege bieten z. B. Die urspr. Lehre p 34,10 (dazu *Krause* in Le Origini S. 85); häufiger ist die Trias Glaube, Liebe, Hoffnung, vgl. etwa Epiphanius, haer XXXI,6,8; Phil Evang 115; Altgnost. Werk, Kap. 2; 10; 12; 15; vgl. hierzu den Exkurs von *H. Lietzmann* zu I Kor 13,13 im Hdb. z. NT (der aber Reitzensteins Hypothese zu sehr entgegenkommt) und neben *Harnacks* Äußerungen auch *R. Seeberg*, Lehrbuch der DG, ^{4}1953, Bd. I, S. 207, Anm. 1. Wenn Hippolyt statt „Hoffnung" in Ref VI,19,7 „Glaube" an Simon und Helena einsetzt, so wählt er das auch der Gnosis geläufigere Wort: denn: „Primus est deorum cultus deos credere" (Cicero, De nat. deorum II,153, vgl. ähnlich Epiktet, Diss II,11,11 ff.). Gnostische Belege finden sich z. B. in Exc ex Theod § 61,8; Iren I, 25,5; Mariaevang. p 17,13 ff.; Rheginosbrief p 54 (dazu *Rudolph*, ThR 1969 S. 206); Act Joh 90 u. 92; Apc Jac I, p. 29,23 f.; Pistis Sophia Kap. 47 u. 50; Altgnost. Werk Kap. 10; II Jeû Kap. 43.

[130] Dieselbe Kombination würde auch bei den Basilidianern vorliegen, wenn der von Iren (I,25,5 f.), Agrippa Castor (Eus. h. e. IV, 7,7) u. a. erhobene Vorwurf in bezug auf Magie und Unzucht zuträfe. Daß den Magiern (und damit auch den von ihnen abhängigen Gnostikern) „alles erlaubt" (vgl. I Kor 6,12!) gegolten habe, sagen Tertullian, De praescr. 43,3 vgl. Adv Marcionem I,18 und Clem Strom III,11,1 unabhängig voneinander. Dagegen geben zumindest die hier wichtigen Auszüge des Clemens aus Isidor (Strom III,1 ff.) nichts Eindeutiges her. Was die umstrittene LA ἀντέχου (Clem Strom III,2,2), bzw. ἀνέχου (Epiphanius, haer XXXII,4,6) oder ἀπέχου cj. *Hilgenfeld*, a.a.O. S. 217 Anm. 350) im Blick auf das „zänkische Weib" von Prov 21,19 betrifft, an das sich der basilidianische Gnostiker halten, bzw. von dem er sich enthalten soll,

Damit ist auch in bezug auf den Gehalt des simonianischen Libertinismus einigermaßen Klarheit gewonnen, d. h. es handelt sich dabei – trotz des Ennoiamythos – nicht um praktisch ausgeübte kultische Unzucht, wie sie im Raum der „weiblichen" Gruppe gnostischer Richtungen (vgl. bes. Epiphanius, haer XXVI) begegnet, die ihr asketisches Gegenstück im valentinianischen Sakrament des Brautgemachs besitzt, sondern vielmehr um den maskulinen gnostischen Typ, der den Libertinismus grundsätzlich unkultisch, d. h. mehr theoretisch argumentierend i. S. der Indifferenz zwischen gut und böse (Antitakten) oder im Blick auf die Aufhebung aller Gegensätze (Epiphanes), d. h. i. S. eines antiken „retournons à la nature" vertritt, dessen asketisches Pendant z. B. bei Marcion wiederkehrt, wenn die Enkratie den Skopus hat, dem „gerechten" Gott einfach die Stirn zu bieten. Mit Marcion stimmt der Simonianismus auch in der Allgemeinheit seines Verkündigungsanspruches überein[131].

Freilich, hier erhebt sich ein Problem: Wenn, wie früher gezeigt, das Zentrum der simonianischen Lehre durch den Ennoiamythos gebildet wird, d. h. durch ein System, welches offenkundig der „weiblichen" Richtung der Gnosis entstammt, und wenn gerade die Erlösung dieser Ennoia aus dem tyrischen Bordell, d. h. aus ihrer fleischlichen Gefangenschaft auf alles andere schließen läßt als auf libertinistische Moral, wie ist dann die Verbindung zwischen simonianischem Ennoiamythos einerseits und simonianischem Libertinismus andererseits vorzustellen? Die einfachste Lösung des Problems wäre natürlich, die antignostische Redaktion, d. h. Irenäus für eine solche complexio oppositorum verantwortlich zu machen, zumal der hier zur Debatte stehende Textteil bei Irenäus nicht mehr durch die

---

so scheint mir (trotz *Holl* und *Stählin/Früchtel*) nach wie vor *Hilgenfeld* mit seiner Konjektur das Richtige getroffen zu haben. Zum Paulinismus bei Basilides vgl. bes. *H. Langerbeck*, Die Anthropologie der alexandrinischen Gnosis (in: Aufsätze zur Gnosis S. 38 ff., hier S. 46 ff.). Doch darf man den Gnostizismus m. E. nicht einfach aus einem platonisierenden Paulinismus herausgewachsen denken. Gerade der simonianische „Paulinismus" zeigt, daß die gnostische Paulusinterpretation auf einer älteren gnostischen Unterschicht aufruht.

[131] Zur Unterscheidung zwischen moralischem Libertinismus und kultisch-sakramentaler Unzucht, siehe schon meine Ausführungen in Kerygma und Dogma 1972, S. 41 f. Anm. 32 und die dortigen Belege und Hinweise. *H. Jonas*, Gnosis u. spätantiker Geist Bd. I, hat zwar dogmatisch zwischen männlicher und weiblicher Gruppe bei den Gnostikern unterschieden, diese Differenzierung dagegen nicht auf die ethische Seite ausgedehnt (S. 204 und 233 ff.). „Maskulin" orientierter Libertinismus steckt z. B. in der deplazierten Schilderung bei Iren I,6,2, die mit dem valentinianischen Kontext nicht zusammengehört (vgl. auch Corp Herm XII,7, dazu *Nilsson*, Griech. Rel. II, S. 554 f.), „feminin" orientiert ist die Polymixie bei den Sethianern (Epiphanius, haer XXXIX, 3,4). Mit den auch den Gnostikern zugeschriebenen kultischen Exzessen (Blutschande und Kannibalismus, z. B. Clem Strom III,10,1 f. zu den Karpokratianern) hat dergleichen nichts zu tun. Zu Marcion siehe *Harnack*, a.a.O. S. 149 u. 277*.

Syntagmatradition des Hippolyt gedeckt ist. Indessen spricht dagegen doch einiges: zunächst dies, daß schon mit der radikaldoketistischen Christologie, die auch das Syntagma noch bezeugt, der Übergang von der femininen zur maskulinen Gnosis faktisch vollzogen war. Hinzu aber kommt die eigenwillige Position der Ennoia im simonianischen Ganzen überhaupt. Indem nämlich der Simonianismus – im singulären Unterschied zu anderen gnostischen Richtungen – die Seelenwanderung, und damit auch die Erlösung auf das einzige Exemplar der Ennoia beschränkt, ohne daß von irgendeiner pneumatischen Konsubstanzialität der Ennoia mit den simonianischen Einzelgnostikern die Rede ist, zieht er nicht nur einen – wieder einmal ganz ungnostischen Trennungsstrich zwischen gnostischer Gottheit und Menschheit, sondern schafft eben dadurch zugleich auch ein soteriologisches Vakuum auf der Menschheitsseite, das eine zweite Art von Erlösung geradezu erfordert. Dieses Vakuum füllt – auf ihre Weise – die simonianische Predigt von Gnade und Freiheit, d. h. der theoretische simonianische Libertinismus[132].

Welche Bedeutung aber hat dann die Ennoia im simonianischen Rahmen überhaupt, wenn das Heil aller Menschen nicht mehr *in*, sondern lediglich neben demjenigen der Ennoia zu stehen kommt, ähnlich wie die Stadt Tyrus neben der dreifachen Bestimmung „Simons" für Judäa, Samarien und die Heidenwelt? Auf diese Frage scheint es keine Antwort zu geben. Scheinbar stehen sich hier zwei unvereinbare gnostische Konzeptionen unter einem Dach gegenüber, zwischen denen es keinen Ausgleich gibt. Und doch gibt es einen Hinweis, der wenigstens andeutet, wie der vermißte Zusammenhang des Ganzen eigentlich gedacht war, und zwar in dem bisher übergangenen Originalzitat Nr. 4 bei Epiphanius (haer XXI, 3,4). In diesem Zitat (samt Kontext) bezieht nämlich „Simon" das Bild der „geistlichen Waffenrüstung" von Eph 6,14 ff. auf das Bild der gepanzerten simonianischen Ennoia/Athene. Leider ist die Wiedergabe bei Epiphanius denkbar unscharf. Aber so viel läßt der erbitterte Kommentar des cyprischen Ketzerhammers doch erkennen, daß „Simon" die ganze Begriffshälfte des Bildes, also „Glaube", „Gerechtigkeit", „Friede", „Wahrheit", „Heil" und „Geist", mit einem Wort also: den Inbegriff des Heiles überhaupt, in der Ennoia zusammengefaßt und mythisch verkör-

132 Die Verschiedenheit zwischen der Erlösung der Ennoia und derjenigen der Simonianer hat *L. Schottroff* (Der Glaubende und die feindliche Welt, 1970, S. 121 Anm. 1) – im Unterschied zu nicht wenigen anderen Autoren – richtig erkannt und zu belegen versucht: „Helena-Ennoia wird durch das Kommen Simons erlöst, die Menschen dagegen durch die Erkenntnis. In der Irenäusfassung wird also ein verschiedener Modus der Erlösung für Helena und die Menschen angenommen ... aber auch in dieser Fassung liegt der Entsprechungsgedanke vor." Sch. beruft sich dafür (gegen *Haenchen*) auch auf *L. Cerfaux*, La gnose simonienne. In der Kenntnis dieser Abhandlung stellt sie eine Ausnahme unter den deutschsprachigen Autoren dar (s. o. S. 90[29]).

pert finden will, sofern sie eben jene Rüstung trägt, die den „feurigen Pfeilen des Bösen" widersteht[133].

Einen eindrucksvolleren christlich-heidnischen Synkretismus kann es kaum geben: Athene als Inbegriff von Eph 6,14 ff. Indessen beweist diese Kombination nur einmal mehr den komplexen und damit sekundären Charakter der ganzen simonianischen Gnosis; denn die Epheserdeutung steht mit den trojanischen Allegorien des Ennoiamythos in jeder Hinsicht auf der gleichen Stufe. Davon abgesehen wird aber auch der Zusammenhang zwischen Ennoiamythos und allgemeiner simonianischer Heilsverkündigung erkennbar. Er besteht nicht darin, daß die Ennoia als Inbegriff der im Gnostiker anwesenden und daher zu erlösenden Pneumasubstanz anzusehen wäre — dieser Konnex ist durch die gewaltsame Einschränkung der Seelenwanderungslehre auf die Ennoia zerstört — wohl aber besteht er darin, daß die Ennoia *ohne* alle pneumatische Konsubstanzialität den Inbegriff jener Gnaden- und Freiheitslehre symbolisiert, die sich auf der Menschheitsebene als allgemeiner Libertinismus auswirken soll. Zugleich erklärt sich damit noch einmal eine sonst unauflösbare Unstimmigkeit bei Hippolyt, die Behauptung nämlich, daß „Simon" zwar die Ennoia für sich, d. h. für seinen eigenen Hieros Gamos mit ihr von der vorherigen Prostitution, d. h. vom fleischlichen Gesetz erlöst haben soll, daß aber die Nachahmung dieser Erlösung durch seine Anhänger in allgemeiner Libertinage bestanden haben soll (Ref VI,19 3 ff.). Eben die gleiche Kombination liegt auch bei Irenäus zugrunde.

Indem der Simonianismus das soteriologische Motiv der Gnosis in der Ennoia zusammenfaßt, indem er es unter Verzicht auf gnostische Konsubstanzialität zwischen der Ennoia und den Pneumatikern als reines Urbild-Abbildverhältnis faßt, steht er in formaler Hinsicht sowohl der kirchlichen Auffassung vom Glauben als auch dem Marcionitismus näher als dem übrigen Gnostizismus. Gleichzeitig spricht auch aus dieser konstruktiven

---

133 Zur Benutzung von Eph 6,14 ff. in der frühen Kirche vgl. Pol Phil 6,2; Tatian, Oratio 16 und Exc ex Theod § 85,3. Die sehr allgemein gehaltenen Angaben des Epiphanius (haer XXI,3,4), Simon habe nach der Weise der Mimologie des Philistion (vgl. PW XIX/2, Sp. 2404 und abermals Epiphanius haer XXVI,1,7) sowohl den στέρεος λογισμός als auch die πίστις ἁγνῆς ἀναστροφῆς sowie die δύναμις θείου λόγου zu Spott gemacht, hat zwar in der Eph-Stelle keine wörtliche Entsprechung (vgl. dagegen Pol Phil 4,3; Hermas Sim IX,27,1 f.; I Tim 4,12; Diognet 2,9), ist also Formulierung des Epiphanius, meint aber doch offenkundig den Gesamtstatus des Christlichen. Wie geeignet gerade der Epheserbrief für die gnostische Interpretation war, beweist (ungewollt) die bekannte Arbeit von *Schlier,* Christus und die Kirche im Epheserbrief (1930), die den damaligen Vorgang mit moderner, religionsgeschichtlicher Methode noch einmal wiederholt. In Eph 2,8 findet sich die nächste Berührung mit der simonianischen Gnadenlehre, in Eph 1,18 ist von der χάρις, in 1,19 von der „überwältigenden Größe" der „Kraft" Christi die Rede; das konnte auf simonianisches Empfinden anziehend wirken.

Zusammenfassung ursprünglich heterogener gnostischer Überlieferungsstücke, der Anspruch des Simonianismus, den Inbegriff von Gnosis überhaupt vorzustellen.

12. *Die Eschatologie* (Iren I,23,3 = Hippol Ref VI,19,6 u. 8). Auffallend ist, daß in der älteren simonianischen Tradition mit keinem Wort die individuelle Frage der Auferstehung bzw. Unsterblichkeit erwähnt wird, daß vielmehr erst III Kor (I) 12, bzw. Epiphanius (haer XXI,4,4) dem Simonianismus entsprechende gnostische Ansichten nachsagen. Lediglich im Originalfragment Nr. 3 (Epiphanius haer XXI,3,3) ist von der ἀπώλεια aller derer die Rede, die Simons Gnosis nicht annehmen. In der Tat gehen die eschatologischen Aussagen mehr aufs große Ganze als auf das Einzelschicksal ein, d. h. sie knüpfen die Eschatologie mit der Angelologie und Kosmologie zusammen. Und zwar wird zweierlei behauptet:

a) Da die Engel den Kosmos schlecht verwaltet hätten (κακῶς διοικούντων), weil jeder von ihnen den Prinzipat haben wollte (διὰ τὸ φιλαρχεῖν αὐτούς), sei er selbst (Simon) zur allgemeinen „emendatio rerum“ (εἰς ἐπανόρθωσιν) herabgekommen.
b) Da die Engel ihre Gebote erlassen hätten, um die Menschheit dadurch unter sich zu knechten, werde der Kosmos wieder aufgelöst, d. h. vernichtet („solvi mundum“; φθίσειν ... τὸν κόσμον) und die Anhängerschaft Simons befreit werden (liberari eos qui sunt eius; λύτρωσις τῶν ἰδίων ἀνθρώπων).

Weltverbesserung und Weltvernichtung scheinen sich hier zu widersprechen[134]. Wir versuchen, den Widerspruch zu entwirren und beginnen beim Angelpunkt des Ganzen, bei der simonianischen Engellehre. Daß im Engel- bzw. Demiurgenraum der Welt gleichsam ein Kampf aller gegen alle herrscht, ist bereits im Zusammenhang mit dem Engelneid, Engelkrieg und der Katabasis des Erlösers (s. o. Nr. 4, 5 und 8) angeklungen[135]. Daß

[134] Gedankliche Unebenheiten und Widersprüche haben die Gnostiker in ihren Systemen in der Regel nicht gestört, wie man an Marcion und zahlreichen Stellen der Nag Hammadi-Texte studieren kann.

[135] Vgl. bes. S. 147[36], dazu die Sethianer bei Epiphanius haer XXXIX, 2,1 f. (Engelkrieg aller gegen alle) und die ganz ähnlichen Zustände im Himmel Jaldebaoths nach Iren I,30,5 (vgl. dazu meinen Clemens Romanus S. 57 ff. mit weiteren Belegen). Die Mandäer verlegen diese Zustände in die Unterwelt: Ur ist entfesselte Tobsucht. Daß für antikes Empfinden daran nichts Göttliches sein konnte, spürt man, wenn man dazu den „antiken Friedensgedanken“ *(H. Fuchs)* mit seiner Entsprechung zwischen politischer und kosmischer Harmonie vergleicht (dazu meine Ausführungen in Kerygma und Dogma 1972, S. 27 ff.). „Wie wir auf Erden“, sagt Epiphanius (haer XL, 4,6; *Holl* Bd. II, S. 84 f.), „sehen, daß die Amtsbereiche dem Kaiser nicht zuwider, sondern untergeben sind im Blick auf die Verwaltung und Ordnung des ganzen Reiches ... so ist es auch im Himmel, d. h. zumal dort, wo es weder Neid, noch Eifersucht, noch Aufruhr ... und dergleichen gibt, wo die Gewalten um anderer (nämlich gottesdienstlicher) Aufgaben willen ihre Ordnung haben.“

es dabei um den Primat der Herrschaft geht, hat in der kirchlichen Verwerfung der φιλοπρωτεία zumindest eine Entsprechung[136]. Wichtig ist aber vor allem die Erkenntnis, daß beide Engelmotive, also sowohl der Kampf um den Prinzipat als auch die Verknechtung der Menschen unter die Engelwillkür, als solche nicht gnostisch, sondern allgemein jüdisch-frühchristlich sind, wie die bekannten Stellen aus Papias (Fragment 4) und der Ascensio Jesaiae (10,29 ff.) beweisen:

a) *Papias, Fragment 4:* Papias sagt wörtlich: „Einigen von ihnen, d. h. offenbar von den einst göttlichen Engeln, übertrug er auch die Herrschaft über die irdische Welt, und diese Anordnung war (an sich) gut." Doch danach sagt er: „Zu nichts wurde schließlich ihre ganze Taxis."[137]
b) *Asc Jes 10,29 ff.:* „Und weiterhin stieg er (Christus) hinab in das Firmament, wo der Fürst dieser Welt wohnt und gab das Losungswort denen zur Linken, und sie priesen ihn nicht daselbst, sondern bekämpften einander aus Neid, denn daselbst herrscht die Macht des Bösen und Neid um das Geringste ... denn einer beraubte und vergewaltigte den anderen."[138]

In seiner Abhandlung über das „schlechte Engelregiment" hat J. Daniélou SJ beide zitierten Stellen behandelt und durch weitere Texte erläutert. Beide geben in der Tat Ausschnitte aus der jüdisch-frühchristlichen Lehre von den abtrünnigen Engeln[139]. Zu Papias Frgm. 4 zieht Daniélou

[136] Vgl. dazu meine Belege in „Kallist und Hippolyt" (ThZ 1964, hier S. 107 Anm. 14; auch *Harnack*, Der kirchengeschichtliche Ertrag der exeget. Arbeiten d. Orig., TU 42/4, S. 136 f.; zur Verbindung des Sachverhaltes mit dem Simonianismus vgl. meinen Clemens Romanus, S. 99 f.

[137] Andreas von Caesarea (um 600) Comm in Apc Joh c. 34, serm. 12b. *Funk-Bihlmeyer*, Die Apostol. Väter (^{2}1956, Neudruck) S. 137. Der Grund für dies Zunichtewerden der Engelherrschaft kann nur im Kommen Christi erblickt werden, vgl. z. B. Justin, Dial 45,4, wo die κατάλυσις der „Schlange" und der ihr „verähnlichten" Engel mit der Inkarnation Christi verbunden ist (dazu *Loofs/Aland*, Leitfaden z. DG S. 96).

[138] Text nach *J. Flemming/H. Duensing* bei *Hennecke-Schneemelcher*, Bd. II, S. 466, hier mit der Transfiguratio Christi vgl. 10,7 f. Zur Einordnung der Stelle s. o. S. 174[88].

[139] *J. Daniélou* SJ, Le mauvais gouvernement du monde d'après le gnosticisme (in: le Origini, S. 448 ff.). Zuzustimmen ist dem Vf. darin, daß der Topos von Hause aus jüdischer Herkunft ist, doch ist das dazu gebotene Material längst nicht vollständig, weder für die jüdische Seite (vgl. *Bousset-Greßmann*, Religion des Judentums, S. 244; 332 f.; 491 f., ferner Judas 6 und die von *Windisch* im Hdb. z. NT z. St. gebotenen Vergleiche, usw.), noch, was die Gnostifizierung des Sachverhaltes betrifft. Hier ist vor allem auf den ganzen, mit der jüdisch-christlichen Adamslegende zusammenhängenden Komplex bei den Sethianern (Epiphanius, haer XXXIX,2–4, vgl. bes. 2,1 f.; 2,5 u. 3,4) hinzuweisen, wo Engelkrieg, Mißherrschaft und Engelvernichtung geschildert sind. Zur schlechten Weltregierung des marcionitischen Demiurgen vgl. *Harnack*, Marcion S. 107 ff. und den von *A. Adam* (Lehrb. d. DG I, S. 147 f.) zitierten Text aus Ephraem, ferner Basilides bei Epiphanius, haer XXIV,2,4 ff. (vgl. auch *Hilgenfeld*, Ketzergesch. S. 199 f.). Zur Auflehnung und Abtrünnigkeit des

besonders Athenagoras, Presb 24 f. zum Vergleich heran, also die zwischen jüdischer Angelologie und heidnischer Dämonologie vermittelnde apologetische Überlieferung vom Engelfürsten, dem (mit seinen Unterengeln) die διοίκησις der irdischen Welt übertragen war, der sich aber in seinem Stolz absolut setzte und damit den Engelsturz (einschl. der Engelehen von Gen 6) herbeiführte. Noch einen Schritt dichter an den simonianischen Sachverhalt führt aber die Parallelversion dieser Überlieferung bei Justin (Apol II,5 u. 7). Danach haben die Engel die ihnen von Gott gesetzte Taxis übertreten und das Menschengeschlecht dadurch „verknechtet" (ἐδούλωσαν), daß sie Götzendienst, Magie und alle möglichen Laster und Verbrechen einführten, d. h. auch hier sind die Engel bereits Dämonen. Ihr Gericht aber wird mit der κατάλυσις τοῦ παντὸς κόσμου über sie ergehen. Kurz, hier ist die ganze von den Simonianern verwendete Engeltradition bereits auf außergnostischem Boden nachweisbar. Lediglich die inhaltliche Fassung jener „Verknechtung" der Menschheit ist jeweils verschieden, hier das Heidentum mit seinem Götzendienst und allen seinen Lastern, dort, bei den Simonianern, die kosmisch-moralische Gesetzgebung überhaupt[140].

Fragt man, ob das bei den Simonianern verarbeitete Vorbild noch jüdisch oder bereits christlich war, so ist die Antwort freilich schwierig, und zwar deshalb, weil „Simon" als υἱοπάτωρ (s. o. Nr. 7) zugleich die Funktion des Schöpfergottes wie des Erlösers (Christus) in seiner Person vereinigt. Indessen scheint doch auch hier die christliche Ableitung näherzuliegen als die jüdische, jedenfalls dann, wenn man die enge Beziehung der Weltengel, die Simon im Originalfragment Nr. 1 (Epiphanius haer XXI,2,4) ausdrücklich als „seine" Engel bezeichnet, zur Katabasis des Erlösers in der Syntagmatradition (ebda.) berücksichtigt. Der auch die Engelwelt kausierende Schöpfungsmittler ist in der christlichen Tradition einfach der präexistente Christus, also derselbe, der die Engelwelt in Asc Jes 10 unerkannt durchschreitet und den auch Justin (Apol II,6,5) zwischen „Verknechtung" der Menschheit und „Auflösung der Welt" (5,4 u. 7,1), zur κατάλυσις der „Dämonen" als Mensch erscheinen läßt.

Wie aber steht es dann mit dem Zusammenhang jener zwei einander scheinbar widersprechenden Nachrichten, d. h. a) der „emendatio rerum" im Blick auf die Engelmißwirtschaft und b) des „solvi mundum" in bezug auf die Befreiung vom Gesetz? Was zunächst das Motiv der „emendatio rerum", d. h. griech. der ἐπανόρθωσις betrifft, so brauchen wir uns dabei

Schöpfers vgl. auch Apokr Joh p 43,2 ff. und 45,1 f. (Cod Berol 8502) und Phil Evang. 13.

[140] Texte bei *G. Ruhbach*, Altkirchliche Apologeten (1966), S. 52 ff. und *G. Krüger*, Die Apologien Justins des Märtyrers (^{4}1915), S. 64 ff.; zur Sache vgl. *J. Geffcken*, Zwei griechische Apologeten (1907), S. 214 ff. und die dort (S. 216 Anm. 2) angegebenen weiteren christlichen Belege. Zur Stellung Christi in bezug auf die Engel siehe *H. Windisch* im Hdb. z. NT zu Hebr 1,4 und Exkurs zu 1,14; ferner *G. Kretschmar*, Trinitätstheol. S. 222.

nicht lange bei der platonischen Urbedeutung (Politicus 169 A ff.) aufzuhalten, wonach dieser Begriff die periodische Wiederherstellung der aus den Fugen geratenden Welt durch die Gottheit bezeichnet. Ebensowenig braucht uns auch die – vor allem durch Philo repräsentierte – ethische Bedeutung der ἐπανόρθωσις zu kümmern, die auf frühchristlichem Boden (vgl. im NT II Tim 3,16) in den Bereich des Buß- und Erziehungsdenkens einmündet und die Heilsfrage dadurch mit dem allgemeinen Anspruch auf Weltordnung und sittliche Kultur verbindet[141]. Vielmehr bedarf es zur Klärung unserer Frage hier lediglich derjenigen Zeugnisse, die das Motiv der ἐπανόρθωσις unmittelbar mit dem Kommen Christi in die Welt verbinden. Es handelt sich dabei um vier Stellen:

a) Origenes, Ctr Cels IV,3 f.: Zum Problem der Menschwerdung Christi stellt Celsus, der das Wort in die Debatte wirft, die Frage, ob der christliche Gott nicht imstande gewesen sei, mit göttlicher Kraftwirkung eine „Verbesserung" der Weltzustände zu bewirken. Das ist platonisch argumentiert. Origenes antwortet, Gott habe jene ἐπανόρθωσις ständig, sei es durch die atl. Propheten, sei es durch Christus ausgeübt. Die Sendung Christi unterscheide sich lediglich darin von derjenigen der Propheten, daß sie nicht mehr partikular einem einzigen Volk, sondern universal der ganzen Menschheit gelte. Dabei meint der von Origenes wiederholt gebrauchte Begriff der ἐπανόρθωσις stets die sittliche Weltverbesserung i. S. Philos.

b) Im Anschluß an das 4. Fragment Valentins (Clem Strom IV,89, 1 ff.), wo von der „Auflösung des Todes" (durch Askese) die Rede ist und diese zugleich als ein „solvi mundum" (κόσμον λύσητε) interpretiert wird, kommt Clemens (91,3) zu der Folgerung, das liefe auf ein „Verbessern" (ἐπανορθούμενοι) der Schöpfung durch menschliche Machtvollkommenheit hinaus. Hinter solcher Behauptung stehe ungesagt das Dogma von der (gnostischen) Überlegenheit des Geschöpfes über den Schöpfer.

c) Nach der bei Hippolyt Ref VI,36,4 wiedergegebenen valentinianischen Ansicht ist Jesus durch Maria zur ἐπανόρθωσις τῆς κτίσεως τῆς καθ' ἡμᾶς zur Welt gekommen. Der Kontext der Stelle läßt erkennen, daß damit die Erlösung der oberen *und* unteren Welt, d. h. sowohl der Sophia (Achamoth) als auch der Menschen von den πάθη gemeint ist. Im Blick auf die Erlösung der Sophia spricht die Stelle von διόρθωσις.

[141] Vgl. hierzu meinen ZThK Aufsatz 1971, S. 418 f. Schon Plato (vgl. Legg 644 B) sieht in der ἐπανόρθωσις den Vorgang kultureller Wiederherstellung nach dem Verfall der Bildung (*W. Jaeger*, Paideia Bd. III, [3]1959, S. 302 und 440, Anm. 66). Zum ἐπανόρθωσις-Mythos im Politikos (269 A ff.) siehe *Krämer*, Geistmetaphysik, S. 179 f. Die Belege aus Philo und den frühen Kirchenvätern (einschl. διόρθωσις) sind sehr zahlreich und können hier nicht alle ausgebreitet werden. Ich verweise nur auf die folgenden: Philo, spec leg 186 ff. (dazu *Merki*, Homoiosis S. 43), I, 238 u. 336, Confus ling 171 (dazu ThWB II,299); leg alleg III, 106; Quod deus sit immut 182; De virt 175; De unit nom 248; Clem Alex Protrept X 89,1; Paid I,82,3 (138,2) 140,3; III,86,1; 87,1; Strom II,47,2; 69,2; IV,19,3; 154,2; VII,3,4; 6,1; 21,4; Orig Ctr. Cels II,51; IV,3 f. (s. u.); Methodius Symp VIII,16; De resurr I,31,2; 38,1; II,6,4. Zur Sache auch *Preisker*, ThWB V,452.

d) In dem in Acta Archelai 5 ff. eingefügten Brief an den Christen Marcellus erklärt Mani eingangs (c. 5,2), er sei zur „Verbesserung“ des ganzen menschlichen Geschlechts gesandt (πρὸς ἐπανόρθωσιν τοῦ τῶν ἀνθρώπων γένους ἀποσταλείς). Im Grunde vertritt er damit nichts Geringeres als die Sendung Christi selbst. Als Inhalt seiner Sendung ist die gesamte manichäische Heilslehre zu denken. Diese aber hat ihr letztes Ziel im „solvi mundum“, d. h. in der fortschreitenden Weltzersetzung[142].

Diese vier Stellen genügen, um die Frage der simonianischen ἐπανόρθωσις zu entscheiden. Aus ihnen geht eindeutig hervor, daß das Motiv der „emendatio rerum“ auf gnostischem Boden im Zusammenhang mit der Katabasis Christi als des gnostischen Erlösers verwendet wurde. Dabei bezeichnen die beiden valentinianischen Zeugnisse, indirekt aber auch das manichäische, den Sinn dieser „Weltverbesserung“: Es geht um die Aufhebung der πάθη, d. h. der mit der Materie gesetzten Leidenschaften, die das Leben und mit dem Leben auch den Tod hervorrufen. Es geht in der Tat um die volle Auflösung der herrschenden Weltordnung. Zwar wird das Wort ἐπανόρθωσις im Falle des valentinianischen „solvi mundum“ (Fragment 4) erst von Clemens hinzugefügt. Allein diese Hinzufügung durch den kenntnisreichen Alexandriner bezeugt doch, daß die Affinität zwischen der „emendatio rerum“ und dem „solvi mundum“ für gnostisches Empfinden eine überaus enge gewesen ist. Wir wenden uns daher sogleich weiter an das zweite der beiden Motive.

Auch bei der Vorstellung der κατάλυσις κόσμου können wir uns umständliche Untersuchungen zur Frage des „Auflösens“ aller möglichen Dinge, die sich biblisch etwa um das Diktum von Mt 5,17 gruppieren lassen, guten Gewissens schenken[143]. Daß die Gnosis sich das Heil als Be-

[142] Belege: Orig Ctr. Cels IV,3 f. bei *Koetschau*, Orig. Bd. I S. 275 ff.; Zum 4. Fragment Valentins (Clem Strom VI,89,1 ff.) s. *Völker*, Quellen, S. 58, vgl. dazu Phil Evang 10 und meine Bemerkungen in Kerygma und Dogma 1972, S. 40 f. mit Anm. 29–31, ferner Exc ex Theod § 80,2 und Ps Clem Rec II,7,2 (von Simon) „qui neget posse se aliquando dissolvi ...“ (*Rehm*, S. 55); Clem Strom IV,91,3 bei *Stählin/Früchtel* S. 288; Hippol Ref VI,36,4 bei *Wendland*, Hippol III, S. 166 und *Völker*, Quellen S. 135 f. (die Verdreifachung Christi ist natürlich nicht ursprünglich). Act Archelai 5,2 bei *Beeson*, Hegemonius, S. 6. Neben ἐπανόρθωσις wird auch διόρθωσις gebraucht, bes. in den Exc ex Theod vgl. §§ 30,2 f.; 35,2; 41,4 (κοσμεῖν) vgl. ferner Epiphanius haer XXXIV,1,2 – Marcos; Hippol Ref VII,25,2 – Basilides; Eus. h. e. IV,29,6 – Tatian; zur Sache auch Phil Evang 78 u. 117; Sophia Jesu p 120,14 ff. *(Till)*.

[143] Vgl. dazu *Harnack*, Geschichte eines programmatischen Wortes Jesu (Mt 5,17) in der ältesten Kirche (1912), ferner die Hinweise bei *H. F. Weiß*, Der Pharisäismus (Forsch.-Berichte der Sächs. Akademie d. Wissenschaften, phil.-hist. Kl. Bd. 110, Heft 2, 1965), S. 116 Anm. 4 und S. 124, Anm. 4, ferner *H. v. Campenhausen*, Die Entstehung der christl. Bibel, S. 22 Anm. 79; *M. Hengel*, Nachfolge und Charisma (BZNW 34, 1968), S. 16, schließlich auch *W. Bauer*, Leben Jesu, S. 351; 353; 392 u. 469 Anm. 1, sowie *J. Jeremias*, Unbekannte Jesusworte ([3]1963), S. 30 Anm. 122. Einzelbelege zu Mt 5,17 und

freiung aus den irdischen Fesseln und die Befreiung als „Auflösung" der herrschenden Strukturen vorstellte, ist bekannt genug. Wir greifen daher aus der Fülle der Belege auch hier nur diejenigen heraus, die die simonianische Version des „solvi mundum" unmittelbar erläutern. Natürlich ist im Gnostizismus in verschiedenster Hinsicht vom καταλύεσθαι die Rede, obwohl das Ziel immer das gleiche bleibt. „Aufgelöst" wird vor allem das Gesetz, dazu der Weltschöpfer, die Archonten, der Tod und schließlich auch der gesamte nichtpneumatische Kosmos[144]. Hierzu folgende Belege:

a) Noch einmal Valentin Fragment 4 (Clem Strom IV,89,1 ff.): Hier wird das (durch asketische Enkratie zustande kommende) Aufhören (der Zeugung und damit) des Todes als ein Herrschen über die Schöpfung und damit als Auflösen der Welt (καταλύειν τὸν κόσμον) hingestellt. Der Zusammenhang der Passage mit dem Motiv der ἐπανόρθωσις ist oben bereits erörtert[145].

b) Nach der Schrift „Der Donner, der vollkommene Nus" (Nag Hammadi Cod VI,2) sagt das dort mit der Darlegung seines ambivalent-paradoxen Charakters beschäftigte Nus/Christus/Sophiawesen im Stil des Christus-Reigens von Act Joh 94 f.: „Ich bin der, der bleibt und der auflöst" (p 19,10 ff.).

c) Von einer Auflösung des Alls spricht an mehreren Stellen auch der Christus der Pistis Sophia (vgl. Kapp. 86, 98 u. 106), doch ist damit eindeutig der apokalyptische Vorgang des Weltendes gemeint.

d) Nach dem Basilidesbericht des Irenäus (I,24,4), der freilich der entsprechen-

---

verwandten Überlieferungen können hier aus Gründen des Umfanges nicht gegeben werden.

[144] Auflösung des Gesetzes: Vgl. schon Didache 11,2; ferner Iren I,27,2; 31, 1 f.; Clem Strom III,34,4; 36,3; 82,2 (Tatian); Const Apost VI,19,3 (Simon Magus); Ps Clem epist Petr ad Jac 2,4; Epiphanius, haer VIII,6,6 (Vorwurf der Judaisten); Mani-Codex Köln bei *Henrichs-Koenen*, a.a.O. S. 136 Anm. 99; *Fendt*, Gnost. Mysterien, S. 13 u. 76; *W. Bauer*, a.a.O. S. 197 und 359. Auflösen der Werke des Teufels bei Basilides (Iren I,24,4); bzw. des Teufels und der Archonten, vgl. schon Ign Trall 4,3; Evang Verit p. 33; Titelloses Werk p 173,30; 175,2; auch 151,24 ff.; Phil Evang 123; auch Justin, Dial 86,6; 100,4 – Vernichtung der Schlange und ihrer Engel, die am Anfang die Welt verdorben haben.

[145] Vgl. schon S. 207[142]. *R. Reitzenstein* (Hellen. Myst. Rel. S. 303) vergleicht zu unserer Stelle das Wiedergeburtsmysterium in Corp Herm XIII,14; der Gnostiker, der den Tod tötet, ist seinem Wesen nach „Gott"; *K. Thraede*, Art. Exorzismus (RAC VII, Sp. 381) interpretiert den Zusammenhang (mit weiteren Belegen) dahin, daß das Dasein selbst als dämonische Besessenheit verstanden werde, so daß die Erlösung als ‚Auflösung der Welt' zu stehen kommt. Von „Auflösung des Kosmos" ist auch bei Satornil (Hippol Ref VII, 28,6) die Rede. Dagegen ist im kirchlichen Raum der ‚Tod des Todes' allein durch Christus möglich: ἐγὼ ὁ καταλύσας τὸν θάνατον, sagt der triumphierende Christus in Melitos Passahomilie n. 102, vgl. auch Ign Eph 19,3 und die weiteren Belege in meinem Aufsatz in Kerygma u. Dogma 1972, S. 44 u. S. 40 Anm. 29. Eben dies ist für Ignatius und seine christlichen Zeitgenossen das „Neue", d. h. das Unerhörte, noch nicht Dagewesene am Christentum gewesen (vgl. dazu *J. Behm*, ThWB III,450; IV,900). Für den Gnostiker ist es nicht neu, sondern eigentlich allgemeinmenschlich, bzw. göttlich.

den Simon-Magus-Passage (I,23,3) auffallend ähnelt und von der dortigen Formulierung beeinflußt sein kann, ist der scheingekreuzigte Christus vom Vater deshalb gesandt, um durch diese „Heilsveranstaltung" (dispositio) die Werke der Weltschöpferengel aufzulösen („uti ... opera mundi fabricatorum dissolveret").

e) Bei ihrem Aufstieg aus der Fessel des Leibes wird die Seele im Mariaevangelium (p 15,20 ff.) von einem Archonten angehalten und zur Rede gestellt. Sie antwortet ihm u. a.: „Ich bin nicht erkannt worden, ich habe aber erkannt, daß das All aufgelöst wurde, sowohl die irdischen Dinge und Wesen als auch die himmlischen."

f) In der Sophia Jesu (p 104,7 ff. — ohne Parallele im Eugnostbrief) sagt Christus über die vorher gefesselte, von ihm erlöste „Allmutter" Sophia folgendes: „Ich aber kam von den oberen Orten nach dem Willen des großen Lichtes. Ich löste jene Schöpfung auf, ich brach die Sache des räuberischen Grabes ... ich bin der große Erlöser ... damit ihre Kinder nicht mehr fehlerhaft werden, sondern ... zu ihrem Vater aufsteigen. Ihr wurdet geschickt durch den Sohn, der gesandt wurde, damit ihr erleuchtet werdet und (der) euch von den Erkenntnisunfähigkeiten der Gewalten freimacht ..."[146]

Mit alledem ist auch das „solvi mundum" der simonianischen Überlieferung unschwer erklärbar geworden. Es handelt sich auch diesmal um ein eindeutig christlich-gnostisches Überlieferungsstück, und zwar wieder aus dem Bereich der „weiblich"-gnostischen Richtung, das also ursprünglich mit der Errettung der Sophia zusammenhing. Zumal die direkte Rede Christi in bezug auf die von ihren Fesseln befreite Allmutter Sophia (s. o. S. 135 ff.) in der Sophia Jesu führt an die gleiche Situation bei „Simon" unmittelbar heran. Nimmt man die valentinianische Aussage und diejenige der Sophia Jesu überdies zusammen, so wird auch der Sinn zur Genüge klar. Weltverbesserung (ἐπανόρθωσις) und Weltauflösung (solvi mundum; manichäisch: Weltzersetzung) gehören in der Tat insofern zusammen, als

[146] Belege: Die Stelle aus dem „Donner" (p 19,10 ff.) b. *Krause/Labib* a.a.O. S. 129. Pistis Sophia Kapp. 86; 98; 106, s. *Schmidt/Till* S. 126; 156 u. 175. Basilides b. Iren I,24,4 s. *Harvey*, Bd. I, S. 200; hier stehen die Motive der Transfiguration, Befreiung, Scheinkreuzigung und Auflösung der Werke der Weltschöpferengel wie bei Simon Magus (23,3) beieinander; s. hierzu im übrigen oben S. 189[115]. Mariaevangelium p 15,20 f. b. *Till* TU 60, S. 71 ff., dazu *Till* a.a.O. S. 29 f.; ebda. auch Sophia Jesu p 104 f.; S. 249 ff.; von der „Fessel der Räuber" (d. h. der Archonten) spricht auch p 121,13 ff. (S. 283); sie ist zugleich die Fessel der ἄγνοια (p 103,10 ff.; S. 247); p 89,10 ff. (S. 219) sagt Christus: „Jedes Ding, das aus dem Untergang entstanden ist, wird untergehen, da es aus dem Untergang entsteht. Was aus der Unvergänglichkeit entstanden ist, vergeht nicht, sondern es ist unvergänglich, da es aus der Unvergänglichkeit ist. So wie eine Menge Leute irre ging, ohne diesen Unterschied zu erkennen, sterben sie." Man kann dazu wieder Valentin Frgm. 4 (s. o. S. 207[142] u. 208[145]) als Erläuterung heranziehen, aber auch das 3. simonianische Originalfragment (Epiphanius, haer XXI,3,3), wo am Beispiel des trojanischen Pferdes die gnostische Ansicht illustriert wird, daß alle, die in der ἄγνοια sind, sich wie die Heiden in kirchlicher Auffassung den „Tod zuziehen".

sie beide die Vernichtung der materiell bedingten Weltstrukturen, d. h. der herrschenden Weltordnung, und damit die Rückführung des Kosmos in die ideelle Existenz zum Ziele haben. Damit gewinnt auch der „Libertinismus“ der Simonianer, sofern er sich an dieser Aufgabe beteiligt, seinen prinzipiellen Sinn, den die antignostischen Väter freilich in der Regel mit bloßer Frivolität verwechseln.

VI. GESAMTRESULTAT

Wir kommen zum Schluß. In seinem – trotz gewisser Einseitigkeiten – überaus anregenden Aufsatz über „Das Problem der Gnosis als Aufgabe der klassischen Philologie" hat H. Langerbeck unter Hinweis auf Harnack und de Faye gegen die heute übliche Gnosisforschung den Vorwurf des religionsgeschichtlichen Kollektivismus erhoben und die Wiedereinführung qualitativer Unterschiede in der Beurteilung von – dogmengeschichtlich erheblichem – gnostischen Schulwesen und – dogmengeschichtlich unerheblichem – gnostischen Sektierertum gefordert. Zweitens hat H. J. Krämer in seiner – trotz aller Hypothetik – wahrhaft profunden Arbeit über den „Ursprung der Geistmetaphysik" den Gnostizismus zum ersten Mal seit langer Zeit wieder in den Gesamtrahmen der platonischen Geistesgeschichte eingestellt und dabei die Überzeugung geäußert, daß die zeitgenössischen Kritiker dieser Bewegung, Plotin und die christlichen Väter, im Blick auf die philosophischen Anleihen der Gnosis vielleicht doch mehr und Richtigeres verstanden haben, als ihnen die heutige Forschung zuzubilligen bereit ist. Drittens hat erst jüngst R. Bergmeier in seinem Aufsatz „Quellen vorchristlicher Gnosis?" im Blick auf die simonianische Frage gegen die allgemeine Synkretisierung religiöser Erscheinungen der ersten Jahrhunderte protestiert und die Rückkehr zur historischen Methode, d. h. zur Erfassung „konkreter Texte und Gestalten" (W. Eltester) verlangt[1].

Nimmt man alle drei Ansätze – sie stellen wissenschaftlich eine ausgesprochene Minderheit dar – zusammen, so ergibt sich daraus bei näherem Hinsehen ein ganz bestimmtes Programm, dessen Verwirklichung nach jahrzehntelanger Alleinherrschaft religionsgeschichtlicher Vergleiche und Konstruktionen ein heute unabweisliches Erfordernis darstellt und sowohl in historischer wie theologischer Hinsicht von kaum zu überschätzendem Gewicht sein dürfte. Gefordert wird ganz einfach die Rückkehr der einschlägigen Forschung vom außerchristlichen Hintergrund früh-

---

[1] *H. Langerbeck*, Aufsätze zur Gnosis (hrg. v. *H. Dörries*, 1967), S. 17 ff.; *H. J. Krämer*, Der Ursprung der Geistmetaphysik, S. 223 ff., bes. S. 230; zu beiden s. meine grundsätzlichen Bemerkungen zum Gnosisproblem in Kerygma und Dogma 1972, S. 30, Anm. 10; S. 39, Anm. 27 und S. 40, Anm. 28. *R. Bergmeiers* Aufsatz ist oben, S. 98[43], bereits besprochen worden. Vgl. *ders.* mit erfreulichem Nachdruck in Nov. Test. 1974, S. 58 ff.: „Entweltlichung; Verzicht auf religionsgeschichtliche Forschung?"

christlicher Erscheinungen zum christlichen Vordergrund, vom bloß geschichtsmöglichen zum geschichtswirklichen Sachverhalt, von Vermutung und Hypothese zur kirchen- und dogmengeschichtlichen Faktizität.

In der vorangehenden Untersuchung des simonianischen Problems ist versucht worden, das genannte Programm, ohne mit der religionsgeschichtlichen Methode als solcher zu brechen, an einem Einzelfall, der zugleich einen grundsätzlichen Fall darstellt, praktisch zu exemplifizieren, d. h. es ging uns – mit welchem Erfolge immer – grundsätzlich nicht um den Simonianismus, den es auf Grund modern-synkretistischer Konstruktionen gegeben haben *könnte*, sondern den es wirklich gegeben haben *kann*. Dies Verfahren forderte zunächst eine dreifache Vorentscheidung, die – wenn man will – den Charakter eines Vorverständnisses haben kann. Erstlich: Statt mit einer primären Aufhellung des mutmaßlichen religionsgeschichtlichen Hintergrundes des Simonianismus setzt unsere Arbeit mit einer rein historischen Quellenkritik ein, deren Aufgabe es war, zunächst einmal festzustellen, welche Texte aus der weitverzweigten simonianisch/antisimonianischen Überlieferung zur Lösung des simonianischen Problems überhaupt in Frage kommen und welche nicht. Mit voller Absicht ist dabei die Perspektive auch über die üblicherweise benutzten Quellen hinaus bis ins 5. Jahrhundert erweitert worden. Damit ergab sich zugleich ein Umriß der Entwicklung der simonianischen Bewegung selbst wie auch ein solcher der antisimonianischen Legenden- und Überlieferungsgeschichte.

Nicht weniger unkonventionell als das quellenkritische Unternehmen war sodann der zweite Untersuchungsgang angelegt, der zu prüfen hatte, ob und, wenn ja, welche historisch gesicherte Simon-Magus-Kunde aus der – freilich verwischten – lukanischen Überlieferung von AG 8 allenfalls noch zu gewinnen sei. Unkonventionell war dabei freilich weniger die Fragestellung selbst als der zu ihrer Beantwortung eingeschlagene methodische Weg. Während nämlich die religionsgeschichtlich arbeitende Forschung die Kritik an der Perikope von AG 8,5 ff. dahin radikalisiert hat, daß sie um der religionsgeschichtlichen Einordnung des einzigen Ausdrucks der „großen Kraft“ (AG 9,10) praktisch den gesamten lukanischen Text als unerheblich bzw. irreführend ausscheidet, haben wir zunächst und vor allem die Stellung dieses vielumstrittenen Ausdrucks im lukanischen Kontext und diesen wiederum im Vergleich zu anderen lukanischen Texten zu fixieren versucht und erst dann ein – gegenüber der bisherigen Forschung erheblich verbreitertes – religionsgeschichtliches Beziehungsfeld hergestellt.

Von der im ersten und zweiten Arbeitsgang gewonnenen Basis aus wandte sich die Untersuchung schließlich drittens dem gnostischen Simonianismus zu, und zwar dergestalt, daß vor allem die christlichen Bestandteile sowie die zugrundeliegenden philosophischen Strukturen nach vorn traten. Leitend war bei dieser Anlage einerseits die Überlegung, daß nicht nur das simonianische System, sondern überhaupt der größte Teil der gnostischen Überlieferungsmasse christlich-gnostischer Observanz ist, daß also ein Vergleich auf dieser Basis nicht unergiebig sein konnte, andererseits die Überzeugung, daß unsere heutige Kenntnis der spätantiken Geistesgeschichte, voran des Platonismus, eine erneute Konfrontation des Gnostizismus mit diesem Bereich auf jeden Fall erfordert.

Von den Voraussetzungen zum Ertrag der Arbeit. Schon die Quellenkritik führte uns im Grunde vor eine ganz ungewohnte Lage. Sie zeigte nämlich nicht nur, wie kritisch alle jene Versuche zu beurteilen sind, die das simonianische Problem dadurch zu lösen trachten, daß sie die zeitlich jüngsten Quellen, d. h. vor allem die Megale Apophasis, daneben aber auch die Pseudoclementinen, kurzerhand als die ältesten behandeln, sondern vermittelte zugleich auch einen Eindruck davon, wie winzig klein der Anteil allenfalls echt simonianischer Substanz an der gesamten Überlieferungsmasse tatsächlich ist. Stellt man den Bericht von AG 8, der von Gnostizismus überhaupt noch nichts weiß, billigerweise zunächst beiseite, so kommen für den gnostischen Simonianismus allein die Überreste der Syntagmatradition des Hippolyt mit ihren – schon bei Epiphanius nicht mehr völlig intakten – fünf Originalzitaten, sowie der größere (in indirekter Rede wiedergegebene) Teil des Irenäusreferates (I,23) als einigermaßen gesicherte Quellengrundlage in Betracht. Ein Problem für sich bildet dabei die auffallende Ähnlichkeit dieses Berichtes mit anderen Abschnitten der gleichen Überlieferungsgruppe (d. h. vor allem mit der basilidianischen und karpokratianischen Darstellung, Iren I,24,3 ff.; 25,1 ff.)[2], zum anderen die Frage, ob der von der Syntagmatradition nicht mehr gedeckte Schlußteil des Irenäusberichtes (I,23,3) als spätere (antignostische?) Beifügung anzusehen ist oder nicht. Angesichts der in den Einzeluntersuchungen zutage tretenden strukturellen Beziehungen schien uns die überwiegende Wahrscheinlichkeit *für* die ursprünglich simonianische Abkunft dieser Bestandteile zu sprechen.

Neben der gnostischen Simon-Magus-Überlieferung, die nicht vor der Mitte des 2. Jahrhunderts greifbar wird, steht in weitem Zeitabstand der Bericht von AG 8. Die Entscheidung, ob schon der dort geschilderte Simon als gnostischer Erlöser zu verstehen sei, steht hier auf dem einzigen Ausdruck der „großen Kraft“ (V 10), genauer: Sie steht auf dem Mißverhältnis zwischen dem jüdisch-samaritanischen (aber auch noch christlichen) Gottestitel der „großen Kraft“ und der lukanischen Angabe, der Inhaber dieses Titels sei lediglich ein berühmter „Magier“ gewesen. Bei der Lösung der Frage war zunächst die Einsicht vorwegzunehmen, daß in der Tat schon die lukanische Berichterstattung über Simon, vom gnostischen „Si-

[2] Siehe dazu oben S. 16[19] u. 141[24].

mon“ zu schweigen, keine völlig zuverlässige Kunde mehr darstellt, daß also auf diesem Boden, und zwar auch für den entscheidenden V 10, nur allenfalls historische Annäherungswerte möglich, aber keine Gewißheiten zu erzwingen sind. Gleichwohl führte die Hereinnahme des lukanischen Kontextes (bzw. weiterer lukanischer Texte), sowie der Vergleich des genannten Terminus mit jüdischen, hellenistischen, christlichen und christlich-gnostischen Parallelen zu einer Reihe von Ergebnissen, die, wenn auch nicht als sicher, so doch immerhin als diskutabel angesehen werden können, und zwar in dreierlei Hinsicht: 1. Der dem Ausdruck „große Kraft“ von AG 8,10 beigegebene Genitiv „Gottes“ ist wahrscheinlich in der Tat ein lukanisches Interpretament zu dem ursprünglichen Gottestitel, das übrigens auf eine gewisse Unsicherheit des Acta-Verfassers schließen läßt. Der „historische“ Simon könnte also den betr. Gottestitel wirklich auf sich selbst bezogen haben. 2. Demgegenüber führen aber die sonstigen, aus der lukanischen Berichterstattung zu gewinnenden Indizien an keiner einzigen Stelle über die Vorstellung eines spätantiken Wundermannes im Stile eines θεῖος ἀνήρ hinaus und stellt 3. die Gnostifikation Simons, die an diesen Titel anknüpfen konnte, eine Metabasis in ein ganz anderes Genus dar, die mit dem historischen Simon im Grunde so wenig zu tun hat wie der gnostische Christus mit dem historischen Jesus. Zwar ist der Beobachtung Haenchens darin recht zu geben, daß zwischen der „großen Kraft“ von AG 8,10 und dem – freilich von allem Volk verehrten – „Magier“ eine gewisse Lücke besteht, allein der Versuch, diese Lücke durch die Imagination eines gnostischen Offenbarungswesens zu schließen, bzw. von da aus zur Annahme einer womöglich vorchristlichen samaritanischen Frühgnosis weiterzuschreiten, verläßt nicht nur jede historisch vorstellbare Grundlage, sondern ist auch in religionsgeschichtlicher Hinsicht ein halsbrecherisches Wagnis; denn die Gnosis versteht unter „großer Kraft“ keinen jüdisch-samaritanischen Gottestitel, sondern entweder eine dynamische Geistwirkung oder ein hypostatisches Dynamis-Wesen, das aber weder einfach mit dem obersten Gott noch mit Simon Magus identisch sein muß.

Von hieraus war sodann die quellenkritisch als zuverlässig erkannte gnostisch-simonianische Überlieferung Schritt für Schritt zu untersuchen. Dabei mußte zunächst die eigentümliche Doppelspurigkeit der Tradition bei Irenäus und im Syntagma des Hippolyt in Anschlag gebracht werden: Während im Syntagma alles Gewicht auf der Gestalt der Ennoia/Helena liegt, wobei das simonianische *System* weniger dargeboten als reflektiert wird, erscheint dasselbe bei Irenäus, wenn auch in starker perspektivischer Verkürzung als ein Ganzes, wobei über den Ennoiamythos hinaus auch allgemeine gnostische Erlösungslehren mitgeteilt werden. Daß die Aufbereitung des irenäischen Berichtes nicht ohne redaktionelles Arrangement vor sich gegangen ist, kann nicht geleugnet werden, daß die irenäische

Redaktion dagegen wichtige Stücke ihrer Berichterstattung aus anderen gnostischen Zusammenhängen hinzugefügt habe, wie Cerfaux vermutete, ist – jedenfalls für den Kern der dortigen Nachrichten – nicht zuzugeben. Tradition und Redaktion sind also, trotz der antignostischen Tendenz, nicht dualistisch auseinanderzudividieren, sondern aufeinander zu beziehen. Auch das bei Irenäus – ohne Syntagmaparallele – gebotene Sondergut (bes. I,23,3) ist sehr wohl als Teil der simonianischen Gesamtkonzeption erkennbar. Wo Brüche und Ungereimtheiten auftauchen, sind sie jedenfalls eher auf den eklektisch-synkretistischen Charakter der simonianischen Gnosis, bzw. auf die schon genannte Doppelgleisigkeit der Überlieferung als auf bewußt verändernde oder entstellende Eingriffe der antignostischen Berichterstattung zurückzuführen.

Eben dem simonianisch-gnostischen Eklektizismus und Synkretismus galt daher auch der Hauptteil unserer eigentlichen Analyse, und zwar sowohl in struktureller als inhaltlicher Hinsicht. Und auch hier war das Ergebnis überraschend. Es zeigte sich nämlich, daß genau diejenigen Bestandteile und Strukturen der simonianischen Gnosis, die die religionsgeschichtliche Fragestellung bisher fast unbeachtet gelassen hat, die eigentlich konstitutiven sind, nämlich einmal die platonisierende Hypostatik nebst anderen philosophischen Rudimenten, zum anderen die christlich-simonianischen Bestandteile. Was zunächst die philosophischen Strukturen betrifft, die im Laufe der Untersuchung immer wieder hervortraten, so erwies sich schon an ihnen, daß die landläufige Annahme, wonach es sich beim Simonianismus um ein besonders archaisches, vorchristlich-religiöses Gebilde handeln soll, kaum zu halten ist. So wenig der Simonianismus zu den einflußreichen großen gnostischen Schulen des 2. Jahrhunderts gerechnet werden kann, ebenso deutlich zeigt doch auch er – wie jene Schulen –, daß der Gnostizismus von Hause aus als ein religiöses *Denk-* und *Reflexionssystem* anzusehen ist und daß gerade im reflektierenden Charakter der Unterschied zum sonstigen Synkretismus der Zeit zu suchen ist.

Dieser Gesichtspunkt aber tritt erst voll ins Licht, wenn man die inhärierenden christlichen Motive des Simonianismus hinzunimmt. Nur so lange man diese lediglich als späteren „christlichen" Zuwachs am Leibe einer angeblich vorchristlich-samaritanischen „Heterodoxie", d. h. rein akzidentiell behandelt hatte, konnte ihre tatsächliche Bedeutung verborgen bleiben. Mit dem Augenblick dagegen, wo die christlichen Anleihen sich als geschlossene christlich-gnostische Systemteile enthüllten – und eben dies ist der Kern der obigen Nachweise – mußte sich das bisherige Bild des Simonianismus grundlegend wandeln. Denn nun muß – vor aller religionsgeschichtlichen Diskussion der Inhalte – in jedem Fall zunächst die Frage beantwortet werden, welche Funktion diese Systemteile innerhalb der simonianischen Überlieferung eigentlich besitzen. Ist hier also lediglich eine vorchristlich-samaritanische Heterodoxie durch sekundäre christlich-gnostische Züge übermalt worden, oder ist der christliche Gnostizismus tatsächlich das eigentliche Konstituens an der simonianischen Gnosis und das Vorchristliche dann jedenfalls nicht gnostisch? Unsere Untersuchung ergab in zwölf Arbeitsgängen, daß das Zweite der Fall sein dürfte.

Dieses Resultat ist bereits im ZThK-Aufsatz von 1971 als These vorweggenommen worden, doch hat die ausführliche Untersuchung, abgesehen von der genauen quellenkritischen und sachlichen Begründung, darüber hinaus noch eine Reihe von Präzisierungen erbracht, und zwar in doppelter Hinsicht. Einmal: Das simonianische System bekundet nicht nur in seinen rein heidnischen Anleihen (Jupiter, Athene, Helena) den Willen zu einer großartig gemeinten gnostisch-simonianischen Allerweltssynthese, sondern es verfährt aus diesem Grunde auch in der Auswahl der christlich-gnostischen Motive einigermaßen eklektisch. Was den Ennoia/Helenamythos (ohne die trojanischen Motive) betrifft, so kommen als Quellen vor allem der (frühe) Valentinianismus und seine Verwandten, d. h. die Systeme der „weiblich" orientierten Richtung christlicher Gnosis in Betracht, dagegen stammen der simonianische Modalismus, Doketismus und Antinomismus zwar auch aus christlichen Systemen, aber aus solchen, denen die weiblich-mythologische Hauptfigur von Hause aus fehlt. Besonders eng ist in diesem Punkt das Verhältnis zur Evangeliumsverkündigung der Johannesakten, zu den in den Johannes- und Ignatiusbriefen bekämpften Doketisten sowie zur karpokratianisch-libertinistischen Gruppe. Insgesamt geht daraus hervor, daß der Simonianismus nicht als *eine* gnostische Sondergruppe *neben* anderen, sondern als letzter Ursprung und Inbegriff aller anderen verstanden sein wollte. Die Einordnung des Simonianismus an der Spitze aller anderen Ketzereien hat hierin ihr simonianisches Substrat.

Die zweite Präzisierung, die dem Ergebnis des ZThK-Aufsatzes hinzuzufügen ist, betrifft sodann die Art der Aufbereitung des christlichen Materials zum simonianischen System. Das Motiv, welches hier zu bemerken war, ist immer dasselbe. Es lautet: Vereinfachung und Konkretisierung, Vereinfachung bedeutet, daß der Simonianismus seinen christlich-gnostischen Vorbildern gegenüber darin als Sekundärbildung zu stehen kommt, daß er ihre hypostatischen Differenzierungen regelmäßig zu Identifikationen zusammenstreicht, und zwar dergestalt, daß „Simon" als gnostischer Urvater nicht nur die Figur des gnostischen Einzeldemiurgen an der Spitze der Weltengel absorbiert hat, sondern zugleich auch hypostasenlos mit der irdischen Erscheinung des gnostischen Christus in eins gesetzt wird, während auf der anderen Seite die gnostische Ennoia ebenso hypostasenlos mit der Sophia („verirrtes Schaf") und diese wiederum mit der zu erlösenden irdischen Einzelseele kontrahiert wird. Dieses Verfahren ist in aller sonstigen Gnosis beispiellos, d. h. der Simonianismus ist selbst dort als Sekundärbildung anzusprechen, wo die — heute zuhandenen — christlichen

Vergleichssysteme für sich bereits zu komplizierteren Differenzierungen fortgeschritten sind, als sie der simonianische Konkurrent voraussetzt.

Genau das gleiche gilt aber auch im Blick auf das Motiv der simonianischen Konkretisierung gnostischer Sachverhalte, das als solches lediglich das Komplementärstück zur Kontraktions- und Simplifikationstendenz darstellt. Und zwar zeigt sich der Wille zur Konkretion überall dort, wo die ursprüngliche gnostische Vertikale — mehr oder minder gewaltsam — auf die irdische Horizontale übertragen wird, so vor allem in der Verlegung der Ennoia- (ursprünglich Sophia-) Erlösung durch Christus (hier Simon) aus der gnostischen Ogdoas in die Stadt Tyrus und in der relativen Beziehungslosigkeit, mit welcher der angeblich dreifaltige irdische Auftritt Simons als „Sohn, Vater und hl. Geist" im Sinne des kirchlichen Weltmissionsgedankens nebeneindergeschaltet wird. Auch hier sind die Bausteine des Systems überall der christlichen Konkurrenz abgeborgt, allein der damit aufgeführte Bau ist neu und ungewöhnlich, d. h. er ist zugleich anspruchsvoller, aber auch anspruchsloser als seine zu ermittelnden Vorbilder.

Damit dürfte die Sonderstellung der simonianischen Gnosis unter den übrigen gnostischen Gruppen der Frühzeit feststehen. Wenn man will, so kann man im Simonianismus eine ähnliche Unternehmung erblicken, wie sie später Marcion und Mani — je auf ihre Weise — wiederholt haben. Freilich unterscheidet sich das simonianische Fabrikat von den Konzeptionen der beiden anderen durch seine Eindruckslosigkeit und Primitivität. Denn der Simonianismus gehört, trotz seines angeblichen Begründers Simon, nicht zu den hohen Schulen der Gnosis, sondern lediglich zu den mehr oder minder obskuren Absenkern. Weder die mitreißende Einseitigkeit Marcions noch die religiöse Sendung Manis oder Vergleichbares sind ihm abzuspüren, vielmehr spricht gerade aus dem Fehlen solcher Eigenschaften, daß diese „Weltreligion" keinen besonderen Stifter hatte, Simon also bereits eine Größe der Vergangenheit war, als man ihn zum Inbegriff aller Gnosis, ja des Christentums überhaupt, erhob. Jedenfalls ist das, was wir an simonianischer Originalüberlieferung vor uns haben, anonyme literarische Schularbeit am Rande der größeren christlich-gnostischen Richtungen, die das simonianische Zwerggewächs wahrscheinlich bald überschattet haben dürften.

Alles in allem steht der Simonianismus als eine relativ eigenwillige complexio oppositorum aus heidnischem, christlichem und vor allem christlich-gnostischem Material vor unseren Augen, ohne damit freilich über den Zuschnitt einer syrisch-samaritanischen Sekte wesentlich hinauszugelangen. Seine Entstehung dürfte in eine Zeit fallen, in der verschiedenartige christlich-gnostische Ausprägungen zwar bereits vorhanden waren, der kirchlich-häretische Dualismus aber noch nicht so ausgeprägt war, daß der Versuch, Christus durch Simon auf gnostisch zu überbieten, von vornherein als aussichtslos erscheinen mußte. Wir nehmen die erste Hälfte des 2. Jahrhunderts an, wobei zu berücksichtigen ist, daß zumal Ignatius von Antiochien, Polykarp und die Johannesbriefe bereits ähnliche gnostische Erscheinungen kennen, dagegen von der simonianischen „Super-Gnosis" offensichtlich noch nichts wissen. Als Entstehungsort kommt allein der samaritanisch-syrische Raum in Frage. Die Verbreitung der Sekte dürfte, abgesehen von Rom, „quo cuncta undique atrocia aut pudenda confluunt celebranturque", kaum erheblich gewesen sein. Schon bei der Megale Apophasis kann man fragen, ob der Name Simons hier nicht bereits in andere, nichtsimonianische Hände übergegangen ist und von ihnen weiterverwendet wird. In bezug auf die Vorgeschichte der simonianischen Gnosis mag man mit Waitz und Cerfaux vielleicht einen vorauslaufenden simonianischen Synkretismus annehmen, der möglicherweise auch mit dem seltsamen Erlösungsvorgang in Tyrus zusammenhängt. Zumindest scheint die eigenartig ungnostische Tendenz des simonianischen Systems zur Kontraktion und Konkretion gnostischer Mythologumena mit diesem Ort und Ereignis im Zusammenhang zu stehen. Doch ist angesichts der pastosen Übermalung durch christlich-gnostische Motive über Vermutungen hier nicht hinauszukommen.

Soweit das Gesamtergebnis. Es erübrigt ein Blick auf seine Bedeutsamkeit. Zunächst die negative Seite: Negativ muß unser Resultat auf alle diejenigen Erwartungen wirken, die das Problem des Gnostizismus bereits inmitten der Schriften und Gedankenwelt des NTs zu erblicken glauben. Denn indem Simon Magus aufhört zu sein, was er nicht war, nämlich ein vorchristlicher gnostischer (oder „frühgnostischer") Offenbarungsgott, bricht die einzige angeblich historisch gesicherte Stütze für den Frühansatz des übrigen christlichen Gnostizismus zusammen, und damit ein gutes Stück jener Faszination, die das gnostische Problem auf dem Boden des NTs lange Zeit besessen hat. Die weithin zum wissenschaftlichen Dogma erhobene Annahme eines vorchristlichen Gnostizismus steht tatsächlich auf weit schwächeren Füßen als für gewöhnlich angenommen wird. Damit aber ist auch das auf diese Voraussetzung gebaute gedankliche Triptychon aus „Gnosis", neutestamentlichem „Kerygma" und „Frühkatholizismus" der heutigen Kerygmatheologie vom Einsturz bedroht. Es ist eben sehr die Frage, ob das, was man schon um die Mitte des 1. Jahrhunderts, zumal in paulinischen Gemeinden, an „Gnosis" entdeckt haben will, wirklich Gnostizismus war und nicht weit unbefangener auf allgemein hellenistische Weise erklärbar ist. Ja, es ist sogar die Frage, ob der Johannesevangelist wirklich in dem Maße „gnostisch" denkt und spricht, als es durch die Überblendung seines Evangeliums mit z. T. weit hergeholten gnostischen „Parallelen" den Anschein haben kann[3]. Der von den Simonianern ver-

[3] Wie die protestantische Vorliebe für den Gnostizismus auf einen katholischen Kenner wirkt, zeigt das umfangreiche Werk von *K. Prümm*, Gnosis an

arbeitete christliche Gnostizismus war jedenfalls nicht das, was man heute unter sog. „Frühgnosis" versteht. Vielmehr zeigt er bereits deutlich die auch für die gnostischen Hauptgruppen des 2. Jahrhunderts typische philosophisch-systematische, also quasi „wissenschaftliche" Struktur.

Einen positiven Ausblick erlaubt dagegen das Verhältnis zwischen kirchlich-christlicher und gnostisch-christlicher Überlieferung, wie es uns an nicht wenigen Stellen der Untersuchung entgegentrat. Sieht man näher hin, so haben wir, wenn auch in gnostischer Verzeichnung und unter simonianischer Maske nichts Geringeres als den vollen Umriß der frühchristlichen Überlieferung in ihren Hauptpunkten vor Augen gehabt, angefangen bei Gotteslehre, Transzendenz und Präexistenz, über Engellehre, Kosmologie, atl. Prophetie und Inkarnation bis hin zu Trinität, Christologie, Passion, Bußlehre (verirrtes Schaf!), Rechtfertigung, Moral und Eschatologie. Lediglich der sakramentale Sektor fiel aus[4]. Daß indessen auch er bei den Simonianern seinen Platz hatte, kann man immerhin aus Iren I, 23,4 erschließen. Hinter der Reihe dieser Überlieferungsstücke verbirgt sich die einfache Tatsache, daß die frühchristliche Ketzerei trotz aller Eigenart aus dem gleichen christlichen Überlieferungsstrombett hervorgegangen sein muß wie auch das kirchliche Christentum. Festzustellen, wie mächtig dieser übergreifende Traditionsstrom war, welchen Umfang und welche Schwerpunkte er hatte, ist eine noch völlig offene patristische Aufgabe. Gleichzeitig aber zeigt die Communicatio idiomatum zwischen dieser christlichen Überlieferung und der gnostischen Systematik noch einmal völlig ungezwungen, wo der christliche Gnostizismus historisch einzuordnen ist: nicht im „Hintergrund" des NTs, sondern am Ausgangspunkt der altkirchlichen Dogmengeschichte.

---

der Wurzel des Christentums? (1972). Überhaupt dürfte die Hervorhebung ausgesprochen sektenhafter Erscheinungen am Urchristentum (Gnosis, Apokalyptik und „Judenchristentum") in der neueren Forschung zuungunsten des vielfach abgewerteten „Frühkatholizismus" (s. dazu oben S. 5[9]) nicht unbedenklich sein. Das spezifisch Urchristliche muß mehr gewesen sein als das Sektenhafte, wenn die folgende kirchliche Entwicklung begreiflich bleiben soll.

[4] Ein eigenes Problem steckt noch in dem Konglomerat simonianischer Schriftauslegung (vgl. bes. Iren I,23,3) und ihrem Verhältnis zu entsprechenden kirchlichen Quellen, hier vor allem zur Polykarpepistel: Beide, der Simonianismus wie Pol Phil geben sich a) als Paulusinterpreten; beide sind b) mit dem übergreifenden Thema der „Gerechtigkeit" befaßt (vgl. auch den karpokratianischen Traktat gleichen Themas bei Clem Strom III,5 ff.); beide verbinden damit c) die Stelle Eph 2,8 f. (Gnade gegen Werke, vgl. Pol Phil 1,3); beide benutzen außerdem d) die Thematik der geistlichen Rüstung von Eph 6,14 (vgl. Pol Phil 2,1 mit 4,1 und Epiphanius, haer XXI,3,4 – Originalzitat Nr. 4), und schließlich ist auch beiden (vgl. Pol Phil 7,1) – wenn auch mit völlig entgegengesetzter Beurteilung – e) der radikale christologische Doketismus geläufig.

ABKÜRZUNGSVERZEICHNIS

ABA	Abhandlungen der Preußischen Akademie der Wissenschaften, Berlin
ACO	Acta Conciliorum Oecumenicorum (ed. Ed. Schwartz)
AGG	Abhandlungen der Gesellschaft der Wissenschaften zu Göttingen
ARW	Archiv für Religionswissenschaft, Berlin und Leipzig
Billerbeck	H. L. Strack und P. Billerbeck, Kommentar zum Neuen Testament aus Talmud und Midrasch (1922 ff.)
CA	Constitutiones Apostolorum (ed. F. X. Funk)
Corp. Apol.	Corpus Apologetarum, ed. J. C. Th. de Otto ([3]1876 ff.)
Corp. Inscr. Lat.	Corpus Inscriptionum Latinorum (1862 ff.)
CSEL	Corpus Scriptorum Ecclesiasticorum Latinorum, Wien
DACL	F. Cabrol—H. Leclercq, Dictionnaire d'Archéologie Chrétienne et de Liturgie
DG	Dogmengeschichte
GCS	Die Griechischen Christlichen Schriftsteller der ersten Jahrhunderte, Berlin
GGA	Göttingische Gelehrte Anzeigen
Hdb. z. NT (Erg. Bd.)	Handbuch zum Neuen Testament (einschl. Ergänzungsband) begründet von H. Lietzmann
Journ. of Rel.	Journal of Religion, Chicago
Kairos	Kairos, Zeitschrift für Religionswissenschaft und Theologie, Salzburg
Kl. Texte	Kleine Texte für Vorlesungen und Übungen, begründet von H. Lietzmann
KV (V)	Kirchenvater (Kirchenväter)
LA (A)	Lesart(en)
Le Origini	U. Bianchi (Hrg.), Le Origini dello Gnosticismo, Numen XII, 1967
Li-Bo	Acta Apostolorum Apocrypha ed. R. A. Lipsius et H. Bonnet ([2]1959, H. Kraft)
MA	Mittelalter
MSG	J. P. Migne, Patrologiae cursus completus, series Graeca
MSL	J. P. Migne, Patrologiae cursus completus, series Latina
NGG	Nachrichten von der Gesellschaft der Wissenschaften zu Göttingen
NKZ	Neue Kirchliche Zeitschrift, Leipzig
Nov. Test.	Novum Testamentum, Leiden

NTD	Das Neue Testament Deutsch, Neues Göttinger Bibelwerk
Numen	Numen, International Review for the History of Religions
Or. Lit. Ztg.	Orientalistische Literaturzeitung, Leipzig
PGM	K. Preisendanz, Papyri Graecae Magicae, (2 Bde. 1928 ff.)
PO	Patrologia Orientalis, ed. Graffin-Nau, Paris
PS	Pistis Sophia
PW	Paulys Realencyclopädie der classischen Altertumswissenschaft, Neue Bearbeitung von G. Wissowa, W. Kroll u. a. (Stuttgart 1893 ff., 2. Reihe 1914 ff.)
RAC	Reallexikon für Antike und Christentum, hrg. v. Th. Klauser
^{3}RE	Realencyklopädie für protestantische Theologie und Kirche hrg. von A. Hauck (^{3}1896 ff.)
Rech. de sc. rel.	Recherches de science religieuse, Paris
rel.-gesch.	religionsgeschichtlich
Rev. Bibl.	Revue Biblique, Paris
Rev. d'Hist. et de Phil. rel.	Revue d'Histoire et de Philosophie religieuses, Straßburg
$^{2-3}$RGG	Die Religion in Geschichte und Gegenwart (2. bzw. 3. Aufl.)
SBA	Sitzungsberichte der Berliner Akademie der Wissenschaften (phil.-hist. Klasse)
SBW	Sitzungsberichte der Wiener Akademie der Wissenschaften (phil.-hist. Klasse)
Sources chrét.	Sources chrétiennes, Collection dirigée par H. Lubac et J. Daniélou, Paris 1947 ff.
Stoic. vet. frgm.	Stoicorum veterum fragmenta coll. J. v. Arnim (1903 ff.)
ThR	Theologische Rundschau, Tübingen
ThLZ	Theologische Literaturzeitung, Leipzig
ThWB	Theologisches Wörterbuch zum Neuen Testament, begründet von G. Kittel, hrg. v. G. Friedrich
TU	Texte und Untersuchungen zur Geschichte der altchristlichen Literatur
ThZ	Theologische Zeitschrift, Basel
Vig. Christ.	Vigiliae Christianae, Amsterdam
Zahn, Forsch.	Th. Zahn, Forschungen zur Geschichte des neutestamentlichen Kanons (1881 ff.)
Zahn, GK	Th. Zahn, Geschichte des neutestamentlichen Kanons (1888 ff.)
(B)ZAW	Zeitschrift für die alttestamentliche Wissenschaft, Berlin (Beihefte)
ZDPV	Zeitschrift des Deutschen Palästinavereins
ZkathTh	Zeitschrift für Katholische Theologie, München
ZKG	Zeitschrift für Kirchengeschichte, Stuttgart
(B)ZNW	Zeitschrift für die neutestamentliche Wissenschaft, Berlin (Beihefte)
ZPE	Zeitschrift für Papyrologie und Epigraphik
ZRGG	Zeitschrift für Religions- und Geistesgeschichte, Tübingen
ZThK	Zeitschrift für Theologie und Kirche, Tübingen

STELLENREGISTER

von Kurtheinz Hennl

Indexziffern verweisen auf Fußnoten

I. Altes Testament

II. Jüdische und orientalische Quellen

III. Griechische und römische Quellen

IV. Neues Testament

V. Neutestamentliche Apokryphen

VI. Kirchenväter und Kirchenordnungen

AUTORENREGISTER

von Peter Stimpel

Wissenschaftliche Untersuchungen zum Neuen Testament

Herausgegeben von MARTIN HENGEL, JOACHIM JEREMIAS, OTTO MICHEL

Band 1
KARL GEORG KUHN
Achtzehngebet und Vaterunser und der Reim
1950. III, 51 Seiten. Kartoniert DM 6.80

Band 2
HANS BIETENHARD
Die himmlische Welt im Urchristentum und Spätjudentum
1951. VI, 295 Seiten. Kartoniert DM 24.–

Band 3
WOLFGANG NAUCK
Die Tradition und der Charakter des ersten Johannesbriefes
Zugleich ein Beitrag zur Taufe im Urchristentum und in der alten Kirche
1957. VIII, 192 Seiten. Kartoniert DM 18.60

Band 5
FRIEDRICH REHKOPF
Die lukanische Sonderquelle
Ihr Umfang und Sprachgebrauch. 1959. VIII, 106 Seiten. Kartoniert DM 14.50

Band 6
OTTO BETZ
Offenbarung und Schriftforschung in der Qumransekte
1960. XII, 202 Seiten. Kartoniert DM 24.20

Band 7
EHRHARD KAMLAH
Die Form der katalogischen Paränese im Neuen Testament
1964. VIII, 245 Seiten. Kartoniert DM 36.–, Leinen DM 41.–

Band 8
CHRISTOPH BURCHARD
Untersuchungen zu Joseph und Aseneth
Überlieferung – Ortsbestimmung
1965. VIII, 180 Seiten. Kartoniert DM 44.–, Leinen DM 48.50

Band 9

HANS-THEO WREGE

Die Überlieferungsgeschichte der Bergpredigt

1968. VIII, 207 Seiten. Kartoniert DM 36.–, Leinen DM 41.–

Band 10

MARTIN HENGEL

Judentum und Hellenismus

Studien zu ihrer Begegnung unter besonderer Berücksichtigung Palästinas bis zur Mitte des 2. Jahrhunderts vor Christus
2., durchgesehene und ergänzte Auflage. 1973. XI, 693 Seiten. Leinen DM 98.–

Band 11

OTFRIED HOFIUS

Katapausis

Die Vorstellung vom endzeitlichen Ruheort im Hebräerbrief
1970. IX, 281 Seiten. Kartoniert DM 30.–, Leinen DM 36.–

Band 12

GERHARD MAIER

Mensch und freier Wille

Nach den jüdischen Religionsparteien zwischen Ben Sira und Paulus
1971. VII, 426 Seiten. Kartoniert DM 40.–, Leinen DM 46.–

Band 13

HELMUT MERKEL

Die Widersprüche zwischen den Evangelien

Ihre polemische und apologetische Behandlung in der Alten Kirche bis zu Augustin
1971. VI, 295 Seiten. Kartoniert DM 38.–, Leinen DM 44.–

Band 14

OTFRIED HOFIUS

Der Vorhang vor dem Thron Gottes

Eine exegetisch-religionsgeschichtliche Untersuchung zu Hebräer 6,19 f. und 10,19 f.
1972. VIII, 122 Seiten. Kartoniert DM 27.–

Band 15

ANDREAS NISSEN

Gott und der Nächste im antiken Judentum

Untersuchungen zum Doppelgebot der Liebe
1974. XII, 587 Seiten. Leinen ca. DM 98.–

J.C.B. Mohr (Paul Siebeck) Tübingen